Die Geschich
deutsch-thailändischer Mu

Europäische Hochschulschriften

Publications Universitaires Européennes
European University Studies

Reihe XXXVI
Musikwissenschaft

Série XXXVI Series XXXVI
Musicologie
Musicology

Bd./Vol. 217

PETER LANG

Frankfurt am Main · Berlin · Bern · Bruxelles · New York · Oxford · Wien

Suphot Manalapanacharoen

Die Geschichte deutsch-thailändischer Musikbeziehungen

PETER LANG
Europäischer Verlag der Wissenschaften

Die Deutsche Bibliothek - CIP-Einheitsaufnahme

Manalapanacharoen, Suphot:

Die Geschichte deutsch-thailändischer Musikbeziehungen /
Suphot Manalapanacharoen. - Frankfurt am Main ; Berlin ;
Bern ; Bruxelles ; New York ; Oxford ; Wien : Lang, 2002
   (Europäische Hochschulschriften : Reihe 36,
   Musikwissenschaft ; Bd. 217)
   Zugl.: Freiburg (Breisgau), Univ., Diss., 2000
   ISBN 3-631-38304-5

Die Drucklegung dieser Arbeit wurde von
der Konrad-Adenauer-Stiftung e. V.,
der Ludwig Sievers Stiftung sowie
Herrn Prof. Dr. Manfred Rehbinder (Zürich)
und Herrn Tetsutaro Kawata (Zürich)
finanziell unterstützt.

Gedruckt auf alterungsbeständigem,
säurefreiem Papier.

D 25
ISSN 0721-3611
ISBN 3-631-38304-5

© Peter Lang GmbH
Europäischer Verlag der Wissenschaften
Frankfurt am Main 2002
Alle Rechte vorbehalten.

Printed in Germany 1 2 4 5 6 7

www.peterlang.de

Meinem Lehrer

Ajarn Kamtorn Snidvongse na Ayudhaya (1924-2000)

gewidmet

Vorwort

Die Geschichte deutsch-thailändischer Musikbeziehungen ist ein Kapitel der Geschichte, das bisher noch nicht erforscht worden und daher unbekannt geblieben ist; insbesondere gilt das für das Zeitalter des Imperialismus. Gerade für diese Zeit ist die Untersuchung des politischen Kontextes unentbehrlich. Die Arbeit wird zeigen, wie die Kulturpolitik beider Seiten von politischen Erwägungen abhing. Dabei trafen unterschiedliche Weltanschauungen beider Seiten aufeinander und manche Äußerungen auf preußisch-deutscher Seite über die Thai erscheinen aus heutiger Sicht sehr arrogant. Andererseits zeigt sich, daß es immer auch Leute gab (und gibt), die sich für die gleichberechtigte gegenseitige Verständigung beider Länder einsetzten. Die vorliegende Arbeit möchte diese historischen Ereignisse weder beschönigen noch verurteilen. Vielleicht können daraus Lehren gezogen werden für bessere zukünftige Beziehungen beider Länder. Die Darstellung der Thai-Musikkultur in der vorliegenden Arbeit versucht, dem Nichtthai-Leser einen übersichtlichen und leichten Zugang zur Thai-Musik zu ermöglichen. Da die Thai-Musikkultur sehr tief und vielfältig ist, werde ich nicht versuchen, ein System oder Modell zu schaffen, das die ganze Thai-Musikkultur abdeckt. Die Darstellung stammt von mir selbst und muß nicht unbedingt mit der Meinung der Thai-Musikwissenschaftler übereinstimmen. Denn im Spiegel einer anderen Kultur sieht man sich selber besser.

Diese vorliegende Arbeit entstand dank meines akademischen Lehrers Herrn Prof. Dr. Christoph von Blumröder, und wurde durch Diskussionen angeregt, die wir führten, als wir noch dienstagabends in Freiburg am Stammtisch saßen und uns ständig über den westlichen und den asiatischen Kulturkreis, besonders über meine Heimatkultur, die thailändische, austauschten. Dabei hat er mir immer zu bedenken gegeben, ob meine einseitige Bewunderung der europäischen Musik und Kultur der richtige Weg sei. Der Respekt von Herrn von Blumröder für andere Kulturen drückt sich außerdem dadurch aus, daß er mich nicht nur wissenschaftlich betreut, sondern auch immer bereit ist, sich für mich bei all meinen persönlichen Schwierigkeiten einzusetzen. An dieser Stelle danke ich ferner Herrn Christoph Schneller und Herrn Dr. Hans Christian Lankes (†), dem ehemaligen deutschen Botschafter in Bangkok, die mir Herrn von Blumröder als Mentor empfohlen haben. Auch Herrn Prof. Dr. Rüdiger Schumacher danke ich ganz herzlich für die wertvollen Bemerkungen und Vorschläge zu meinem Analysemodell der Thai-Musik in Kapitel III. Und schließlich danke ich meinen Eltern, die immer gut für die Ausbildung ihrer Kinder gesorgt haben, sowie auch meiner Schwester.

Ich danke außerdem den folgenden Stiftungen, die mir mein Studium in Deutschland ermöglicht haben: der Konrad-Adenauer-Stiftung e. V., der Thai-Deutschen Kultur-Stiftung Bangkok, und den Altstipendiaten der Konrad-Adenauer-Stiftung e. V. Ebenfalls bin ich den ehemaligen Direktoren des Goethe-Instituts Bangkok, Herrn Ernst Schürmann und Herrn Siegfried Schmohl, zu Dank verpflichtet, und besonders meiner Deutschlehrerin Frau Ajarn Kaeowkalaya Wiswakoranant, die sich immer um mich gekümmert hat.

Ich führte folgende Persönlichkeiten sowohl bei Feldforschungen März-April 1997 und im September 1998 in Bangkok, als auch in Deutschland mehrere Gespräche und Interviews, durch die mir wesentliche Zugänge zur Thai-Musik und an historischen Quellenmaterial ermöglicht werden, und für die ich hiermit herzlichst dankt:

Auf seiten Thailands danke ich, die mir in verschiedenen Angelegenheiten Rat und Zeit für wertvolle Gespräche gewährt haben. Frau Prof. Thanpuying Warunyupa Snidvongse na Ayudhaya (emerit. Professor für Geschichte der Srinakarinwirote University) für Hinweis auf zahlreiche historische Dokumentationen sowie viele wichtigen Aspekte der Thai-Geschichte, Herrn Prof. Dr. Chetana Nagavajara für die Idee der Einflußnahme der westlichen Kultur in Thailand, Herrn Major M. R. Subhawat Kasemsri von The Naris Social Science Research Centre für den Hinweis auf vielen wichtigen historischen Quellen in Thailand und nicht zuletzt, was sehr wichtig ist, den Verweis auf die noch in Thailand vorhandenen Spüren der *Glücklichen Blumen*, Prof. Dr. med. Punpis Amatayakul für die Herstellung der Kontakte zu Meister Uthai Patayakosol. Dem Prinzen Sukumabhinanda Paribatra danke ich für Gespräche über seine persönlichen Erinnerung an seinen Vater Prinz Paribatra. Und nicht zuletzt danke ich Herrn Hans-Jochen Gosch, einem Wegbereiter westlicher Musik in Thailand, der mir bereitwillig über seine Erfahrungen im Bangkok der 60er Jahre Auskunft erteilte.

Besonders danke ich auch meinem verehrten Lehrer Prof. Dr. Dr. h. c. Kamtorn Snidvongse na Ayudhaya (†), dem ich alles in meinem akademischen Leben zu verdanken habe. Ihm ist die vorliegende Arbeit gewidmet, deren Abschluß er glücklicherweise noch zur Kenntnis nehmen konnte. Er ist der Urenkel des Prinzen Kromalaung Wongsa, der auf siamesischer Seite Verhandlungsführer bei der Eulenburg-Mission 1861/62 war: Es war schon immer Tradition in dieser Familie, gute interkulturelle Zusammenarbeit anzuregen. Er sagte mir einmal, ich solle dieses Gedankengut weiter forttragen. Ich hoffe, das ist mir mit dieser Arbeit gelungen.

Den folgenden Institutionen bin ich für wertvolle Hilfe verpflichtet: der Nationalbibliothek Thailand, der Bibliothek der Siam Society - besonders Frau Kanitha Kasina-ubol -, dem Geheimen Staatsarchiv Berlin (Dahlem), dem Arnold-Bergstraesser-Institut Freiburg sowie Frau Dr. Susanne Ziegler vom Fachreferat Musikethnologie des Völkerkunde Museums Berlin (Dahlem), dem Captain Veeraphan Waklang von der Royal Thai Navy. Assoc. Prof. Manop Wisuttiphat und Dr. Somsak Ketukaenchan sowie ihren Studenten im Department of Thai Music der Srinakarinwirote University danke ich für ihre Vorführung der Musik, insbesondere den beiden Meistern Uthai Patayakosol und Somsak Traivas von der Patayakosol-Meisterschule für die Demonstration des Kesselgong- und Xylophonspiels bei der Tonaufnahme. Herrn Prof. Dr. Oskar von Hinüber vom Orientalischen Seminar der

Universität Freiburg danke ich für die Beratung im Bereich indo-thailändische-Wechselbeziehungen.

Zu Dank verpflichtet bin ich der Ludwig Sievers Stiftung, der Konrad-Adenauer-Stiftung e. V. sowie Herrn Prof. Dr. Manfred Rehbinder (Zürich) und Herrn Tetsutaro Kawata (Zürich) für ihre finanzielle Unterstützung zur Drucklegung dieser Arbeit.

Diese Arbeit hätte nicht vollendet werden können ohne die Hilfe folgender lieber Freunde, die mir sehr am Herzen liegen: Dr. Siriwan Chulakorn, Sumon Wongvongsri, Nillawana Rojanasathien sowie Dieter Metzler und Matthias Härtenstein. Für die wertvollen Anregungen und Korrekturen danke ich besonders Rudi Marvin, Stephan Ecken, Dr. Jürgen Zimmerer, Rüdiger Hitz, Johannes Herlyn und Dr. Rainer Schmusch. Auch die hier nicht namentlich erwähnten Freunde sollen wissen, wieviel Dank ich ihrer Hilfe schulde.

Freiburg im Breisgau, Sommer 2001
Suphot Manalapanacharoen

Inhaltsverzeichnis

Einleitung

Der offizielle Kontakt zwischen Deutschland und dem siamesischen König-reich begann mit der sogenannten preußischen Expedition nach Ostasien unter der Leitung von Friedrich Albert Graf zu Eulenburg. Diese kam nach Vertragsver-handlungen mit Japan und China im Dezember 1861 nach Siam, um dort einen Freundschafts-, Handels- und Schiffahrtsvertrag abzuschließen[1]. Die Kontakte beider Länder wurden seither – abgesehen von kurzen Unterbrechungen während der Weltkriege – kontinuierlich bis in die Gegenwart hinein gepflegt. Parallel zum Aufbau wirtschaftlicher und politischer Beziehungen sind dabei im Hintergrund die Musikbeziehungen zwischen den beiden Ländern entstanden. So betrachtet wiesen diese Musikbeziehungen die Besonderheit auf, eng mit der politischen Entwicklung verbunden zu sein, insbesondere während der angespannten Lage in Südostasien von etwa 1850 bis zum Ersten Weltkrieg, als Siam ständig von seiten Englands oder Frankreichs kolonisiert zu werden drohte. Infolgedessen mußte Siam sich westlichen Einflüssen öffnen, um modernisiert dem Westen gegenüber seine Souveränität bewahren zu können. Diese Öffnung markierte zugleich in der Geschichte Siams eine neue Ära der Rezeption westlicher Kultur bzw. Musik.

Die Geschichte der deutsch-thailändischen Musikbeziehungen kann gemäß den wechselnden politischen Konstellationen auf beiden Seiten, namentlich in Innen- und Außenpolitik, in zwei Stadien eingeteilt werden: erstens die Übernahme der Blaskapellenmusik vom ersten Vertrag (1861/62) bis zum Ersten Weltkrieg und zweitens die Rezeption der Sinfonieorchestermusik nach dem Zweiten Welt-krieg bis in die Gegenwart hinein. Innenpolitisch betrachtet herrschte in Siam während des ersten Stadiums eine absolute Monarchie und in Deutschland eine konstitutionelle Monarchie. Im Hinblick auf die Außenpolitik zählte Deutschland zu dieser Zeit zu den Kolonialmächten, und Siam fand sich deren mächtigem Druck ausgesetzt. Seit dem Zweiten Weltkrieg, mit dem die koloniale Machtstel-lung in Ostasien zu Ende gegangen ist, besitzt Thailand eine neue Staatsform, nämlich die konstitutionelle Monarchie, in die die absolute 1932 umgewandelt worden war, und die Bundesrepublik Deutschland eine parlamentarische Demo-kratie. Die Untersuchung dieser Arbeit beschränkt sich auf die Musikbeziehungen beider Länder im ersten Stadium – nämlich von 1862 bis etwa 1917 – nicht nur,

---

[1] Die Expedition wurde zwar von Preußen geleitet, aber von zahlreichen anderen Ländern des Zollvereins unterstützt – die deutsche Reichsgründung sollte erst einige Jahre später erfolgen. Schon 1858 hatte Siam mit einigen Reedereien aus deutschen Hansestädten eine Handelsüber-einkunft getroffen. Eine offizielle siamesische diplomatische Vertretung wurde aber erst 1879 in Berlin errichtet; vgl. A. Stoffers, *Im Lande des weißen Elephanten. Die Beziehungen zwi-schen Deutschland und Thailand von den Anfängen bis 1962*, Bonn 1995, S. 27 ff. und 65. Aufgrund der historischen Sicht wird in der vorliegenden Arbeit von Siam statt von Thailand die Rede sein: Siam wurde im Jahre 1939 durch die Zivilregierung in Thailand umbenannt, nachdem diese 1932 durch einen Staatsstreich an die Macht gekommen war.

weil in diesem Zeitraum, insbesondere während der Regierungszeit König Ramas V.[2] und Kaiser Wilhelms II, die Beziehungen zwischen beiden Ländern ihren Höhepunkt erreichten, sondern auch, weil in Siam während dieser Periode zum ersten Mal in seiner Geschichte eine systematische Übernahme westlicher Kultur stattgefunden hat.

Da Siam sich in dieser Epoche unter dem Druck der Kolonialmächte zu behaupten hatte, mußte es eine geschickte Außen- und Innenpolitik betreiben: außenpolitisch pflegte Siam aus strategischem Kalkül England und Frankreich gegenüber gute Beziehungen zu den anderen Kolonialmächten wie beispielsweise Rußland und Deutschland; innenpolitisch mußte Siam sich westlichen Einflüssen öffnen und modernisieren, insbesondere in den Bereichen des Staats- und Militärwesens. Dadurch sind letztlich die deutsch-thailändischen Musikbeziehungen entstanden. Interessanterweise ist dabei jedoch zu beobachten, wie die Siamesen sich zu dieser Zeit aus ihrer eigenen Kultur heraus mit dieser westlichen Kultur auseinandergesetzt und diese an ihre Kultur angepaßt haben, zumal die westliche Kultur überhaupt keine Gemeinsamkeiten mit der siamesischen Kultur hatten. Darüber hinaus sollte die Übernahme fremder Kultur jedoch nicht bloß auf einer Aneignung fremder Schönheit begründet sein, sondern diese Rezeption wurde wiederum als ein Mittel zum Kampf gegen die Kolonisation betrachtet.

Siam benötigte an allererster Stelle eine Reform in den Bereichen des Staats- und Militärwesens sowie des Bildungssystems und der Infrastruktur. Daraus ergab sich aber für Siam noch ein Problem: es standen damals während des Modernisierungsprozesses keine qualifizierten einheimischen Verwaltungsstrukturen zur Verfügung. Folglich mußte Siam Experten als Ratgeber und Instruktoren aus verschiedenen westlichen Ländern nach der „divide et impera-Politik" beauftragen, das heißt: es war bestrebt zu modernisieren, ohne daß eine einzelne westliche Macht zu großen Einfluß ausübte. Dabei bevorzugte es die Kooperation mit monarchischen Ländern wie beispielsweise Großbritannien, Österreich-Ungarn, Rußland, Dänemark und Deutschland, um nicht in ein Dilemma zu geraten. Zugleich schickte der siamesische König seine Söhne in verschiedene europäische Länder, um sie dort erziehen zu lassen, besonders, was ihre militärische Ausbildung betraf. Dies hatte zur Folge, daß die Prinzen später dann nicht nur Fachwissen mit sich nach Siam zurückbrachten, sondern auch die Kultur des jeweiligen Landes. Im Jahre 1897 begann Prinz Paribatra[3] unter der Aufsicht Wilhelms II. seine Ausbildung an der Kadettenschule in Potsdam, die er 1903 beendete. Ein ernsthafter Musikliebhaber, spielte dieser Prinz eine zentrale Rolle als Kulturvermittler, indem er u. a. die deutsche Militärmusik in seiner Heimat bekannt machte, woraufhin sich die Kulturkontakte mit den westlichen Ländern bzw. mit Deutschland verstärkten.

---

[2] Vgl. ebd., S. 235. Siehe die Zeittafel der Thai-Könige im Anhang.

[3] Ursprünglich sollte der Kronprinz schon zwei Jahre zuvor (1895) nach Deutschland kommen. Dieses Vorhaben wurde aber durch England verhindert. Vgl. Stoffers, op. cit., S. 121 f.

Obwohl der Umfang der musikalischen Kontakte beider Länder insgesamt recht bescheiden und überschaubar war, kam ihnen dennoch in Siam eine große Bedeutung zu, die sie rangmäßig über die Beziehungen zu anderen westlichen Ländern hinaushob, fanden doch bereits beim ersten offiziellen Kontakt zwischen Preußen und Siam (1861/62) zugleich auch die ersten musikalischen Kontakte statt, in deren Rahmen der preußische Kapellmeister die erste Nationalhymne von Siam, *Die glückliche Blume*, komponierte; er hat außerdem den Hofmusikern des Königs Unterricht erteilt. Der zweite Kontakt fand im Jahre 1900 statt, als eine siamesische Hoftheatergruppe in Berlin eintraf. Hier fand eine wichtige Begegnung zwischen der siamesischen Musik und Vertretern der deutschen Vergleichenden Musikwissenschaft - wie beispielsweise Carl Stumpf und Erich Moritz von Hornbostel - statt. Die siamesische Musik spielte eine wichtige Rolle beim Aufbau des Faches Vergleichende Musikwissenschaft. Der dritte Kontakt fand in Siam statt, und zwar durch Prinz Paribatra, der, wie erwähnt, eine Militärausbildung in Berlin genossen und später dann die deutsche Militärmusik in Siam eingeführt hat. Diese drei Kontakte werden in dieser Arbeit daraufhin untersucht, zu welchem Zweck und unter welchen historischen Voraussetzungen jeweils Musikbeziehungen zwischen beider Ländern stattfanden. Dabei werden die Musikbeziehungen im Rahmen der Problematik der Kulturkontakte betrachtet. Besonders, weil der Verfasser aus Thailand stammt, wird diese Darstellung mehr das Augenmerk darauf lenken, wie die Thai die westliche Kultur – bzw. die deutsche Kultur und Musik – empfunden haben. Dieser Aspekt wurde bisher noch nie in Forschungen über interkulturelle Kontakte aufgegriffen, weder in Thailand noch in Deutschland. Aus diesen Fragestellungen soll die vorliegende Arbeit in vier Kapiteln entwickelt werden.

Da dieser Forschungsbereich zwischen Musikwissenschaft und Musikethnologie sowie der Geschichte der Kulturkontakte angesiedelt ist, soll zunächst die Thai-Musik sowie -Kultur im ersten Kapitel skizzenhaft entworfen werden. Dabei wird versucht, die siamesische Musik unter einem neuen Aspekt darzustellen, nämlich demjenigen der Wechselbeziehung zwischen Musik und Gesellschaft, Musik und Politik, ja Musik und Herrscht; folglich wird die Instrumentenkunde oder die Akustik sowie die Aufführungspraxis in dieser Darstellung außer acht gelassen. Dieser Aspekt ist bisher weder in der Thai-Musikforschung im englisch- oder deutschsprachigen Raum noch in Thailand berücksichtigt worden. Der Gegenstand der Untersuchung unter diesem neuen Aspekt soll die Theatermusik am siamesischen Königshof sein. Seiner absoluten Autorität gemäß beanspruchte der König die Aufführung solcher Musik allein für sich. Diese Musik wies als Besonderheit auf, daß sie sowohl zur Theateraufführung als auch während rituelle Zeremonien gespielt wurde. Diese Hofmusik stand später in direktem Kontakt mit den deutschen bzw. westlichen Einflüssen. Die Hofmusik, die dagegen allein der Unterhaltung diente, soll dabei nicht berücksichtigt werden, denn sie war keine feierliche Musik. Ebenso gilt als die Theatermusik, die auf der Volksbühne vorgetragen wurde, weil sie lediglich zur Unterhaltung bestimmt war und außerdem nicht in unmittelbarem Kontakt zu westlichen bzw. deutschen Einflüssen stand.

Darüber hinaus muß bei Untersuchungen der Thai-Musik als Kriterium die Art des Ensembles in Betracht gezogen werden. In der Thai-Musik war üblicherweise das Ensemble direkt mit der Funktion der Musik verbunden. So wurde die oben erwähnte Theatermusik stets von dem sogenannten Piphat-Ensemble gespielt. Das Piphat-Ensemble ist tatsächlich für feierliche Anlässe bestimmt. Die Bedeutung des Piphat-Ensembles zeigte sich an verschiedenen Besetzungen, deren Beschreibung sich im Anhang befindet. Im Gegensatz dazu dienten die sogenannten Mahorie- sowie Khrüngsai-Ensembles reinem Unterhaltungszweck. Ihre untergeordnete Bedeutung - und das gilt auch für ihr Repertoire - zeigte sich entsprechend an der im Vergleich zum Piphat-Ensemble kleineren Besetzung. Die Musik wird für das Mahorie- und Khrüngsai-Ensemble in dieser Arbeit außer acht gelassen. Ihre Besetzungen werden desungeachtet im Anhang beschrieben.

Da die Thai-Musik bisher im deutschsprachigen Raum kaum systematisch erforscht worden ist und es infolgedessen an Literatur darüber mangelt, wird die Darstellung der Thai-Musik in der vorliegenden Arbeit überwiegend anhand von Quellen und Literatur aus Thailand erfolgen. Unter anderem hat der Verfasser viele Informationen während seiner Feldforschungen in Thailand durch Interviews mit verschiedenen Persönlichkeiten erhalten, z. B. Musikmeistern sowie Musikwissenschaftlern.

Hier muß kurz auf die Prinzipien der Transliteration vom Thailändischen ins Deutsche eingegangen werden. Da in Thailand bisher noch keine einheitliche Regel für eine solche Transliteration existiert, werden die Laute der Fachbegriffe in der Thai-Musik in erster Linie mittels der deutschen Lautschrift übertragen. Ausnahmsweise wird die englische Lautschrift im Fall solcher Begriffe, die aus der englischsprachigen Forschung schon bekannt sind, beibehalten. Zum Beispiel wird der Begriff „chan" (‚Variante‘) weiterhin verwendet wie in der internationalen Thai-Musik-Forschung, und wird nicht mit „dschan" transkribiert. Allerdings werden alle wichtigen Begriffe nochmals im Anhang in einem Deutsch-Thailändischen Glossar zweisprachig vergleichend aufgeführt.

Weiterhin muß erläuternd darauf hingewiesen werden, daß in Thailand neben dem internationalen gregorianischen Kalender noch immer der buddhistische Kalender verwendet wird, der vom ersten Todesjahr Buddhas an rechnet; so ist das Jahr 2000 gregorianischer Zeitrechnung beispielsweise in Thailand das Jahr 2543 im buddhistischen Kalender[4]. Dieser buddhistische Kalender gilt als offizieller Kalender in Thailand und wird dort auch zur Jahresangabe in der Sekundärliteratur verwendet. Das Problem der Umrechnung wurde in der vorliegenden Abhandlung gelöst, indem alle Jahresangaben nach dem buddhistischen Kalender in Quellen sowie Literatur aus Thailand in Angaben nach dem gregorianischen Kalender umgerechnet wurden.

---

[4] Es muß außerdem darauf hingewiesen werden, daß die Differenz zwischen den beiden Kalendern jedoch nicht in allen buddhistischen Ländern einheitlich gerechnet wird. Das Jahr 2543 wird beispielsweise nur in Thailand, Laos und Kambodscha verwendet.

Der landesübliche Kalender wurde dagegen bei Literaturangaben in der thailändischen Originalsprache beibehalten. Diese befinden sich im Verzeichnis thailändische Literatur im Anhang, in dem die Literaturangabe jeweils zweisprachig erfolgt.

Das zweite Kapitel befaßt sich dann mit allen Ereignissen im Zusammenhang mit den Musikbeziehungen beider Länder im Zeitraum von 1862 bis etwa 1917. Forschungsmethodisch wird hierzu ein Vergleich der historischen Quellen beider Seiten durchgeführt. Aus diesen Quellen werden außerdem die wechselseitigen Beurteilungen beider Seiten im Bereich der Kultur bzw. Musik herausgearbeitet. Bei den Quellen der deutschen Seite handelt es sich meist um Urteile bzw. Vorurteile über die siamesische Kultur bzw. Musik von verschiedenen Persönlichkeiten zu verschiedenen Zeitpunkten. Diese Äußerungen werden dann zwei Gruppen zugeordnet, nämlich einerseits der Gruppe offizieller Meinungen wie etwa von Vertretern des Staates oder der Kirche, andererseits der Gruppe von Meinungen der inoffiziellen Seite, wie beispielsweise von Reisenden, Kaufleuten, Angestellten und besonders Wissenschaftlern in Siam. Dann wird anhand dieser Quellen bzw. Meinungen ausgeführt, wie die siamesische Musik bzw. Kultur in Deutschland damals innerhalb dieser zwei Gruppen reflektiert wurde. Am wissenschaftlichen Bereich, insbesondere im Fach Vergleichende Musikwissenschaft unter Stumpf, wird gezeigt, wie der siamesischen Musik eine wichtige Rolle beim Aufbau des Faches zukam, indem sie nicht nur als erstes Studienobjekt des noch jungen Faches diente, sondern auch zum wissenschaftlichen Streitfall wurde, beispielsweise zwischen der Berliner und Wiener Schule. Es wird sodann gezeigt, wie Stumpf die siamesische Musik gründlich untersucht hat. Seine Forschung gilt als erster Meilenstein der Erforschung der Thai-Musik. Außerdem erhält man in seinem Forschungsbericht Aufschluß über viele wichtige historische Ereignisse Siams, die er von verschiedenen Persönlichkeiten, z.B. Diplomaten sowie Wissenschaftlern, gewonnen hat. Diese Informationen wurden bedauerlicherweise in Thailand nirgends aufgezeichnet und sind dort längst in Vergessenheit geraten.

Schließlich wird dargestellt, wie der Prinz aus seiner persönlichen Zuneigung heraus die preußisch-deutsche Militärmusik in Siam vermittelt hat. Dabei wird sein Unternehmen daraufhin zu interpretieren versucht, mit welcher Absicht er dies unternommen hat. Die Einführung der deutschen Militärkapelle durch den Prinzen wird als Beispiel der systematischen Rezeption der westlichen Kultur in Siam betrachtet. An diesem Beispiel wird untersucht, wie die Siamesen die westliche Kultur bzw. deutsche Militärmusik empfunden haben, wie die Siamesen die westliche Militärmusik zur Stützung ihres Herrschaftssystems benutzt haben und was für Probleme sie dabei hatten, eine solch fremdartige Kultur zu pflegen; mit anderen Worten: wie die Siamesen die deutsche Militärmusik bzw. die fremden Kulturen instrumentalisiert haben.

Die Untersuchung der Problematik der Kulturkontakte wird an zwei konkreten Beispielen, nämlich *Die glückliche Blume* und *Khäkmon Bangkhunprom Thao*, angegangen. Diese Kompositionen werden dann im dritten Kapitel analysiert, und zwar sowohl im Hinblick auf die Funktion als auch auf das musikalisch-kompositorische Problem. Bei der *Glücklichen Blume* wird darüber hinaus versucht, die Geschichte und die wechselnde Funktion der ersten Nationalhymne Siams im Laufe der Zeit zu rekonstruieren, da dies im heutigen Thailand schon längst vergessen ist. Verwendet wurden bei der Nachforschung Quellen beider Seiten, insbesondere aus Deutschland; es wird gezeigt, wie die Siamesen mit der fremden Kultur umgegangen sind, was wiederum in den politischen Kontext der eigenen Souveränität eingebunden war.

Die Komposition *Khäkmon Bangkhunprom Thao* gilt als ein Paradebeispiel der Musikbeziehungen beider Länder, die durch einen Einheimischen, nämlich den Prinzen Paribatra, der sich in der Kultur beider Seiten gut auskannte und ein Angehöriger der königlichen Familie war, vermittelt wurden. Das Stück entstand zunächst als traditionelle siamesische Komposition. Es wurde sodann für Militärkapelle bearbeitet, und in dieser Gestalt gilt es als neue Erscheinungsform der Hofmusik Siams. *Khäkmon Bangkhunprom Thao* in der traditionellen Fassung wurde im Rahmen dieser Arbeit zunächst bei dem Meister Uthai Patayakosol, der aus der dritten Generation der Patayakosol-Meisterschule am Hof des Prinzen stammt, bei der Feldforschung in Bangkok 1997 aufgenommen. Die Musik wurde dann von dem Verfasser selbst auf das Fünfliniensystem transkribiert und analysiert; nebenbei wird auch der Aufbau des Stückes sowie die Kompositionstechnik dargestellt. Bei der Analyse wird eine Methode benutzt, die vom Verfasser selbst konzipiert wurde. Diese Methode ist bisher noch nicht berücksichtigt worden, weder in den USA, wo die Erforschung der Thai-Musik etabliert ist, noch in Europa oder in Thailand. Dann wird die traditionelle Fassung mit der Kapellenfassung verglichen. Dabei wird zu beschreiben versucht, wie der Komponist viele Probleme zu überwinden hatte. Das Ergebnis der Analyse einer solchen neu entstandenen Erscheinungsform soll nicht allein die Problematik der Kulturkontakte im Hinblick auf den musikalischen Sachverhalt widerspiegeln, sondern auch zeigen, was für einem Zweck solche Bearbeitung in der Gesellschaft Siams diente.

Das Ergebnis der Untersuchung der Geschichte der deutsch-thailändischen Musikbeziehungen wird im vierten Kapitel zusammengefaßt. Dann wird dieses Ergebnis rückblickend mit der gesamten Geschichte der Kontakte der Thai mit fremden Kulturen verglichen, nämlich solchen fremden Kulturen, die Siam zu verschiedenen Zeitpunkten assimiliert hatte. Denn die Rezeption der deutschen Militärmusik war in diesem Zusammenhang nur eine Episode. Es handelt sich also dabei um einen Vergleich der Assimilationsprozesse fremder Kulturen in Siam zu verschiedenen Zeiten. Daraus wird eine Schlußfolgerung gezogen, und auf dieser aufbauend wird ein Ausblick in die Zukunft der kulturellen Kontakte angedeutet, namentlich im Zeitalter der Globalisierung, d. h.: dies soll nicht nur im Fall Thailands gelten, sondern in ähnlicher Weise auch in dem seiner asiatischen Nachbarländer.

I. Die Hofmusik Siams

1. Die Funktion der siamesischen Hofmusik[1]

Dieses Kapitel befaßt sich ausschließlich mit der Funktion der königlichen Hofmusik in Siam. Untersucht wird, wie sehr diese Hofmusik mit der Gesellschaft, insbesondere mit der Politik, verbunden ist. Das Ergebnis dieser Untersuchung wird später zur Beantwortung der Frage herangezogen, ob die deutsche Kapelle die Funktionen der siamesischen Hofmusik erfüllen konnte und zuletzt welche Wirkung die Rezeption der deutschen Musikkultur in der Gesellschaft Siams hat. Es läßt sich feststellen, daß die Rezeption der preußisch-deutschen Militärkapelle in Siam mit dem politischen Kontext zusammenhängt, nicht zuletzt, weil diese Einflußnahme im Zeitalter des Imperialismus stattfand.

Ausgegangen ist die Untersuchung von zwei Aufgaben der siamesischen Hofmusik: Sie sollte nicht allein der Unterhaltung dienen, sondern auch – wie die Hofmusik in anderen Kulturen – zugleich als Staatsträger. Nach der Untersuchung läßt sich jedoch der Schluß ziehen, daß die siamesische Hofmusik drei Funktionen erfüllte: die Unterhaltungsfunktion, die rituell-kultische Funktion und schließlich die politische Legitimationsfunktion.

Die siamesische Hofmusik, die die drei oben genannten Funktionen erfüllt, ist die Theatermusik, die sogenannte Naphat-Musik. Diese Theatermusik ist keine selbständige Musik, sondern tritt zusammen mit dem Theater auf. Das Theater dient zwar der Unterhaltung, aber es soll zugleich hintergründig dem Herrscher huldigen und die Götter verehren. Die Funktionen lassen sich deshalb nicht getrennt voneinander betrachten. Hinsichtlich der staatstragenden Funktion kann die Musik also so betrachtet werden, daß sie in erster Linie von der ,absoluten Macht' des Herrschers instrumentalisiert wird. Um diese drei kohärenten Funktionen besser zu verstehen, soll zunächst auf das ursprüngliche siamesische Herrschersystem eingegangen werden.

Die Herrschaft Siams beruht auf dem hinduistischen Gottkönig-Kult (Devarāja), den Siam in der Ayudhaya-Periode[2] (ca. 1350 bis 1767) direkt von dem Nachbarn Kambodscha übernommen hat, nachdem es 1431 Angkor, die Hauptstadt des Khmer-Reiches, erobert hatte[3]. Der Hauptgedanke ist somit, daß der König die Verkörperung von Gott Nārāyaṇa (Viṣṇu) sei. Er wird als Himmelsgottheit verehrt

---

[1] Mit Hofmusik ist hier die Musik gemeint, die ausschließlich am Königshof gepflegt wurde. In der hierarchischen siamesischen Gesellschaftsstruktur bestimmte der König in seiner absoluten Macht Kunst, Tanz und Musik. Diese erfüllten zwei Funktionen, wie später gezeigt wird: Unterhaltung und politische Funktion.

[2] Vgl. die Zeittafel der Thai-Geschichte im Anhang.

[3] Vgl. Dh. Yupho, *Gamnoed natasilthai* [*Entstehungsgeschichte der Thai-Tanzkunst*], in: *Grundzüge der Zivilisation, Musik und Tanzkunst Thailands*, Thammasart Universität, Bangkok 1972, S. 139 f.

und beansprucht seine Stellung als kosmologisches Zentrum auf der Erde[4]. Diese Ideologie wird vom *Ramakien*-Epos übernommen; das *Ramakien* (Rāma sei gepriesen) ist das *Rāmāyaṇa*-Epos[5] in Thai-Version. Dieses spielt demzufolge eine zentrale Rolle in Siam, weil es die Funktion eines staatstragenden Mythos erfüllt, und wurde daher aufgenommen und verarbeitet in Bereichen der Kunst, Architektur, Literatur, des Theaters und der Musik.

Das *Ramakien*-Epos handelt von Göttergeschichte, von dem Kampf zwischen dem Helden Rāma und dem Dämonen Thosagan (Rāvaṇa). Rāma ist dabei die Hauptfigur und zugleich eine Inkarnation des Gottes Nārāyaṇa (Viṣṇu). Der Dämon Thosagan entführt Sītā, Rāmas Frau, in seine Residenzstadt Longa (Laṅkā). Rāma und sein Bruder Laksana (Lakṣmaṇa) kämpfen mit Hilfe der Affentruppe um Sītā und können sie schließlich zurückgewinnen. Vor diesem Leitgedanken kann das *Ramakien*-Epos so betrachtet werden, daß es sich dabei um den Kampf zwischen Göttern und Dämonen auf der Erde handelt. Der Triumph des Rāma über die Dämonen bedeutet zugleich den Sieg der Götter über das Böse in Diesseits und Jenseits.

Rāma mit seinen Heldentaten gilt nicht nur als das Vorbild der Herrscher in Siam, sondern wird darüber hinaus mit dem König identifiziert. Vor diesem Hintergrund nannten und nennen sich fast alle Könige von Siam und Thailand Rāma[6]; der jetzige König Bhumiphol (im Sanskrit: Bhūmibala, wörtl.: die Kraft

---

[4] Vgl. A. Thantawanthana, *Rajasakulawong nai phrabatsomdet phrapawaren tharames mahisaresrangsan phrabatsomdet phrapinklao dschaoyuhua*, [*Stammfamilie des Königs Pinklao*], in: Kremationsbuch von General Luang Gampanat Saenyakon, Bangkok 1975, S. 60 f. (siehe die Erläuterung von Kremationsbuch in der Anmerkung 99). In dieser vorliegenden Arbeit kann nicht darauf eingegangen werden, wie Siam diesen Kult übernahm. Die Historikerin Prof. Thanpuying Warunyupa Snidvongse na Ayudhaya hat den Verfasser persönlich darauf hingewiesen, daß Siam den hinduistischen Devarāja-Kult nicht systematisch übernommen hat. Ein gutes Beispiel dafür ist, daß Siam nur das *Rāmāyaṇa*-Epos, eines von zwei indischen Hauptepen (*Rāmāyaṇa* und *Mahābhārata*), übernommen hat. Ebenfalls sind viele königliche Zeremonien Mischformen zwischen Hinduismus, Buddhismus und Animismus. Auf diese wechselseitigen Beziehungen der drei Religionen am Königshof hat König Chulalongkorn, Rama V., (reg. 1868-1910) in seinem Werk: *Phrarajapithie sibsongduen*, [*Königliche Hofzeremonien im Jahreslauf*], Bangkok [14]1973, hingewiesen.

[5] Das *Rāmāyaṇa*-Epos ist, neben dem *Mahābhārata*, eines der zwei wichtigen Epen Indiens. Das *Rāmāyaṇa*-Epos wurde ca. 200 v. Chr. bekanntlich von Valmiki verfaßt; es besteht aus sieben Büchern und enthält ungefähr 24 000 Doppelverse (Śloka). Siehe die Erläuterung von *Rāmāyaṇa* im Überblick bei B. Walker, Art. Ramayana, in: *Hindu World. An Encyclopedic Survey of Hinduism*, Bd. II, New Delhi [2]1983, S. 287 ff. und bei M. Winternitz, *Geschichte der indischen Literatur*, Bd. I, Leipzig 1904, S. 404-440 sowie J. Brockington, *The Sanskrit epics*, Köln 1998 (=Handbuch der Orientalistik/ II, Indien, 12).

[6] Vgl. A. Thanthawanthana, op. cit., S. 60 f. So hieß beispielsweise ein König in der Sukhothai-Periode (1240?-1438) Ram(a)khamhaeng (Rāma der Mächtige) (1279?-1298), der erste Monarch der Ayudhaya-Periode (1351-1767) Ramadhibodi (Rāma der Herrscher) (1351-1369), und

2

des Landes) z. B. ist Rāma IX (seit 1946). Ebenso wurde versucht, die Namen der Städte, der Berge sowie der Seen in Siam mit jenen in dem Epos in Beziehung zu setzen, als ob die Geschichte in Siam stattgefunden hätte. So hieß die Hauptstadt von Siam zum Beispiel in einer früheren Epoche Ayudhaya; Ayudhaya (im Sanskrit: Ayodhyā, wörtl.: ‚der Unbesiegbarae‘) ist in Rāmāyaṇa die Residenzstadt von Rāma[7].

Der König von Siam betrachtete sich als göttliche Person und stand damit über seinen Untertanen. Darauf gründet sich die Gesellschaftsstruktur des hinduistischen Kastensystems. Die Unnahbarkeit der göttlichen Person des Königs zeigte sich beispielsweise bei der Audienz, die hinter einem vertieft eingelassenen Fenster des Königspalastes stattfand, wobei die Teilnehmer das Antlitz des Königs nicht anschauen durften[8]. Ebenso aus Ehrfurcht wird der Name des Königs nicht genannt, statt dessen nur sein Beiname[9]. Die Unterhaltung mit dem König wird in der königlichen Hofsprache (Rajasab) geführt. Kunst, Theater und Musik, wie sie am königlichen Hof gepflegt wurden, hatten einen höheren Stellenwert als die an den Höfen der Prinzen und Adligen.

Das *Ramakien* der siamesischen Hochkultur war aus drei Gegenden hervorgegangen[10]: aus Zentralsiam in folkloristischer Form, aus dem Süden Siams in Gestalt des Schattentheaters (Nang) und aus dem Südwesten Indiens in Form von literarischer Hofdichtung. Alle drei Formen beeinflußten sich gegenseitig stark. Ungeachtet einiger Abweichungen ist der Inhalt aller drei Versionen überwiegend gleich und vor allem mit der Originalversion von Valmiki übereinstimmend[11]. Das *Ramakien* war wohl in Siam von Anfang an bekannt. Seine früheste Erwähnung geht auf das 13. Jahrhundert zurück; so wurde es in der Steininschrift des Königs Ramkhamhaeng in der Sukhothai-Periode erwähnt. Aber erst seit der Ayudhaya-

---

schließlich alle Könige der Bangkok-Periode (seit 1782) Rāma I. bis IX. Siehe auch die Zeittafel der Thai-Geschichte im Anhang.

[7] Auch Bangkok, die Hauptstadt des heutigen Thailands, trägt denselben Gedanken im Hintergrund. So heißt die Stadt Bangkok offiziell wie folgt: *Krungtheb Mahanakorn Amornratanakosin Mahinthara Mahadilokphob Noparat Rajathaniburirom Udomrajanivesmahastan Amornpiman Awatansathit Saggathattiya Wischnugamprasith.* [(Bangkok ist) die große Engelsstadt, die Schöpfung vom Gott Indra, die königliche Hauptstadt von Seligkeit, die von neun Edelsteinen aus dem göttlichen Paradies geschmückt ist, der himmlische Wohnsitz des Königs (Rāma), der eine Inkarnation vom Gottes Viṣṇu ist, die vom Gott Viṣṇu geschöpfte Stadt, indem er wiederum vom Gott Śakra (Gott Indra) beauftragt wurde.] (Chaopraya Tiphagorawong (K. Bunnag), *Pongsawadan Rajaganti nueng [Chronik der Regierungszeit Ramas I.]*, Bangkok 1982). Diese deutsche Fassung hat der Verfasser aus dem Englischen von W. Pongsripian übertragen.

[8] Dieses Verbot wurde von Rama IV. (1851-1868) aufgehoben. Vgl. Prinz Ch. Chakrabongse, *Lords of Life*, London 1960, S.192 (im folgenden abgekürzt als Prinz Ch. Chakrabongse).

[9] So wird der König von seinen Untertanen zum Beispiel „Nai luang" (der königliche Herr) sowie „Phradschaoyuhau" (der göttliche Herr) genannt.

[10] Vgl. S. Singaravelu, *The Rama in the Thai cultural Tradition*, in: JSS LXX/ 0 (1982), S. 56 f.

[11] Vgl. S. Singaravelu, op. cit., S. 57.

Periode hat das *Ramakien* in der siamesischen Gesellschaft eine große Rolle gespielt, nachdem Siam den Gottkönig-Kult eingeführt hatte. Am Königshof erschien das *Ramakien* zunächst in der Form einer wichtigen rituellen Zeremonie, die bei Volljährigkeit eines Prinzen sowie bei der Thronbesteigung des neuen Königs stattfand[12].

Als Ideologieträger fand das *Ramakien* im Laufe der Zeit seinen Eingang in alle Bereiche der Hofgesellschaft. Am wichtigsten war dabei, daß das *Ramakien* als einer von drei königlichen Theaterstoffen aufgenommen wurde. Daraufhin taucht es in zwei Erscheinungsformen auf[13]: als Text zur Aufführung (Kamphak) und als Hofliteratur. Die Bedeutung des *Ramakien* am Königshof zeigt sich darin, daß es nicht nur in höchst stilisierter Gedichtform verfaßt, sondern auch von den Königen über Generationen selbst verfaßt oder herausgegeben wurde, wobei Obrigkeit, Moral und das Vorbild eines Staatsdieners thematisiert werden[14].

Die *Ramakien*-Aufführung war, wie bereits erwähnt, seit den Anfängen in Siam sehr beliebt; sie wurde zunächst im Schattentheater aufgeführt[15]. Im Laufe der Zeit wurde das *Ramakien* in andere Theatergattungen übernommen, nämlich in die sogenannten Khon- und Lakon-Gattungen, die vom Königshof hinab bis zur Volksbühne aufgeführt wurden[16]. Am Königshof mußte das *Ramakien* in einer ideologischen Funktion so dargestellt werden, als ob das Geschehen auf der Bühne real wäre. Dem Realitätsprinzip bei der Aufführung wurde durch möglichste Perfektion im Verfolgen der fünf Schönheitsideale genügt: der Text, der mit größter dichterischer Kunstfertigkeit verfaßt wurde, die Kunst des Gesangsvortrags, die echten Kostüme des Königs sowie der Königin, die Kunst der Darstellung und des Musikvortrags[17]. Die Aufführung wurde dabei am Königshof als ‚Gesamtkunstwerk' betrachtet.

---

[12] Vgl. Dh. Yupho, *Khon*, Bangkok ³1968, S. 14 ff.

[13] Vgl. Dh. Yupho, *Khon*, S. 86 ff.

[14] Wie diese Gedanken in dem Text aufgefaßt wurden, hat Kl. Wenk am Beispiel einer Episode Phali son nong (Phali lehrt die Jüngeren) ausführlich dargestellt. Siehe sein Werk: *Phali lehrt die Jüngeren - Phali son nong - *, Hamburg 1977.

[15] Vgl. Dh. Yupho, *Khon*, S. 6 f.

[16] Vgl. S. Singaravelu, op. cit, S. 53.

[17] Vgl. S. Nimnetiphan, *Ganlakonthai* [*Thai-Theater*], Bangkok 1996, S. 127 ff. (im folgenden abgekürzt als S. Nimnetiphan). Hier ist eine Bemerkung über die Kostüme am Platz. Von der ganzen Aufführung des siamesischen Theaters sind den westlichen Gästen nur die Kostüme aufgefallen, jedenfalls haben die meisten von ihnen nur die Kostüme in ihren Reiseberichten erwähnt. Eulenburg beispielsweise war bei der ganzen königlichen Vorstellung sehr gelangweilt. Als die Aufführung zu Ende ging, bat er den König um die Erlaubnis, die Kostüme einer Hauptdarstellerin aus der Nähe zu bewundern (siehe Kapitel II, in: *b) Die siamesische Musik und Kultur aus der Sicht der Preußen*).

Die Musik zur Aufführung heißt in der Thai-Musik die Naphat-Musik. Sie ist ausschließlich Instrumentalmusik und gilt als das wichtigste Repertoire siamesischer Musik überhaupt, insbesondere der Hofmusik[18]. Das Repertoire der Naphat-Musik umfaßt etwa 40 Stücke[19], die systematisch nach Personen, Szenen, Handlungen und Ausdrücken geordnet sind. Je nach der Handlung sowie der Szene wird die entsprechende Musik zur Darbietung abgerufen. Dieses Repertoire haben die Musiker auswendig zu spielen. Das bedeutet, daß die Musik zur Vorstellung der verschiedenen Theaterstoffe, im Unterschied zu der abendländischen Tradition, nicht neu verfaßt wird, sondern stets dieselbe Naphat-Musik gespielt wird. Welches Stück vorgetragen wird, ist bereits im Theatertext festgeschrieben. In diesem Zusammenhang kann das Repertoire der Naphat-Musik als ,Vorratsmusik' bezeichnet werden.

Im Hinblick auf das Realitätsprinzip wird die Naphat-Musik in drei Kategorien eingeteilt[20]: die hohe, mittlere und niedere Naphat. Die hohe Naphat (Naphat chan sung) repräsentiert die Hauptgötter und Dämonen, die mittlere Naphat (Naphat chan glang) den Rāma (also den Herrscher), die ,gewöhnlichen' Götter sowie die Brahmanen und die niedere Naphat (Naphat saman) die einfachen Soldaten, die Affen und die niederen Dämonen. Diese Einteilung spiegelt die Idee einer hierarchischen hinduistischen Kastengesellschaft wider, die wiederum die Gesellschaft Siams prägt[21]. Dabei gelten alle Kategorien als heilig und sind hoch geachtet, denn die Musiker glauben daran, daß die Naphat-Musik die Schöpfung Gottes sei. Besonders die hohe und die mittlere Naphat haben einen besonderen Stellenwert, denn sie heben die Rolle der Hauptgötter und Ramas hervor.

Bei der *Ramakien*-Aufführung spielt die niedere Naphat und insbesondere die mittlere Naphat-Musik eine zentrale Rolle, denn Rāma spielt hier die Hauptrolle in der Handlung. Da Rāma als Repräsentation des Königs aufgefaßt wird, fungiert die Musik in dieser Kategorie als die Repräsentation des Königs und soll den König verherrlichen. Die Musik zur Götter-Repräsentation, die hohe Naphat-Musik, spielt eine wichtige Rolle in der rituellen Zeremonie. Bei dieser Zeremonie, insbesondere bei der hinduistischen Zeremonie, werden die Götter eingeladen; sie werden begrüßt und verehrt. Dann bringt man ihnen die Opfergabe dar, und

---

[18] Es gibt zwar auch andere Repertoires in der siamesischen Musik, aber sie spielten eine untergeordnete Rolle. Vor allem stammen diese von der Naphat-Musik ab.

[19] Das Repertoire der Naphat-Musik wurde erstmals von J. Ratanawaraha in seinem Werk: *Phleng Naphat [Naphat-Musik]*, Bangkok 1966, dargestellt. Der Vortrag dieser etwa 40 Stücke ist jeweils unterschiedlich lang, zwischen 10 und 45 Minuten.

[20] Vgl. S. Phukaothong, *Gandontrithai lae thangkhaosu dontrithai [Thai-Musik und der Zugang zu ihr]*, Bangkok ²1996, S. 215 f. (im folgenden abgekürzt als S. Phukaothong).

[21] Nebenbei läßt sich die jeweilige Figur an der Farbe des Kostümes sowie der Maske erkennen. Siehe Pr. Sukhonthachad, *Si lae laksana huakhon [Farbe und Maske in der Khon-Aufführung]*, in: Bericht vom Kongreß 14.-15. März 1991 der Thammasart Universität und des Fine Arts Department, Bd. I, Bangkok 1991, S. 109-142.

schließlich segnen die Götter die Teilnehmer. Dieses Programm wird allein durch den Vortrag der Naphat-Musik dargestellt. Die Naphat-Musik in der Zeremonie hat dieselbe Aufgabe wie im Theater, nämlich den realistischen Charakter der Götter hervorzuheben, jedoch ohne theatralische Darstellung, als ob diese in der Zeremonie vergegenwärtigt wären.

Ferner wird die Naphat-Musik in mancher Sekundärlitertur in Thailand zwei Ebenen zugeordnet: der Darstellung im Diesseits und Jenseits[22]. Mit dem Diesseits ist die Naphat-Musik gemeint, die in der *Ramakien*-Aufführung gespielt wird. Sie soll den Herrscher, die göttliche Person im Diesseits vergegenwärtigen. Nach dieser Zuordnung erfüllt die Naphat-Musik zugleich die Verherrlichungsfunktion und die Unterhaltungsfunktion. Die Naphat-Musik für die Darstellung des Jenseits ist die Musik, die nur in den rituellen Zeremonien vorgetragen wird. Die Naphat-Musik dieser Kategorie soll die Götter sowie die Geister der verstorbenen Musiklehrer im Jenseits repräsentieren und verehren. (Ungeachtet der unterschiedlichen Zuteilungen werden alle Bereiche der Naphat hoch geachtet.) Daß dabei versucht wird, durch den Vortrag der hohen Naphat-Musik nahezulegen, daß die Götter allgegenwärtig sind, hat seinen politischen Hintergrund. Somit erfüllt die Naphat-Musik eine rituell-kultische Funktion. Auf diese Weise wird die Behauptung der Göttlichkeit der Person des Königs gerechtfertigt und zugleich sein Herrschaftsanspruch legitimiert. Daher können die eingangs genannten drei Funktionen (die Unterhaltungsfunktion mit Realitätsanspruch, die rituell-kultische Funktion und die politische Legitimationsfunktion) auf eine Kernfunktion reduziert werden, nämlich auf die politische Legitimation. Die Hofmusik wurde also systematisch zur politischen Legitimation des Herrschers instrumentalisiert, wie die Untersuchung noch zeigen wird.

Im Hinblick auf das Musikalische unterscheidet sich die jeweilige Naphat-Musik-Kategorie in erster Linie durch ‚Tonleiter' (Thang)[23], Schlagmuster (Nathab) und rhythmische wie melodische Gestaltung. Die Musik Ramas beispielsweise befindet sich in der sogenannten Leiter Thang nok (in der Pentatonik auf C), die Musik der Dämonen in der Leiter Thang nai (in der Pentatonik auf G)[24]. Der Thang nok hat einen beweglichen, heiteren Charakter, also den dem Herrscher entsprechenden Charakter, der Thang nai hingegen einen schweren, bedrohlichen Charakter[25]. Darüber hinaus hat jede ihre eigene Melodie und außerdem ihr eigenes komplexes Schlagmuster im Schlagwerk.

---

[22] Vgl. M. Tramod, *Sabsanghit* [*Terminologie der Thai-Musik*], Bangkok 1964, S. 48 f.

[23] Der Begriff „Thang" hat viele Bedeutungen im Musikalischen. „Thang" kann hier mit der ‚Tonleiter' verglichen werden. Diese ‚Tonleiter' beruht aber auf der Pentatonik-Leiter, der wiederum die Intervallstruktur der siamesischen Tonleiter aus sieben gleichen Stufen zugrunde liegt. Siehe *Thang (die ‚Leiter' in der Thai-Musik)* im Anhang.

[24] Vgl. hierzu auch *Thang (die ‚Leiter' in der Thai-Musik)* im Anhang.

[25] Eine systematische Untersuchung der Naphat-Musik in Thailand liegt bedauerlicherweise noch nicht vor. Aufgrund der Hochachtung vor der Musik wagt niemand in Thailand das Geheimnis derselben zu entschlüsseln.

Da die Naphat-Musik als heilig gilt, gibt es im Hinblick auf den kultisch-rituellen Aspekt noch die Zutrittsordnung für denjenigen, der als Ausführender zum Musikvortrag oder zur Tanzdarbietung zugelassen werden will. Er muß zunächst an der sogenannten *Waikhru*-Zeremonie, also dem Lehrerverehrungs- und Initiationsritus, teilgenommen haben, mit dem er offiziell in die Meisterschule aufgenommen wird[26]. Darüber hinaus muß er sich noch an Bedingungen halten, z. B. die Einhaltung von fünf Geboten des Buddhismus, und sich außerdem in der Gesellschaft anständig und moralisch verhalten[27]. Auch sind den Mitwirkenden alle Vorgänge während der Aufführung eine sehr ernsthafte Angelegenheit.

Von den Mitwirkenden in der Theatertruppe, wie beispielsweise den Musikern und Darstellern, wird die Obrigkeitsvorstellung in die Tat umgesetzt. So wird fest daran geglaubt, daß Musik und Tanzkunst die Schöpfung Gottes seien[28]; die hoch geachtete Naphat-Musik soll seit den Anfängen existiert haben und wird seit Generationen streng überliefert. Das Repertoire der Naphat-Musik wird deshalb nicht neu verfaßt oder geändert: sonst erfolgt eine Strafe von einem unbekannten Wesen. Dies gilt auch für die Musikinstrumente und Kostüme sowie Geräte zur Aufführung. Der Einfluß der Obrigkeit zeigt sich nicht nur in der Form der Ehrerbietung gegenüber dem Repertoire und den Instrumenten, sondern auch in der Ehrfurcht vor dem Lehrer. Bei der Musik, die nur rein mündlich überliefert ist, spielt die Autorität des Lehrers eine besondere Rolle; diese darf nicht verletzt werden[29]. Denn die Schüler haben ein enges Verhältnis zum Lehrer, wobei der Lehrer nicht nur die Musik zu unterrichten hat, sondern auch verpflichtet ist, selbst seinen Schülern Lesen und Schreiben beizubringen und sie moralisch zu erziehen. Infolgedessen nennen die Schüler bis heute ihre Lehrer stets „Poh" (Vater). Dabei wird der Lehrer das wichtige Repertoire nur einem solchen Schüler weitergeben, der sich unabhängig von seinem Talent besonders anständig in der Gesellschaft verhält[30]. In diesem Zusammenhang bedeutet dies also: In Siam wird großer Wert darauf gelegt, daß die künstlerische bzw. musikalische Geschicklichkeit mit der Moral übereinstimmt. Dies kommt auch in anderen Bereichen vor, z. B. in der Architektur, den Künsten, dem Handwerk sowie der Literatur usw. Diese Gruppen gleichen Bausteinen, aus denen sich die hierarchische Gesellschaft aufbaut.

---

[26] Vgl. Ch. Buathang, *Waikhru [Waikhru(-Zeremonie)]*, in: Bericht vom Kongreß 1. November 1987 der Kasetsart Universität, Bangkok 1987, S. 15-20. Der Autor, der in direkter Linie aus einer der ältesten Meisterschulen Thailands stammte, hat alle Vorgänge der Musikerlaufbahn aus seiner Lebenserfahrung ausführlich beschrieben. Diese Waikhru-Zeremonie wird später ausführlich behandelt.

[27] Vgl. M. Tramod, *Duriyangasatra Thai [Thai-‚Musikwissenschaft']*, Bangkok ²1997, S. 92 ff.

[28] Vgl. M. Tramod, *Duriyangasatra...*, S. 81 ff.

[29] Vgl. M. Tramod, *Duriyangasatra...*, ebd.

[30] Vgl. M. Tramod, *Duriyangasatra...*, S. 100 f.

Die rein mündliche Überlieferung der Musik und ihre damit verbundene seltene Neufassung hat auf der anderen Seite die Folge, daß die Musiker keinen individuellen Freiraum besitzen. Auch wird der Musik, die um diese Zeit entstanden ist, kein Komponistenname zugeordnet. Die Musiker haben in erster Linie die Musik zu spielen, die über Generationen streng überliefert ist; und solange die Herrschaft noch bestehen bleibt, wird diese Musik weiterhin in den nächsten Generationen so tradiert werden. Daher werden in dieser Arbeit die Stücke des Repertoires, das in dieser Zeit entstanden ist, als Musikstücke bezeichnet statt als Kompositionen, und derjenige Meister, der ein Musikstück verfaßt hat, wird ‚Verfasser‘ genannt. Aufgrund der nichtexistierenden Freiheit des Individuums kann die Naphat-Musik bzw. die siamesische Musik mit „funktionaler Musik"[31] verglichen werden.

Im Hinblick auf den zeremoniellen Charakter soll hier noch auf einige Punkte hingewiesen werden: Bei feierlichen Anlässen soll die Musik nach der Empfindung des Siamesen laut und ernsthaft, aber auch lebhaft sein. Aus diesem Grund wird die Naphat-Musik nur von dem sogenannten Piphat-Ensemble aufgeführt, das mit solchen Instrumenten besetzt ist, die eine entsprechende Klangwirkung entfalten, z. B. Pi (Thai-Oboe), Ranat ek und Ranat Thum (Thai-Xylophone von unterschiedlichem Tonumfang), Khonwong yai und Khongwong lek (Thai-Kesselgongs von unterschiedlichem Tonumfang) sowie verschiedenen Schlagwerken[32].

2. Die Unterhaltungsfunktion der Theatermusik am Königshof

Die siamesische Musik ist grundsätzlich eng mit dem Theater verbunden und hat eine mit diesem gemeinsame Entwicklungsgeschichte. Es ist in Siam unvorstellbar, Theater ohne Musik aufzuführen. Beim siamesischen Theater handelt es sich um ein ‚Tanztheater‘, in dem Tanzdarbietung und Musik immer zusammen agieren. Mit dem abendländischen ‚Theater‘ kann es nur begrenzt verglichen werden; eher ist es als eine eigene Gattung anzusprechen. Im Unterschied zum abendländischen Theater wird die Aufführung nicht aus Akten mit durchgehender Dialogisierung aufgebaut, die die Handlung in ihrer Einheit zum Höhepunkt führen, sondern sie wird in Form eines epischen Rezitationsvortrags gegeben, begleitet von Musik und den mimisch tanzenden Schauspielern[33]. Es

---

[31] Zur Terminologie siehe A. von Massow, Art. Funktionale Musik in: *HmT*, 22. Ausl., 1994.

[32] Siehe auch die verschiedenen Besetzungen von dem Piphat-Ensemble im Anhang: *Ensembles und ihre Besetzungen.*

[33] Hier ist noch auf die weiteren Unterschiede zum abendländischen Theater hinzuweisen. Die siamesische Aufführung kennt keine Bühne nach abendländischer Auffassung. Die Bühne besteht traditionell aus einer viereckig angelegten Fläche. Diese kann entweder auf dem Boden oder auf einer leicht erhöhten Plattform liegen. Die Vorstellungsfläche kann entweder nach allen vier Seiten hin geöffnet oder an einer von einem Vorhang abgeschlossen sein. Dahinter gibt es einen Raum, in dem die Darsteller sich kostümieren und ihren Auftritt abwarten. Unbekannt ist

wird entweder nur eine Episode oder eine ganze Geschichte vom Anfang bis zum Ende durchgehend aufgeführt. Die Aufführung dauert in der Regel den ganzen Abend, die des Hoftheaters sogar zwei bis drei Tage[34].

Das siamesische Theater existiert seit der Ayudhaya-Periode insgesamt in vier Gattungen, die folgende Bezeichnungen tragen: das Lakon, das Khon (Tanztheater mit Helmmaske), das Nang (das Schattentheater) und das Hun grabog (das Puppentheater). Dem Lakon sind noch drei weitere Gattungen untergeordnet[35]: das norah-dschatrie (das Wandeltheater), das Lakon nok (das Volkstheater, meist in der Stadt, und das Theater an den Höfen der Prinzen und Adligen) und das Lakon nai (das königliche Theater); in der vorliegenden Arbeit werden das Lakon norah-dschatrie sowie das Lakon nok nicht berücksichtigt. Lakon nai, Khon, Hun grabog[36] und Nang[37] wurden am siamesischen Königshof gepflegt. Aber Lakon nai und Khon stehen im Mittelpunkt der Beliebtheit, nicht nur weil hier die Naphat-Musik eine besondere Bedeutung hat, sondern auch, weil die Gestaltung der Aufführung, wie beispielsweise der Theaterstoff, die Tanzdarbietung und die Kostüme, in erster Linie als königliche Repräsentation fungiert. Infolgedessen werden in der vorliegenden Arbeit nur Lakon nai und Khon berücksichtigt; die beiden anderen Gattungen haben ihr musikalisches Material ohne eigene Entwicklung von den ersteren bezogen.

---

außerdem das Bühnenbild oder eine Bühnenbeleuchtung. Die Aufführung findet daher nur bei Vollmond statt. Das Piphat-Ensemble befindet sich meistens an einer Seite der Bühne. Der Rezitator sitzt entweder in einer Reihe vor dem Ensemble oder an der gegenüberliegenden Seite der Spielfläche. Es ist nicht überliefert, wie die königliche Bühne ausgesehen hat. Sie soll aber nicht sehr von der obigen Schilderung abweichen (vgl. Kl. Rosenberg, *Die traditionellen Theaterformen Thailands von den Anfängen bis in die Regierungszeit Rama's VI.*, Hamburg 1970, S. 287 f.).

[34] Vgl. Prinz Ch. Chakrabongse, S. 96. Der Autor dieses Buches berichtet, daß er zwischen 1914 und 1915 sogar eine Aufführung der ganzen Geschichte von Ramakien gesehen habe, die über einen Monat gedauert haben soll. Darüber hat die preußische Gesandtschaft berichtet, als sie sich während der Vertragsverhandlung 1861/ 62 in Bangkok aufhielt. Der König hat ihn zur königlichen Aufführung eingeladen, diese Aufführung hat einen ganzen Abend und den folgenden Tag gedauert (siehe Kapitel II in: *b) Die siamesische Musik und Kultur aus der Sicht der Preußen*).

[35] Vgl. Prinz Damrong Rajanubhab, *Lakonram [Abhandlung über das Thai-Tanztheater]*, in: Bericht vom Kongreß 14.-15. März 1991 der Thammasart Universität und des Fine Arts Department, Bd. I, Bangkok 1991, S. 89 (im folgenden abgekürzt als Prinz Damrong).

[36] Die weiteren Informationen über Hun grabong, z. B. die Aufführung sowie Musik, sind im Werk von M. Tramod zu finden. Siehe M. Tramod, *Ganlalen khongthai [Thai-Festlichkeiten]*, Bangkok ²1997, S. 15-30.

[37] Über Nang ist im Werk von Prinz Dhani Nivat Bidyalabh, *Nang Talung*, in: JSS XLVII/2 (1959), S. 181 und M. Tramod, *Ganlalen khongthai [Thai-Festlichkeiten]*, S. 117-135, nachzulesen.

a) Das Lakon nai

Lakon[38] nai heißt wörtlich das Innentheater. Gemeint ist das Theater, das ausschließlich am königlichen Hof bei festlichen Unterhaltungen aufgeführt wurde. Über die genauere Entstehungsgeschichte gibt es keine gesicherte Überlieferung. Das Lakon nai soll dem Volkstheater, dem Lakon norah-dschatrie und dem Lakon nok, entstammen und entstand wahrscheinlich erst im 18. Jahrhundert, und zwar zwischen der Regierungszeit von König Thepraja (1688-1703) und König Boromakot (1733-1758), einer Zeitspanne von etwa 70 Jahren[39]. Laut Palastgesetzen (Gotmontienban) aus dieser Zeit wird das Lakon nai ausschließlich am Königshof gepflegt; eine solche Aufführung am Hof eines Prinzen oder auf Volksbühnen war strikt verboten; erst in der Mitte des 19. Jahrhunderts wurde dieses Verbot aufgehoben[40].

Die Beziehung zum Volkstheater zeigt sich darin, daß das Lakon nai über drei Hauptdarsteller auf der Bühne verfügt. Während die Aufführung des Volkstheaters durch drei männliche Darsteller erfolgt, wird das Lakon nai ausschließlich von Frauen aufgeführt. Um beide Gattungen voneinander unterscheiden zu können, wurden die Suffixe „nai" und „nok" verwendet[41]. „Nai" ist ein Adjektiv und bedeutet *innen*; das Lakon nai heißt also das Theater, das *inner*halb des Königspa-

---

[38] Der Begriff Lakon ist im allgemeinen bis heute nur die Kennzeichnung für das Theater, wobei noch nicht geklärt ist, aus welcher Sprachwurzel der Begriff hergeleitet ist. Es gibt zwei Theorien über die etymologische Herkunft. Die eine besagt, daß er aus der Abkürzung des Namens der Stadt Nakon Srithammarat im Süden von Thailand stammt (vgl. Dh. Yupho, *Khon*, S. 23 ff.). Zum anderen wird vermutet, daß der Begriff „Lakon" aus dem javanischen „laku + an" (wörtlich Handlung sowie ‚Verlauf') hergeleitet ist (vgl. Kl. Rosenberg, op. cit., S. 17).

[39] In Thailand wird die Abhandlung von De la Loubère als Anhaltspunkt betrachtet. Simon De la Loubère war ein Gesandter Ludwigs XIV. und hielt sich 1688 in Ayudhaya auf. Dort hat er ein Buch über Siam verfaßt: *Du Royaume de Siam*, Amsterdam 1691. Darin überlieferte er unter anderem viele wichtige Einzelheiten über die Musik und das Theater Siams. Da er in seinem Werk nur die königliche Khon-Aufführung erwähnt, geht man davon aus, daß das Lakon nai zu der Zeit noch nicht existierte. Die erste schriftliche Aufzeichnung über das Lakon nai findet sich im Werk *Bunowat khamdschan* von Mahanak in der Zeit des Boromakot (1733-1758). Das Lakon nai könnte also, so wird in Thailand vermutet, entweder in dessen Regierungszeit oder kurz davor entstanden sein. Denn die Entstehung desselben war mit einer verwirrenden politischen Situation verbunden, in der ein König von einem Darsteller während einer Aufführung umgebracht wurde. Infolgedessen wurde ein Palastgesetz erlassen, daß das königliche Theater ausschließlich aus weiblichen Darstellerinnen zu bestehen hatte. Seitdem wurde das siamesische Theater getrennt in das Lakon nai (das Innentheater), also das königliche Theater und das Lakon nok (das Außentheater), d. h. das übrige Theater, das sowohl am Hof der Prinzen und Adligen als auch auf der Volksbühne aufgeführt wurde (vgl. Prinz Damrong, *Tamnan Lakon I-nao*, [*Geschichte des Theaterstücks I-nao*], Bangkok 1921, S. 1 ff.).

[40] Prinz Damrong, *Tamnan Lakon I-nao*, ebd.

[41] Vgl. M. Tramod, *Ganlalen khongthai*, S. 13.

10

lasts gepflegt und aufgeführt wird[42]. „Nok" ist ebenso ein Adjektiv und bedeutet *außen*; so heißt das Lakon nok das Theater, das *außer*halb des Königspalasts aufgeführt wird: sinngemäß das Volkstheater. Auch das Theater, das am Hof der Prinzen sowie der Adligen gepflegt wird, heißt Lakon nok[43]. Das Lakon nai fungiert in erster Linie als Hofrepräsentation. Es zeichnet sich durch die höchste Form der Darbietung und Ausstattung aus . Die Lakon nai-Aufführung beschränkt sich auf drei Theaterstoffe: *U-narut*, *I-nao* und *Ramakien*[44]. Bei diesen handelt es sich ausschließlich um Heldengeschichten, in denen der Held der jeweiligen Geschichte den König verkörpert[45]. Die Darstellung des Lakon nai erfolgt durch drei verschiedene Gruppen von Akteuren[46]: den Rezitator, die drei Tänzerinnen und die Musiker. Die Selbstdarstellung des Herrschers bei der Aufführung wird von den oben genannten fünf Schönheitsidealen, einer Form des ‚Gesamtkunstwerks' am Königshof, unterstützt[47]: die Pracht und die Auslese der Kostüme, die kunstvolle Poesie im Theatertext[48], die stilisierte Kunst der Tanzdarbietung, der Gesangs-[49] und der Musikvortrag. Die dramatische Verwirklichung

---

[42] Auch wird Lakon nai als Hofdamen-Theater bezeichnet. Es wird davon ausgegangen, daß „nai" die Abkürzung von Nang nai, Hofdame, ist (vgl. Prinz Damrong, *Tamnan Lakon I-nao*, S. 13).

[43] Sathiengoseth, *Rong ram thamphleng [Singen, tanzen und musizieren]*, in: *Grundzüge der Zivilisation, Musik und Tanzkunst Thailands*, Thammasart Universität, Bangkok 1972, S. 25.

[44] Vgl. Prinz Damrong, *Tamnan Lakon I-nao*, S. 2.

[45] Die Geschichte des *U-narut* z. B. erzählt von dem Gott Krṣṇa, einer anderen Gestalt des Gottes Viṣṇu. Bei *I-nao* handelt es sich um eine Königsgeschichte aus Indonesien (vgl. Prinz Damrong, *Tamnan Lakon I-nao*, S. 9 f.). Während der Theaterstoff im Lakon nok aus mehr als 20 Stücken besteht, welche meistens dem buddhistischen Jakata entstammen, handelt es sich hier um eine Göttergeschichte (vgl. Prinz Damrong, *Tamnan Lakon I-nao*, S. 8 ff.).

[46] Vgl. Prinz Damrong, *Tamnan Lakon I-nao*, S. 6.

[47] Vgl. Prinz Damrong, *Tamnan Lakon I-nao*, S. 16 ff.

[48] Der Text wurde in der Regel entweder vom Hofdichter oder vom König selbst verfaßt. Der König ist zugleich der Herausgeber der gesamten Fassung. Diese besteht aus Versen unterschiedlicher Metrik und wurde meist in sechzehnsilbigen Versen mit je zwei achtsilbigen Halbversen abgefaßt, welche durch ein kompliziertes Reimschema miteinander verbunden sind. Der Text, der traditionell auf Palmblättern geschrieben wurde, soll zwei Zwecken dienen: Zum einen dient er als Literatur und baut zu einem großen Teil auf der Literatur Siams auf, zum anderen dient er im allgemeinen der Aufführung, obwohl dies ursprünglich aufgrund seiner Länge nicht so gedacht war. Erst König Rama II. (1809-1824) verfaßte den Text unter Berücksichtigung der Aufführungen neu. Trotzdem ist der Text immer noch so umfangreich, daß es für die Darstellerinnen unmöglich ist, diesen auswendig vorzutragen. Den Vortrag übernimmt daher der Rezitator (vgl. Ch. Sawetanant, *Tamnanganlakon [Abhandlung über Thai-Theater]* in: *Grundzüge der Zivilisation, Musik und Tanzkunst Thailands*, Thammasart Universität, Bangkok 1972, S. 56 f.).

[49] Die Art und Weise des siamesischen Gesangsvortrags ist mit abendländischen nicht vergleichbar. Der Vortrag ist eine Mischung von Sprechgesang und Rezitation mit Melismen aus dem Kehlkopf. Je höher und stilisierter der Gesangsvortrag ist, desto mehr wird mit Melisma vorgetragen, d. h. der Sänger bzw. die Sängerin muß, um die hohe Vortragskunst zu zeigen, insbesondere im Lakon nai, in einem Melodiensatz viele Melismen verwenden. Der Gesangsvortrag im Stück *Khäkmon Bangkhunprom Thao* ist ein gutes Beispiel dafür (vgl. beispielsweise Tonb. 19,

zeigt sich darüber hinaus an den echten Kostümen des Königs sowie der Königin, die dem Publikum die Realitätsnähe verdeutlichen sollen. Die Tanzdarbietungen im Lakon nai sind im Vergleich zum Volkstheater ernsthafter und länger. Dabei enthält es grundsätzlich keine frei improvisierten komischen Episoden, wie beim Volkstheater, dem Lakon norah-dschatrie und dem Lakon nok, das dem Geschmack des Publikums angepaßt ist.

b) Das Khon

Das Khon[50] ist ursprünglich eine reine Tanzform mit Helmmasken im Rahmen einer hinduistisch-rituellen königlichen Feierlichkeit. Es existiert seit der Ayudhaya-Periode und hat eine eigene Entwicklungsgeschichte und Herkunft, die unabhängig vom Lakon nai ist. Das Khon soll der Hofzeremonie Indrapisek (Segnung des Gottes Indra), einer hinduistisch-rituellen Zeremonie[51], entstammen, die ursprünglich von Männern aus königlichen Familien aufgeführt wurde. Diese Zeremonie wird seit der Bangkok-Periode nicht mehr

---

22 und 25). Aus diesem Grund wird derjenige, der diese Rolle übernimmt, der „Rezitator" genannt. Darüber hinaus ist er dabei der Ansager, der den Gesang mit den Choristen, aber auch in Wechselrede vorträgt (vgl. M. Tramod, *Kuampenma khongdontrithai [Ursprung der Thai-Musik]*, in: *Grundzüge der Zivilisation, Musik und Tanzkunst Thailands*, Thammasart Universität, Bangkok 1972, S. 167 ff.).

[50] Die etymologische Herkunft des Khon-Begriffs ist bisher ungeklärt. Dh. Yupho stellt drei Möglichkeiten heraus: erstens aus einer Theateraufführung mit Trommel aus dem Bengalischen nach der Klangähnlichkeit des Wortes „Khor" oder „Khola". Zweitens: aus dem Tamil „Khwan" oder „Khon". Und drittens: aus einem gewissen persischen Puppenspiel mit Rezitation. Auch bei den Khmer (altes Kambodscha) ist es derselbe Ausdruck und hat dieselbe Bedeutung wie Khon im Thailändischen (vgl. Dh. Yupho, *Khon*, S. 23 ff.). George Coedès weist darauf hin, daß der Ausdruck Khon möglicherweise aus „Khol" im Kambodschanischen stammt (vgl. G. Ceodès, *Origine et évolution des diverses formes du thèatre traditionel en Thailande*, in: Bulletin de la Société des Etudes Indochinoises, Nouvelle Série XXXIII, S. 498). Kl. Rosenberg hält jedoch Coedès Theorie für unwahrscheinlich (Siehe seine Diskussion der Herkunft des Khon in: Kl. Rosenberg, op. cit., S. 9 ff.).

[51] Diese Zeremonie wurde zum Beispiel anläßlich der Volljährigkeit eines Prinzen am Königshof durchgeführt. Nach der Vorschrift des alten Palastgesetzes (Gotmonthienban) dauerte sie mehrere Tage. Am 5. Tag, dem Höhepunkt der Veranstaltung, wurde eine Zeremonie in Form einer Tanzdarbietung, der sogenannten *Dschaknak Dükdamban* (Ziehen der alten Schlange), abgehalten. Sie entstammt einer indischen Sage von der Quirlung des Milchozeans (Guangrasien samuth), wodurch ein Unsterblichkeitsgetränk (Amṛtamanthana) gewonnen werden soll. Diese Zeremonie ist eine Mischung zwischen dem *Ramayana*-Epos und der Sage von Harivaṃsa (siehe die ausführliche Erläuterung von diesem Quirlungsmythus in dem Werk von Kl. Rüping, *Amṛtamanthana und Kūrma-Avatāra: Ein Beitrag zur puranischen Mythen- und Religionsgeschichte*, Wiesbaden 1970). Unerwähnt bleibt die Rolle der Musik und wie diese vorgetragen wurde (vgl. Dh. Yupho, *Khon*, S. 14 ff.). Nach der Diskussion von Kl. Rosenberg soll die *Dschaknak dükdamban*-Zeremonie trotz der Erwähnungen in königlichen Hofchroniken möglicherweise nicht existiert haben (siehe seine Diskussion in: Kl. Rosenberg, op. cit., S. 11 ff.).

durchgeführt. Lange Zeit stand das Khon in einer Wechselbeziehung mit dem Lakon nai, und allmählich wurde es in die Theatergattung eingegliedert[52].

Als Theatergattung dient die Khon-Aufführung in erster Linie zur Unterhaltung, aber sie greift noch auf ihre ursprüngliche rituelle Bedeutung zurück. Daran läßt sich noch erkennen, daß das Khon ausschließlich anläßlich größerer Hoffeierlichkeiten des Königs oder der königlichen Familien aufgeführt wurde, z. B. bei Königskrönungen, bei Kremationsfeiern, bei königlichen Tempeleinweihungen oder bei höfischen Festlichkeiten anläßlich von Geburtstagen und Hochzeiten, beim Eintritt von Prinzen in den Mönchsorden und beim Empfang weißer Elefanten in der Hauptstadt[53]. Vor allem wird bei der Khon-Aufführung schließlich das *Ramakien* aufgeführt. Wie beim Lakon nai wirken hier in der Regel drei verschiedene Gruppen von Hauptakteuren zusammen[54]: Rezitator, männliche Tanzdarsteller und Musiker des Piphat-Ensembles.

Die Aufführung im siamesischen Theater gliedert sich in der Regel in zwei Teile[55]: in das Vorspiel und den eigentlichen Aufführungsteil. Das Vorspiel umfaßt wiederum zwei Teile[56]: das Musikvorspiel und das Tanzvorspiel; dann schließt sich die Hauptaufführung an. Da die Aufführung ohne Regisseur, Choreograph oder Dirigent abläuft, anders als in der abendländischen Tradition, müssen alle drei Akteure miteinander agieren: der Rezitator, die Darsteller und die Musiker. Folglich haben sie gleich wichtige Rollen bei der Aufführung. Der Rezitator hat den ganzen Aufführungs-Text vorzutragen, weil die Darstellerin-

---

[52] Bezüglich der theatralischen Darbietung geht das Khon Dh. Yuphos Forschung zufolge auf folgende vier Einflüsse zurück: Erstens bezüglich der künstlerischen Darbietung und der Kostüme der Darsteller auf die *Dschaknak dükdamban*-Zeremonie (Ziehen der alten Schlange). Zweitens stammt die Tanzdarbietung des Khons aus Khrabikrabong (Rapier und Keule), einem Kriegswaffentanz. Drittens entstammen das Instrumental-Ensemble und die Darsteller der Besetzung dem Khathakali, einer Theatergattung Südostindiens. Viertens ist die auffallende Rolle des Ansagers aus dem Schattentheater (Nang yai) hergeleitet. Das Khon gliedert sich nach der Ausstattung wiederum in fünf Formen: Erstens Khon glangpläng (Khon, das auf offenem Platz aufgeführt wird), zweitens Khon rhong nok oder Khon nangrao (Khon, das außerhalb des königlichen Palastes aufgeführt wird), drittens Khon nahdscho (Khon, das vor der Leinwand des Schattenspiels und mit diesem zusammen aufgeführt wird), viertens Khon rongnai (Khon, das am Königshof aufgeführt wird) und fünftens Khon dschag (Khon, das mit Bühnenbild ausgestattet wird). Abgesehen von obigen unterschiedlichen Ausstattungen sind die Tanzdarbietung und die Musik prinzipiell gleich. In dieser Arbeit wird daher das Khon im allgemeinen dargestellt werden (vgl. Dh. Yupho, *Khon*, S. 36 ff.).

[53] Vgl. Dh. Yupho, *Khon*, S. 48 f.

[54] Vgl. Dh. Yupho, *Khon*, S. 127 f.

[55] Vgl. S. Phukaothong, S. 166.

[56] Vgl. M. Tramod, *Dontri lae khabrong pragobgansadäng lakonram* [*Musik und Gesangsvortrag beim Tanztheater*], in: Silapa Lakonram, hrsg. v. Dhanit Yuphao, Bangkok 1973, S. 263.

nen nur Tanzdarbietung bringen, jedoch keinen Dialog[57]. Dabei gibt es drei Arten des Vortrags[58]: die Einleitung oder beispielsweise Erläuterung der Handlung jeweils neuer Szenen (Kham pak), die Wechselrede (Kham Dscheradscha) und den Gesang (Bot rong)[59]. Die Aufführung bzw. jede neue Szene beginnt üblicherweise mit einer Rezitation zur Einleitung der Handlung. Diese übernimmt der Rezitator, indem er den Theatertext rezitiert und darin die Musiker auffordert, ein bestimmtes Musikstück vorzutragen. Was für ein Musikstück aufgeführt wird, ist im Theatertext fest vorgeschrieben und wird immer am Ende der Theaterverse angekündigt. Nun erscheinen die Darsteller auf der Bühne. Sie konzentrieren sich allein auf die mimische Tanzdarbietung, von der es zwei Arten gibt[60]: diejenige zur Begleitung des Textvortrags (Ram bot) und diejenige zur Begleitung der Naphat-Musik (Ram Naphat).

Beim Vortrag der Naphat-Musik gibt es ebenfalls zwei Arten[61], nämlich den Vortrag mit und ohne Tanzdarbietung. Die Naphat-Musik mit Tanzdarbietung ist mit der oben schon erwähnten Ram Naphat identisch. Besonders interessant ist der Vortrag der Naphat-Musik ohne Tanzdarbietung; sie ist überwiegend für die Szenen bestimmt, die nicht auf der Bühne dargeboten werden dürfen. Es ist im siamesischen Theater üblich, daß Szenen wie beispielsweise eine Hinrichtung, das Einnehmen der Opfergabe sowie das Speisen, Baden und die Erscheinung der Götter nicht zur Darstellung gebracht werden[62]. Ebenso solche Szenen wie beispielsweise eine Verwandlung oder das Fliegen. Sie werden statt dessen durch den Vortrag der Naphat-Musik vermittelt, das Publikum soll sich diese Szenen selbst vorstellen. Aus alldem läßt sich ableiten, daß die Naphat-Musik sehr eng mit dem Theater zusammenhängt.

Die Stücke im siamesischen Theater werden im allgemeinen in acht Szenen eingeteilt, unabhängig vom behandelten Stoff[63]: Einleitung oder auch Handlungs-

---

[57] Dies hat der König von Siam Eulenburg persönlich mitgeteilt, als er ihn zum königlichen Theater einlud. So hat Eulenburg berichtet: „daß auf dem königlichen Theater, wo lauter vornehme Damen spielen, nur getanzt wird und keine Konversationsstücke aufgeführt werden, da in Letzteren aufzutreten nicht für anständig gilt." (*Ost-Asien 1860-1862 in Briefen des Grafen Fritz zu Eulenburg*, hrsg. v. Philipp zu Eulenburg-Hertefeld, Berlin 1900, S. 397 f.).

[58] Vgl. Dh. Yupho, *Khon*, S. 128 ff.

[59] Es gibt z. B. die Gesangsstücke *Phleng rai* (Schilderung), *Dschomdong* (Waldbesichtigung). Das Gesangsstück im Theater ist ein Kapitel für sich, es wird in der vorliegenden Arbeit nicht berücksichtigt. Weitere Information ist beispielsweise in: Prinzessin Sirindhon, *Gnamphanbubha sumamal rüngbetaleddschang i-naobangton* [*Schöne Blumen. Einige Bemerkungen über den I-nao-Theaterstoff*], Bangkok 1985, zu finden.

[60] Vgl. Dh. Yupho, *Khon*, S. 152 ff.

[61] Vgl. M. Tramod, *Wongdontrithai lae ganbanlengdontrithai* [*Ensembles und Aufführungspraxis der Thai-Musik*] in: Bericht vom Kongreß 1. November 1987, der Kasetsart Universität, Bangkok 1987, S. 44.

[62] Vgl. S. Nimnetiphan, S. 185.

[63] Vgl. S. Nimnetiphan, S. 180 ff.

erläuterung, rituelle Zeremonie, Annäherung zwischen Mann und Frau, Reue, Reise, Naturbeschreibung, Bad und rituelle körperliche Reinigung sowie Feldzug. Man kann sagen, daß eine Vorstellung nur diese acht Szenen kennt. Auch läßt sich beobachten, daß es sich bei diesen Szenen um ‚Vorratsszenen‘ handelt. Analog dazu kann das Repertoire der Naphat-Musik als ‚Vorratsmusik‘ eingeordnet werden. So wird die Naphat-Musik in sieben Kategorien eingeteilt[64]: Musik für Fortbewegung, Feldzug, Gemütsbewegung (Freude), Magie, Schlaf, Opfergabe und körperliche Reinigung. Diese umfassen insgesamt etwa 40 Stücke[65]. Innerhalb der jeweiligen Kategorien werden die Figuren der Handlung wiederum drei gesellschaftlichen Kasten zugeordnet: es gibt Musik für Hauptgötter, Herrscher sowie Götter von normalem Rang und Musik für Soldaten, Affen und Dämonen von niedrigem Rang. Wie bereits erwähnt, wird sie als hohe, mittlere und niedrige Naphat-Musik bezeichnet und soll dabei den Auftritt der jeweiligen Figur gewichtig ankündigen.

Im Hinblick auf das Musikalische wird nach ‚Tonleiter‘ (Thang), Schlagmuster und Melodie unterschieden. Dies läßt sich in erster Linie am Titel erkennen, nämlich durch die Suffixe „-nai“ (innen) oder „-nok“ (außen).[66] Die Kennzeichnungen „-nai“ und „-nok“ beruhen zunächst auf dem Namen der ‚Tonleiter‘ Thang nai (der Pentatonik auf G) und Thang nok (der Pentatonik auf C). Die Namen Thang nai und Thang nok sind wieder von den Namen zweier Thai-Oboen hergeleitet, nämlich von Pi nai und Pi nok, weil Pi nai (im Tonumfang von (d) f bis c^3 (e^3)) für die Pentatonik auf G und Pi nok (im Tonumfang von (g) a bis f^3 (a^3)) für die Pentatonik auf C geeignet ist. Die Pi nai gehört in der Regel zu dem Piphat-Ensemble von Lakon nai (königlichem Theater), Pi nok zu dem Piphat-Ensemble von Lakon nok (Volkstheater). Infolgedessen richtet sich das Piphat-Ensemble in der Lakon nai-Aufführung nach dem Tonumfang von Pi nai, in der Lakon nok-Aufführung nach dem Tonumfang der Pi nok. Da die Lakon nai-Aufführung ernsthafter ist als die Aufführung des Lakon nok, ist die Musik durch das Suffix „-nai“ als ernsthaft charakterisiert. Im Gegensatz dazu ist die Musik mit dem Suffix „-nok“ lebhaft und beweglich. Nach diesem Prinzip werden die Suffixe „-nai“ und „-nok“ wiederum für den Charakter der Theaterfiguren aufgegriffen. So wird die

---

[64] Vgl. J. Ratanawaraha, *Phleng Naphat* [*Naphat-Musik*], in: *Phleng Naphat*, Bericht vom Kongreß 20.-21. Januar 1995 der Chulalongkorn Universität und des Fine Arts Department anläßlich des 50. Jahrestags der Thronbesteigung des Königs Bhumiphol, Bangkok 1995, S. 13.

[65] Die Naphat-Musik wurde zum ersten Mal 1966 von J. Ratanawaraha systematisch in seinem Werk: *Phleng Naphat* [*Naphat-Musik*], Bangkok 1966, dargestellt. Diese hat Ch. Pikulsri 1989 seiner Recherche zugrunde gelegt (vgl. Ch. Pikulsri, *Sanghitniyom waduoi dontrithai* [*Abhandlung über die Thai-Musik*], Bangkok 1987, S. 80 ff., im folgenden abgekürzt als Ch. Pikulsri). Mit den oben nach ihm dargestellten etwa 40 Stücken der Naphat-Musik ist das Repertoire selbstverständlich noch nicht ausgeschöpft, es sind weitere Forschungen notwendig, insbesondere im Hinblick auf Transkription und Analyse. Die Angabe der Naphat-Musik in dieser Arbeit beruht auf der Forschung von Ch. Pikulsri.

[66] Vgl. M. Tramod, *Sabsanghit*, S. 18 f.

Musik für Rāma und seine Leute mit dem Suffix „-nok", und die Musik für Dämonen mit dem Suffix „-nai" versehen. Es gibt zum Beispiel die zwei Stücke *Grau nai* und *Grau nok*; *Grau nok* ist die Musik zum Feldzug Ramas und seiner Leute, *Grau nai* die Musik für die Dämonen. So entspricht das Stück *Grau nok* dem heitereren, leichteren und beschwingteren Charakter; das Stück *Grau nai* hat einen schwerfälligen und drohenden Charakter[67].

Zunächst soll die erste Kategorie der Naphat-Musik behandelt werden, nämlich die Musik für die Fortbewegung. Diese Kategorie gliedert sich wiederum in zwölf Stücke:

Samoe (wörtlich: gleich[68]) ist ein ziemlich langsames Stück und bestimmt im allgemeinen die ruhige Fortbewegung über kleine Strecken. Unter der Bezeichnung *Samoe* gibt es insgesamt acht verschiedene Stücke, die die Figuren jeweils kennzeichnen: *Samoe mara* (sinngemäß: stellvertretend für den Dämon) repräsentiert die Hauptdämonen wie beispielsweise den Thosagan (Rāvaṇa), *Samoe khaothi* (sinngemäß: Ankunft [der Geister]) beschreibt die Ankunft der Geister von verstorbenen Musiklehrern; dieses Stück wird meist zur rituellen Zeremonie verwendet; *Samoe tiennok* (sinngemäß: stellvertretend für den Vogelfuß) oder *Bahtsagunie* (Vogelfuß, also Garuḍas Fuß; Garuḍa ist der Vogel des Gottes Śiva) repräsentiert Rāma oder auch andere Gestalten, die der Gott Nārāyaṇa (Viṣṇu) annimmt, *Samoe thera* (stellvertretend für den Einsiedler) repräsentiert den Ṛṣi (Einsiedler), *Smoe kham samuth* (sinngemäß: den Ozean überqueren) beschreibt den Feldzug Ramas nach der Insel Longa (die Stadt Rāvaṇas), um seine Frau Sītā zurückzuholen, *Samoe phi* (sinngemäß: Gespenstererscheinung) stellt den Thosagan-Feldzug dar, bei dem er seine gefallenen Soldaten mit Hilfe von Magie wiederbelebt, *Samoe mon* (sinngemäß: nach der Melodie der Mon[69]), *Samoe phama* (nach birmanischer Melodie) und *Samoe lao* (nach laotischer Melodie) repräsentieren die Hauptfiguren in anderen Theaterstoffen, die aus den Nachbarländern stammen, wie beispielsweise aus Birma und Laos.

Dschoed (hochhalten, entfliehen oder auch ehren) beschreibt die hektische Bewegung auf einem Feldzug. *Dschoed* umfaßt drei Stücke: *Dschoed dsching* (wörtlich: *Dschoed*-Stück mit Begleitung von Beckenschlag) begleitet den Waf-

---

[67] Vgl. hierzu auch die Erläuterung der Thang in: *Thang (die ,Leiter' in der Thai-Musik)* im Anhang.

[68] Die folgenden Titel von Naphat-Musik werden seit Generationen mündlich überliefert. Sie liegen in keinen schriftlichen Quellen einheitlich vor. Demzufolge wird mancher Titel bei Meisterschulen unterschiedlich geschrieben; dessen ungeachtet sind die Laute jedoch miteinander identisch. Aufgrund dieser Abweichung in der schriftlichen Fassung ist es jedoch schwierig, der Grundbedeutung nachzugehen. Die Abweichung bei manchem Titel ist sogar so groß, daß die Bedeutung des Begriffs nicht mehr mit der Funktion übereinstimmt. Bei der Feldforschung in Thailand 1997 hat der Verfasser diese Frage den dortigen Musikern und Musikwissenschaftlern vorgelegt. Bedauerlicherweise konnte niemand die genaue Deutung sowie Etymologie nennen. Folglich wird versucht, diese Titel sinngemäß ins Deutsche zu übertragen.

[69] Die Mon sind eine Ethnie an der Grenze zwischen Thailand und Birma. Die Mon-Kultur ist sehr alt und stand seit den Anfängen mit der Thai-Kultur in Wechselbeziehung.

16

fentanz und die Szene, in der die Darsteller etwas verheimlichen wollen, aber auch die Longa-Brandszene, in der die Hauptstadt von Thosagan in Brand gesteckt wird und alle Bewohner in Panik geraten; *Dschoed nok* (wörtlich: *Dschoed*-Stück in Thang nok, also 'Pentatonik auf C'[70]) beschreibt ausschließlich die Handlung des weißen Affen Hanumān (Hanumat). Und *Dschoed dschan* (sinngemäß: hinaufblikken) begleitet nur die Jagdszenen von Rāma.

Prahm kao (ein Brahmane, zur Zeremonie gehend) und *Prahm ohk* (ein Brahmane, von der Zeremonie herkommend) bezeichnen jeweils die Zauberei der Hauptfigur, aber auch der Hauptdämonen.

Rug ron (Hektik) begleitet den Feldzug von Rāma und seiner Truppe.

Phraya doen (Zug eines Edlen) beschreibt die Erscheinung von hohen Persönlichkeiten in feierlicher Stimmung.

Dschub (wörtlich: eintauchen oder neu beleben) begleitet die Erscheinung der Dienstleute.

Khomwiean (mit der Laterne umkreisen) beschreibt die Versammlung der Götter bei einer Zeremonie.

Hoa (fliegen) beschreibt die Ankunft der Götter, jedoch ohne feierliche Stimmung.

Glom (wörtlich: Rund) begleitet die Erscheinung eines der Hauptgötter.

Lo (schaukeln oder rudern) beschreibt die Bootsfahrt.

Plae (wörtlich: plumpsen) versinnbildlicht den Flug von Garuḍa.

Khaomaan (hinter den Vorhang treten) beschreibt den feierlichen Ein- oder Auszug einer rituellen Zeremonie im Rahmen der Handlung.

Die zweite Kategorie der Naphat-Musik ist der Feldzugsszene zugeordnet. Diese Musik wird ausschließlich in der *Ramakien*-Aufführung gespielt. Sie untermalt die Feldschlacht von Rāma gegen den Thosagan. Die Musik beschreibt die Situation, in der sich die beiden Truppen gegenüberstehen und Feldherren beider Seiten ihre Truppen inspizieren. In der Musik zur Begleitung der Schlachtfeldszene spielt die Trommel eine große Rolle. Sie entspricht etwa einer europäischen 'Marschmusik'. Dabei unterscheidet man fünf Stücke:

Pathom (wörtlich: Anfang oder Grund) beschreibt die Inspektion der Kampfbereitschaft der Truppen durch die Feldherrn beider Seiten.

Grau nok (*Grau* heißt wörtlich lärmend oder laut; das *Grau*-Stück entspricht der 'Marschmusik', so heißt *Grau nok* sinngemäß 'Marsch in Thang nok, also 'Marsch' in 'der Pentatonik auf C') beschreibt den Feldzug Rāmas.

Grau nai ('Marsch' in Thang nai, also in 'der Pentatonik auf G') begleitet die Demonstration der Kampfbereitschaft der Truppe von Thosagan.

Grau glang ('Marsch' in Thang glang, also in 'der Pentatonik auf A') beschreibt die Truppenbewegung der menschlichen Soldaten.

---

[70] Siehe „Thang nok" in : *Thang (die 'Leiter' in der Thai-Musik)* im Anhang.

Glong yon (wörtlich: Trommel werfen, sinngemäß: hergeleitet durch Trommeln) beschreibt den feierlichen Umzug der Masse, der Völker. Dieses Stück wird ferner auch in der rituellen Zeremonie gespielt.

Die dritte Kategorie der Naphat-Musik drückt die Gefühlsbewegungen wie beispielsweise Freude, Weinen, Schlaf oder Liebesszenen aus. In dieser Kategorie gibt es insgesamt neun Stücke:

Sinuan (wörtlich: hellbraune Farbe) beschreibt die Freude der Frauen.

Dschui dschai (stolzieren) bestimmt die Szene im *Ramakien*, die sogenannte Benjakay phlaeng tua (Benjakays Umwandlung), in der Nang Benjakay (die Schwester von Rāvaṇa) die Gestalt von Sītā annimmt, um Rāma zu täuschen. Nang Benjakay ist nun sehr von ihrer neuen Gestalt begeistert und bringt das im *Dschui dschai*-Tanz (Stolztanz) zum Ausdruck.

Phleng dscha (‚langsame‘ Musik) und *Phleng reow* (‚schnelle‘ Musik) sind Paarstücke und beschreiben fröhliche Stimmungen[71]. Es beginnt mit *Phleng dscha*, einem ‚langsamen‘ Stück und wird gefolgt von *Phleng reow*, einem ‚schnellen‘ Stück. *Phleng dscha* und *Phleng reow* gelten darüber hinaus als ein wichtiges siamesisches Grundtanzmuster. Heute werden sie auch zur Begrüßung beim Gastempfang gespielt.

Grau ram (sinngemäß: tanzen) unterstreicht die Freude und die Zufriedenheit von Rama, nachdem er die Stadt Longa (Laṅkā), die Residenzstadt von Rāvaṇa, erobert und verbrannt hat.

Ohd (klagen) stellt menschliche Traurigkeit dar. Der Rhythmus ist sehr unregelmäßig und entspricht dem menschlichen Weinen und Schluchzen in einer Szene, in der der Darsteller seinen Ort weinend verlassen muß.

Thayoi ohd (klagendes Weinen) drückt ebenfalls das Weinen aus. Es unterscheidet sich aber von *Ohd*, da es auch für Szenen bestimmt ist, in denen der Darsteller sitzen- oder stehenbleibt.

Dschoed (ehren) und *Ohd* (klagen) (ein Paarstück) beschreiben ebenfalls die Trauer und sind meist für die sogenannte Thed Mahājāti-Rezitation[72] reserviert.

Glom (wörtlich: Rund) ist eine Art Schlaflied, mit dem der Gatte seine Gattin oder jemand anders sich selbst in den Schlaf singt.

Lhom (streicheln) begleitet eine Liebesszene.

Die vierte Kategorie der Naphat-Musik beschreibt die übernatürlichen Kräfte, die von Göttern erzeugt werden. Diese können selbstverständlich nicht auf der

---

[71] Siehe die genaue Erläuterung von *Phleng dscha* und *Pleng reow* in Anmerkung 151.

[72] Bei der Thed Mahājāti-Rezitation handelt es sich um die Rezitation der 13 früheren Leben des Buddha, die nur von einem Mönch rezitiert wird. Nach jeder Episode wird ein Stück der Naphat-Musik vorgetragen, das jener Stimmung entspricht. Die Paarstücke *Dschoed* und *Ohd* werden nach der letzten Episode, der sogenannten Vesandana, gespielt. In diesem Leben war der Buddha ein Prinz Namens Vesandana. Prinz Vesandana war ein großer Stifter und schenkte seine beiden Söhne dem Einsiedler Dschu-dschok. Diese Paarstücke sollen die Traurigkeit der Mutter beschreiben, die ihre beiden Söhne verliert.

Bühne dargestellt werden; statt dessen werden sie durch diese Musik vermittelt. Sie gilt als heilig und wird in der Zeremonie verwendet. Dazu gehören insgesamt acht Stücke:

Rua (wörtlich: tremolieren; sinngemäß: trommeln) versinnbildlicht das plötzliche Eintreten von Wundern. Diese Musik wird zum Beispiel im *Ramakien* für die Hochzeitsszene von Rāma und Sītā gespielt, wo am Himmel plötzlich ein heiliger Blitz erscheint.

Kugphat (sinngemäß: Verzauberung) beschreibt den Sturm mit Blitz und Donner. Die Musik ist dementsprechend unregelmäßig im Tempo, abwechselnd langsam und schnell.

Tra[73] *nimit* (Verzauberung), 4.) *Dscham nan* (geschickt) und 5.) *Tra bong gan* (Keule)[74]. Diese drei Stücke stellen die Umgestaltungsszenen vor dem inneren Auge dar.[75]

Tra sannibath (Götterversammlung) stellt die Götterversammlung dar und wird auch in der rituellen Zeremonie verwendet.

Sathugarn (verehren) versinnbildlicht die Anbetung der Götter. Durch den Vortrag dieser Musik bezeigen die Menschen den Göttern Ehrfurcht. Sie wird deshalb auch zu Beginn der rituellen Zeremonie gespielt.

Tra dschoen (einladen) wird gespielt, um die Götter zum Besuch einzuladen. Dieses Stück versinnbildlicht zugleich den Göttersegen.

Die fünfte Kategorie der Naphat-Musik dient für Schlafszenen. Diese Szenen, wie bereits eingangs erwähnt, werden nicht auf der Bühne dargestellt, sondern durch den Vortrag dieser Musik vermittelt. Die Musik dieser Kategorie umfaßt zwei Stücke:

Tra non (schlafen) begleitet das Schlafen aller Figuren im *Ramakien*.

Tra narai banthomsinth (Gott Nārāyaṇa schläft auf dem Fluß) ist dagegen ausschließlich für die Schlafszene des Gottes Nārāyaṇa reserviert. *Tra narai banthomsinth* zählt zu den wichtigsten Stücken der Naphat-Musik.

Die sechste Kategorie der Naphat-Musik beschreibt, wie Götter die Opfergaben entgegennehmen und verspeisen. Diese Szene erscheint sehr oft dort in der Handlung, wo die Hauptfigur eine große Aufgabe übernimmt. Hier führt sie vorab eine rituelle Zeremonie durch und bringt den Göttern eine Opfergabe dar. Die Darstellung der Zeremonie erfolgt nicht auf der Bühne, sondern durch die Musik. Diese Musik wird bemerkenswerterweise in gleicher Funktion bei der rituellen Zeremonie gespielt. Sie wird später in der *Waikhru*-Zeremonie ausgeführt.[76] In

---

[73] Die Bedeutung von „*Tra*" ist etymologisch nicht nachzuweisen. Darum wird bei dem *Tra*-Stück nur der Beiname übersetzt.

[74] *Tra bong gan* wird in der thailändischen Sekundärliteratur gemäß der Laute einfach ‚Keule' genannt, aber der eigentliche Sinn sowie die Wortherkunft ist nichts zu ermitteln.

[75] Diese drei Stücke unterscheiden sich durch Tanzmuster. Es wird jedoch in der Quelle nicht angegeben, zu welcher Handlung die Musik jeweils vorgetragen wird.

[76] Siehe unten: *b) Die Waikhru-Zeremonie (der Lehrerverehrungs- und Initiationsritus)* dieses Kapitels.

dieser Kategorie gibt es zwei Stücke: *Nang gin* (Sitzen und Speisen) und *Zhenlau* (Opfergabe dargelegt mit Spiritus).

Die siebte Kategorie der Naphat-Musik ist verbunden mit der sechsten Kategorie. Dabei handelt es sich um eine körperliche Reinigung vor der rituellen Zeremonie. Die Musik dieser Kategorie symbolisiert die körperliche Reinigung aller Figuren im *Ramakien*. Diese Szene wird ebenfalls nicht dargestellt. Sie umfaßt zwei Stücke: *Longsohng* (baden) und *Longsohng thon* (wörtlich: allein baden). *Longsohng thon* wird gespielt, wenn die Reinigung endet.

Es ist bemerkenswert, daß es sich bei der vierten bis siebten Kategorie der Naphat-Musik um Szenen handelt, die nicht auf der Bühne dargestellt werden. Solche Szenen sind darüber hinaus in den ersten beiden Kategorien zu finden: *Samoe khaothi* (Ankunft der Geister), *Bahtsagunie* (Garudas Fuß) oder *Samoe tiennok* (Vogelfuß), *Samoe phi* (Gespenstererscheinung), *Prahm kao* und *Prahm ok* (ein Brahmane, der zur Zeremonie geht und von der Zeremonie herkommt), *Khomwiean* (mit der Laterne umkreisen), *Hoa* (fliegen), *Glom* (Rund), *Plae* (plumpsen) und *Glong yon* (hergeleitet durch Trommeln). Gemeinsam ist all diesen Stücken, daß sie, anders als die zu den sichtbaren Szenen gespielt werden, durchgehend zum Repertoire der hohen Naphat-Musik gehören; insbesondere *Tra narai banthomsinth* (Gott Nārāyaṇa schläft auf dem Fluß), die entweder die Götter repräsentieren oder ihre Handlungen beschreibt. Diese Stücke sind besonders hoch geachtet und werden in den rituellen Zeremonien wiederverwendet, oder wo die rituelle Bedeutung hervorgehoben werden soll, z. B. in Vorspiel-Zyklen.

Wie bereits eingangs erwähnt, beginnen alle siamesischen feierlichen Veranstaltungen mit der Vorspielmusik (der Homrong-Musik)[77]. Die Homrong-Musik dient im allgemeinen zu folgenden vier Zwecken[78]: Erstens dient sie als Ankündigung der Veranstaltung, insbesondere bei Veranstaltungen im Dorf, denn sie ist eine Art Mitteilungsmusik. Die Nachbarn bzw. das Publikum werden durch diese ‚Botschaft' zur Veranstaltung eingeladen. Zweitens wird die Homrong-Musik aufgeführt, damit die Musiker und die Tänzer sich aufwärmen können. Drittens bietet die Hom-

---

[77] Es gibt noch andere Arten der Homrong-Musik bei anderen Theatergattungen, wie beispielsweise die Homrong-Musik zum Hungrabog (Puppentheater) und Nang (Schattentheater). Diese werden aber in dieser Arbeit nicht näher betrachtet. Die Anzahl der jeweiligen Stücke im Vorspiel-Zyklus ist in dem Werk von Ch. Pikulsri zu finden: Ch. Pikulsri, S. 76 ff.

[78] Vgl. S. Phukaothong, S. 166. Nach dem Vortrag der Homrong-Musik wird noch ein Stück *Phleng wa* gespielt, ein Überleitungsstück zum Tanzvorspiel. Dieses macht das Publikum darauf aufmerksam, daß die Tänzer nun auf der Bühne erscheinen werden, wobei in der Forschung die Funktion von *Phleng wa* noch umstritten ist, da unklar ist, ob es zur Vorspielmusik oder zum Tanzvorspiel gehört. Nun schließt sich das Tanzvorspiel an. Dabei stellt der Darsteller zur Einleitung die Tanzmuster vor. Die Funktion des Tanzvorspiels kann auf zwei Arten erläutert werden: zum einen dient es dazu, daß der Darsteller sich aufwärmen kann, und zum anderen handelt es sich um eine kleine Huldigungszeremonie seitens der Darsteller, wobei die Götter der Tanzkünste und die Geister der Lehrer verehrt werden. Danach wird unmittelbar mit der Aufführung begonnen (vgl. S. Phukaothong, S. 168).

rong-Musik den Musikern die letzte Gelegenheit, ihre Instrumente in Ordnung zu bringen. Und viertens bringt die Homrong-Musik eine deutlich rituelle Funktion mit sich: Die Musiker huldigen durch diesen Musikvortrag den Musikgöttern, den Musiklehrern (im Diesseits und Jenseits) und schließlich auch ihren Eltern. Das siamesische Vorspiel läßt sich im allgemeinen mit der europäischen Ouvertüre vergleichen, aber die Musik vermittelt weder die Stimmung der im folgenden aufgeführten Handlung noch den dramatischen Höhepunkt, sondern an sich sorgt sie allein für die feierliche Stimmung und wird dennoch bei der Aufführung der anderen Theaterstoffe vorgetragen. Das heißt: die Homrong-Musik wird, nach dem Prinzip der Naphat-Musik, nicht für das jeweilige Theaterstück neu verfaßt. So geht die Homrong-Musik als unabhängiges Vorspiel der Naphat-Musik voran.

Es gibt zunächst eine bestimmte Anzahl von Zyklen. Anzahl und Auswahl der Stücke im jeweiligen Zyklus richten sich zum einen nach der Theatergattung und zum anderen nach der Aufführungszeit. Die Aufführung des siamesischen Theaters wird in der Regel zu drei bestimmten Tageszeiten angesetzt: am Vormittag (ton dschao[79]), am Mittag (ton glangwan[80]) und am Abend (ton yen[81]). Demzufolge gibt es zu Lakon nai und Khon insgesamt 6 Vorspiel-Zyklen, von denen zwei identisch sind. Bei dem Lakon nai gibt es nur zwei verschiedene Vorspiel-Zyklen, denn der Zyklus am Abend ist mit dem am Vormittag identisch[82]: das Vorspiel zur Lakon nai-Aufführung am Vormittag (Homrong [Lakon] dschao) und am Mittag (Homrong [Lakon] glangwan).

Der Vorspiel-Zyklus zur Lakon nai-Aufführung am Vormittag umfaßt 13 folgendermaßen angeordnete Stücke[83]: 1.) *Sathugarn* (verehren)[84], 2.) *Tra* (Tra-

---

[79] Ton dschao heißt wörtlich zwar Vormittag, aber nach der Thai-Rechnung fängt dieser mit Anbruch des Tages an, nämlich ca. fünf Uhr, und reicht bis gegen elf Uhr.

[80] Ton glangwan kann wörtlich als Mittag übertragen werden, aber gemeint ist die Zeit gegen zwölf Uhr bis 15 Uhr.

[81] Ebenso ist Ton yen die Zeit von 15 Uhr bis ca. 21 Uhr. Dann beginnt die Nacht (Ton glang kün), um ca. 21 Uhr und dauert bis zum Anbruch des Tageslichts (ca. 5 Uhr).

[82] Vgl. Ch. Pikulsri, S. 76.

[83] Vgl. Ch. Pikulsri, ebd. Es soll noch darauf hingewiesen werden, daß die Anzahl der Stücke im Zyklus zwar in verschiedenen Sekundärliteraturen in Thailand einheitlich ist, aber die Auswahl der jeweiligen Stücke ziemlich unterschiedlich. Der Grund liegt darin, daß die Auswahl der Zyklusstücke nicht einheitlich festgesetzt ist, d. h. jede Meisterschule hat eigene Zyklen. Die vorliegende Arbeit richtet sich nach den Angaben von Ch. Pikulsri. Diese gelten als die jüngste Forschung aus den 1980er Jahren. Das sinnbildliche Programm dieser 13 Stücke wird ausführlich erläutert. Ihre Erläuterung wird auf der Seite 27 f. in dieser Arbeit zu finden sein. Was genau die Programme in den anderen Zyklen betrifft, wird bedauerlicherweise nicht weiter erläutert; davon wissen die Musiker der neuen Generation zu wenig. Der Bedeutungshintergrund wurde bis heute ebenfalls nicht erforscht.

Stück), 3.) *Rua sam la* (trommeln, insgesamt dreimal), 4.) *Khaomaan* (hinter den Vorhang gehen), 5.) *Pathom* (Anfang) und *Taypathom* (sinngemäß: Ende), 6.) *La* (Abschied), 7.) *Samoe* (gleich) und *Rua la dieow* (trommeln; einmal), 8.) *Dschoed* (ehren) in song chan- und chan dieow-Variante[85]), 9.) *Glom* (Rund), 10.) *Dscham nan* (geschickt), 11.) *Grau nai* ('Marsch' in Thang nai), 12.) *Thondschub* (anfänglich eintauchen), 13.) *La* (Abschied). Der Vorspiel-Zyklus am Mittag umfaßt 13 folgendermaßen angeordnete Stücke[86]: 1.) *Grau nai sam thon* ('Marsch' in Thang nai mit drei Abschnitten), 2.) *Samoe kham samuth* (den Ozean überqueren), 3.) *Rua sam la* (trommeln; insgesamt dreimal), 4.) *Dschoed* (ehren), 5.) *Dschub* (eintauchen), 6.) *La* (Abschied), 7.) *Tra bong gan* (Keule), 8.) *Trakuk rug ron-Rua la dieow* (Hektik-trommeln; einmal), 9.) *Plugthonmai-Rua la dieow* (Beet-trommeln; einmal), 10.) *Dschairuea-Rua la dieow* (Bootfahrt-trommeln; einmal), 11.) *Hoa-Rua la dieow* (Flug-trommeln; einmal), 12.) *Dschoed dschan-Rua la dieow* (hinaufblicken und trommeln; einmal).

Bei der Khon-Gattung gibt es drei Homrong-Musik-Zyklen: den Vorspiel-Zyklus zur Khon-Aufführung am Vormittag (Homrong Khon dschao), am Mittag (Homrong Khon glangwan) und am Abend (Homrong Khon yen).

Der erste Zyklus (Homrong Khon dschao) enthält neun folgendermaßen angeordnete Stücke[87]: 1.) *Tra sannibath* (Götterversammlung) und *Rua* (trommeln), 2.) *Khaomaan* (hinter den Vorhang treten; insgesamt sechsmal) und *La* (Abschied), 3.) *Samoe* (gleich) und *Rua* (trommeln), 4.) *Dschoed* (ehren), 5.) *Glom* (Rund), 6.) *Dscham nan* (geschickt), 7.) *Grau nai* ('Marsch' in Thang nai), 8.) *Dschub* (eintauchen), 9.) *Grau ram* (tanzen). Der Vorspiel-Zyklus zur Khon-Aufführung am Mittag (Homrong Khon glangwan) umfaßt 14 folgendermaßen angeordnete Stücke[88]: 1.) *Grau nai* ('Marsch' in Thang nai), 2.) *Samoe kham samuth* (den Ozean überqueren) und *Rua* (trommeln), 3.) *Dschoed* (ehren), 4.) *Dschub* (eintauchen) und *La* (Abschied), 5.) *Grabong gan* und *Rua* (Keule und trommeln), 6.) *Trakuk rug ron* (Hektik) und *Rua* (trommeln), 7.) *Dschairuea* (Bootfahrt) und *Rua* (trommeln), 8.) *Plugthonmai* (Beet), 9.) *Kugphat* (Verzauberung) und *Rua* (trommeln), 10.) *Phra Pirap* (Dämon Pirap), 11.) *Tra sannibath* (Götterversammlung), 12.) *Zien* ('Heilige') zweimal, 13.) *Dschoed-Pathom–rua* (Ehren-Vorrang-trommeln) und 14.) *Bahtsagunie* (Garudas Fuß) und *Grau ram* (tanzen). Und der Vorspiel-Zyklus zur Khon-Aufführung am Abend (Homrong

---

[84] Das Stück *Sathugarn* wird weggelassen, wenn die Aufführung sich an eine rituelle Zeremonie anschließt, da es dann bereits zuvor bei der Rituszeremonie vorgetragen wurde (vgl. S. Phukaothong, S. 167).

[85] Siehe die Erläuterung von „chan" und „Variante" auf S. 37 ff.

[86] Vgl. Ch. Pikulsri, S. 76.

[87] Vgl. Ch. Pikulsri, ebd.

[88] Vgl. Ch. Pikulsri, S. 77.

Khon yen) schließlich umfaßt fünf folgendermaßen angeordnete Stücke[89]: 1.) *Tra sannibath* (Götterversammlung), 2.) *Khaomaan* (hinter den Vorhang treten) sechsmal, und *La* (Abschied), 3.) *Grau nai* (‚Marsch' in Thang nai), 4.) *Dschoed* (ehren), 5.) *Grau ram* (tanzen).

Wenn es auch keine einheitliche Aufteilung der drei Kategorien von Naphat-Musik gibt, da jede Meisterschule eine eigene Auffassung hat, kann man doch diese Aufteilung unter den Homrong-Zyklen feststellen: 13 Stücke von Homrong yen machen die niedere Naphat aus, und die 14 Stücke von Homrong Khon glangwan die mittlere Naphat[90]. Das Pflichtrepertoire, das jeder Schüler auswendig zu lernen hat, setzt sich aus der hohen, der mittleren und der niederen Naphat zusammen. Darüber hinaus muß derjenige, der dieses Repertoire spielen will, zunächst an der Waikhru-Zeremonie teilnehmen, um den Lehrer um Erlaubnis zu bitten.[91]

3. Die rituelle Funktion der Hofmusik

Die Zeremonien am Hof Siams beruhen in erster Linie auf drei Religionen, dem Hinduismus, dem Buddhismus und der ursprünglichen, animistischen Naturreligion[92]. Im Laufe der Zeit wurden diese drei Glaubensrichtungen von der siamesischen Gesellschaft übernommen, und es haben sich Hofzeremonien im Jahreslauf herausgebildet, die bei jeder höfischen Angelegenheit sowie jedem Abschnitt des Lebens veranstaltet werden.[93] Solche Zeremonien wurden schon im Palastgesetz der Ayudhaya-Periode erwähnt, in dem jede Zeremonie sehr akribisch mit allen Vorgängen beschrieben wurde. Außerdem wurde festgesetzt, wann die Musik dabei gespielt werden mußte[94]. Dabei handelt es sich je nachdem um eine Huldigung an die Götter, den Buddha oder die Geister der Vorfahren. Besonders die hinduistische Zeremonie wurde von Brahmanen, den hinduistischen Priestern am Hof Siams, geleitet[95].

Es gibt im allgemeinen fünf Vorgänge bei der rituellen Zeremonie in Siam: nämlich Begrüßung, Huldigung, Opfergabe, Segnung und Rückkehr. Diese

---

[89] Vgl. Ch. Pikulsri, ebd.

[90] Vgl. S. Tramod, *Gansübtod tamprapenieniyom* [*Überlieferung der Thai-Tradition*], in: *Phleng Naphat*, Bericht vom Kongreß 20.-21. Januar 1995 der Chulalongkorn Universität und des Fine Arts Department anläßlich des 50. Jahrestags der Thonbesteigung des Königs Bhumiphol, Bangkok 1995, S. 28.

[91] Siehe auch Anmerkung 127.

[92] Vgl. König Chulalongkorn, *Phrarajapithie sibsongduen*, [*Königliche Hofzeremonien im Jahreslauf*], S. 1 ff.

[93] Siehe die ausführliche Darstellung der Rolle der Musik bei den Zeremonien in der Thai-Gesellschaft in: P. Roongruang, *Thai Classical Music and its Movement from oral to written Transmission, 1930-1942: Historical Context, Method, and Legacy of the Thai Music Department Project*, Phil. Diss., Kent State Universität/ USA, 1999, S. 112 ff.

[94] Vgl. König Chulalongkorn, *Phrarajapithie...*, ebd.

[95] Vgl. König Chulalongkorn, *Phrarajapithie...*, ebd.

Vorgänge werden nicht nur in der rituellen Zeremonie-Szene auf dem Theater dargestellt, sondern auch in der realen Zeremonie ausgeführt. Dabei werden die Götter oder buddhistischen Mönche an den Veranstaltungsort eingeladen; wenn sie schon da sind, werden sie begrüßt, es wird ihnen gehuldigt, es werden Opfergaben dargebracht. Dann segnen die Mönche oder die Götter alle Teilnehmer, und schließlich entfernen sie sich wieder. Die Musik, die dazu gespielt wird, ist die mittlere und hohe Naphat-Musik. Ganz allgemein hat sie immer auch den Zweck, für eine feierliche Stimmung zu sorgen. Darüber hinaus aber deutet sie den jeweiligen Vorgang der Zeremonie an; die Musik wird also in der Regel zu Beginn oder am Ende jedes Vorgangs gespielt. Besonders bei der hinduistischen Zeremonie, in der Göttern gehuldigt wird, besteht die Hauptaufgabe der Musik darin, die Götter jeweils zu personifizieren und ihre Handlungen zu beschreiben. Infolgedessen kann die Funktion dieser Musik drei Kategorien zugeordnet werden: Personifizierung, Botschaft (Segen) und Beschreibung der Handlungen.

Bei der ersten Kategorie (Personifizierung) handelt es sich um Musik zur Repräsentation des jeweiligen Gottes, zu dessen Zeremonie eingeladen wird, indem der entsprechende Gott durch den Vortrag der ihm zugeordneten Musik vorgestellt wird. Die zweite Kategorie (Segen) beinhaltet die Musik, die Kontakte zwischen Göttern und Menschen stiftet. Sie symbolisiert die Botschaften beider Seiten, wie beispielsweise die Verehrung der Götter durch die Menschen sowie die Segnung der Menschen durch die Götter. Die dritte Kategorie (Beschreibung der Handlung) ist die Musik, die das Geschehen in der Zeremonie beschreibt, z. B. die Ankunft der Götter oder Mönche sowie ihr Entgegennehmen der Opfergabe und ihre Heimkehr. Bemerkenswert ist dabei, daß diese Musik dieselbe Funktion wie im Theater hat, aber ohne Tanzdarbietung. Sie soll also die Handlung der Götter in der Zeremonie so beschreiben, als ob die Götter gegenwärtig wären. Bemerkenswerterweise sind es darüber hinaus auch überwiegend dieselben Götter, die im *Ramakien* erwähnt werden. Aus diesem praktischen Grund können hier dieselben Musikstücke wiederverwendet werden, d. h. wie im Theater wird die Musik bei den rituellen Zeremonien nicht jeweils neu verfaßt.

Um die Funktion dieser Naphat-Musik besser verstehen zu können, wird in der vorliegenden Arbeit die Naphat-Musik bei zwei Zeremonien betrachtet, nämlich der *Thambun*-Zeremonie (der Zeremonie zum Erwerb von ‚Verdienst') und der *Waikhru*-Zeremonie (der Huldigungs- und Lehrerverehrungszeremonie). Die erste Zeremonie ist sehr eng mit dem Leben der Thais verbunden, und zwar in jeder Gesellschaftsschicht. Sie wird während jedes Lebensabschnittes wiederholt durchgeführt. Hingegen wird die *Waikhru*-Zeremonie nur im Kreis der Tänzer und Musiker veranstaltet. Diese Zeremonien werden heute noch ausgeführt. Sie kommen in jeder Gesellschaftsschicht vor, je höher der Rang in der Gesellschaft ist, desto aufwendiger ist die Feier.

Der Musikvortrag ist ebenfalls entsprechend vornehmer bei vollerer Besetzung des Piphat-Ensembles[96].

a) Die *Thambun*-Zeremonie (Zeremonie zum ‚Erwerb von Verdienst')

Die *Thambun*-Zeremonie ist eine rein buddhistische Zeremonie und gehört zu jedem wichtigen Ereignis im Leben der Buddhisten in Thailand[97], z. B. zu allen Festen, Feiern oder anderen besonderen Gelegenheiten (Neujahr, Bau eines Wohnhauses oder eines Gebäudes bzw. Palastes). Sie kann mit „Rites de passage"[98] verglichen werden, also dem Ritual „von der Wiege bis zum Grabe". Ursprünglich gab es diese Zeremonie in Form der Überreichung von Speisen an die Mönche auf ihrem morgendlichen Almosengang; danach rezitieren die Mönche bestimmte Texte aus dem buddhistischen Kanon, um den Spender zu segnen. Die Mönche können auch nach Hause eingeladen werden. Dort werden ihnen ebenfalls Speisen und andere lebensnotwendige Dinge überreicht. Diese Veranstaltung dauert üblicherweise zwei Tage[99]: zunächst kommen die Mönche am Nachmittag des ersten Tages. Hier tragen sie nur eine Gebets-Rezitation[100] (Suadmon yen) vor und kehren dann zum Tempel zurück[101]. Am nächsten Morgen, dem wichtigsten Tag dieser

---

[96] Siehe die verschiedenen Besetzungen des Piphat-Ensembles im Anhang in: *Ensembles und ihre Besetzungen*.

[97] Vgl. Phya Anuman Rajadhon, *Leben und Denken in Thailand*, aus dem Thailändischen übersetzt von Sangsri und Xaver Götzfried, Bonn, 1988, S. 39. (im folgenden abgekürzt als Phya Anuman).

[98] „Rite de passage" wird zum ersten Mal von A. van Gennep verwendet. In seinem Werk: *Rite de passage*, Paris 1909, wurden mit diesem Begriff die Bräuche und Riten bezeichnet, die beim Übergang in den jeweiligen Lebensabschnitt durchgeführt werden (vgl. Art. Rite de passage in: *RGG*, Bd. V, 3. Aufl. 1961, Sp. 1113).

[99] Aufgrund der heutigen wirtschaftlichen Situation wird diese Zeremonie in den großen Städten, vor allem in Bangkok, auf einen Tag oder einen Vormittag reduziert. Die Rezitation dauert dementsprechend weniger lang, eine halbe Stunde statt einer Stunde (vgl. Phya Anuman, *Leben und Denken...*, S. 39). Die *Thambun*-Zermeonie kann aber auch in anderer Form veranstaltet werden, z. B. als Spende von Essen bzw. Geld an ein Waisenhaus oder auch als Spende von Wissen an andere. Die Spende von Wissen wird meistens in Form von Krematonsbüchern vollzogen. Es ist noch heute üblich in Thailand, daß bei Feuerbestattungen der Veranstalter den Teilnehmern zum Andenken an den Verstorbenen ein Buch schenkt. Der Inhalt solcher Kremationsbücher stammt meist aus alten, wertvollen Büchern, die nicht mehr im Buchhandel erhältlich sind.

[100] Die Siamesen glauben daran, daß sie, je mehr sie von den heiligen Rezitationen hören, um so mehr Verdienst gewinnen, denn die Rezitation ist von Mystik durchdrungen. Die rezitierten Texte sind eine Auswahl bestimmter Ereignisse aus dem Leben Buddhas und enthalten weise Sprüche, die diesen Ereignissen angemessen sind (vgl. Phya Anuman, *Leben und Denken...*, ebd.).

[101] Bevor die Rezitation beginnt, zündet der Gastgeber die Kerzen und Räucherstäbchen vor dem Altar an und wirft sich dreimal vor der Statue Buddhas nieder. Dabei rezitiert er einen Spruch in Pāli zur Anbetung der drei buddhistischen Juwele, nämlich des Buddha, des buddhistischen Gesetzes (Dhamma) und des Ordens der Mönche (Saṅgha). Dann entgegnet ihm der Obermönch

Zeremonie, kommen die gleichen Mönche wieder, entweder sehr früh oder gegen 11 Uhr, damit der Veranstalter den Mönchen rechtzeitig Speisen überbringen kann[102]. Zuerst tragen die Mönche eine andere Gebets-Rezitation (Suadmon dschao) vor[103]. Unmittelbar nach der Rezitation wird den Mönchen das Essen gegeben. Danach rezitieren sie ein Dank- und Segensgebet für die Spender des Mahls. Nun gießt der Spender Wasser aus einem Gefäß als Trinkspende an verstorbene Angehörige und andere Kreaturen und Wesen[104]. Damit gelangt die Zeremonie in die Endphase. Zum Schluß werden den Mönchen noch bestimmte Gegenstände überreicht. Der Obermönch segnet die Versammlung noch einmal durch Besprengen mit geweihtem Wasser oder auch Sand aus der Almosenschale als Schutz gegen das unsichtbare Böse[105].

Vorab soll aber noch darauf hingewiesen werden, was für eine Funktion die Musik bei der buddhistischen Zeremonie hat, denn den Regeln des Theravāda-Buddhismus zufolge dürfen die Mönche nicht willentlich Musik genießen; sie gilt als „Feind des zölibatären Lebens"[106]. Zu erklären ist zunächst, daß erstens der Musikvortrag nicht von den Mönchen dargeboten wird, sondern seitens der Laien. Zweitens spielt die Musik bei der Zeremonie nur eine unterstützende Rolle, d. h. die Musik wird nicht während der Zeremonie gespielt, sondern zwischendurch. So tritt die Musik zwischen den Vorgängen der Zeremonie auf, z. B. vor der Ankunft der Mönche, nach der Rezitation, während des Essens der Mönche usw. Der Musikvortrag kennzeichnet also lediglich den Ablauf der Zeremonie, damit die Teilnehmer wissen, welcher Abschnitt nun erreicht wird. Und drittens soll die Musik zur feierlichen Stimmung beitragen. Unter Umständen kann die Zeremonie auch einmal ohne Musik erfolgen[107].

Die Musik gliedert sich in zwei Teile, wie im Theater[108]: Vor der Zeremonie wird die Vorspielmusik (die Homrong-Musik) gespielt, nämlich vor der Ankunft der Mönche, und während der Zeremonie wird die Naphat-Musik aufgeführt. Bei der Vorspielmusik gibt es zwei Zyklen[109]: den Homrong yen (wörtlich das Vorspiel am Abend) am Vorabend und den Homrong dschao (wörtlich das Vorspiel am Morgen) am zweiten Tag. Der Homrong yen umfaßt 13 Stücke und der Homrong dschao-

---

mit den fünf Geboten der buddhistischen Lehre in Pāli, und diese werden von der Versammlung wiederholt. Damit endet die Einleitung, und nun beginnt die Rezitation.

[102] Die Mönche in Thailand dürfen nur von frühmorgens bis gegen elf Uhr vormittags Speisen zu sich nehmen. Nachmittags fasten sie dann bis zum Anbruch des nächsten Tages.

[103] An diesem Vormittag rezitieren die Mönche eine Eulogie, die „Acht Siege Buddhas" aus Episoden früherer Lebensgeschichten Buddhas. Dabei handelt es sich um ein Dankgebet (Phya Anuman, *Leben und Denken...*, S.44).

[104] Vgl. Phya Anuman, *Leben und Denken...*, S.46.

[105] Vgl. Phya Anuman, *Leben und Denken...*, ebd.

[106] Vgl. Phya Anuman, *Leben und Denken...*, S. 45.

[107] Vgl. Phya Anuman, *Leben und Denken...*, ebd.

[108] Vgl. Ch. Pikulsri, S. 74.

[109] Vgl. Ch. Pikulsri, ebd.

Zyklus fünf Stücke. Bemerkenswert ist bei dem Homrong yen-Zyklus, daß er mit dem Homrong yen bei der Lakon nai-Aufführung am Abend identisch ist (siehe oben).

Die Homrong-Musik hat, wie gesagt, in erster Linie eine Ankündigungsfunktion und rituelle Bedeutung. Im Unterschied zum Vorspiel im Theater wird die Bedeutung des jeweiligen Stückes in der Quelle ausführlich geschildert. So werden die Programmbilder aller 13 Stücke der Homrong yen wie folgt erläutert[110]:

Sathugarn (verehren). Mit diesem Stück werden die ‚Dreifaltigkeit' des Buddhismus (Buddha, Buddhas Lehre und Saṅgha, also Mönche) sowie die Götter verehrt.

Tra yapakkog (wörtlich: eine leicht zu führende Aufgabe), *Tra plai phra lak* (wörtlich: an der Vorderseite von Laksana[111]) und *Tra marlamon* (wörtlich: aufgefangener Dämon). Mit diesen drei Stücken werden die Götter eingeladen.

Rua sam la (trommeln; insgesamt dreimal). Die drei Wiederholungen sollen versinnbildlichen, daß den Göttern mittels dieses Stückes dreimal gehuldigt wird.

Khaomaan (hinter den Vorhang treten). Dieses Stück stellt dar, daß der Hauptgott die Einladung annimmt.

Pathom (Anfang) und *Taypathom* (Ende). Diese Stücke sollen bedeuten, daß die anderen Götter ebenso die Einladung annehmen.

La (Abschied). Damit wird ausgedrückt, daß alle Götter im Begriff sind, an den Veranstaltungsort zu kommen.

Samoe (gleich) und *Rua la dieow* (trommeln; einmal). Diese zwei Stücke besagen, daß die Götter nun am Himmel erscheinen, d. h.: sie sind schon unterwegs.

Dschoed (ehren) in song chan-Variante und in chan dieow-Variante. Diese Stücke bedeuten, daß die Götter nun bei der Zeremonie ankommen.

Glom (Rund). Die Hauptgötter I-Suan (Īśvara oder Śiva) sowie Nārāyaṇa (Viṣṇu) kommen schließlich auch an.

Dscham nan (geschickt). Die Hauptgötter segnen alle Anwesenden.

Grau nai (‚Marsch' in Thang nai). Die Ankunft der bösen Götter[112].

Ton dschub (sinngemäß: wieder beleben). Bei diesem Stück zündet der Veranstalter die Kerzen zur Verehrung an.

La (Abschied). Alle Götter sind bereits bei der Veranstaltung, und damit kann die Zeremonie beginnen. Der Einladungsvorgang ist beendet.

---

[110] Vgl. S. Phukhaothong, S. 172 f. Der Homrong yen ist außerdem ein Grundrepertoire für die Schüler. Sie müssen dieses beherrschen, bevor sie zum Initiationsritus zugelassen werden. Unter dem wirtschaftlichen Aspekt können die Schüler damit auch auftreten bzw. Geld verdienen, denn dieser Zyklus beinhaltet wichtige Stücke, die häufig bei Zeremonien gespielt werden (vgl. S. Phukhaothong, op. cit., ebd.). Die Transkription dieser 13 Stücke von Homrong yen für das Piphat-Ensemble wurde von The Fine Arts Department in den 1960er Jahren veröffentlicht: *Phleng Chut Homrong Yen Chabab Ruam Khruang (Evening Prelude)*, hrsg. v. The Fine Arts Department, Bangkok ²1994.

[111] „Laksana" (Lakṣmaṇa) ist der Bruder von Rāma.

[112] Hier ist zu bemerken, daß die Thais den Hauptdämon gleich wie die Hauptgötter achten.

Der Homrong dschao beinhaltet nur die folgenden fünf Stücke[113]: *Sathugarn* (verehren), *Hoa* (fliegen), *Rua sam la* (trommeln; insgesamt dreimal) in chan dieow-Variante, *Glom* (Rund) und *Dscham nan* (geschickt). Es wird davon ausgegangen, daß die rituelle Einladung nicht noch einmal ausführlich aufgeführt wird. Im übrigen sollen die Zyklusstücke von Homrong dschao die gleichen Programmbilder haben. Aus diesem Grund werden sie in der Quellen nicht erläutert. An diesen Programmbildern ist bemerkenswert, daß, obwohl es sich um eine buddhistische Zeremonie handelt, die Götter des Hinduismus eingeladen werden. Dies ist ein gutes Beispiel für das Konglomerat aus Buddhismus und Hinduismus bei den Thai-Feierlichkeiten.

Am Vorabend wird nur der Homrong yen gespielt. Nach der Rezitation kehren die Mönche heim. Der wichtigste Teil der Zeremonie ist der zweite Tag, an dem es insgesamt fünf Vorgänge gibt: Begrüßung, Rezitation, Opfergabe, Segnen und Heimkehr. Der Auftritt der Musik kann folgendermaßen erläutert werden[114]:

Bei der Ankunft der Mönche wird das Stück *Rab phra* (Mönchsempfang) gespielt. Wenn die Mönche sich schon auf ihren Plätzen befinden und das Zeichen zum Beginn der Zeremonie gegeben wird, wird das Stück *Phleng dscha* („langsame' Musik) vorgetragen. Dann beginnt die Rezitation. Danach wird das Stück *Grau nai* („Marsch' in Thang nai) vorgetragen als Zeichen, daß die Mönche mit der Rezitation fertig sind. Nun wird den Mönchen Speise gereicht. Währenddessen wird das Stück *Phra dschan* (Mönche beim Speisen) gespielt. Da es relativ lange dauert, bis die Mönche mit dem Speisen fertig sind, trägt das Ensemble während dieser Zeit beliebige andere feierliche Stücke vor[115]. Wenn die Mönche mit dem Essen fertig sind, wird das Stück *Grau ram* (tanzen) in song chan-Variante vorgetragen. Das Stück *Grau ram* (tanzen) oder *Phra dschao loithad* (ein Priester läßt ein Tablett auf dem Wasser schwimmen) wird dann vorgetragen, wenn die Zeremonie beendet ist. Fangen die Mönche mit der Dankgebetsrezitation an, wird das Stück *Sathugarn* (verehren) und danach das Stück *Grau nai* („Marsch' in Thang nai) gespielt, d. h. wenn die Rezitation beendet ist. Anschließend wird das Stück *Dschoed* (ehren) gespielt, wenn die Mönche zum Tempel zurückkehren. Damit ist die Zeremonie zu Ende.

Bei der *Thambun*-Zeremonie kann man die Funktion der Naphat-Musik durch die begleitende Handlung der Mönche leichter vorstellen als beim Programm der Homrong-Musik oder beim Programm der als nächster darzustellenden Zeremonie. Dabei soll noch darauf aufmerksam gemacht werden, daß zwei Stücke nicht im Repertoire der Naphat-Musik sind, nämlich das Stück *Rab phra* (zum Mönchsempfang) und das Stück *Phra dschan* (Mönche beim Speisen). Sie werden prinzipiell nur in der buddhistischen rituellen Zeremonie gespielt; des-

---

[113] Vgl. S. Phukhaothong, S. 173.
[114] Vgl. S. Phukhaothong, S. 218 f.
[115] Dabei wollen die Laien, daß die Mönche das Essen genießen. Denn sie glauben, daß der Verdienst des Spenders um so größer ist, je mehr die Mönche essen.

halb werden sie nicht im Repertoire der Naphat-Musik geführt. In Thailand werden sie als die Musik in der rituellen Zeremonie bezeichnet; dies zeigt auch, daß das Kriterium der Naphat-Musik noch nicht klar definiert ist. Nach der *Thambun*-Zeremonie dürfen andere Zeremonien angeschlossen werden, z. B. andere rituelle Zeremonien oder auch Theater.

b) Die *Waikhru*-Zeremonie (der Lehrerverehrungs- und Initiationsritus)

Bei der Waikhru-Zeremonie handelt es sich zunächst einmal im allgemeinen um die Lehrerverehrungs-Zeremonie. Sie wird in jedem Berufsbereich, insbesondere in akademischen Insitutionen, veranstaltet, z. B. im Bereich des Handwerkers, der Kunstschulen sowie in den Schulen, im Gymnasium und in der Universität. Nur die Waikhru-Zeremonie im Bereich der ‚Musikschule‘ und ‚Tanztheaterschule‘ hat eine Besonderheit, nämlich es gibt zwei Zeremonien, neben dem Lehrerverehrungsritus wird noch der Initiationsritus durchgeführt. In der Regel finden diese zwei Zeremonien gleichzeitig statt. Die Waikhru-Zeremonie wird gewöhnlicherweise von Seiten der ‚Musikschule‘ und der ‚Tanztheaterschule‘ zusammen veranstaltet, insbesondere bei größeren Institutionen wie bei The Fine Arts Department Bangkok. Folglich lautet die Waikhru-Zeremonie in Thai *Phitie Waikhru Dontrie lae Khon-Lakon* (der Lehrerverehrungs- und Initationsritus seitens der ‚Musikschule‘ und der ‚Tanztheaterschule‘ von Khon und Lakon). Die *Waikhru*-Zeremonie kann jedoch auch von jeder der beiden Schulen allein veranstaltet werden.[116] Da in dieser Arbeit nur die Rolle der Naphat-Musik dargestellt wird, beschränkt sie sich ausschließlich auf die Zeremonie von Seiten der Musiker.

Diese Zeremonie wird in der Regel jährlich veranstaltet und findet stets an einem Donnerstag, dem Lehrertag, statt. Dabei ist es nicht festgelegt, in welcher Jahreszeit sie veranstaltet werden soll; dies kommt auf die Absprache in jeder Meisterschule an. Bei den offiziellen Institutionen, z. B. The Fine Arts Department, Schulen sowie Universitäten wird die Zeremonie heutzutage meist Anfang Juni (der Anfang des akademischen Jahres) veranstaltet. Die Zeremonie wird traditionell durch mündliche Mitteilung bekannt gegeben. Der Veranstaltungsort befindet sich meist dort, wo der Unterricht abgehalten wird. An diesem Tag sind alle Schüler der Meisterschule versammelt. Bemerkenswert ist dabei, daß die Schüler aus den anderen Meisterschulen trotz der starken Rivalität an der Zeremonie teilnehmen dürfen.

Während der Zeremonie wird ein Altar errichtet, auf dem die Helmmasken aller wichtigen Götter der Tanzkunst und Musik aufgestellt werden. Dazu gehören die wichtigsten drei Helmmasken, nämlich Phra Bharatamuni, Phra Panjasingkon und Phra Prakonthab sowie die Masken der anderen Figuren im *Ramakien*. Darüber hinaus werden die Rüstungen zur Aufführung, wie beispielsweise die Schwerter usw., und die Musikinstrumente sowie die unentbehrliche Opfergabe mit verschiedenen Speisen, Obst und Getränken dargebracht.

---

[116] Vgl. Dh. Yupho, *Khon*, S. 160.

In der *Waikhru*-Zeremonie gedenkt man dreier Dinge[117]: der Musiklehrer im Diesseits sowie im Jenseits und der Götter, die die Musik geschaffen haben. Es wird davon ausgegangen, daß die Götter die Musik erzeugt haben, und die Musik dann von Generation zu Generation bis in die Gegenwart hinein mündlich überliefert wurde. Thailändischen Quellen zufolge sind drei Götter dafür verantwortlich[118]: Phra Visnukam (Gott Viṣṇu), Phra Panjasingkon und Phra Prakonthab. Phra Visanukam wird als der Gott der Schöpfung betrachtet Musik und Musikinstrumente erzeugt. Phra Panjasingkon hat die Melodie erschaffen; in der Ikonographie erkennt man ihn daran, daß er stets ein harfenartiges Instrument (Pin) bei sich trägt. Phra Prakonthab schließlich hat den Rhythmus, insbesondere das Schlagmuster, das sogenannte Dschangwa Nathab, erzeugt und wird mit der Taphon-Trommel dargestellt.

Die Zeremonie umfaßt im allgemeinen vier Teile[119]: Der erste Teil wird von der üblichen buddhistischen *Thambun*-Zeremonie eingeleitet, die am Vorabend (Mittwoch) schon begonnen wird[120]. Beim zweiten Teil handelt es sich um die Verehrungszeremonie der Lehrer im Diesseits. Danach beginnt der dritte Teil, der wichtigste Teil der Zeremonie überhaupt, der Huldigungsritus an die Musik- bzw. Tanzgötter und die Geister der verstorbenen Lehrer. Im vierten Teil wird der Initiationsritus (Phithie khrob) ausgeführt. Die ersten drei Teile sind, wie bei allen Feierlichkeiten in Thailand, grundsätzlich offen für alle, auch wenn sie keine Musiker sind, während des Initiationsritus sind aber nur die Schüler der Meister-schule zugelassen. Denn es handelt sich dabei um eine offizielle Aufnahme. Dar-über hinaus müssen sie schon das Pflichtrepertoire auswendig beherrschen, z. B. das Stück Sathugarn (verehren) sowie die 13 Stücke des Homrong yen-Zyklus[121].

Nach Beendigung der *Thambun*-Zeremonie folgt der zweite Teil, der vom Ze-remonienleiter in weißem Gewand geleitet wird[122]. Dabei verehren die Schüler die Lehrer durch die Überreichung eines kleinen Blumenstraußes. Nun kann der dritte Teil, der Hauptteil, beginnen, der sich wiederum in vier Abschnitte gliedert, wie in der *Thambun*-Zeremonie: Bei dem ersten Abschnitt handelt es sich um die Begrüßung. Hier werden die Götter gerufen, begrüßt und zur Zeremonie eingela-

---

[117] Vgl. Dh. Yupho, *Khon*, ebd.

[118] Vgl. M. Tramod, *Duriyangasatra...*, S. 83 ff.

[119] Hier wird die von The Fine Arts Department in Bangkok offiziell geschriebene Fassung angegeben. Vgl. Dh. Yupho, *Khon*, S. 163.

[120] Siehe *a) Die Thambun-Zeremonie (Zeremonie zum „Erwerb von Verdienst")* dieses Kapitels.

[121] Vgl. S. Tramod, *Gansübtod...*, S. 28.

[122] Der Leiter ist in der Regel der Meister selbst. Die Zeremonie kann aber auch von einer anderen Person aus dem Meisterschule-Kreis geleitet werden. Diese soll ehrbar und älter als 35 sein. Dabei muß sie die moralische Verpflichtung sowie die fünf buddhistischen Gebote einhalten. Außerdem soll sie schon mindestens drei Monate im Kloster gewesen sein (vgl. S. Tramod, *Khanton ganpragob Pithiwaikhru dontrithai* [*Aufbau in der Waikhru-Zeremonie*], in: *Phleng Naphat*, Bericht vom Kongreß 20.-21. Januar 1995 der Chulalongkorn Universität und des Fine Arts Department anläßlich des 50. Jahrestags der Thronbesteigung des Königs Bhumiphol, Bangkok 1995, S. 31).

den. Im zweiten Abschnitt wird davon ausgegangen, daß die Götter schon in der Zeremonie anwesend sind; ihnen wird nun gehuldigt. Im dritten Abschnitt werden den Göttern Opfergaben dargebracht. Und im vierten Abschnitt wird beschrieben, daß die Götter, nachdem sie die Opfergaben entgegengenommen haben, die Teilnehmer segnen und anschließend ins Jenseits zurückkehren.

Wie bei der *Thambun*-Zeremonie soll die Naphat-Musik im allgemeinen den jeweiligen Abschnitt der Zeremonie kennzeichnen und dabei zur feierlichen Stimmung beitragen. Aber die wichtigste Funktion der Naphat-Musik in dieser Zeremonie ist, daß sie den Kontakt zwischen den Menschen und den Göttern sowie den Geistern der verstorbenen Lehrer herstellen soll; sie soll die Götter und Geister repräsentieren und ihre Handlungen beschreiben. Dies kann im folgenden dargestellt werden:

Im Begrüßungsteil kommt der Leiter zunächst an den Altar und verehrt die buddhistische ‚Dreifaltigkeit' (den Buddha, seine Lehre und den Saṅgha, also die Mönchsgemeinde) und die Geister der verstorbenen Lehrer der Tanzkunst und Musik sowie den Ṛṣi Bhāratamuni (der Autor des indischen Tanzkunst- und Musiktraktats[123]), indem er dabei den Pāli-Text (den Ongkan-Text)[124] rezitiert; dann ruft er das Musikstück *Sathugarn* (verehren) zum Vortrag als Zeichen der Huldigung. Danach begrüßt er den Gott I-suan (Īśvara oder Śiva) und ruft das Stück *Dschoed* (ehren) zum Vortrag auf. Ebenso wird der Gott Nārāyaṇa (Viṣṇu) gerufen; er wird von dem Stück *Hoa* (fliegen) repräsentiert. Dann ruft der Leiter den Gott Prakonthab, und es wird das Stück *Tra Prakonthab* (Gott Prakonthab) gespielt. Ebenso werden die Geister der verstorbenen Lehrer mit Homrong *Phleng reow* (‚schnelle' Musik) und *Phleng dscha* (‚langsame' Musik) begrüßt, und schließlich wird der Phraya krut (Garuda) mit dem Stück *Plae* (plumpsen) eingeladen.

Nun wird beschrieben, daß die Götter gerade am Veranstaltungsort ankommen. Zur Beschreibung dieser Szene wird das Stück *Samoe* (gleich) für die Ankunft der Götter und das Stück *Rua sam la* (trommeln; insgesamt dreimal) für die Ankunft der Hauptdämonen gespielt. Dann spritzt der Leiter Weihwasser auf die

---

[123] Gemeint ist das Werk von Bharata-Muni, *Natyasastra. Text with Introduction, English Translation and Indices*, 4 Bde., Delhi 1998.

[124] Hier tritt das Problem auf, daß in den verschiedenen neuen Quellen unterschiedliche Informationen gegeben werden. Das betrifft den Hergang der Zeremonie während der Musik. Insbesondere die Götter, die eingeladen sind, sind nicht einheitlich. Auch die Musik, die den Gott präsentiert, wird bei verschiedenen Meisterschulen unterschiedlich verwendet. Diese Arbeit stellt den Sachverhalt nach den Angaben von The Fine Arts Department Bangkok dar (siehe Dh. Yupho, *Khon*, S. 160 ff.). Hier soll noch darauf aufmerksam gemacht werden, daß es sich dabei um eine hinduistische Zeremonie handelt. Dementsprechend wurden alle Vorgänge in der Zeremonie akribisch in Sanskrit festgelegt. Folglich muß ein solcher Ongkan-Text im Sanskrit rezitiert werden. Aber die Thais verwenden solche Texte im Pāli, der Sprache des Kommentars zum buddhistischen Kanon. Dies zeigt deutlich eine Wechselbeziehung zwischen Hinduismus und Buddhismus in der Thai-Zeremeonie.

Buddha-Statue. Dies wird durch den Vortrag des Stückes *Longsohng songkrueng* (feierlich baden) begleitet. Es versinnbildlicht die rituelle Reinigung. Damit endet die Begrüßungszeremonie, und es beginnt der Opfergaben-Abschnitt.

Der Leiter schneidet ein Ohr vom toten Schwein ab, das auf dem Altar aufgestellt wurde, als Zeichen für die Darbringung der Opfergabe. Dies wird durch das Stück *Ramdab* (Schwerttanz) begleitet. Der Leiter führt seine Schüler zum Opfergabetanz mit dem Vortrag des Stückes *Dschoed* (ehren). Nun wird angenommen, daß die Götter die Opfergabe entgegennehmen. Bei dieser Szene trägt man das Stück *Sangwuei senlao* (Opfergabe mit Spiritus) vor. Dann wird das Stück *Proeikhautok dogmai* (Verstreuen von Opferreis und Blumen) zum Vortrag aufgerufen, um zu schildern, daß die Götter mit der Opfergabe fertig sind und alle Teilnehmer segnen. Zum Dank umkreisen alle Teilnehmer, der Leiter und alle Schüler, den Altar, und dabei halten sie die angezündeten Kerzen in der Hand. Zur Begleitung dieser Szene führt man die Stücke *Wianthian* (Umkreisen mit Kerzen), *Samoe sam la* (gleich; insgesamt dreimal)[125] und *Grau ram* (tanzen) auf. Damit wird dieser Teil beendet.

Das Stück *Dschoed glong* (*Dschoed*-Stück mit Begleitung von Trommeln) wird nun gespielt, was bedeutet, daß die Götter darum gebeten werden, an ihren Platz zurückzugehen und weiter an der Zeremonie teilzunehmen – hier sollte man sich die *Thambun*-Zeremonie vorstellen, in der die Mönche mit dem Essen fertig sind und auf ihre Plätze zurückkehren. Zum Schluß besprengt der Lehrer die Schüler und die anderen Teilnehmer mit Weihwasser, um sie zu segnen. Die *Waikhru*-Zeremonie soll nach dem Brauch unbedingt vor 11 Uhr vormittags beendet werden. Dann nehmen die Teilnehmer zusammen das Mittagessen ein.

Der Initiationsritus (Phithie Khrob) findet in der Regel am Nachmittag statt. Die Zeremonie verläuft folgendermaßen[126]: Der Lehrer nimmt die Hände des jeweiligen Schülers, und eine kurze Melodie wird dreimal auf jenem Instrument gespielt, das der Schüler gerade lernt. Oder es kann auch ausschließlich der Kesselgong (Khongwong yai) gespielt sowie auf der Taphon-Trommel geschlagen werden. Dieses Symbol bedeutet dann, daß dieser Schüler offiziell aufgenommen wird[127]. Dies wird bei jedem Schüler durchgeführt, und deshalb kann es sehr lange

---

[125] Dieses Stück wird zwar in der Sekundärliteratur erwähnt, aber der Autor kennt es nicht von der Aufführung her (siehe Dh. Yupho, *Khon*, S. 166).

[126] Vgl. Dh. Yupho, *Khon*, S. 160 ff.

[127] Im allgemeinen muß ein Schüler in der Laufbahn zum Meister insgesamt fünf Mal an der Phiti Krob teilnehmen. Beim ersten Mal muß er zunächst das Stück *Sathugarn* beherrschen. Bevor er zum zweiten Mal zu der Zeremonie zugelassen wird, hat er 13 Stücke von Homrong yen auswendig zu spielen. Die dritte Zulassung zu der Phiti Krob deutet darauf hin, daß er nun die mittlere Naphat lernen darf. Nach der vierten Zeremonie wird er zu der hohen Naphat zugelassen. Bevor er dann die höchste Naphat, *Ongprapirabron*, lernt, muß er nebenbei folgende Bedingungen erfüllen: er muß über 30 Jahr alt sein und schon mindestens drei Monate im buddhistischen Kloster verweilt haben. Der König wird dann als der Leiter an der letzten Zeremonie

dauern, wenn jene Meisterschule viele Schüler hat. Zum Schluß tanzen Lehrer und Schüler gemeinsam zur Feier und zur Begleitung des Rückzugs der Götter und Geister an ihren Ort im Jenseits. Zugleich spielt das Piphat-Ensemble das Stück *Grau ram* (tanzen), denn dies versinnbildlicht, daß Götter und Geister zum Himmel zurückkehren. Damit ist die gesamte Zeremonie beendet.

Im Hinblick auf den sozialen Aspekt wird diese Zeremonie veranstaltet, um die Beziehung zwischen Lehrer und Schüler sowie die Beziehung unter den Schülern weiter zu pflegen. Einmal im Jahr sollen alle Schüler zusammentreffen und die neuen Generationen kennenlernen sowie Erfahrungen austauschen. Dabei nehmen die alten Schüler, die schon auf der Musikerlaufbahn fortgeschritten sind, die Gelegenheit wahr, neue Stücke von dem Meister zu lernen[128].

Die multiple Verwendung einzelner Stücke in verschiedenen Aufführungen der Naphat-Musik kann aus einem praktischen Motiv erklärt werden, nämlich damit der große Umfang der Naphat-Musik, die die Musiker auswendig beherrschen müssen, reduziert wird. Um diese Musik auswendig zu erinnern, wird die Naphat-Musik beispielsweise nach Variante, der Handlung, der Thang (‚Tonleiter‘) usw. in eine Art der ‚Suite‘ zusammen gefaßt, dem sogenannten *Phleng Rueng*, *Phleng Tab* sowie *Phleng Gred*[129]. Diese drei Zyklen haben sich im Laufe der Zeit zu einer eigenen Gattung der siamesischen Musik herausgebildet, in die später auch Musikstücke aus Naphat-fremden Bereichen eingegangen sind. Die Naphat-Musik gilt in der Tat als das Grundelement der Musik Siams und übt ihren Einfluß auf die anderen Gattungen sowie Repertoires aus.

Die Darstellung hat gezeigt, daß die Naphat-Musik eine wichtige Rolle in der *Waikhru*-Zeremonie spielt. Die Naphat-Musik hat hier eine transzendente Funktion, denn sie macht das Göttergeschehen zum großen Erlebnis. Durch Schauen und Teilnehmen werden alle Anwesenden in die ‚heilige‘ Wirklichkeit hineingezogen. Das Glauben an die ‚Götter‘ bedeutet zugleich die Annahme der Obrigkeit. Damit wird der Herrschaftsanspruch des Königs legitimiert. Beim Teilnehmen an der *Waikhru*-Zeremonie wird zum Ausdruck gebracht, daß nicht nur die Autorität des Lehrers respektiert wird, sondern zugleich auch die Obrigkeit sowie die Royalität. In anderer Hinsicht heißt dies zugleich, daß in Siam der Wechsel von einem Lehrer zum anderen tabuisiert wird; dies gilt auch für den Wechsel von einem Herrscher zum anderen. Politisch gesehen dient die Musik nur diesem Hauptzweck, nämlich als Staatsträger. Unterhaltungs- und Ritusfunktion der Musik sind in der Tat eins.

---

antreten und ihm die Erlaubnis erteilen (vgl. S. Tramod, *Gansübtod tampraphenieniyom* [*Überlieferung der Thai-Tradition*], S. 28).

[128] Vgl. M. Tramod, *Wongdontrithai...*, S. 57.

[129] Bei *Phleng Rueng* handelt es sich um eine Zyklussammlung nach dem selben Trommelschlagmuster und der selben chan (‚Variante‘), bei *Phleng Tab* um eine Ansammlung von verschiedenen Gesangsstücken, die überwiegend im Theater verwendet werden. Für die ‚Suite‘ *Phleng Gred* gibt es keine Regel, man kann beliebige Stücke zu diesem Zyklus verbinden (vgl. S. Phukhaothong, S. 146 ff.).

So lange sich das Herrschaftssystem nach dem Gedanken des hinduistischen Gottkönig-Kults richtet, wird diese Musik weiter bestehen bleiben, insbesondere in der Ayudhaya-Periode. Infolgedessen läßt sich kurz zusammenfassen, daß die siamesische Musik systematisch instrumentalisiert wird. Die Musik im Hinblick auf diese Funktion wird in der Bangkok-Periode beibehalten, aber die Erscheinungsform verändert sich aufgrund der Außenpolitik im Zeitalter des Imperialismus. So wird die Hofmusik beispielsweise auf die Militärkapelle übertragen; dies wird im Kapitel III ausführlich untersucht.

4. Die Musik der Bangkok-Periode (seit 1782)

In der Bangkok-Periode wurde das königliche Hoftheater, Lakon nai und Khon, am Königshof weiter gepflegt. Die Herrscher der neuen Dynastie versuchten neben dem Staatsaufbau, die Kultur bzw. die Musik wiederzubeleben, die in der alten Hauptstadt Ayudhaya in Blüte gestanden hatte und durch den Angriff des Nachbarn Birma zu Grunde gegangen war. Ebenso blieb die Funktion der siamesischen Hofmusik in dieser Periode prinzipiell unverändert, aber die Musik entwickelte sich weiter. Der entscheidende Antrieb zur Weiterentwicklung in dieser Zeit war zunächst die starke Ausweitung der Verwendung des Piphat-Ensembles, das man nun bei allen höfischen Veranstaltungen spielen ließ[130]. So entstand im Laufe der Zeit die Instrumentalgattung, die sogenannte *Thao*-Gattung. Die Besonderheit der *Thao*-Gattung besteht darin, daß sie den Musikmeistern ihre individuelle musikalische Kreativität auszuüben ermöglicht. Bald darauf entstand vieles an neuem Repertoire, da es von nun an unter dem Namen des Meisters eingetragen wurde. Diese *Thao*-Gattung begegnete dann der preußisch-deutschen Militärkapelle. Die Entstehung dieser Gattung spiegelt zugleich die Lockerung in der Gesellschaft Siams wider, die parallel zu den Kontakten zur Außenwelt auftritt.

Der Anfang der Weiterentwicklung der Musik in der Bangkok-Periode fiel zunächst in die Regierungszeit Ramas II. (reg. 1809 bis 1824). Er hatte persönlich eine große Neigung zu Kunst, Literatur, Tanzdarbietung und Musik und pflegte sie als Herausgeber, Verfasser und Schirmherr leidenschaftlich[131]. Er hatte die Texte sowohl der drei königlichen Theaterstoffe, *Ramakien*, *U-narut* und *I-nao*, als auch des Volkstheaters (Lakon nok) erweitert und revidiert, die während des Krieges bis auf wenige Überreste verloren gegangen waren[132]. Zudem führte er als Neuheit ein, daß der Text nunmehr gezielt für die Aufführung abgefaßt werden sollte, damit die Aufführung knapper und schneller als bisher vonstatten ging. Aber die Handlung wurde noch nicht, wie in der Tradition des Abendlands, dialogisch und in Akten abgefaßt[133].

---

[130] Vgl. S. Phukhaothong, S. 233.

[131] Vgl. Ch. Sawetanant, *Tamnanganlakon*, S. 55 ff.

[132] Vgl. Ch. Sawetanant, *Tamnanganlakon*, S. 57.

[133] Vgl. Ch. Sawetanant, *Tamnanganlakon*, ebd. Erst gegen Ende des 19. Jahrhunderts hat Prinz Naris das Thai Tanztheater nach dem Vorbild des abendländischen Theaters neu gestaltet. Er hat die Handlung in Akte bzw. Szenen unterteilt und Dialoge sowie auch die Ausstattung, etwa das

Sein musikalisches Verdienst war der Einsatz des Piphat-Ensembles, das schon zu Beginn der Bangkok-Periode sehr beliebt war, zur Begleitung der *Sepha*-Rezitation[134]. Bei der *Sepha*-Rezitation handelte es sich ursprünglich um die Rezitation eines gedichteten Liebesromans, *Khundschang-Khunphän* ([Die Geschichte einer Dreiecksbeziehung zwischen den Männern] Khundschang und Khunphän [und der Frau Wanthong][135]), die allein vom Graab, einem Schlagstock, begleitet wurde[136]. Das Piphat-Ensemble sollte zwischendurch nach einem bestimmten Abschnitt des Gedichtes einsetzen. Dabei hatte der Einsatz des Ensembles einen Grund[137]: Die Vortragsweise der Rezitation ist eine Art des ‚Sprechgesangs‘, die allein aus dem Kehlkopf erzeugt wird und daher für den Rezitator sehr anstrengend ist: er benötigt zwischendurch eine kleine Pause. Die Musik soll dabei im Sinne von ‚Intermezzo‘ für Abwechslung sorgen.

Im Laufe der Zeit entwickelte die Musik ein eigenes Vortragsrepertoire zur Rezitation, das sogenannte *Phleng Sepha-Piphat*. Dieses umfaßt vier Gesangstücke[138]: *Phleng Phama ha ton* (ein Stück im birmanischen Stil mit fünf Abschnitten), *Phleng Dschorake hangyao*[139] (Krokodil mit langem Schwanz), *Phleng si bot* (vier Abschnitte) und *Phleng Bulan* (Mond). Diese Stücke haben kein gemeinsames musikalisches Material mit der Rezitation. Das Hauptmerkmal dieser Musik besteht darin, daß sie keinerlei Verbindung mit dem Theater hat, d. h. mit der Tanzdarbietung oder mit der rituellen Darbietung. *Phleng Sepha-Piphat* hat also im wahrsten Sinn des Wortes Unterhaltungsfunktion. Damit besitzt das Piphat-Ensemble nun auch diese Funktion; dies gilt als der entscheidende Ausgangspunkt für die Erneuerung der Musik Siams.

Bühnenbild, eingeführt. Diese neue Theatergattung nannte er dann das Lakon dükdamban (wörtl. das Urtheater). Weitere Informationen über Lakon dükdamban finden sich z. B. in: Prinz Damrong, *Tamnan Lakon dükdamban [Die Chronik des Lakon dükdamban]*, in: *Grundzüge der Zivilisation, Musik und Tanzkunst Thailands*, Thammasart Universität, Bangkok 1972, S.113-117.

[134] Prinz Naris, *Widschanrueng tamnansepha [Kritik an der Abhandlung über die Geschichte der Sepha-Rezitation des Prinzen Damrong]*, in: *Grundzüge der Thai, Musik und Tanzkunst Thailands*, Thammasart Universität, Bangkok 1972, S. 81.

[135] Der Begriff „Khun" hat drei Bedeutungen in der Thai-Sprache. Zunächst heißt „Khun" der König, die zweite Bedeutung ist der Berg und die dritte die Bezeichnung des untersten Ranges eines Adligen. Hier hat „Khun" die dritte Bedeutung. „Dschang" (Elefant) und „Phän" (wörtl. der Plan) sind geläufige Namen bei den Thais. Da es im Deutschen kein entsprechendes Wort zu „Khun" gibt, wird der Begriff hier einfach beibehalten.

[136] Vgl. M. Tramod, *Ganlalen khongthai*, S. 34.

[137] Vgl. M. Tramod, *Ganlalen khongthai*, ebd.

[138] Vgl. M. Tramod, *Ganlalen khongthai*, S. 38.

[139] Dieses Stück wurde von S. Ketukaenchan transkribiert und in seiner Dissertation untersucht, siehe *The Thang of the Khong Wong Yai and Ranat Ek: A Transcirption and Analysis of Performance Practice in Thai Music*, Phil. Diss., University of York/ England 1989.

Bei der *Sepha*-Rezitation gibt es im allgemeinen folgende Vorgänge[140]: Wie üblich beginnt sie mit dem Vorspiel. Zum Vorspielteil werden drei Stücke gespielt: *Phleng Rua pralong sepha*, *Homrong-Sepha* in sam chan-Variante und *Phleng wa*. Danach fängt die Rezitation an. Zwischendurch werden die oben erwähnten vier Stücke (*Phleng Phama ha ton*, *Phleng Dschorake hangyao*, *Phleng sie bot* und *Phleng Bulan*) vorgetragen. Gliedert sich die Rezitation in mehr als vier Abschnitte, kann das Piphat-Ensemble zwischendurch noch andere beliebige Musikstücke vortragen[141].

Die Weiterentwicklung des Theaters und der Musik, die Rama II. betrieben hatte, war in der Regierungszeit Ramas III. (reg. 1824 bis 1851) in Stagnation geraten. Rama III. beschäftigte sich neben dem Außenhandel ausschließlich mit der Religion. Denn er betrachtete Musik und Theater als verschwenderische Spielerei, und daraufhin wurde die Abteilung des königlichen höfischen Theaters und der Musik abgeschafft. Die wichtigsten Hoftänzerinnen und Musikmeister mußten deshalb zu den anderen Theatergruppen an den Höfen der Prinzen sowie Adligen oder zu Volkstheatergruppen wechseln. Dies sorgte auf umgekehrte Weise für eine positive Weiterentwicklung des Theaters und der Musik Siams[142].

Das Lakon nai, das seit seiner Entstehung (im 17. Jahrhundert) ausschließlich am Königshof gepflegt, an anderen Höfen stets nur heimlich aufgeführt wurde, trat nun auch öffentlich außerhalb des Königspalasts in Erscheinung, obwohl dies laut Palastgesetz noch verboten war, aber da schien dem König gleichgültig zu sein[143]. Die Theatertruppen an den übrigen Höfen, die per Gesetz nur aus männlichen Darstellern bestehen mußten, wurden nun umgekehrt ausschließlich durch Frauen sowie ehemalige Hofdamen besetzt[144]. Daraufhin entstanden Wettbewerbe unter den Höfen um die beste Ausstattung sowie Darbietung von Lakon nai, insbesondere im Hinblick darauf, wer die besten ehemaligen königlichen Tänzerinnen in seiner Theatertruppe hatte; dies brachte dem Besitzer Ruhm. Daraufhin entstanden viele private Theatergruppen, die sich nach dem königlichen Theater ausrichteten. Nach dem Register der Regierungszeit Ramas V. (von 1868 bis 1910) gab es in Bangkok offiziell 20 solcher Theatergruppen.

Als Rama IV. (reg. 1851 bis 1868) den Thron bestieg, existierte kein königliches Theater oder Ensemble mehr, so daß er bei den königlichen Feierlichkeiten die anderen höfischen Theatergruppen beauftragen mußte. Daß die Ausstattung des königlichen Theaters längst unter dem Volk populär war, konnte der König nun

---

[140] Vgl. M. Tramod, *Wongdontrithai...*, S. 45.

[141] Vgl. M. Tramod, *Wongdontrithai...*, ebd.

[142] Vgl. Ch. Sawetanant, *Tamnanganlakon*, S. 58 f.

[143] Vgl. Ch. Sawetanant, *Tamnanganlakon*, S. 59.

[144] Vgl. Ch. Sawetanant, *Tamnanganlakon*, S. 61. Diesen Vorgang haben die preußischen Gesandten in ihren Aufzeichnungen bestätigt. Kurz nach der Aufhebung des Palastgesetzes 1861/62 kamen die Preußen nach Bangkok. Dort wurden sie vom Prinz und den Adligen voller Stolz mit einer Darbietung des Damen-Tanztheaters empfangen (siehe ausführliche Darstellung im Kapitel II in: *b.) Die siamesische Musik und Kultur aus der Sicht der Preußen*).

nicht mehr verbieten. Im Gegenteil betrachtete er dies als Vorteil; er hob zunächst das seit Jahrhunderten bestehende Aufführungsverbot im Palastgesetz auf und führte eine Aufführungssteuer ein[145]. Wie beliebt diese Aufführungen waren, kann man an den Steuereinnahmen ablesen. So betrug beispielsweise 1886 die Steuereinnahme aus Theateraufführungen 3600 Baht (siamesische Währung) und achtzehn Jahre später (1904) 167 828 Baht[146].

Dabei wurde nun nicht nur um das Theater gewetteifert, sondern auch um die Musik. So wurde zwar zunächst die *Sepha*-Rezitation Ramas II. nicht mehr gepflegt, aber das Repertoire *Phleng Sepha-Piphat* wurde gespielt und entwickelte sich langsam zu einer selbständigen Instrumentalmusik - weil es ursprünglich allein zur Unterhaltung diente, aber nicht mit dem Theater und ebenso wenig mit dem Ritual verbunden war. Die Musik wurde wie üblich entweder mit oder ohne Rezitation aufgeführt. Dies war der Keim einer allmählich entstehenden neuen instrumentalen Gattung, der sogenannten *Thao*-Gattung.

Im Hinblick auf die freie Instrumentalmusik konnte die Musik nun neu gefaßt oder bearbeitet werden; dies war die Neuheit im Gegensatz zur Naphat-Musik, die aufgrund ihrer rituellen Funktion immer streng gespielt und überliefert wurde. Hier konnte der „chan", also eine Variante, besonders zur Geltung kommen. Der Begriff „chan" hat viele Bedeutungen im Thailändischen. „Chan" heißt zum Beispiel Regal, Stufe, Schicht, Stockwerk, Klasse, Grund oder auch Arbeitsgang. Im musikalischen Sinne bezieht sich „chan" auf die musikalische Bearbeitung in drei Varianten, die sich jeweils in der Metrumseinheit und der Länge einer melodischen Phrase unterscheiden. In der vorliegenden Arbeit wird „chan" ins Deutsche mit ,Variante' übertragen[147]. So wird die freie Instrumentalmusik gesetzmäßig in drei Varianten bearbeitet: sam chan, song chan und chan dieow[148], also die dritte, zweite und erste Variante. Dabei handelt es sich um eine Verdopplung bzw. Hal-

---

[145] Vgl. P. Amatayakul, *Phraphutadschaoluang gabgandontri* [*König Chulalongkorn und die Musik*], in: Kremationsbuch von Prinzessin Hemwadi, Bangkok 1973, S. 135 (siehe die Erläuterung von Kremationsbuch in der Anmerkung 98).

[146] Vgl. P. Amatayakul, *Phraphutadschaoluang...*, S. 135 f. Diese Steuer wurde pro Aufführung erhoben, unabhängig von der Größe des Publikums (vgl. P. Amatayakul, *Phraphutadschaoluang...*, ebd.).

[147] Während „chan" in der angelsächsischen Sekundärliteratur einfach als Variation übersetzt wird. Dies trifft jedoch nicht zu, denn der Begriff Variation, insbesondere im Deutschen, hängt mit der strengen Beibehaltung der melodischen Struktur, Metrik sowie Tonart der Kernmelodie zusammen, während der „chan" in der Thai-Musik auf einem anderen Prinzip basiert. (siehe die ausführliche Darstellung des ,Variante'-Prinzips der chan im Kapitel III: *Khäkmon Bangkhunprom Thao* und vgl. zur Terminologie auch H. Weber, Art. Variation im *HmT*, 14. Aufl. 1986/ 87.

[148] chan dieow kann auch nüng chan genannt werden, aber chan dieow ist für die Thais bequemer auszusprechen.

bierung der Metrik und Länge einer melodischen Phrase[149]. So sind in der sam chan-Variante zwei Viertelnoten eine Metrumseinheit und die Länge einer melodischen Phrase acht Takte des Zweiviertel-Taktes. In der song chan-Variante werden diese auf die Hälfte reduziert, also beträgt eine Metrumseinheit nur eine Viertelnote und die Länge einer melodischen Phrase vier Takte des Zweiviertel-Taktes. Noch einmal halbiert sich das ganze in chan dieow-Variante. So beträgt eine Metrumseinheit nur eine Achtelnote und die Länge einer melodischen Phrase zwei Takte des Zweiviertel-Taktes (siehe die ausführliche Darstellung im dritten Kapitel in: *Khäkmon Bangkhunprom Thao*).

Die Naphat-Musik ist in der Regel fest mit dem Tanzmuster verknüpft und besteht fast ausschließlich aus song chan- und chan dieow-Varianten[150]. Ein gutes Beispiel dafür ist das Paarstück zum Grundrepertoire der Tanzdarbietung, das sogenannte *Phleng dscha* und *Phleng reow* (die Musik zur Tanzdarbietung in langer oder kurzer Version[151]). *Phleng dscha* gibt es stets in song chan-Variante und *Phleng reow* in chan dieow-Variante. Damit wird ausgedrückt, daß die siamesische Theatermusik, d. h. die Naphat-Musik, fast ausschließlich in zwei Varianten existiert. Von der sam chan-Variante war folglich bis vor kurzem keine Rede in der siamesischen Musik - außerdem wurde die Musik traditionell aufgrund der festen Doppelfunktion stets streng überliefert und die Musiker hatten keine Möglichkeiten, die Musik abzuändern und neu zu fassen.

Bei den Wettbewerben unter den Höfen wurden die Musikmeister aufgefordert, ihre neuen Musikstücke bzw. ihre neue Spieltechnik vorzustellen, wobei sie sich an den erwähnten drei Varianten (sam chan, song chan und chan dieow) zu erproben hatten[152]. So wurde es auch bei Wettbewerben geregelt, daß man ein Musikstück von verschiedenen Meistern bearbeiten ließ, und das beste Ergebnis

---

[149] Theoretisch kann man die Musik noch als si chan (der vierten Variante) oder auch ha chan (der fünften Variante) usw. bearbeiten (vgl. M. Tramod, *Sabsanghit*, Bangkok 1964, S. 44 f.).

[150] Vgl. S. Phukaothong, S. 138.

[151] Die Begriffe „dscha" und „reow" sind zunächst Adjektive und können in der Thai-Sprache zwei Bedeutungen haben: Erstens heißen sie langsam (dscha) und schnell (reow) und zweitens lang (dscha) und kurz (reow). Hier gilt die zweite Bedeutung: Das Tanzmuster kann entweder in langer oder in kurzer Version zur Geltung kommen. Diese zwei Versionen verbinden sich in erster Linie nicht mit dem Tempo, sondern direkt mit der Tanzbewegung. Denn in der Tat ist das Tempo in der Tanzdarbietung sowie in der Musik nie genau definiert; so können diese Paarstücke als schneller oder langsamer Paartanz aufgeführt werden (siehe die Diskussion über das Tempo in der Thai-Musik im Zusammenhang mit den Begriffen „dscha" und „reow" im Kapitel III: *2. Khäkmon Bangkhunprom Thao, a) Fassung für Piphat-Ensemble*). Es beginnt in der Thai-Musik in der Regel immer langsam und endet in schnellem Tempo. Aus diesem Grund wird leicht falsch interpretiert, daß die song chan- und chan dieow-Variante automatisch ‚langsames' und ‚schnelles' Tempo bedeuten. Daß häufig in der westlichen Sekundärliteratur dieses Paarstück fälschlich als ein langsames und schnelles Stück dargestellt wird, kann aus dieser gängigen Praxis in der Thai-Musik hergeleitet werden.

[152] Vgl. S. Phukaothong, S. 138.

38

wurde dann belohnt. Die Musik dieses Stückes kann der Meister selbst verfaßt oder irgendein Stück übernommen haben[153]. Das heißt, daß von nun an zumindest die Bearbeitungstechnik der Meister individuell unterschiedlich ist; die Musikstücke werden deshalb von nun an mit dem Namen des Meisters versehen. Aus diesem Grund werden Musik und Meister aus dieser Zeit in der vorliegenden Arbeit als Komposition und Komponist bezeichnet. Diese Lehnbegriffe bezeichnen aber nicht die traditionell geschriebene Musik, sondern individuelle musikalische Schöpfungen, die jene Meister nach ihrer individuellen Empfindung entwickelt haben.

Gemäß den Regeln zum Vortrag der Naphat-Musik muß die Musik der *Thao*-Gattung stets in einer bestimmten Reihenfolge vorgetragen werden, wobei jedoch die jeweilige Variante nun zweimal gespielt werden muß. Der Aufbau der Thao-Kompositionen geht noch auf seinen Ursprung, die *Sepha*-Rezitation, zurück, die nach wie vor den Einsatz des Ensembles einleitet, aber ihre rituelle und repräsentative Bedeutung weitgehend eingebüßt hat. Daher gilt die Thao-Musik im wesentlichen als Instrumentalmusik.

Nicht nur der Komponist hatte nun eine gewisse Freiheit, sondern auch die Musiker. Anders als bei der Naphat-Musik durften die Musiker des Piphat-Ensembles nun die Komposition innerhalb bestimmter Grenzen beliebig frei improvisieren. Hier gibt es jedoch eine Ausnahme, nämlich den Kesselgong. Während die restlichen Instrumente von der Kernmelodie abweichen, spielt der Kesselgong, der sich als Rückgrat des Stückes verhält, streng die Kernmelodie, vor der Xylophon und Oboe in den Vordergrund treten. In der Hierarchie innerhalb des Piphat-Ensembles spielt der Kesselgong die führende Rolle. Aus diesem Grund muß bei der Untersuchung des Aufbaus der siamesischen Musik die Melodie des Kesselgongs untersucht werden. Der Aufbau der *Thao*-Gattung und die Bedeutung des Kesselgongs werden später bei der Analyse des Stückes *Khäkmon Bangkhunprom Thao* im dritten Kapitel ausführlich behandelt.

Die Entstehung der *Thao*-Gattung spiegelt wider, wie Musik und Theater sich vom Königshof loslösten und sich andernorts etablierten. Die rasche Verbreitung unter dem Volk zeigt, daß diesem das königliche Musiktheater schon lange begehrenswert erschienen war. Dies nutzte der König, da er es nicht mehr verhindern konnte, wirtschaftlich in Form von Steuern. Aber auch inhaltlich behielt der absolute Herrscher den alleinigen Anspruch auf Kulturpolitk. Ein gutes Beispiel dafür hat sich ereignet gegen Ende der Regierungszeit Ramas IV.: Der Vizekönig bevorzugte schon lange Zeit die laotische Musik, und dies hat für eine Mode in der siamesischen Gesellschaft gesorgt. Folglich erreichte die Aufführung siamesischen Theaters und siamesischer Musik zu dieser Zeit einen Tiefpunkt. Daraufhin machte sich der erste König große Sorgen, daß die siamesische Musikkultur vernachlässigt und damit um die eigene Identität gebracht werde. Vor allem die Steuereinnahmen waren erheb-

---

[153] Vgl. S. Phukaothong, ebd.

lich zurückgegangen. Aus diesem Grund erließ er 1865 ein Gesetz zum Verbot der Aufführung laotischer Musik[154].

Die Aufhebung einiger veralteter Palastgesetze in der Zeit Ramas IV. hat gezeigt, daß Siam nun bereits auf dem Weg zur Modernisierung nach dem westlichen Vorbild war. Dies wird anhand der Berichte der preußischen Expedition 1861/62 im nächsten Kapitel dargestellt. Es soll gezeigt werden, daß Siam zum ersten Mal in der Geschichte die westlichen Einflüsse systematisch rezipiert hat. Aufgrund der Öffnung zur Außenwelt benötigte Siam nun die westliche Staatsempfangszeremonie sowie die staatliche Präsentation wie beispielsweise eine Nationalhymne und natürlich die Blaskapellentruppe. Besonders die Begegnung zwischen der siamesischen Musik und der preußisch-deutschen Militärkapelle erreichte durch Prinz Paribatra den Höhepunkt, indem er seine Komposition für die Kapelle bearbeitete; dies wird im dritten Kapitel ausführlich untersucht.

---

[154] Vgl. P. Amatayakul, *Phraphutadschaoluang...*, S. 135.

II. Der geschichtliche Hintergrund

In diesem Kapitel sollen die musikalischen Kontakte zwischen Preußen bzw. Deutschland und Siam zur Darstellung kommen. Der Untersuchungszeitraum erstreckt sich von der Eulenburg-Mission 1861/62 bis 1917, als Siam auf der Seite der Gegner Deutschlands in den Krieg eintrat. Nach einer genauen Untersuchung dieser Zeitspanne läßt sich feststellen, daß es im wesentlichen drei wichtige Ereignisse musikalischer Kontakte gibt: Das erste fand im Rahmen der Eulenburg-Mission statt, als Preußen mit Siam einen Handelsvertrag abschloß. Dann - 38 Jahre später - traf im Jahr 1900 eine siamesische Hoftheatertruppe in Berlin ein, die kurz zuvor auf der Pariser Weltausstellung gespielt hatte. In Berlin führten sie siamesisches Tanztheater im Zoologischen Garten auf. Dabei nahmen Carl Stumpf und seine Schüler Erich von Hornbostel und Otto Abraham, die kurz zuvor das Fach Vergleichende Musikwissenschaft gegründet hatten, diese Gelegenheit wahr, siamesische Musik zum Gegenstand einer ersten wissenschaftlichen Untersuchung zu machen. Schließlich knüpfte ein siamesischer Prinz, Prinz Paribatra, der von 1896 bis 1903 eine militärische Ausbildung im Lichtenfelder Kadettenkorps (Berlin) absolvierte, Kontakte zur preußischen Militärmusik. Nach Siam zurückgekehrt, führte er neben dem preußischen Militärwesen auch eine Militärkapelle nach preußisch-deutschem Vorbild ein.

Zu diesen musikalischen Beziehungen beider Länder läßt sich folgendes bemerken: Es handelte sich um keine kontinuierlichen Beziehungen, denn beispielsweise fand der zweite musikalische Kontakt 38 Jahre nach dem ersten statt, hatte keinerlei Bezug zu diesem noch zu dem dritten. Außerdem war die musikalische Beziehung einseitig: Nur Siam hat Musik aus Deutschland übernommen, nämlich die Militärkapelle. Diese Rezeption ging allein von seiten Siams aus ohne die Unterstützung von Deutschland; Paradebeispiel dafür ist Paribatras Einführung der Militärkapelle in der Marine, die er auch mit eigener Musik, Übertragungen von traditioneller Musik auf dieses Bläserensemble, versorgte. In Deutschland hingegen wurde die siamesische Musik nur wissenschaftlich untersucht, ohne jedoch in einen wissenschaftlichen Dialog mit Siam einzutreten.

Der erste musikalische Kontakt zwischen Preußen und Siam hatte dabei eine besondere Bedeutung. Der musikalische Austausch dauerte drei Monate, von Dezember 1861 bis Februar 1862. Über diese längste kontinuierliche Begegnung haben die preußischen Teilnehmer ausführlich berichtet. Diese Aufzeichnungen sind auch deshalb wichtig, weil sie als einer der wenigen Augenzeugenberichte über die siamesische Gesellschaft der Mitte des 19. Jahrhunderts gelten können - solche Berichte wurden von siamesischer Seite nicht verfaßt. Dennoch bildeten die Aufzeichnungen der preußischen Gesandten eine Grundlage für weitere kulturelle Begegnungen und sind ein wichtiges Dokument zur Erforschung der Rezeption der westlichen Kultur in Siam. In den Aufzeichnungen finden sich überaus kritische Bemerkungen zur siamesischen

Musik und Kultur, die die Weltanschauung des deutschen Imperialismus spiegeln. Sie werden im Verlauf der Darstellung anderen Äußerungen verschiedener Persönlichkeiten gegenübergestellt.

Pläne zur Entsendung einer preußischen Expedition nach Ostasien bestanden bereits seit längerem. Schon 1843 schlug man die Einrichtung einer preußischen Handelssozietät für Ostasien in Singapur vor. Aber erst im Jahre 1857, nach langem Zögern aufgrund innen- und außenpolitischer Umstände, wurde der Plan auf Vorschlag des preußischen Handelsministers von der Heyde im Ministerium für Auswärtige Angelegenheiten von neuem erwogen und am 15. August 1859 mit Kabinettsordre gebilligt. Preußen übernahm Leitung und Durchführung dieses Vorhabens, das neben den Zollvereinsstaaten auch den Hansestädten und den Großherzogtümern Mecklenburg-Schwerin und Mecklenburg-Strelitz Handelsvorteile bringen sollte[1].

Zum Expeditionsleiter wurde Graf Friedrich zu Eulenburg bestimmt[2]. Die Zielsetzungen der Expedition waren die folgenden: Erstens sollten die Vertragsabschlüsse die Erschließung dieser Weltregion für die deutschen Kaufleute fördern, eine Beschränkung oder Aufhebung der Zölle bewirken sowie Schutz der europäischen Untertanen vor der orientalischen Justiz gewähren. Zweitens erhoffte man sich neue Erkenntnisse für die wissenschaftliche Erforschung der Ostasienregionen. Drittens wurde die Möglichkeit zu einer Machtdemonstration durch das Flottengeschwader genutzt. Besonders der noch jungen preußischen Marine, die in ihren bisherigen Fahrten noch nicht über den Atlantischen Ozean hinausgekommen war, konnte die Expedition nach Ostasien dazu dienen, neue Erfahrungen zu sammeln, und zugleich sollte eine bessere Stellung Preußens im Welthandelsverkehr begründet werden[3].

Nach Vertragsabschlüssen mit Japan und China kam die preußische Mission zuletzt nach Siam. Am 11. Dezember 1861 ging das Transportschiff Elbe, am 15. Dezember das Flaggschiff, die Dampfkorvette Arkona - mit den Gesandten an Bord - , vor der Mündung des Flusses Chaopraya bei Paknam vor Anker. Zuvor war bereits am 22. November die Segelfregatte Thetis von einer Forschungsreise der Wissenschaftler und Künstler in den holländisch-indischen (heute indonesi-

---

[1] *Die Preussische Expedition nach Ost-Asien nach amtlichen Quellen*, Bd. I, Berlin 1864, S. VII ff.

[2] Die diplomatischen Begleiter der Expedition waren der Legationsleiter Pieschel und die Gesandtschaftsattachés von Brandt und von Bunsen. Eulenburg, von Brandt und von Bunsen sowie der Bevollmächtigte der sächsischen Handelskammer Gustav Spieß verfaßten die wichtigsten der besagten Aufzeichnungen. Darüber hinaus befanden sich noch zahlreiche Wissenschaftler aus verschiedenen Fachbereichen wie beispielsweise der Geologe Ferdinand Freiherr von Richthofen an Bord der Schiffe. Die Expedition umfaßte 844 Teilnehmer auf vier Schiffen. Die ausführlichen Informationen der Expeditionsteilnehmer befinden sich in: *Die Preussische Expedition...*, S. XIII f.

[3] *Die Preussische Expedition...*, S. VIII ff.

schen) Archipel zurückgekehrt. Der Schoner Frauenlob war auf der Fahrt nach Japan mitsamt seiner Besatzung in einem Sturm untergegangen.

In Bangkok wurden die preußischen Gesandten willkommen geheißen, aber auch alle anderen Expeditionsteilnehmer den Berichten beider Seiten zufolge ungeachtet ihres Ranges und sozialen Status von dem König und seinen Ministern sehr herzlich empfangen. Der König stellte ihnen sogar Boote zur Verfügung, damit sie sich nach eigenem Gutdünken in Bangkok und Umgebung umsehen konnten. Die Teilnehmer der Expedition hatten auf diese Weise während ihres Aufenthalts in Siam Gelegenheit, die siamesische Hof- und Volkskultur kennenzulernen. Auch das Essen durfte dabei nicht fehlen; so berichtete der Photograph Hermann Rose:

> „Der König zeigt sich im höchsten Sinne des Wortes leutselig gegen uns. Wir litten an nichts Mangel, hatten sogar Ueberfluß an Speisen und Getränken, manchmal zu viel, so daß es Kopf und Magen entgelten mußten, oft war es nicht gut möglich zu photographieren, da der zum Teil zu viel genossene Champagner uns den Kopf konfuse gemacht hatte, und wir halfen uns mit der Ausrede, daß die mitgenommenen Chemikalien unrein wären."[4]

Während der Vertragsverhandlungen in Bangkok haben beide Seiten ihre Musik vorgeführt. Bei den Gesprächen tauschte man auch Gedanken über Musikalisches aus. Die Militärkapelle, die die Gesandtschaft mitbrachte, hatte darüber hinaus Gelegenheit, vor dem König, dem Prinzen und den Adligen sowie in der Öffentlichkeit zu musizieren. Nach den Berichten der Expeditionsteilnehmer waren die Siamesen sehr von der Blaskapelle angetan. Der König bat sogar den preußischen Kapellmeister Fritz darum, seine Hofkapellmusiker zu unterrichten. Diese Aufgabe wurde von Fritz übererfüllt, indem er sogleich eine Nationalhymne für Siam komponierte, die den Höhepunkt der musikalischen Begegnung beider Länder darstellt.

Diese erste preußisch-siamesische musikalische Begegnung wird im folgenden unter zwei Gesichtspunkten dargestellt, nämlich erstens die Wirkung und Rezeption der preußischen Militärkapellenmusik in Siam, und zweitens die Begegnung der Preußen mit der Thai-Kultur und ihrer Musik. Wie kann man die Begeisterung der Siamesen für diese Musik erklären? Welche Bedeutung hatte sie für ihre Kultur? Wie wirkte andererseits die siamesische Musik auf die Preußen? Warum wurde sie bis ins 20. Jahrhundert hinein in Deutschland nicht rezipiert?

---

[4] H. Rose, *Meine Erlebnisse auf der Preußischen Expedition nach Ostasien 1860, 1861 und 1862*, Kiel 1895, S. 115 (im folgenden abgekürzt als Rose). Bei der königlichen Versorgung wurde nicht nur an die Gesandtschaft in Bangkok gedacht, sondern auch an die Soldaten an Bord vor der Flußmündung. So berichtete der Autor weiter: „Am Montag den 10. Februar [1862] fuhr ein Sohn des zweiten Königs von Siam nach der Rhede, um unsere Schiffe zu besichtigen. Bei dieser Gelegenheit wurde der Mannschaft eine Quantität Fische, Reis, Zucker vom Könige als Geschenk übermacht. Der Unterhalt der auf dem Lande befindlichen Mannschaft wurde ebenfalls von ihm bestritten, und wir mußten gestehen, daß unsere Verpflegung im allgemeinen eine sehr zufriedenstellende war." (Rose, S. 116).

1. Die musikalischen Kontakte beider Länder während der preußischen Expedition 1861/62

a) Die preußische Militärkapelle in Siam

Der Auftritt der preußischen Militärkapelle in Siam fand vor dreierlei Publikum statt: am Königshof, sowohl des ersten als auch des zweiten (Vize-) Königs, an den Höfen des Prinzen und der Adligen sowie in der Öffentlichkeit[5]. Da die eigentlichen musikalischen Begegnungen beider Seiten ausschließlich an den Höfen stattfanden, wurde der öffentliche Vortrag nicht weiter berücksichtigt[6]. Nach den Berichten der Preußen kannten die siamesischen Oberschichten damals schon Militärkapellen; der König besaß sogar eine Blaskapelle. Weil der König erst kurz zuvor Instrumente für die Militärkapellenbesetzung in Berlin gekauft hatte, konnten die Hofmusiker jedoch auf den Instrumenten noch nicht spielen. Der König bat den preußischen Kapellmeister Fritz, seinen Musikern Unterricht zu erteilen. Infolgedessen fand die Rezeption der preußischen Militärkapellenmusik am Königshof in Form von Hilfe und Belehrung statt.

An den Höfen der Prinzen, wo die Vertragsverhandlungen stattfanden, gab es hingegen keine Blaskapelle, sondern es wurde die traditionelle siamesische Musik gespielt. So kam es zu einer unmittelbaren Gegenüberstellung beider musikalischer Kulturen und zu Gesprächen über den Unterschied zwischen der Musik Siams und der des Abendlands. Dabei stellte sich als ein Hauptmerkmal heraus, daß in der

---

[5] Der König ernannte den Premierminister (Khalahom) und den Außenminister (Praklang) zu Verhandlungsführern. Das Außenministerium wurde von einem Halbbruder des Königs, Prinz Kromaluang Wongsa, geleitet, die anderen beiden Ministerien von Adligen. Den siamesischen und preußischen Quellen entsprechend werden im folgenden die Verhandlungsführer immer mit ihren siamesischen Titeln bezeichnet. Dabei muß noch der prinzliche Titel *Kromaluang* erläutert werden: Nach der Rangbezeichnung am siamesischen Hof steht *Kromaluang* an zweiter Stelle nach dem Vizekönig *Kromkhun* (oder auch, nach dem alten System, *Uparāja*). Als Rama IV. 1851 den Thron bestieg, ernannte er seinen Bruder *Kromkhun Issares rangsan* zum zweiten König, gleichrangig mit ihm selbst. Die Siamesen nannten den ersten kurz *Phra Monkut* (die Krone) und den zweiten *Phra Pinklao* (Haarspange). Die Westlichen nannten den ersten König entweder der erste König oder Rama IV. oder auch König Monkut und den zweiten Vize-König oder König Pinklao (vgl. A. Thantawathana, *Rajasakunlawong nai phrabatsomdet phrapawaren tharames mahisaresrangsan phrabatsomdet phrapinklao dschaoyuhua* [*Stammfamilie des Königs Pinklao*], in: Kremationsbuch von General Luang Gampanat Saenyakorn, Bangkok 1975, S. 71 ff.).

[6] Eulenburg hat in seinem Brief am 10. Januar 1862 geschrieben: „Nach 4 Uhr fuhr ich ein paar Besuche machen und verweilte dann eine halbe Stunde auf dem Platze neben dem englischen Konsulat, wo von heute an unsere Musik jeden Dienstag und Freitag zwischen 4 und 6 Uhr spielen soll." *Ost-Asien 1860-1862 in Briefen des Grafen Fritz zu Eulenburg*, hrsg. v. Philipp zu Eulenburg-Hertefeld, Berlin 1900, S. 368 (im folgenden abgekürzt als Eulenburg). Dies wurde von der damals in Bangkok erscheinenden englischen Zeitung *The Siam Repository* bestätigt: „The splendid band of the Arcona discoursed sweet for the entertainment of the natives and foreign residents in public places." (*The Siam Repository*, V/ 1 (1873), S. 147).

traditionellen siamesischen Musik keine Notationsschrift existiert und sie nur mündlich überliefert wird. Das Gedächtnis spielt infolgedessen eine besonders wichtige Rolle bei den Musikern. Eulenburg wollte dies gerne selbst überprüfen und ließ einen seiner Musiker einen Satz dreimal vorspielen. Zu seiner Verblüffung spielte ein siamesischer Musiker diesen dann auf seinem Instrument richtig nach. Dieses Experiment hat dazu geführt, daß die Musiker beider Seiten sich näherkamen. Der Chronologie der preußischen Berichte folgend wird die Darstellung in die Abschnitte der musikalischen Begegnungen am Königshof und derjenigen an den Höfen der Prinzen und Adligen eingeteilt.

Am 27. Dezember 1861, zwölf Tage nach der Ankunft der preußischen Gesandtschaft in Siam, fand die erste offizielle Königsaudienz in Bangkok statt, bei der die Preußen ihre Militärkapelle mitbrachten. Gegen Ende der Audienz trug die preußische Blaskapelle dem König einige Marschstücke vor. Dem amtlichen Bericht der preußischen Expedition zufolge ist der König davon sehr beeindruckt gewesen:

„Das Musikkorps der Arkona durfte im innersten Hof einige Stücke spielen und wurde vom König inspicirt; zum Abschied reichte er uns Allen die Hand."[7]

Max von Brandt, einer der Gesandten der Delegation, hat dieses Ereignis ebenso berichtet:

„Endlich stieg er [der siamesische König] in den Hof hinab, wo die Musik der Arcona einige Stücke vortrug, die ihm sehr zu gefallen schienen, und entließ uns darauf in der gnädigsten Weise, worauf wir zu Fuß unter Fackelbegleitung zu unseren Böten und in denselben nach Hause zurückkehrten."[8]

Diese Berichte waren kaum übertrieben. Der Eindruck, den die Militärkapelle auf den König gemacht hatte, ließ ihn drei Tage später seine Hofkapellenmusiker

---

[7] *Die Preussische Expedition nach Ost-Asien nach amtlichen Quellen*, hrsg. v. Albert Berg, Bd. IV, Berlin 1873, S. 271.

[8] M. von Brandt, *Dreiunddreissig Jahre in Ost-Asien. Erinnerungen eines deutschen Diplomaten*, Bd. I, Leipzig 1901, S. 265 (im folgenden abgekürzt als von Brandt). Bei dieser Audienz war der Photograph Hermann Rose dabei und hat über die Atmosphäre in der Audienz sowie die Umgebung des königlichen Hofes ausführlicher berichtet: „Im Hofraume des königlichen Schlosses angelangt, wurden wir von den siamesischen Prinzen und Ministern empfangen, außerdem begrüßte uns eine betäubende Musik, die von Gongs, Trommeln, Flöten, Klarinetten hervorgebracht wurde. Die Musik, welche mit diesen Instrumenten hervorgebracht wurde, entbehrt aller Harmonie und ist monotoner wie unsere alten Kirchentonarten, oft sogar ohrzerreißend. [...] Auf dem Schloßhofe standen ungefähr 40 Elephanten, welche sämtlich mit roten Decken behangen waren, wahrscheinlich um den prunkvollen Schein der Majestät zu erhöhen. Während der König mit unserem Gesandten sprach, fütterten einige von uns die Elephanten mit Zuckerwerk, ihr Geschrei ergötzte uns besonders, als unsere Musik einen Marsch spielte." (Rose, S. 106).

zum preußischen Kapellmeister Fritz mit der Bitte schicken, seine Musiker zu unterrichten. Die Preußen berichteten weiter:

„Maha-Monkut [der König von Siam] hatte längst gewünscht, ein militärisches Musikcorps nach europäischem Muster zu besitzen, und liess dazu die besten Blechinstrumente aus Berlin kommen; aber Niemand konnte sie spielen. Nun bat er, dass seine Sclaven vom Musikcorps der Arkona unterrichtet würden, was Capitän Sundewall gern erlaubte; seitdem übten die Siamesen täglich mehrere Stunden mit unseren Bläsern und fassten so schnell, dass sie trotz der Unkenntnisse aller geschriebenen Noten in wenig Wochen mehrere Märsche lernten."[9]

Dieses Ereignis bestätigte der Schiffsprediger J. Kreyher und schilderte außerdem, daß diese Aufgabe nicht ganz reibungslos vollendet wurde:

„Zum Schluß spielte unser Musikcorps noch einige Stücke, welche dem Könige so außerordentlich gefielen, daß er den Musikmeister aufforderte, seiner eigenen Hofcapelle während unseres Hierseins einige Stunden zu geben, was freilich seine Schwierigkeiten hat."[10]

Aus welchem Grund es Schwierigkeiten gab, führte Hermann Rose in seiner Aufzeichnung aus:

„Heute zum Diner konzertierte wieder unsere Kapelle, dieselbe wurde jetzt schon fleißig von dem neuen siamesischen Musikkorps unterstützt. Letzteres wurde auf Wunsch des Königs durch unsere Hautboisten unterrichtet. Die eigentliche siamesische Musik und ihre Wirkungen zu beschreiben, vermag eine Feder nicht, ich war schon überrascht bei der damaligen Abholung unseres Gesandten zum Könige. Dieselbe besteht aus großen und kleinen Trommeln, desgleichen Pfeifen und Hackbrettern, Blechklarinetten und Oboen, mit einem Worte sie ist herzzerreißend. Verschiedene Regierungen haben schon alle möglichen Blasinstrumente zum Geschenk hierher geschickt, unter welchen auch ein ganzer Satz Blechinstrumente von Berliner Fabrikanten war. Da unsere Schiffmusik aus nur [sic!] Blechinstrumenten besteht, so wurden diese ebenfalls genommen und jeder Hautboist hatte nun einige Siamesen unterrichtet. Den armen Teufeln ist es aber sehr schwer geworden, da sie nicht die geringste Idee von Noten oder sonstigem musikalischen Gehör haben, so daß es natürlich für beide Teile recht ungemütlich war, etwas einzuüben. Einige Siamesen sind selbstverständlich durch die übermäßige Anstrengung krank geworden. Trotz alledem haben sie durch viele Uebung einige Märsche gelernt, sie spielten, wenn sie des Abends zu uns kamen, unsere Hymne, den Preußenmarsch und ei-

---

[9] *Die Preussische Expedition...*, S. 272.

[10] J. Kreyher, *Die preußische Expedition nach Ostasien in den Jahren 1859-1862*, Hamburg 1863, S. 358 (im folgenden abgekürzt als Kreyher).

nige andere leichte Märsche. Unsere Hautboisten wurden durch ein Geschenk von tausend Thalern vom Könige von Siam belohnt."[11]

Drei Wochen später endete der Unterricht und zeigte bereits den ersten Erfolg. Der Kapellmeister Fritz ließ die Hofmusiker dem Grafen Eulenburg vorspielen, der am 22. Januar 1862 in einem Brief an seinen Bruder begeistert berichtete:

„Nach Tisch kamen die Musikanten des Königs, welchen der Kapellmeister Fritze Unterricht gegeben hat, und baten um die Erlaubniß, mir etwas vorspielen zu dürfen. Es ist wirklich wunderbar, was Fritze in der Zeit von drei Wochen aus diesen Leuten gemacht hat. Als wir hinkamen, hatten dieselben zwar einen sehr schönen Satz von Blasinstrumenten und zwar von Bock aus Berlin, allein sie konnten denselben nicht einen Ton entlocken. Jetzt spielten sie den ‚Präsentirmarsch‘ ziemlich schlecht, ‚Heil dir im Siegerkranz‘ ganz gut und den ‚Zapfenstreich‘ passabel. Ich ließ unsere Musik auch ihre Instrumente holen, und unter Trommelbegleitung wurde Letzterer von Preußen und Siamesen mehrmals so kräftig geblasen, daß man glauben konnte, man wäre vor der Hauptwache in Berlin. Weißt Du wohl noch, Philipp, was das sagen wollte, wenn es in unserer Kindheit in Königsberg hieß: Heute abend ist Zapfenstreich ?"[12]

Der Eindruck, den der Vortrag hinterließ, war jedoch unterschiedlich; so wurde im amtlichen Bericht vermerkt, daß der Vortrag von *Zapfenstreich* und *Heil Dir im Siegerkranz* „nicht entzückend" sei[13].

Aus diesem Bericht erfährt man darüber hinaus, der Kapellmeister Fritz habe unterdessen eine Nationalhymne für Siam komponiert. Diese wurde beim ersten Auftritt der nunmehr unterrichteten Hofmusiker am 29. Januar 1862, also eine Woche nach dem Konzert bei Eulenburg, vor dem König aufgeführt:

„Einige Tage darauf, am 29. Januar, spielten die siamesischen Bläser zum ersten Mal vor ihrem König, der mit seinen Frauen aus der Audienzhalle zuhörte. Zugleich fanden Ballspiele und Pferderennen in den Höfen statt. Zum Schluss bliesen die Siamesen eine von

---

[11] Rose, S. 114. Über die offizielle Audienz berichtete der Schiffsprediger J. Kreyer: „Wir traten in den inneren Hof, wo abermals einige Compagnien regulärer Infanterie und des Königs Streit-Elephant, geschmückt mit rothseidenen Decken und goldenen Bandriemen, aufgestellt waren und stiegen durch ein Spalier von Musikanten, welche auf Trompeten, Tritonsmuscheln, Gongs und anderen unbekannten Instrumenten einen herzzerreißenden Tusch schmetterten, die breite Rampe zum Palast hinein." (Kreyer, S. 354 f.). Dabei handelt es sich um eine fanfarenartige Musik, die sogenannte prakom träsang (feierlicher Musikvortrag aus ‚Trompete‘- und Muschel-Bläser). Sie wird heute noch gespielt, und zwar nur bei den königlichen Feierlichkeiten, z. B. zur Ankündigung des Erscheinens des Königs. Die Besetzung und die Musik ist selbständig und gehört weder zum Repertoire noch zur Besetzung des Piphat-, Mahorie- oder Khrüngsai-Ensemble.

[12] Eulenburg, S. 379.

[13] *Die Preussische Expedition...*, S. 298.

Musikmeister Fritz componierte ‚siamesische Nationalhymne', welche der König ‚Die glückliche Blume' taufte."[14]

Eulenburg berichtet, am 18. Februar 1862, dem Tag, an dem die Gesandtschaften sich auf den Rückweg nach Berlin machten, habe der König dem Kapellmeister Fritz 1000-US Dollars geschenkt:

„Schon vor 8 Uhr kommt der Praklan[g], bringt mir einen Brief vom Könige und tausend Dollars für die Musik, ein wahrhaft königliches Geschenk."[15]

Von dieser Belohnung durch den König meinte Hermann Rose, daß sie für den Unterricht gedacht gewesen sei[16]. Die Frage, ob *Die glückliche Blume* allein auf Initiative der Preußen entstanden war oder ob sie von dem König von Siam im Auftrag gegeben wurde, bleibt jedoch ungeklärt, denn in den politischen Akten beider Seiten wurde darüber nichts aufgezeichnet. Man weiß nur, daß Siam zu dieser Zeit auf eine eigene Nationalhymne im europäischen Sinne aus war. Sicher ist aber, daß *Die glückliche Blume* die erste siamesische Nationalhymne ist, weil ihr Autor, der Kapellmeister Fritz, 38 Jahre später, im Jahre 1900, persönlich Carl Stumpf berichtete:

„[...] damals könne es noch keine andre Nationalhymne gegeben haben, sonst hätte man sie ihm sicherlich mitgeteilt."[17]

Die glückliche Blume wurde elf Jahre später (1873) von der zweiten siamesischen Nationalhymne abgelöst, und ihre Entstehungsgeschichte ist infolgedessen in Siam schnell in Vergessenheit geraten. Auf das Fortbestehen der *Glücklichen Blume* in Thailand bis heute sowie Fragen der Übernahme und Ablehnung nicht siamesischer Kompositionen als Nationalhymne wird im dritten Kapitel ausführlich eingegangen.

Die siamesische Militärkapelle, zu der die Preußen den Grundstein gelegt hatten, wurde weiter bis in die Gegenwart hinein gepflegt, zunächst am Königshof,

---

[14] *Die Preussische Expedition...*, ebd.

[15] Eulenburg, S. 403.

[16] Vgl. Rose, S. 114 f.

[17] C. Stumpf, *Tonsystem und Musik der Siamesen*, in: *Sammelbände für Vergleichende Musikwissenschaft*, hrsg. v. Carl Stumpf und Erich Moritz von Hornbostel, Müchen 1922, S. 158 (im folgenden abgekürzt als Stumpf). Doch schon zuvor hat Siam seit etwa 1851 die englische Nationalhymne *God save the Queen (Victoria)* als seine Nationalhymne übernommen. Daß Fritz das nicht erwähnt hat, ist möglicherweise darauf zurückzuführen, daß *God save the King* keine ursprünglich siamesische Nationalhymne war. Wie bekannt diese Melodie den Siamesen aber war, geht aus den Aufzeichnungen Eulenburgs hervor, der berichtet, daß das Stück *Heil Dir im Siegerkranz* (das in der Melodie der englischen Nationalhymne gleicht) von der siamesischen Kapelle „ganz gut" vorgetragen worden sei (Eulenburg, S. 379); siehe hierzu auch: *Die glückliche Blume* im Kapitel III.

später in der Marine und Armee. Die Siamesen wußten die Militärkapelle zu genießen. Im Laufe der Zeit haben sie das Repertoire erweitert und nicht nur westliche Marschmusik gespielt, sondern auch ihre traditionelle Musik auf die Blaskapelle übertragen. Es stellt sich nun die Frage, was die Nationalhymne und die Militärkapelle für Siam bedeuteten. Um diese Frage zu beantworten, muß man den politischen Kontext in Betracht ziehen.

Siam lief um die Mitte des 19. Jahrhunderts Gefahr, unter die Herrschaft der beiden Kolonialmächte Großbritannien und Frankreich zu geraten. Um dieser Gefahr zu entkommen, mußte Siam sich einerseits der Außenwelt öffnen und benötigte andererseits eine Modernisierung nach europäischem Vorbild. Das erste Ziel mußte demzufolge die Modernisierung des Militär- und Staatswesens nach europäischem Muster sein. Infolgedessen waren die Nationalhymne und die Blaskapelle notwendig, obwohl der siamesische König damals eher seine Person durch jene repräsentiert sah als den ihn überdauernden Staat Siam. Denn schon zuvor in den 1820er Jahren hatte Siam mit mehreren englischen Gesandten aus Britisch-Indien in Bangkok Auseinandersetzungen, wie beispielsweise mit der Crawfurd-Mission (1821) und der Burney-Mission (1825). Die Hauptaufgabe dieser Missionen war es, einen Handelsvertrag mit Siam abzuschließen. Dies lehnte Siam jedoch ab. Einer von vielen Streitpunkten war das politische Protokoll. Die englischen Gesandten verlangten von Siam den Empfang bei der Königsaudienz nach dem westlichen Protokoll, Siam aber ausgehend von seiner Souveränität bestand auf sein traditionelles Protokoll. Erst als der König Rama IV. (reg. 1851-1868) den Thron bestieg, akzeptierte er das abweichende westliche Protokoll aufgrund der angespannten außenpolitischen Situation. Wie die Siamesen die deutsche Kapelle weiter gepflegt haben, wird im Abschnitt des Kapitels *Die Rezeption der deutschen Kapelle in Siam* behandelt.

Dieser Modernisierungsprozeß hatte dafür gesorgt, daß zugleich die europäische Kultur in Siam einfloß und sich in einigen Bereichen tatsächlich eine Europäisierung vollzog. Schon zu der Zeit, als die preußische Gesandtschaft sich in Bangkok aufhielt, wurde berichtet, daß die siamesische adlige Gesellschaft sehr die fremde Kultur aus Europa genieße; so wurden zum Beispiel an den Höfen einige Räume mit Möbeln und hängender Deckenbeleuchtung im europäischen Stil eingerichtet. In diesen Zusammenhang gehört auch der Enthusiasmus der siamesischen Prinzen und Adligen für die preußische Blaskapelle, mit dem sie den Gesandtschaftsleiter Eulenburg darum baten, sein Musikkorps zu den Verhandlungen mitzubringen.

Nach dem Vortrag der Blaskapelle war Eulenburg von der Begeisterung des einheimischen Publikums einigermaßen überrascht:

„Als wir aufgestanden, ins Nebenzimmer gegangen waren, fanden wir daselbst eine Menge Frauen auf der Erde liegen, die sich sehr über uns und die Musik der ‚Arcona‘, welche wir mitgebracht hatten, zu amüsieren schienen."[18]

Auch bei dem Besuch am Hof des zweiten (Vize-) Königs brachte Eulenburg auf dessen Wunsch sein Musikkorps mit[19].

An den Höfen der drei Minister gab es keine Blaskapelle, was sich aus dem zu hohen Kostenaufwand erklären läßt, den der Besitz einer solchen bedeutet – Kauf europäischer Musikinstrumente, Unterricht, Musiknoten und Bezahlung der Musiker. Daher empfingen die siamesischen Adligen die Preußen stattdessen mit ihrer traditionellen Musik- und Tanzdarbietung. Am 22. Januar 1862 stattete Eulenburg dem Prinzen Kromaluang Wongsa einen Besuch ab. Nach dem Vortrag der preußischen Militärkapelle schlug Eulenburg dem Prinzen vor, auch dessen Ensemble ihm und seiner Kapelle vorspielen zu lassen:

„Nun spielte unsere Musik einige Stücke. Aus Höflichkeit für den Prinzen bat ich denselben, ob er nicht auch seine Musik dazwischen etwas spielen lassen wollte. Er meinte, da dieselbe von Damen ausgeführt werde, so würden sich dieselben geniren, hinauszukommen und vor so vielen Männern sich hören zu lassen. Er gab aber Ordre, daß sie in dem danebenstehenden offenen Hause musizieren sollten, und das geschah denn auch zum großen Amüsement unserer Hautboisten."[20]

Während der Verhandlungsrunden kam es auch zu persönlichen Kontakten beider Seiten, insbesondere zwischen Prinz Kromaluang Wongsa und Eulenburg. So entwickelte sich zwischen beiden manch angeregtes Gespräch neben den Staatsangelegenheiten. Besonders Prinz Kromaluang Wongsa, der eine große Neigung zur europäischen Musik bzw. Kultur empfand, führte mehrere Gespräche

---

[18] Eulenburg, S. 361. Es ist noch darauf hinzuweisen, daß aufgrund der strengen Gebräuche am Hof die Frauen ihre Begeisterung nicht offen zeigten, sondern in der von Eulenburg bemerkten Amüsiertheit.

[19] So schrieb Eulenburg in einem Brief am 12. Februar 1862: „Ich hatte kein militärisches Gefolge bei mir, nur die Musik, weil der König gewünscht hatte, ich möchte dieselbe mitbringen." (Eulenburg, S. 394). Er hat dabei nicht erwähnt, daß der zweite König damals schon eine Blaskapelle besaß.

[20] Eulenburg, S. 378. Es soll noch darauf hingewiesen werden, daß die Theatertruppe des Prinzen sowie der Minister nun nur aus Tänzerinnen bestand. Dem Palastgesetz entsprechend gehörte diese weibliche musikspielende Theatertruppe seit ihrer Gründung zum sogenannten Lakon nai (dem königlichen Theater). Das Lakon nai war im alleinigen Besitz des Königs. Dieses exklusive Recht wurde von Rama IV. (reg. 1851-1868) kurz nach seiner Thronbesteigung aufgehoben, also vor dem Besuch der preußischen Expedition. Seitdem dürfen die Prinzen, die Adligen sowie die ‚Bürger‘ das Lakon nai besitzen. Infolge dessen empfangen der Prinz und Minister ihre Ehrengäste stolz mit dem Lakon nai (siehe hierzu die ausführliche Darstellung im ersten Kapitel: *Die Musik der Bangkok-Periode (seit 1782)*.

mit Eulenburg über die unterschiedlichen Kulturen von Siam und Europa. Ein wichtiges Thema waren dabei die Hauptunterschiede zwischen europäischer und siamesischer Musik, nämlich das Tempo und die für siamesische Musik nichtexistierende Notationsschrift. Prinz Kromaluang Wongsa meinte, daß das Tempo eine große Rolle in der siamesischen Musik spiele, da es die Stimmung der Szene und die Personen charakterisiere. Weiter heißt es im amtlichen Bericht der preußischen Expedition:

> „Prinz KHROMA-LUAN[G WONGSA] meinte, bei uns unterscheide sich die traurige und fröhliche Musik vorzüglich durch das Zeitmass; bei jener sei es langsam, bei dieser schnell. In Siam habe das Tempo andere Bedeutung: schnelle Stücke spiele man beim Ausmarsch von Truppen, bei öffentlichen Processionen, überall wo grössere Menschenmassen in Bewegung wären; langsame und feierliche dagegen beim Auftreten vornehmer Personen."[21]

Bei der Erläuterung der Bedeutung des Tempos in der siamesischen Musik griff der Prinz auf die Zuordnungen der Naphat-Musik zurück, die der hierarchischen Gesellschaftsstruktur Siams entspricht; z. B. sind Musiken für Götter und Herrscher meistens langsam, für Untertanen und niedrige Dämonen sowie Affen schnell - diese Kategorien werden durch die Suffixe „-nai" für den Herrscher und „-nok" für den Untertan gekennzeichnet. Ein gutes Beispiel dafür ist das Stück *Phleng grau*, die Musik zum Feldzug. *Phleng grau nai* hat für den Aufmarsch eines Herrschers ein langsames Tempo und einen erhabenen, ernsthaften Charakter. *Phleng grau nok* hingegen beschreibt den Feldzug von Soldaten des Fußvolks - meistens die Affentruppe, oder auch Massenbewegung auf öffentlichem Platz - und die Musik ist dementsprechend flink, schnell und lebhaft.[22]

Darüber hinaus fügte Prinz Kromaluang Wongsa hinzu, daß aufgrund der nichtvorhandenen Notationspraxis das Gedächtnis in der siamesischen Musik eine entscheidende Rolle spiele, d. h. die Musik wird nur mündlich überliefert, und die Musiker müssen deshalb das Musikrepertoire auswendig lernen. Wie bereits erwähnt prüfte Eulenburg das Gedächtnis eines siamesischen Musikers, indem er einen Melodiesatz dreimal vortragen ließ, worauf der siamesische Meister diesen auf seinem Instrument richtig nachspielte:

> „Der alte Dirigent der prinzlichen Capelle folgte auf einer Holzharmonika [einem siamesischen Xylophon; Ranat ek] ganz richtig den Melodieen unserer Bläser; der Prinz pries des-

---

[21] *Die Preussische Expedition...*, S. 298.
[22] Siehe die ausführliche Erläuterung der Bezeichnung der Suffixe „-nok" und „-nai" im ersten Kapitel S. 15 f. sowie im Anhang in: *Thang (die ‚Leiter' in der Thai-Musik)*.

sen musikalisches Gedächtniss, das ihn befähige, jedes Stück nach dreimaligem Hören nachzuspielen."[23]

Dennoch ist es erstaunlich, daß der siamesische Musiker die europäische Melodie aufnahm und unmittelbar auf seinem Instrument wiedergeben konnte. Es ist zu vermuten, daß der siamesische Musiker dabei die völlig unterschiedlichen Intervallstrukturen zugunsten der Stufenabfolge des melodischen Beispiels vernachlässigte. Dieser Frage wurde später in musikwissenschaftlichen Untersuchungen nachgegangen; so war besonders der Gedächtnistest eines der Hauptthemen bei der Erforschung der siamesischen Musik durch den englischen Phonetiker und Musikwissenschaftler Alexander J. Ellis (1885) sowie in Carl Stumpfs (1900) tonpsychologischem Ansatz[24].

Am Beispiel dieses Gesprächs zeigt sich, daß der Prinz sich durchaus mit dem Unterschied zwischen beiden Kulturen auseinandersetzte, und nicht bloß unreflektiert die europäische ‚fremde Schönheit' übernahm. Neben dem Vergnügen an der europäischen Kultur versuchten sich die siamesischen Prinzen und Adligen auch in ihren Sitten anzupassen: So empfingen sie ihre Ehrengäste in europäisiert eingerichteten Räumen mit europäischen Tischmanieren. Weil die Thais damals ihre eigenen traditionellen Sitten am Eßtisch hatten, befürchtete der Gastgeber, daß diese die ehrenvollen Gäste aus dem Westen in Schwierigkeiten bringen könnte. Aus Rücksichtnahme hat er daraufhin den preußischen Gesandten mit westlichen Manieren empfangen. Die Preußen aber empfanden eine solche Mischkultur als oberflächlich und belustigend. Eulenburg schrieb in einem Brief vom 3. Januar 1862 über eine Einladung beim Khalahom:

„Man kann nichts Lächerlicheres sehen als den Kalahuhm, wenn er, um seiner Würde nichts zu vergeben, den vornehmen Mann spielt, sich gerade hält wie eine Kerze und im Zimmer umherstolzirt wie ein Storch im Salat. Dieses unreife Gemisch von Asiatischem und Europäischem ist höchst komisch."[25]

---

[23] *Die Preussische Expedition...*, S. 298.

[24] Siehe A. J. Ellis, *Über die Tonleitern verschiedener Völker* [*On the Musical scales of Various Nations*], 1885, übers. von Erich von Hornbostel, in: *Sammelbände für Vergleichende Musikwissenschaft*, München 1922, S. 41 f., und Carl Stumpf, S. 150 ff.

[25] Eulenburg, S. 361. Der Premierminister Khalahom wurde aber von Sir John Bowring, dem englischen Gesandten, sehr hoch geschätzt, als dieser sich 1855 in Siam aufhielt, um den ersten Handelsvertrag mit Siam abzuschließen. So lautet seine Aufzeichnung: „[...], he is a most sagacious man, towering above every person whom we have met - of graceful, gentlemanly manners and appropriate language." (Sir John Bowring, *The Kingdom and People of Siam*, Bd. II, Kuala Lumpur ²1969, S. 282). So war der Khalahom tatsächlich auch. Als König Monkut 1868 starb, hat er durch seine starke Persönlichkeit die höfische Verwirrung kontrolliert und trat als der vormundschaftliche Regent in der Regierung Ramas V. auf, bis dieser 1873 volljährig war, also 20 Jahre alt.

Offensichtlich verwechselte Eulenburg hier in herablassender Weise die seinem Stand entsprechende Art des siamesischen Adligen, seinen Standesstolz zum Ausdruck zu bringen, mit einer Imitation europäischen (preußischen) Gebarens. Gleichwohl schienen die Siamesen europäische Gepflogenheiten vorwiegend äußerlich zu übernehmen, gleich Statussymbolen, ohne die kulturellen Hintergründe kennenlernen zu wollen. Im amtlichen Bericht wird daher empfohlen:

„Reife Früchte könnte unsere Gesittung den Siamesen wohl nur tragen, wenn sie darin erzogen würden. Damals hatten sie sich bloss angeeignet, was mit Geld zu bezahlen ist: Uniformen, Silberzeug, Bier und Champagner, Maschinen und Dampfer."[26]

Der Bevollmächtigte der sächsischen Handelskammer Gustav Spieß fügte hinzu, daß die Einflußnahme der europäischen Kultur in Siam á la mode sei. Die herrschende Schicht bemühe sich nicht darum, Konsequenzen aus der Kenntnis europäischer aufgeklärter Kultur zu ziehen. Beleg dafür war seiner Meinung nach die noch existierende Sklaverei, die eine kulturelle und gesellschaftliche Weiterentwicklung erschweren werde. So faßt Spieß zusammen:

„Ich könnte nicht sagen, daß irgend ein Zug des Volkslebens, soweit ich es zu beobachten vermochte, mir ein höheres Interesse für das Volk eingeflößt hätte; die Vorstellungen von einer fortschreitenden Civilisation unter den Siamesen, welche ich mitgebracht, waren bald auf ein sehr Geringes reduziert. [...] Daß die Könige selbst und manche der vornehmen Siamesen Befähigung und Interesse für Wissenschaft und das höhere Geistesleben an den Tag legen, läßt sich nicht läugnen und es ist zu hoffen, daß die Rasse des siamesischen Volkes einer höheren Kulturstufe fähig ist, als sie jetzt einnimmt. So lange aber das jetzige Verhältniß, die tiefe Knechtschaft des Volkes besteht, wird von der den Thron umgebenden europäischen Bildung dem Volke selbst nichts zu Gute kommen, und die Vorliebe für die abendländischen Sitten kann eines Tages so plötzlich aus der Mode geraten und spurlos verschwinden, wie sie isolirt aufgetaucht und ohne alle Wurzeln, ohne allen Einfluß im eigentlichen Volksleben ist. Wirkliche Geistesbildung und Kenntnisse sind allerdings den beiden Majestäten und einigen der Prinzen, welche an der Regierung Theil nehmen, in einem gewissen Grade eigen, und das Streben dieser Leute, ihrem Lande und Volke so viel als möglich von den Segnungen einer höhern Gesittung zu Theil werden zu lassen, will ich nicht verkleinern; aber eine Schmälerung der eignen Herrscherrechte, eine Umgestaltung des Systems, die Befreiung des Volkes aus seinem Sklaventhume zc. [sc. et cetera[27]] wird man von ihnen nicht erwarten dürfen. Bei manchen der Prinzen und Großen ist die europäische Kultur im buchstäblichen Sinne des Wortes nur ein angezogenes Kleid, eine Laune und Mode, der sie bei immensem Reichthume nachgehen können. Diese Würdenträger und Prinzen von Geblüt tragen gelegent-

---

[26] *Die Preussische Expedition...*, S. 342.
[27] Vgl. A. Cappelli, *Lexicon Abbreviaturarium*, Leipzig 1928, S. 409.

lich eine französische oder preußische Generaluniform, lassen ihre Wohnungen durch kostbare Teppiche, Möbel, Spiegel und ein buntes Allerlei von chinesischen Kuriositäten, geschmacklosen Bildern und wirklich werthvollen Gegenständen ausschmücken; sie laden durch ein Billet in englischer Sprache zu einem Diner in aller Form ein und zeigen, daß es in ihren Häusern nicht an Tafelgeräth sowie an Speisen und Getränken in europäischem Style fehlt. Elegante Visitenkarten mit dem Name ‚His Royal Highness Prince Krom Wlung [Kromalung]‘ etc. lassen fürstliche Persönlichkeiten erwarten, aber wenn die Träger dieser pomphaften Namen uns entgegentreten, so können sie sich nur unbeholfen im goldgestickten Frack bewegen und ihr Aeußeres ist meist von einer deprimierenden Einfachheit und nichts weniger als königlich.“[28]

Zur Frage der weiteren Einflußnahme europäischer Kultur in Siam äußerte sich der amtliche Bericht sehr zweifelhaft:

„Welche Zukunft die europäische Cultur in SIAM hat, läßt sich schwer ermessen.“[29]

Ausgehend von dieser Kritik an Siam, sahen die Preußen sich berechtigt, den Europäisierungsprozeß belehrend zu betreiben bzw. ihre sie überlegen dünkende Zivilisation nach Siam zu exportieren. Dem fügte Spieß hinzu:

„Wenn es in einem asiatischen Staate genügte, der europäischen Kultur keine Hindernisse in den Weg zu legen, ja vom Throne herab das Beispiel einer bedeutenden geistigen Regsamkeit zu geben, um die im Volke schlummernden, durch langjährigen Despotismus erstickten Kräfte zur Entwicklung zu bringen, den Geist der Arbeitsamkeit zu erwecken und hierdurch das Land zu einer bedeutenden Stellung emporzuheben, dann wäre Siam gewiß auf dem Wege, eine hervorragende Rolle unter den Völkern des östlichen Asiens zu erlangen und eine Pflanzstätte abendländischer Gesittung zu werden.“[30]

Stoffers charakterisiert die zitierten Quellen folgendermaßen:

„Die hier und bei anderen Autoren eingeräumte Möglichkeit des wirtschaftlichen und kulturellen Aufstiegs Thailands [Siams], wenn es sich nur der Hilfe und Anregungen der Europäer bedienen würde, brachte einmal mehr das Sendungsbewußtsein der Preu-

---

[28] G. Spieß, *Die preußische Expedition nach Ostasien während der Jahre 1860-1862. Reise-Skizze aus Japan, China, Siam und der indischen Inselwelt*, Leipzig 1864, S. 368 ff. (im folgenden abgekürzt als Spieß). Über die Problematik der Rezeption der westlichen Kultur in Siam und später in Thailand wird weiter diskutiert in: *Zusammenfassung* des Kapitels sowie auch im Kapitel IV.

[29] *Die Preussische Expedition...*, S. 341.

[30] Spieß, S. 379. Da der Bevollmächtigte des sächsischen Handelskammer, Gustav Spieß, an der preußischen Expedition teilnahm, wird seine Äußerung unter Preußen subsumiert.

ßen zum Ausdruck, als Vertreter der europäischen Zivilisation auch in Ostasien europäische Kultur zu verbreiten."[31]

Es läßt sich nun zusammenfassend sagen, daß die preußischen Gesandten und die Siamesen bei der Modernisierung unterschiedliche Auffassungen hatten. Aus preußischer Sicht war westliches ‚Know-How' nicht mit dem in Siam bestehenden Despotismus vereinbar. Doch die Siamesen hatten eine andere Auffassung von ihrer Rezeption europäischer Kultur als die preußische Gesandtschaft. Sie betrachteten die Übernahme der europäischen Kultur als eine Notwendigkeit, um ihre Unabhängigkeit im Zeitalter des Imperialismus beibehalten zu können. Siams Europäisierung war somit kein Selbstzweck, sondern diente dem Selbsterhalt, und von daher sahen die Siamesen auch keinen Grund, ganz auf ihre eigene Kultur zu verzichten. Sie nahmen nur auf, was in diesem Sinne ihrem Land zugute kam und paßten die fremde Kultur gegebenenfalls an ihre Strukturen an. Die Übernahme der Militärkapelle der Deutschen ist dafür ein Paradebeispiel: Neben Kompositionen zur Staatsrepräsentation oder für Militärparaden haben sie versucht, auch ihre eigene Musik mit der Blaskapelle zu spielen[32].

Hier muß eine kurze Erörterung zum Despotismus im fernen Osten folgen. Für Informationen über den Despotismus in Siam griffen die preußischen Gesandten auf das Werk von John Crawfurd zurück. John Crawfurd, ein auf Südostasien spezialisierter Forscher und Diplomat, wurde von der britisch-indischen Regierung 1821 als englischer Gesandter beauftragt, mit Siam Freundschafts- und Handelsverträge abzuschließen. Ausgehend von seinem dreimonatigen Aufenthalt in Bangkok veröffentlichte Crawfurd 1828 einen ausführlichen Bericht über die siamesische Herrschaftsform und Landeskunde[33]; zur gleichen Zeit befaßte er sich mit dem Despotismus im holländisch-indischen (heute indonesischen) Archipel[34]. Crawfurd und seine Zeitgenossen sahen im asiatischen Despotismus ein Herrschaftssystem, das vor allem vom Verhalten der einzelnen Machthaber abhing[35]. Über den König von Siam (Rama II. reg. 1809-1824) und sein Volk zum Beispiel schrieb er:

---

[31] A. Stoffers, *Im Lande des weißen Elephanten. Die Beziehungen zwischen Deutschland und Thailand von den Anfängen bis 1962*, Bonn 1995, S. 56 (im folgenden abgekürzt als Stoffers).

[32] Hierüber wird noch am Ende dieses Kapitels sowie im dritten Kapitel ausführlich berichtet.

[33] *Journal of an Embassy from the Governor-General of India to the Courts of Siam and Cochin-China*, London 1828.

[34] *History of the Indian Archipelago: Containing an Account of the Manners, Arts, Languages, Institutions and Commerce of Its Inhabitants*, 3 Bde., Edinburgh 1820.

[35] Vgl. J. Osterhammel, *Die Entzauberung Asiens*, München, 1998, S. 275. Der Autor hat den Despotismus in Asien in diesem Werk ausführlich behandelt. Siehe Abschnitt *Wirkliche und unwirkliche Despoten*, S. 271 ff.

„the country prospered under his administration, that he was rarely guilty of acts of atrocity, and that upon the whole he was admitted to be one of the mildest sovereigns that had ruled Siam."[36]

Aus dieser Sicht war es nicht wahrscheinlich, daß sich der siamesische bzw. asiatische Alleinherrscher der Modernisierung in den Weg stellen würde, weil er vielmehr von derselben eine Unterstützung seiner Herrschaft erwarten konnte[37]. So war auch von der Übernahme westlicher Kultur, insbesondere des westlichen Militärwesens, nicht nur eine außenpolitische Stärkung des Staates, sondern auch eine Stärkung seiner Regenschaft nach innen zu erwarten.

Die preußische Sicht auf das siamesische Regime war jedoch nicht einheitlich kritisch. So äußerte Leutnant zur See Reinhold Werner über den König, ihn durchaus positiv einschätzend:

„Ueberhaupt scheint König Mongkut in Geldsachen ganz europäisch zu denken und ziemliches kaufmännisches Talent zu besitzen. Er ist nämlich der größte Kaufmann seines Landes, und während er zuerst von den Producten die Steuer zieht, verdient er zugleich die Fracht ihrer Verschiffung nach fremden Plätzen, indem er seine eigenen Schiffe dazu ver-

---

[36] J. Crawfurd, *Journal of an Embassy...*, S. 347.

[37] Vgl. J. Osterhammel, S. 287. Zur Abschaffung des Sklaventums in Siam etwa benötigte der spätere König Rama V. insgesamt 37 Jahre, nämlich von seinem Regierungsantritt 1868 bis 1905, fünf Jahre vor seinem Tod. Der König hat geäußert, daß der Widerstand gegen die Abschaffung nicht allein von den Sklavenherrn, sondern auch von den Sklaven selbst ausging (vgl. Prinz Ch. Chakrabongse, *Lords of Life*, London 1860, S. 246 f., im folgenden abgekürzt als Prinz Ch. Chakrabongse). Dazu ist zu bemerken, daß die Sklaven in Siam, verglichen mit anderen Ländern, von ihren Herren ziemlich gut behandelt wurden. Vor allem waren die Sklaven frei von ‚Bürgerpflichten'; außerdem kam ihr Herr bis zum Lebensende für ihren Unterhalt auf (vgl. Prinz Ch. Chakrabongse, S. 247). Desgleichen hat der deutsche Eisenbahningenieur Luis Weiler, der den Grundstein des Eisenbahnwesens in Siam (1893-1897) gelegt hat, darüber in seinem Brief geäußert: „Die Sklaverei in Siam ist sehr mild. Die Siamesen borgen nämlich zuweilen Geld auf ihre Person, d. h. sie müssen so lange im Hause ihres Gläubigers arbeiten bis sie das Geld abverdient haben. Sobald das geschehen ist, kann ihn der Gläubiger nicht eine Minute länger mit Gewalt in seinem Hause zurückhalten. In Ketten kann der Sklave nur gelegt werden, wenn er vor völliger Abtragung seiner Schuld aus dem Hause seines Gläubigers zu entfliehen sucht oder gegen ihn tätlich wird. Allerdings kommt es häufig vor, wie ich höre, dass die Schuldsklaven über Gebühr lange im Hause des Gläubigers zurückgehalten werden dadurch, dass dieser die Arbeitsleistung des Schuldners zu gering veranschlagt. So kommt es wohl vor, dass mancher Siamese, der sein Geld leichtsinnig verspielt hat, Jahre lang gezwungen ist, im Hause des Gläubigers zu arbeiten, wenn ihm überhaupt der Tag der Befreiung beschieden ist." (Luis Weiler, *Anfang der Eisenbahn in Thailand von Luis Weiler*, hrsg. v. Clemens Weiler, Bangkok 1979, S. 64).

miethet. Er verbindet dabei das Angenehme mit dem Nützlichen, verdient viel Geld und muntert seine Unterthanen durch gutes Beispiel zur Nachfolge auf."[38]

Desgleichen äußerte Hermann Rose:

„Er schien uns nett und liebenswürdig, überhaupt soll er für Europäer sehr eingenommen sein."[39]

Diese positive Einschätzung ist jedoch aus - über die bloß individuelle Einstellung hinausgehenden - persönlichen Kontakten hervorgegangen. Darüber hat Reinhold Werner berichtet:

„Später, als ich einmal mit einem Boote vor seinem Hause [sc. des Prinzen Kromaluang Wongsa] vorbeifuhr, saß er vor der Thür, rief mich zu sich, und ich hatte die Ehre, bei ihm eine sehr feine Manilacigarre zu rauchen und eine Tasse Thee zu trinken. Leider war die Unterhaltung sehr beschränkt, da der Prinz das Englisch kaum fließender sprach als ich selbst das Siamesische. Sein Gesicht ist noch gutmüthiger als das des Königs und der alte Herr sehr beleibt."[40]

Trotz der Sprachhindernisse haben sich beide über die politische Situation Siams unterhalten, und dabei hatte der Autor Sympathie für Siam:

„Die Europäer haben dem Prinzen viel zu danken, da der Premierminister denselben durchaus nicht wohl will. Ginge es nach dem Kopf dieses Ministers, so würde Siam bald ebenso gegen Fremde geschlossen sein wie ehedem Japan. Seine Motive sind ganz patriotisch, der Mann hat Geschichte studirt. Er sagt: ‚Ueberall, wo hier in Asien die Europäer hingekommen sind, haben sie die Völker unterjocht und die Herrscher zu Nullen gemacht. Lassen wir sie nach Siam kommen, so geht es uns ebenso, und das will ich nicht'. Das ist freilich richtig und gut gemeint, aber es wird dem Manne nicht viel helfen: die Europäer sitzen in Siam durch Verträge fest und gehen gutwillig nicht wieder fort."[41]

---

[38] R. Werner, *Die preußische Expedition nach China, Japan und Siam in den Jahren 1860, 1861 und 1862. Reisebriefe*, Leipzig 1863, S. 269 (im folgenden abgekürzt als Werner).

[39] Rose, S. 106.

[40] Werner, S. 276.

[41] Werner, S. 276 f. Japan wurde durch die USA 1853 mit vier Kanonenboten in der Bucht von Tokio zum Kontakt zur Außenwelt gezwungen. Infolge dieser Zwangsöffnung konnte die Eulenburg-Mission 1861 einen Handelsvertrag mit Japan abschließen (vgl. W. G. Beasley, *4. The foreign threat and the opening of the ports*, in: *The Cambridge History of Japan*, hrsg. v. Marius B. Jansen, Bd. V (The Nineteenth Century), Cambridge/ USA 1989, S. 269).

Dieselbe Erfahrung hat Hermann Rose gemacht. So war er mit einem gewissen „Nai-rong-kang-tin", einem Beamten, befreundet. Der Autor hat folgendes aufgezeichnet:

> „Zum Abend ging ich wieder zu Nai-rong-kang-tin, einem Beamten des Königs, er nahm uns stets, da er ein großer Freund der Europäer ist, sehr freundlich auf. Er hatte 3 Frauen, welche natürlich bei unsern Besuchen sehr zurückhaltend waren."[42]

Wie diese Freundschaft aussah, zeigte sich beim Abschied, der den beiden sehr schwer fiel:

> „Tags darauf besuchte ich mit B. unseren siamesischen Freund Nai-rong-kang-tin, um uns zu verabschieden. Wir nahmen ein sehr schmackhaftes Diner ein, bestehend aus verschiedenen Gängen Wildbraten, gebratenen Schlangen, geronnenen Kokosnüssen und sehr gutem Ale- und Porterbier. Der Abschied wurde uns wirklich schwer, denn Siam steht, was die Menschen betrifft, in vollem Gegensatz zu China. Der Chinese reiner Verstandsmensch, der Siamese gemütvoll. Der genannte Nai-rong-kang-tin besuchte uns fast täglich und zwar so, daß er nicht Gast war, immer brachte er etwas mit, bald geronnene Kokosnüsse, bald siamesisches Zuckerwerk. [...] Beim Abschiede vom ersteren [Nai-rong-kang-tin] mußten wir etwas in sein Stammbuch schreiben. Die Schwester desselben zeigte sich ebenfalls sehr liebenswürdig, indem sie mir eine Kiste voll Zuckerwerk mit auf den Weg gab. Irre ich mich nicht, so wurden die Thränen sichtbar. Die drei Frauen mußten uns auf Aufforderung des Gatten die Hände reichen. Wir trennten uns nun in einer, infolge des Diners, sehr animierten Stimmung und ich muß gestehen, daß mir der Abschied ebenfalls sehr schwer wurde."[43]

Ebenso empfanden die anderen westlichen Diplomaten der siamesischen Kultur gegenüber. So zeichnete beispielsweise der englische Gesandte Sir John Bowring, der sich fünf Jahre vor den Preußen (1855) in Siam aufhielt, um einen Handelsvertrag abzuschließen, ein positiveres Bild der Europäisierung, als er über eine Begegnung mit dem König von Siam (Rama IV.) berichtete:

> „He [der König von Siam] took me to his private apartments, ornamented with beautiful pendules and watches, statue of Queen Victoria and Prince Albert, handsome barometers, thermometers, &c. [...] Almost everything seemed English."[44]

Aus heutiger Sicht bildet die Kritik der Teilnehmer der Eulenburg-Mission eine wichtige Informationsquelle über die siamesische Gesellschaft der Mitte des 19. Jahrhunderts, da aus Thailand selbst kaum solche Zeugnisse überliefert sind.

---

[42] Rose, S. 116.
[43] Rose, S. 117.
[44] Sir John Bowring, S. 279.

Festzuhalten bleibt aber, daß die Übernahme europäischer Kulturelemente weniger ästhetischen Gesichtspunkten folgte denn politischen Erwägungen. Aus der Haltung jenes kulturpädagogischen „Sendungsbewußtseins" heraus haben die Preußen jedoch nicht nur die besagte Mischkultur kritisiert, sondern beispielsweise auch die traditionelle siamesische Kunst-Musik und die Mentalität der Siamesen.

b) Die siamesische Musik und Kultur aus der Sicht der Preußen

Während ihres Aufenthalts in Bangkok hatten die preußischen Gesandten ständig die Möglichkeit, siamesische Musik zu hören, meistens an den Höfen. Der König und die Minister präsentierten den Ehrengästen gerne Darbietungen der einheimischen Musik- und Tanzkultur. Vom König wurden die Gesandten zu einer Khon-Aufführung (des *Rāmāyana* -Tanztheaters) im Hoftheater eingeladen, die zwei Tage dauern sollte. Darüber hinaus wohnten die Preußen zweimal höfischen Zeremonien zur Leichnamsverbrennung bei. Die Trauerzeremonie wurde nicht nur mit Musik siamesischer Ensembles gestaltet, sondern auch von Musik- und Theatergruppen anderer, in Bangkok ansässiger Volksgruppen (Portugiesen, Chinesen, Japaner, Malayen usw.) begleitet. Die preußischen Gesandten waren von der Musik wenig beeindruckt, meistens beurteilten sie diese sogar negativ. Aufgrund mangelnder Kenntnisse erschien ihnen die siamesische Musik, insbesondere die Musik an den Höfen, sehr monoton und lärmend, auch wenn sie diese als nicht so „übelklingend"[45] empfanden. Daß die Siamesen Musik sehr lieben, haben die Preußen allerdings zugestanden - nicht nur, weil bei jeder höfischen Zeremonie Musik gespielt wurde, sondern auch, weil man überall in Bangkok Musik aus beinah jedem Haus hören konnte. Die preußischen Quellen geben jedoch nur den Eindruck der Hofmusik wieder; daher beschränkt sich die Darstellung im folgenden auf diese.

Schon acht Tage nach ihrer Ankunft in Bangkok am 23. Dezember 1861 besuchten Eulenburg und seine Begleiter Prinz Kromaluang Wongsa zu einer Vorbesprechung der Vertragsverhandlungen. Aus diesem Anlaß ließ der Prinz zur Begrüßung seiner Gäste einen Empfangstanz mit Musik aufführen. Acht Tänzerinnen wurden von einem Piphat-Ensemble und Rezitation begleitet. Dieser Tanz war ursprünglich ein Teil des Vorspiels der Hoftheater-Gattung, dem Lakon nai. Dabei sollten die Tänzerinnen Engel versinnbildlichen, die dem Gast den Gruß der Götter vom Himmel überbringen. Das Frauentheater durfte ursprünglich nur am Königshof gepflegt werden, Aufführungen außerhalb des Königspalastes waren strikt verboten; auch für die Adligen wurde keine Ausnahme gemacht. Dementsprechend war das Frauentheater sehr begehrt und wurde trotz des Verbotes heimlich an manchem Hof aufgeführt. Als 1851 dieses Verbot durch den König aufgehoben worden war, pflegte man das Frauentheater bald an jedem Hof zur Repräsentation,

---

[45] *Die Preussische Expedition...*, S. 272.

führt es aber - wie beim Empfang am Hof des Prinzen - nur bei besonders festlichen Anlässen, z. B. dem Empfang von Ehrengästen, auf.[46]

Mangels Kenntnis der siamesischen Kultur wurden die Preußen nur von den augenfälligsten Gegenständen beeindruckt; so bewunderten sie beispielsweise die prächtigen, mit kostbarem Schmuck und echten Edelsteinen verzierten Kostüme der Tänzerinnen. Dennoch versuchten sie Tanzdarbietung, Musikvortrag und Musikinstrumente ausführlich zu beschreiben, um dem Leser in der Heimat ihren Eindruck zu vermitteln. Max von Brandt schreibt beispielsweise:

„Dann erschienen acht Tänzerinnen, die jung und schlank waren und vielleicht schön gewesen sein können, von deren mit Saffran angestrichenen Gesichtern man aber unter einer dicken Lage von Schminke nur wenig erkennen konnte. Sie trugen Sarongs [Frauengewänder] und Schärpen aus Goldstoff, ebensolche Flügel oder vielleicht richtiger hörnerartige Aufsätze auf den Schultern, tiaraförmige, aber wie die Pratchedis [Pagoden] spitz zulaufende Mützen auf dem Kopf und lange Nägelfutterale an den Fingern; alles von Gold oder vergoldet und vielfach reich mit Juwelen besetzt. Der Tanz bestand in Bewegungen und Stellungen, bei denen die Beine und Füße gar nicht und der Rest des Körpers sehr wenig zur Verwendung kamen; nur mit den Händen und Fingern wurden die unglaublichsten Verrenkungen gemacht, denen die Nägelfutterale ganz besonderen Ausdruck verliehen."[47]

Die Tänzerinnen wurden von einer Gruppe aus Hauptstimme und Chor begleitet, die ein Begrüßungsgedicht rezitierte:

„Einige Frauen sangen Strophen zum Tanze, die ein Vorsänger aus einem Buche vorsagte."[48]

An dieser Schilderung ist zu beobachten, wie die Autoren in Schwierigkeiten gerieten, das treffende Wort zur Beschreibung zu finden. Oft wurde einfach die siamesische Bezeichnung übernommen, wie im obigen Beispiel „Sarong" oder „Pratchedi". Ein besonders schwieriger Fall ist die Beschreibung von Musikinstrumenten. Die siamesischen Musikinstrumente wurden meist nach denjenigen europäischen benannt, denen sie in Gestalt und Klangcharakter am ehesten ent-

---

[46] Siehe die Rolle des Lakon nai am Hof der Prinzen in: *Die Musik der Bangkok-Periode (seit 1872)* im ersten Kapitel.

[47] Von Brandt, S. 256. Über die Tanzbewegung ist in *Die Preussische Expedition...* weiter zu lesen: "Die pantomimischen Tänze forderten langsam rythmische Bewegung des Körpers, besonders der Hände und Finger, ohne heftigen Affect, und waren bis auf gewisse Verrenkungen der El[l]bogen und des Handgelenkes, deren Einübung schwierig genug sein mag, recht hübsch. Die Füsse spielen dabei fast gar nicht mit: die erste Dame tanzte auf einem Divan sitzend, die zweite stehend, ohne vom Fleck zu weichen; dann führten ihrer zwei eine Scene auf, bei welcher auch die Füsse, doch nur beiläufig, mitwirkten." (*Die Preussische Expedition...*, S. 261).

[48] *Die Preussische Expedition...*, S. 261.

sprachen; zum Beispiel wurde das Ranat ek (das siamesische Xylophon) als „Holz-
harmonika"[49], „hölzernes Piano"[50] oder auch „hölzerne Castagnette"[51] bezeichnet,
oder auch der Khongwong yai (der siamesische Kesselgong) als „Glockenharmo-
nika"[52], „Glockenspiel"[53] sowie „Kesselpauke"[54]. Max von Brandt beschrieb
interessanterweise die siamesischen Instrumente, indem er sie mit denen Holländisch-Indiens (des heutigen Indonesien) verglich:

> „Die Musik zu dieser Vorstellung bestand aus Pauken, gewaltigen hölzernen Castagnetten,
> Flöten und Glocken- und Holzharmonikas. Bei dem ersten Instrument sitzt der Spieler in
> der Mitte eines auf ganz niedrigen Beinen stehenden doppelten kreisförmigen Gestells, in
> dem die metallnen Becken hängen; der Gamelang, wie das Instrument oder das ganze Or-
> chester in Java heißt, macht, wenn man es aus weiterer Entfernung, vielleicht über eine
> Wasserfläche hinüberhört, einen eigentümlichen und nicht unangenehmen Eindruck, ist
> aber entschieden nicht für Kammermusik geeignet."[55]

Tatsächlich tritt das Piphat-Ensemble, von dem hier die Rede ist, auch nur bei
größeren Feierlichkeiten auf. Von den Kostümen abgesehen, fand Max von Brandt
die Vorstellung von Tanz und Musik eher uninteressant:

> „Amüsanter wie die Tänzerinnen, an denen wir außer dem Kostüm und ihrem Schmuck
> nichts zu bewundern fanden, [...]."[56]

Zur Musik bemerkte der amtliche Bericht lapidar:

> „Die Musik war lärmend, aber harmonisch; [...]."[57]

Einige Tage später empfing der Praklang die preußischen Gesandten mit einer
ähnlichen, zweistündigen Tanzaufführung. Wie bei Prinz Kromaluang Wongsa
wurde diese mit Gesang und Musik begleitet, jedoch mit dem Unterschied, daß nun
der Auftritt der Tänzerinnen von dem mit 20 Musikerinnen besetzten Mahorie-
Ensemble begleitet wurde. Da das Mahorie-Ensemble keinen zeremoniellen Zwek-
ken dient, sondern nur zur Unterhaltung bestimmt ist, insbesondere im privaten,
geschlossenen Rahmen, wurden entsprechende Stücke vom Unterhaltungstyp

---

[49] *Die Preussische Expedition...*, S. 260 sowie Eulenburg, S. 349.
[50] Spieß, S. 374.
[51] Von Brandt, S. 256.
[52] Von Brandt, ebd. sowie Eulenburg, S. 349.
[53] Spieß, S. 374.
[54] *Die Preussische Expedition...*, S. 260.
[55] Von Brandt, S. 256.
[56] Von Brandt, ebd.
[57] *Die Preussische Expedition...*, S. 260 f.

vorgetragen[58]. Das Repertoire dieses Ensembles kann also im wahrsten Sinne des Wortes als ‚Kammermusik' bezeichnet werden. Dabei wurde darauf aufmerksam gemacht, daß die Besetzung des Mahorie-Ensembles, außer dem Ranat ek und Khongwong yai, noch andere Instrumententypen aufbot:

> „Die Form und Art dieser Instrumente ist sehr originell; außer Geigen [Soh, die siamesische zweisaitige Geige], Guitarren [Jake; eigentlich eine siamesische Zither] und einer Art Klarinette [Pi, eigentlich ein oboenartiges Instrument] waren namentlich zwei Instrumente von ganz eigenthümlicher Bauart, eine Art metallenes Glockenspiel [Khongwong yai] und ein hölzernes Piano [Ranat ek], beide durch kleine Schläger im raschesten Tempo angeschlagen. Das Instrument, welches ich Piano nennen will, hat nur insofern Aehnlichkeit mit den unseren, als es aus einer Reihe getrockneter Bambusstücke bestand, die beim Anschlagen verschiedene, eine vollständige Tonleiter darstellende Klänge von sich gaben."[59]

Die Unterhaltungsmusik zeichnete aus, daß sie neben der siamesischen Musik auch solche verschiedener Nachbarländer, ja sogar westliche Musik einbezog:

> „Sie spielten auswendig zwei volle Stunden lang siamesische, birmanische, cochinchinesische, LAOS, KAMBOJA Stücke und begleiteten sich zuweilen mit Gesang. Zuletzt wurden auf Geigen [zweisaitiger Geige] auch europäische Melodieen und der Yankeedoodle, natürlich sehr unvollkommen vorgetragen."[60]

Die erwähnte „Unvollkommenheit" des Vortrags beruht vermutlich darauf, daß die westliche Musik auf den siamesischen Instrumenten in siamesischer Tonleiter vorgetragen wurde - die Siamesen hatten damals schon westliche Musik kennengelernt und einzelne Stücke in das siamesische Musikrepertoire eingegliedert[61].

Weder die Musik bei Praklang noch die bei Prinz Kromaluang Wongsa hatte der preußischen Delegation gefallen. Die Aufführung war für die preußischen Gäste sehr anstrengend und nur mit Mühe zu ertragen. So schrieb Spieß:

> „Das Spiel ward bisweilen von Gesang unterbrochen, der auch freier und menschlicher aus den Kehlen hervordrang, als das unglückliche Fistelschreien der chinesischen und japanischen Sänger. Anfangs amüsierte uns das Konzert und, mäßig genossen, mag ich es gern als Musik gelten lassen. Es wurde uns aber ein so reichhaltiges Programm geboten, daß

---

[58] Auf diese wird später noch gesondert eingegangen.

[59] Spieß, S. 374. Siehe auch die Besetzung des Mahorie-Ensembles im Anhang.

[60] *Die Preussische Expedition...*, S. 271.

[61] Insbesondere im Fall des *Yankeedoodle* läßt sich vermuten, daß die Siamesen diesen von Missionaren aus den Vereinigten Staaten übernahmen. Sie waren schon zu Anfang des 19. Jahrhunderts nach Siam gekommen. Sie arbeiteten auch als Ärzte und haben Druckereien und Zeitungen in Bangkok gegründet (vgl. Prinz Damrong Rajanubhab, *The Introduction of Western Culture in Siam*, in: JSS, Selected Articles VII (1959), S. 10 f.).

mein Kopf einen fortgesetzten Genuß nicht aushielt und ich mich auf und davon machte, um in der Nachtluft meine Nerven zu erfrischen."[62]

Dabei hat Kreyher etwas Ähnliches geäußert:

„Ein Stoßseufzer stieg jedesmal empor, wenn durch die Ankündigung eines neuen Stückes unsere Hoffnung, ‚das grausame Spiel' geendet zu sehen, vereitelt wurde und mir klang das schneidende Geklimper die ganze Nacht in den Ohren."[63]

Kaum konnten die Preußen die Musik verschiedener Länder unterscheiden, ihnen klang alles gleich:

„Die anderen Productionen [außer Yankeedoodle] klangen etwas eintönig und gaben ebensowenig einen Begriff von den nationalen Weisen jener Stämme, als das Spiel des königlichen und anderer vornehmen Orchester."[64]

In der Tat ist die Unterscheidung der musikalischen Idiome nicht einfach. Man erkennt die aus den Nachbarländern entstammende Musik in erster Linie an der melodischen Anlage und dem Rhythmus des Schlagwerks, dem sogenannten Nathab-Schlagmuster. Aufgrund der fehlenden Notationsschrift sind die Differenzen jedoch nur sehr schwierig zu erläutern. Die Musiker erkennen sie rein vom Hören her, sind aber nicht in der Lage, sie exakt zu beschreiben. Während die Unterscheidung der melodischen Idiome einer ausführlicheren musikethnologischen Darstellung bedürfte, als hier der Raum es zuläßt, ist eine Zuordnung besagter Schlagmuster eindeutiger zu leisten. Es gibt in der Thai-Musik insgesamt zwölf Nathab-Schlagmuster, die aus zwölf verschiedenen Ländern herstammen: Indien, Java, Birma, Mon, Kambodscha, Laos, Vietnam, Europa/USA, China, Arabien, Kha (eine Ethnie an der Grenze zwischen Thailand und Laos) und Malaysia[65]. Die Schlagmuster sind im einzelnen sehr subtil und komplex und nicht nur für Europäer, sondern auch für den Siamesen schwierig zu erkennen, sie sind aber alle in dem Lehrstück *Phleng sibsong phasa* zusammengefaßt[66]. Von da aus wäre es leichter möglich, auch das entsprechende melodische Idiom zu klassifizieren[67].

---

[62] Spieß, S. 374. Auch der Eindruck, den eine Tanzdarbietung bei Khalahom hinterließ, war ähnlich: „Er empfing uns in seinem schwimmenden Hause und ließ uns durch acht junge Mädchen Musik vormachen, die zwar nicht ganz so scheußlich war wie die beim Praklang, die uns aber doch bestimmte, nach einer Stunde zu fliehen." (Eulenburg, S. 358).

[63] Kreyher, S. 372.

[64] *Die Preussische Expedition...*, S. 271.

[65] Siehe Ch. Pikulsri, *Sanghitniyom waduoi dontrithai* [*Abhandlung über die Thai-Musik*], Bangkok 1987, S. 102 f.

[66] Seit den 1990er Jahren wird die Forschung der *Phleng sibsong phasa* in Thailand vorangetrieben. In Zusammenhang damit entstand ein CD-Tonträger in Thailand: *Phleng Phasa* ([Thai]

Diese Musikvorstellung hat Reinhold Werner hingegen durchaus gefallen, und er berichtete über die siamesische Musik sowie Kultur leidenschaftlich:

„Ich habe bereits oben gezeigt, daß den Siamesen in ihrem Baustil ein edlerer und großartigerer Kunstsinn innewohnt als ihrem Nachbarvolke, den Chinesen, und daß sie in dieser Beziehung fast alle asiatischen Völkerschaften, selbst die hochcivilisirten Japanesen weit überflügeln. Dasselbe gilt von der Musik, von der alle Siamesen außerordentliche Freunde sind, so daß man Musik fast in jedem Hause hört. Während die chinesische Tonkunst unser Trommelfell zerreißt und unsere Nerven erschüttert und, gleich der japanischen, durch ihren Mangel an Harmonie jedes europäische Ohr unangenehm berührt, waltet in der siamesischen durchaus Harmonie vor; sie nähert sich zugleich in Charakter, Eintheilung und Rhythmus so sehr der unsrigen, daß man davon überrascht wird."[68]

Dabei hat der Autor einen Musikvortrag der Thao-Gattung sehr genau beobachtet und verblüffend richtig geschildert, insbesondere die Überleitung zwischen der Rezitation und dem Ensembleeinsatz und das Tempo sowie das Variant-Prinzip dieser Gattung:

„Im allgemeinen ist die Musik ernst. Sie beginnt gewöhnlich mit dem recitativen Gesange der Castagnettenschlägerin, der jedoch sich sehr dem Kreischen der Chinesen nähert. In den letzten Ton des Recitativs fällt unisono die Schalmei [Pi nai; siamesische Oboe] ein, dann folgen die Bambusharmonikas [ranat ek; siamesisches Xylophon], und endlich schließen sich die übrigen Instrumente an. Ein Thema ist vorwaltend, und das ganze Musikstück besteht aus vier bis fünf verschiedenen Abtheilungen, einem Adagio, Andante, Scherzo und Presto, in denen allen das Thema erkennbar wiederkehrt, wenngleich die drei letzten keineswegs nur Variationen desselben sind. Die ganze Aufführung dauerte fast eine Stunde, und obwohl das Ensemble bisweilen sehr laut wurde, hörten wir doch mit gespannter Aufmerksamkeit und großem Vergnügen zu und nahmen einen sehr angenehmen Eindruck mit uns fort."[69]

Musikalische Sprache), gespielt von dem Ensemble der Thai Music Department, Faculty of Fine Arts der Srinakarinwirot Universität, Bangkok [1997]. Die Musik präsentiert sich dabei in sechs Stilen: Thai-, chinesischer, kambodschanischer und muslim-malaiischer (Khamer und Talung), arabisch-indischer (Khäk) und westlicher (Farang) Stil.

[67] Im dritten Kapitel wird am Beispiel der Analyse des *Khäkmon Bangkhunprom Thao* ausführlich auf das Mon-Idiom eingegangen.

[68] Werner, 265.

[69] Werner, S. 267. Ebenso hat der Autor die einzelnen Instrumente des Ensembles akribisch beschrieben, und zwar mit richtigen Kenntnissen. Siehe diese Beschreibung in seinen Werk, S. 265 f. Auf den Aufbau der Musik der Thao-Gattung wird ausführlich eingegangen im dritten Kapitel in: *2. Khäkmon Bangkhunprom Thao, a) Fassung für Piphat-Ensemble.*

Besser als die Hofmusik hat den Gesandten die Musik der Privatbühne gefallen. Ein englischer Diplomat, Sir Robert Schomburgk[70], der deutscher Abstammung und ein ausgezeichneter Kenner der siamesischen Kultur war, hatte sie zu einer Aufführung eingeladen:

> „Echte Musik hörte man nur bei einem in Ungnade gefallenen Capellmeister, nach dessen schwimmendem Hause Sir Robert Schomburgk uns führte. Mit seinen Frauen und Töchtern, deren Zusammenspiel wie aus einem Gusse klang, übte er die Kunst in häuslicher Zurückgezogenheit, und brachte Stücke von der reichsten eigenthümlichsten Erfindung, tiefer Leidenschaft und Gedankenfülle zu Gehör, die uns wahrhaft entzückten. Ein kleines Mädchen spielte mit dem Plectrum eine grosse am Boden liegende Cither mit höchster Meisterschaft."[71]

Daraus schlossen die Preußen, daß auch in Siam Musik am Hof so oberflächlich sei wie in Europa:

> „Vielleicht bewährt sich auch hier die Erfahrung, dass die Künste an den Höfen verflachen; denn alle Productionen, die wir bei den Grossen von SIAM hörten, waren, wenn auch nicht übelklingend, doch ohne jeden tieferen Gehalt."[72]

Dessen ungeachtet meinten die Gesandten, daß sich die siamesische Musik weiter entwickelt habe als die Musik aus China und Japan, die sie zuvor kennengelernt hatten. Spieß meinte:

> „Die Musik und der Gesang des siamesischen Volkes stellen es in diesem Punkte weit über die Japaner und die Chinesen, die Beide nur in einem wahrhaft diabolischen Lärmen das Ideal der Musik erblicken und mit Ausnahme einiger weinerlichen Töne auf ihren Geigen und Rohrflöten Nichts kennen, das einer Melodie ähnlich wäre. Und auch dieses Wenige geht unter dem Wust von Gongs, Becken und Holzklappern kläglich zu Grunde."[73]

Am 12. Februar 1862, fünf Tage nach der Unterzeichnung des Handels-, Freundschafts- und Schiffahrtsvertrags zwischen Preußen, den Zollverein-Ländern und Siam, eine Woche vor der Abreise nach Berlin, lud der König die preußischen Gesandten zur zweitägigen Khon-Aufführung, einer getanzten Darstellung der

---

[70] Sir Robert Schomburgk war der englische Generalkonsul in Bangkok. Zu ihm hatten die preußischen Gesandten besonders engen Kontakt. Von Brandt (S. 289) berichtet über ihn: „Der englische Vertreter, Sir Robert Schomburgk, war der Erforscher von British-Guiana und 1837 der Entdecker der Victoria Regina; seit 1857 war er in Bangkok beglaubigt; als wir dorthin kamen, litt er schon an dem Leiden, das wenige Jahre später, 1865, seinen Tod herbeiführen sollte. Er war geborener Deutscher, aus Freiburg in Preußisch-Sachsen, und starb im Vaterland, das er 1829 im Alter von fünfundzwanzig Jahren verlassen hatte, in der Nähe von Berlin."

[71] *Die Preussische Expedition...*, S. 271 f.

[72] *Die Preussische Expedition...*, S. 272.

[73] Spieß, S. 373 f.

Ramayana-Geschichte, an seinen Hof ein. Es handelt sich dabei um eine Tanzdarbietung mit Musik und „Souffleur"[74]. Der König erläuterte ihnen dabei alle
Hauptmerkmale des Hoftheaters:

> „daß auf dem königlichen Theater, wo lauter vornehme Damen spielen, nur getanzt wird
> und keine Konversationsstücke aufgeführt werden, da in Letzteren aufzutreten nicht für an-
> ständig gilt."[75]

Die Handlung wurde folgendermaßen beschrieben:

> „Die Handelnden waren theils himmlische Wesen - Celestials sagte der König, - theils Dä-
> monen, allegorische Masken, Fürsten, Krieger, sämmtlich von Frauen des Harem ge-
> spielt."[76]

Aus dieser Schilderung geht hervor, daß die Tanzdarbietung gemäß der Vorschrift des siamesischen Hoftheaters mit dem Vorspieltanz der „himmlischen
Wesen" anfing, denen im Hauptteil die „Dämonen etc." folgten. Was für ein Theaterstoff aber gespielt wurde, konnten die Preußen trotz der Bemühungen des
Königs nicht recht fassen:

> „Er [der König] gab dem Gesandten, den er nach seiner Loge beschied, noch allerlei Erklä-
> rungen, welche die Aussprache [des Englischen] seines zahnlosen Mundes unverständlich
> liess, [...]."[77].

---

[74] Im Bericht *Die Preussische Expedition...* (S. 318) wird dies ausführlich beschrieben: „Die
Darstellung bildeten mimische Tänze. Auf der Bühne kauerten die weiblichen Souffleure mit
aufgeschlagenem Buche; doch bedurften die Tanzenden selten der Leitung. Ein Frauenchor
begleitete ihre Action zuweilen mit der Stimme, meist aber nur mit rhythmischem Zusammen-
schlagen von Bambusstäben, während ein zahlreiches Orchester von Holz- und Metall-
Harmonikas, Flöten, Schalmeien, Trommeln, Becken und Pauken argen Lärm machte." Anläßlich dieser Aufführung hat Eulenburg die Ausstattung der königlichen Bühne und Halle ausführlich beschrieben: „Ich müßte lügen, wenn ich sagen sollte, daß wir dieser Aufforderung sehr
freudigen Ganges folgten, aber wir konnten sie nicht ablehnen und erschienen gegen 8 Uhr in
einer großen, auf mehreren Reihen hölzerner Säulen ruhenden Halle. Eine Seite derselben war
durch eine Dekoration von Felsen und Pappe geschlossen, hinter derselben war die Garderobe,
und aus ein paar Felsengrotten fanden die Figuranten ihren Weg auf die Bühne. An der zweiten
Seite war die Loge oder vielmehr die Tribüne des Königs, auf welcher er saß oder umherging,
die Kinder spielten und einige seiner Brüder lagen. Die dritte Seite war für Zuschauer; in der
Mitte derselben und vorn war eine mit Stühlen besetzte, erhöhte und bedeckte Tribüne für uns.
Auf der vierten Seite sassen zwei siamesische Musikkorps und ein Sängerchor, dahinter Zuschauer in großer Menge. Erleuchtet war der ganze Raum durch große Oellampen, die an der
Decke der Halle hingen, und durch auf der Erde stehende Armleuchter mit Wachskerzen."
(Eulenburg, S. 397).
[75] Eulenburg, S. 397 f. Hierzu siehe auch *das Lakon nai* und *das Khon* im ersten Kapitel.
[76] *Die Preussische Expedition...*, S. 318.
[77] *Die Preussische Expedition...*, S. 319.

Eulenburg beschrieb nur das Tanzvorspiel:

„Was die ganze Geschichte aber eigentlich darstellen sollte, war unmöglich zu errathen. Stunden lang bewegten sich ‚himmlische Wesen' in ewig wiederkehrender, jeder Abwechselung entbehrender Weise umher, erst männliche, dann weibliche, dann beide vereint. Dann kam ein Dämon (eine wunderschön geformte Frau) und wollte einige weibliche himmlische Wesen rauben, aber die Göttin des Blitzes blendete ihn durch eine glänzende Kugel, die sie in der Hand hielt, u.s.w."[78]

Dieser Beschreibung zufolge handelte es sich um die Geschichte von Ramasoon und Mekhala: der Dämon Ramasoon versucht, Mekhala ihre Zauberkugel zu rauben. Sie aber wehrt sich durch einen Blitzschlag, der nach dem Glauben der Thais das Blitzen am Himmel verursacht hat. Der Nachvollzug dieser über drei Stunden rein tänzerisch entwickelten Handlung war für die Preußen sehr anstrengend:

„Um 11 Uhr waren wir so müde und gelangweilt, daß wir kaum mehr die Augen aufhalten konnten. Ich bat den König um die Erlaubniß, mich zurückziehen zu dürfen, die mir gewährt wurde, da gerade der erste Akt vorbei sei. Na, guten Morgen! Noch so ein Akt, und sie hätten mich als todgelangweilte Leiche fortgetragen. Aber morgen soll die Geschichte ihren weiteren Fortgang haben, und der König hat Affentänze versprochen."[79]

Die Tanzdarbietung am nächsten Tag war der des Abends ähnlich:

„Die Vorstellung fing wieder mit tanzenden ‚himmlischen Wesen' an, die später Dämonen und Affen (auch durch Menschen dargestellt) Platz machten, zwischen denen eine große Feindseligkeit herrschte, die zuletzt in einen Krieg ausbrach."[80]

Diese Vorstellung enthielt eine Besonderheit, nämlich ein Zwischenspiel, eine Art Intermezzo, das bisher in Thailand unbekannt war:

„Ohne faßbaren Zusammenhang mit der Aktion erschienen plötzlich auch zwei europäisch gekleidete, ganz weiß geschminkte Frauenzimmer auf der Bühne, mit welchen die trunkenen Dämonenfeldherren, zum großen Vergnügen der Zuschauer sich unpassende Scherze erlaubten, indem sie sie ans Kinn faßten, in die Backen kniffen u.s.w."[81]

---

[78] Eulenburg, S. 397.
[79] Eulenburg, S. 398.
[80] Eulenburg, ebd.
[81] Eulenburg, ebd. Die bis heute gültige Vorschrift des siamesischen Hoftheaters läßt kein Zwischenspiel zu. Vermutlich handelte es sich um eine spontane Vorgabe des Königs, ein solches mit europäischen Elementen improvisatorisch einzufügen.

Die Preußen blieben unbeeindruckt:

„Für uns blieb es kauderwelsch und wurde mit der Zeit recht langweilig; waren auch einzelne Tänzerinnen gewandt, so kehrten doch die eingeschulten Gebehrden immer wieder; die höchste Leistung scheint in der Kunst zu bestehen, den Unterarm aus dem El[l]bogen auszurenken und die Finger unnatürlich gegen das Handgelenk zurückzubiegen."[82]

Nach wie vor fanden die Kostüme der Tänzerinnen noch am meisten Anklang:

„Einige waren herrlich gewachsen; das eng anschliessende Wamms und der zierlich gefaltete SARON zeigten alle Körperformen. Der Stoff der meisten Anzüge war Gold- oder Silberbrocat mit farbigem Grunde; Juwelenschmuck und schwere goldene Spangen erhöhten ihren Werth, der sich auf etwa 5000 Thaler für jedes Kostüm belaufen sollte. Die guten Wesen im Drama trugen meist spitzzulaufende edelsteinfunkelnde Goldkronen, die bösen phantastische Thier- und Teufelsmasken. Bis zur halben Wade herauf waren die Füsse bei allen nackt. An den Händen trugen die Hauptpersonen sechs Zoll lange Fingerhüte gleich rückwärtsgebogenen Krallen, die ihren Gebehrden Emphase gaben. Die Geschenke der Laos- und Malayen-Fürsten und freiwillige Gaben vornehmer Siamesen müssen die Kosten des königlichen Theaters bestreiten, wo nicht nur Stücke aus dem indischen Helden- und Götterepos, sondern zuweilen auch Parodieen dieser Sagen gespielt werden sollen."[83]

Auf den Wunsch Eulenburgs hin erlaubte der König den Preußen, die Kostüme aus der Nähe zu bewundern:

„Ich sprach dem Könige den Wunsch aus, auch eine der prachtvoll gekleideten Haupttänzerinnen, von der ich wußte, daß es eine seiner Lieblingsfrauen war, in der Nähe zu sehen, und sofort ließ er, zur großen Verwunderung der Zuhörerschaft, die Vorstellung sistiren und die ihm von mir bezeichnete Dame herankommen. Bei dieser Gelegenheit konnte ich nun in der Nähe sehen, daß die Stoffe der Gewänder wirklich prachtvoll waren, und daß der Gold- und Perlschmuck, den sie trug, echt war. Der König sagte mir, daß jedes Kostüm der Haupttänzerinnen 60 Catti d. h. ungefähr 4500 Thaler koste."[84]

Die negativen Äußerungen seitens der Preußen und einiger Diplomaten aus anderen Ländern hatte dazu geführt, daß die siamesische Regierung mit traditionellen Tanzvorstellungen vor westlichen Gästen vorsichtiger geworden war. Das

---

[82] *Die Preussische Expedition...*, S. 320. Eulenburg hingegen hat das Intermezzo gut gefallen: „Mit Ausnahme dieses kleines Intermezzos war die Vorstellung wieder tödlich langweilig, obgleich zuletzt kriegerische Züge aufgeführt wurden, bei welchen die Feldherren in Kinderwagen standen, die mit Ponies bespannt waren." (Eulenburg, S. 399).
[83] *Die Preussische Expedition...*, S. 318.
[84] Vgl. Eulenburg, S. 399.

ging so weit, daß im Jahr 1900 sogar die Bewerbung einer Theatertruppe um eine Tournee durch Europa von seiten der siamesischen Regierung abgelehnt wurde[85].

Neben den höfischen Theatervorstellungen wohnten die Preußen am 8. Februar 1862 einer öffentlichen Leichnamsverbrennungszeremonie eines Halbbruders des Königs bei, die in dem königlichen Tempel Wat Dschaeng stattfand[86]. Zu dieser trugen die Gemeinden der verschiedenen ethnischen Gruppierungen Bangkoks mit je eigenen Darbietungen bei. Solche Zeremonien waren „Volksbelustigungen"[87], Massenattraktionen also, pompös, heiter und lebhaft:

„man hätte sich überall, nur nicht bei einer Leichenfeierlichkeit glauben können."[88]

Es gab beispielsweise:

„chinesische[s] Theater, malayisches, siamesisches Ballet, Puppenspiele, Jongleure, Declamatoren und Seiltänzer. Auf dem chinesischen Theater wurde mit kerniger Mimik eine Posse gespielt. Die siamesischen Tänzerinnen trugen phantastische Masken von Helden und Dämonen, kauten und spieen aber trotzdem ihren Betel und vollzogen ihre conventionellen Verdrehungen mit grossem Phlegma; hinter jeder stand eine Person im Alttagscostüm [sic!] und sagte laut deren Rolle her. - An einer anderen Stelle wurden mimische Tänze, ebenfalls mit Declamation, von Thiermasken aufgeführt; das Orchester bestand aus halbwachsenen Kindern mit gefärbten Gesichtern in buntem Lappenputz. - Die malayischen Bayaderen waren ziemlich abschreckend, die ältere wohl sechszigjährig, die jüngere sehr pockennarbig, ihre Kleidung schmutzig und zerlumpt. Bühne stand an Bühne; hier verschlang ein Ungeheuer den Mond, dort der Jongleur einen Stein; wir wurden des Gedränges bald müde."[89]

---

[85] Siehe die Ausführungen hierüber im zweiten Teil dieses Kapitels *Die siamesische Musik in deutscher musikwissenschaftlicher Forschung.*

[86] Der königliche Tempel Wat Dschaeng, Tempel der Morgendämmerung (oder Wat Arundvanaram mit offiziellem Namen), liegt schräg gegenüber dem Königspalast, am anderen Ufer des Flusses Chaopraya; nach siamesischem höfischen Brauch muß diese Trauerzeremonie außerhalb der Palastmauern stattfinden. Außer solchen Trauerzeremonien finden derartig große Feierlichkeiten beispielsweise alljährlich zum Geburtstag von König und Königin auf dem Platz vor dem Königspalast statt.

[87] Eulenburg, S. 391. Veranstaltungen dieser Art existieren auch im heutigen Thailand noch, zuletzt 1997 bei der Leichnamsverbrennung der Mutter des jetzigen Königs Bhumiphol.

[88] Von Brandt, S. 287.

[89] *Die Preussische Expedition...*, S. 293. Max von Brandt berichtet, daß am Abend darüber hinaus ein Schattentheater aufgeführt wurde, das „Kämpfe zwischen Helden und Ungeheuern" (Von Brandt, S. 287), darstellte. Er verglich dieses mit dem anderer Länder: „Was mir besonders bei den aus schwarzer Pappe ausgeschnittenen Figuren auffiel, war, daß die Profile, wie ich das auch schon früher bei den Fresken bemerkt, absolut denen auf den altägyptischen Denkmälern glichen; ich habe Ähnliches später bei den Figuren der chinesischen Schattenspiele gefunden,

Dieser Veranstaltung wohnte Hermann Rose auch bei und beobachtete mit scharfer Einsicht, daß es sich bei dieser um eine rituelle Veranstaltung handelte:

> „Wir sahen Schauspiele, Zauberkünstler, Würfelbuden, und an Altären knieende Priester, für uns harmlose Zuschauer ein äußerst lustiger Anblick, für die Beteiligten aber eine der wichtigsten heiligen Handlungen. So bewirkten die verschiedenen religiösen Anschauungen verschiedene religiöse Gebräuche, [...].“[90]

In der Regel verbrennen die Siamesen buddhistischen Glaubens ihre Verstorbenen. Wie lange nach dem Hinscheiden dies passiert, hängt von dem Ansehen des Verstorbenen und von der Verbindung der Hinterbliebenen zum Verstorbenen ab. Je bedeutender die Persönlichkeit war, je enger die Beziehung der Hinterbliebenen zu jener ist, desto länger wird der Leichnam aufbewahrt, entweder zu Hause oder im Tempel, um ihr die letzte Ehre zu erweisen. Die Dauer der Aufbahrung – beispielsweise ein Monat, ein Jahr oder gar zwei Jahre – wird direkt nach dem Tod festgesetzt. Während dieser Trauerzeit veranstalten Freunde und Verwandte keine Gesellschaften und Feierlichkeiten, noch besuchen sie solche. Erst an dem Tag, an dem der Leichnam verbrannt wird, legt man die Trauer ab – nun wird ein Fest gefeiert, zu dem jeder eingeladen ist.[91]

Zusammenfassend läßt sich über die ersten musikalischen Kontakte im Verlauf der Eulenburg-Expedition 1861/62 festhalten, daß die jeweils fremde Musik nur von den Siamesen rezipiert wurde, während die Meinungen über die siamesische Musik sowohl bei den Beteiligten der Mission als auch bei den Gesandten sowie im amtlichen Bericht der preußischen Expedition einhellig negativ waren. Nur bei den niederen Beamten gab es positive Stimmen. Nun stellt sich die Frage, wie dieses Phänomen zu erklären ist. Während die negativen Eindrücke möglicherweise einer vorgefertigten Meinung der Europäer entsprachen, nötigte doch die Tatsache, daß alle Vornehmen ein Orchester hatten, zur Anerkennung einer „nationale[n] Neigung zur Musik“[92].

In der Tat haben die niederen Beamten zwar ebenso den Charakter der Siamesen verurteilt wie die Gesandtschaften - so wurde der Charakter ‚der‘ Siamesen aus der Sicht der Expeditionsteilnehmer einstimmig so beschrieben, daß die Siamesen beispielsweise „träumerisch, energielos, unthätig“[93], „träge“[94] seien - , aber, weil

---

die viel künstlicher wie die siamesischen, aus buntgefärbter, durchsichtiger Hausenblase angefertigt sind.“ (Von Brandt, ebd.).

[90] Rose, S. 113.

[91] Siehe ausführliche Darstellung dessen hierzu in den Werken von H. G. Quaritch Wales, *Siamese State Ceremonies*, London 1931, S. 126-174 und *Seinen Leib brennen lassen (Bericht der Mrs. A. H. Leonowens über den Tod des damaligen Oberpriesters von Siam)*, übersetzt und erläutert von Prof. Dr. Karl Döhring, München-Neubiberg, 1926.

[92] *Die Preussische Expedition...*, S. 272.

[93] Kreyher, S. 369.

die niederen Beamten mehr persönliche Kontakte zu der siamesischen Bevölkerung hatten, hatten sie doch andere Erfahrungen und waren deshalb aufgeschlossener. Die oben geschilderte Freundschaft zwischen Hermann Rose und Nai-rong-kang-tin oder Reinhold Werner und dem Prinzen Kromaluang Wongsa haben gezeigt, daß die Sprache keine Rolle spielte. Auf die oben gestellte Frage, ob der Staat beim musikalischen bzw. kulturellen Kontakt eine wichtige Rolle gespielt hat, wird weiter anhand der Untersuchung der Beziehungen beider Länder im Zeitraum zwischen 1862 und gegen 1917 eine Antwort zu geben versucht.

Von der Ratifizierung des Vertrages (1864) bis gegen Ende des 19. Jahrhunderts haben beide Länder zwar weiter Kontakte gepflegt, jedoch ohne daß es zu weiteren musikalischen Begegnungen gekommen wäre. Insbesondere seit den 1880er Jahren wurden die Beziehungen zwischen den Königshäusern intensiviert durch gegenseitige Besuche, zum Beispiel von Herzog Johann Albrecht von Mecklenburg in Bangkok (1883), dem siamesischen König Rama V. (reg. 1868-1910) in Deutschland bzw. Europa (1897 und 1907) sowie Prinz Heinrich von Preußen 1899[95]. Die Kulturkontakte beider Länder fanden jedoch bis ins 20. Jahrhundert hinein in der beschriebenen Einseitigkeit statt. Siam lief zu dieser Zeit Gefahr, den kolonialen Bestrebungen der rivalisierenden europäischen Mächte Frankreich und England zu unterliegen. Von diesen Konflikten hielt Deutschland sich fern und konzentrierte sich allein auf seine wirtschaftlichen Interessen[96]. Nur

---

[94] Werner, S. 263. Dies begründet der Autor mit dem Reichtum an Bodenschätzen. So lautet sein vollständiges Zitat: „Die Hauptbeschäftigung der Siamesen ist der Ackerbau und das Haupterzeugniß des Landes der Reis. Obstbaumzucht findet man ebenfalls vielfältig, aber bei der Fruchtbarkeit des Landes beansprucht der Baum nach dem einmaligen Pflanzen weder Arbeit noch Pflege. Der Reis wird nach Eintritt der nassen Jahreszeit im Juni gesäet, nachdem vorher im Mai der Acker aufgebrochen ist. Die Ernte ist im Januar, und der Reis wird auf den Feldern gedroschen. Stroh und Wurzeln werden auf dem Acker verbrannt und bleiben diesem als Dünger. Diese geringe Arbeit, welche die Lebensbedürfnisse deckt, macht das Volk sehr träge, und Indolenz ist ein Hauptcharakterzug der Siamesen. Wenn sie es nicht durchaus nöthig haben, arbeiten sie nicht, sondern sitzen im süßen Nichtsthun mit untergeschlagenen Beinen und kauen Betel." (Werner, S. 263).

[95] Vgl. Stoffers, S. 82 ff.

[96] Dies wurde noch im Jahre 1899 in einer geheimen Aktennotiz des Reichskanzlers von Bülow ausdrücklich vermerkt, und ein Jahr später notierte der deutsche Kaiser zu einem Bericht des deutschen Ministerresidenten in Bangkok: „Seldeneck (Der deutsche Ministerresident und Generalkonsul in Bangkok) soll sehr vorsichtig von dem Vertrauen des Königs gebrauch machen, und desto mehr hörend, ad referendum hier nehmend, als aktiv Rathschläge ertheilend, zumal im Zank zwischen Galliern etc. [...]" Zitiert nach Stoffers, S. 68. Aufgrund der Zurückhaltung Deutschlands machte Siam sich keine Hoffnung mehr auf dessen Beistand und wandte sich an Rußland. Die Zuwendung des Zarenhofes verschaffte Siam in Europa Anerkennung und verbesserte seine politische Position. Als König Rama V. im Jahre 1897 Europa bereiste, wurde er mit großem Aufwand empfangen. Kaiser Wilhelm II. erwirkte persönlich, daß die siamesischen Prinzen an der Kadettenschule in Berlin aufgenommen werden konnten – dies sollte später bedeutsam für die Rezeption der preußischen Militärkapelle in Siam werden (siehe unten

die deutschen Wissenschaftler setzten kontinuierlich die Erforschung Siams fort, insbesondere im Bereich der Kultur- und Sprachwissenschaft sowie der Ethnologie. Dies geschah jedoch nicht im Dialog mit Siam. Jene Einseitigkeit kann auf seiten Siams mit dem dringenden Bedarf an Modernisierung nach europäischem Muster, auch auf kulturellem Gebiet, begründet werden, wohingegen das kulturelle Desinteresse Deutschlands nicht zuletzt auch auf dem von offizieller Seite - beispielsweise dem Auswärtigen Amt oder der Kirche - geprägten Bild der Kultur Siams beruhen dürfte.

So wurde auch nach der Thronbesteigung Ramas V. 1873 die Monarchie von deutschen Diplomaten in Bangkok negativ beurteilt: die Modernisierung sei oberflächlich[97], man wolle sich durch Assimilation zivilisatorischer Errungenschaften Europas den gebildeten europäischen Völkern gleichstellen und die eigene Herkunft aus der ostasiatischen Völkerfamilie verleugnen[98]. Die Staatsbesuche des siamesischen Königs sorgten zwar dafür, daß sich von nun an in der Öffentlichkeit das Bild Siams in Deutschland verbesserte, aber dessen ungeachtet existierte das von europäischem Imperialismus mit rassistischem Element geprägte Siambild weiterhin bis ins 20. Jahrhundert hinein[99]. So blieben die stereotypen Aussagen über die Siamesen in der Volksbildungsliteratur sowie in Zeitungs- und Zeitschriftenartikeln, wie beispielsweise der katholischen Missionszeitschrift, weitgehend negativ[100]. In *Meyers Conversations-Lexicon* wurde in der ersten Auflage 1851 Siam klischeehaft als „eine grausame orientalische Despotie" dargestellt, deren Bewohner „unter dem verderblichen Einfluß des Buddhismus zur Trägheit neigen und außer ihrem verdorbenen Charakter noch ein übles Aussehen haben"[101].

---

im Abschnitt *Die Rezeption der deutschen Militärkapelle in Siam* und siehe auch bei Stoffers, S. 84 ff. und S. 118 ff.).

[97] 1889 hielt man beispielsweise im Auswärtigen Amt über den Modernisierungsprozeß in Siam fest: „Es sind oberflächliche planlose Nachahmungen der staatlichen Einrichtungen der europäischen Culturländer, die als Ganzes betrachtet, den Eindruck eines Staatswesens en miniature machen, welches nur auf Bangkok berechnet ist, und in welchem die jugendlichen Halbbrüder des Königs standesgemäße Versorgung gefunden haben." (zitiert nach Stoffers, S. 94).

[98] Vgl. Stoffers, S. 96 ff. Ähnlich wird in der Zeitschrift *Globus* 1893 ein deutscher Kaufmann aus Bangkok zitiert: „Die Annahme gewisser europäischer Kulturerrungenschaften durch Siam ist in der That nur ein Schein und nichts wäre falscher, als die Siamesen unter die fortschrittlichen Völker Ostasiens einreihen zu wollen." (zitiert nach Stoffers, S. 134). Siehe die Untersuchung bei Stoffers im Kapitel *Thailands Reformen und die sich wandelnde Beurteilung des Landes in den Berichten deutscher Diplomaten*, S. 93 ff., in dem er politische Dokumente dieser Zeit ausführlich darstellt.

[99] Vgl. Stoffers, S. 132.

[100] Stoffers, S. 134.

[101] Zitiert nach Stoffers, S. 132. Die Redaktion übernahm hierbei allerdings den Bericht des englischen Gesandten J. Crawfurd, der 1821 nach Siam kam. Siehe auch die Darstellung und Diskussion über den Despotismus in Asien S. 54 f.

Ein ähnliches Bild haben dann die Preußen im amtlichen Bericht der preußischen Expedition, der ab 1868 erschien, gezeichnet:

> „Der Charakter des Siamesen ist eben leichtfertig, unbedacht, furchtsam, geduldig, sanft und heiter, träge und vergnügungssüchtig, allen heftigen Leidenschaften fremd."[102]

Und noch in der sechsten Auflage des oben zitierten Lexikons von 1908 erscheint das Bild kaum gemildert:

> „Von Charakter sind die Siamesen sanft und geduldig, sehr gastfrei und höflich, aber ohne Unternehmungsgeist, dabei auch unterwürfig und lügnerisch, die Folge jahrhundertelanger Knechtung unter einem Despotismus [...]."[103]

Überdies haben 1883 in einer katholischen Missionszeitschrift Missionare Kritik am vermeintlichen siamesischen Charakter geübt. So habe ‚der‘ Siamese eine „sklavische, unterwürfige und kriechend feige Gesinnung" und ein „träges verweichlichtes Aussehen"; überhaupt sei Siam ein Land „ohne Gottesfurcht und Sittlichkeit"[104]. „Faulheit" und „sklavisches" Verhalten wurde den Siamesen sogar in deutschen Schulbüchern dieser Zeit konzidiert[105]. Die siamesische Kultur wurde also zweifelsohne als die eines nur „halben Culturvolks"[106] angesehen. Diese negative Klichees über die Siamesen und ihre Kultur sind eindeutig der Grund, warum die siamesische Musik in Deutschland nicht rezipiert wurde.

Andererseits wurden die Einheimischen auch nicht als Zielgruppe der Aktivitäten des in Deutschland konzipierten Kulturprogrammes angesehen; so war Deutschland nicht daran interessiert, geregelten deutschen Sprachunterricht in Siam zu etablieren[107]. Deutsch wurde kaum von Nicht-Deutschen gesprochen und war im Unterschied zum Englischen oder Französischen keine internationale Verkehrssprache. Um 1900 kommunizierte man in der europäischen Kolonie in Bangkok auf Englisch, und Englisch war auch die zweite Amtssprache der europäischen Angestellten der siamesischen Regierung[108]. Das deutsche Kulturprogramm wurde also zum größten Teil von Deutschen für Deutsche gestaltet. So

---

[102] *Die Preussische Expedition...*, S. 327.

[103] Zitiert nach Stoffers, S. 132. Gleichwohl äußerte man sich in dieser Auflage positiv über die Politik Siams.

[104] *Siam, seine Apostel und Märtyrer*, in: Die katholischen Missionen I (1883), S. 4. Die Beurteilung seitens der Protestanten ist nicht anders. So hat der Schiffsprediger Kreyher bei der preußischen Expedition geäußert, daß die Apathie der Buddhisten und die Nutzlosigkeit mönchischen Daseins mit dem Katholizimus verglichen werden könne (vgl. Stoffers, S. 57).

[105] Vgl. Stoffers, S. 134; vergleiche auch S. 131 ff.

[106] Vgl. Stoffers, S. 128.

[107] Vgl. Stoffers, S. 124.

[108] Vgl. Stoffers, ebd.

hatte die Gruppe von in Bangkok lebenden Deutschen beispielsweise kein Interesse an Kulturkontakten mit den Einheimischen und blieb unter sich in einem von ihnen gegründeten *Deutschen Klub*[109]. *Der Deutsche Klub* sollte als Kulturzentrum ein Stück Heimat vermitteln, indem zum Beispiel Weihnachten, Neujahr und Kaisersgeburtstag gefeiert wurde. In den Klub wurden fast ausschließlich Deutsche aufgenommen, Siamesen blieben weitgehend ausgeschlossen; nur zwei Prinzen, Prinz Paribatra und Prinz Dilok[110], die in Deutschland eine Ausbildung genossen hatten, wurden als Ehrenmitglieder aufgenommen[111].

Auf der inoffiziellen Seite gingen die Meinungen über die siamesische Kultur auseinander; überwiegend positiv - wie die Meinungen der Unteroffiziere der Eulenburg-Mission - waren die Meinungen der Wissenschaftler, Kaufleute und Reisenden, die das Land aus eigener Erfahrung kennengelernt haben[112]. So äußerte sich der deutsche Eisenbahningenieur Luis Weiler über die ostasiatische bzw. siamesische Kultur in einem Brief an seine Eltern:

„Auch hier im fernen Osten zeichnen sich die Mehrzahl der Europäer durch ihren Eigendünkel aus. Mit frevelhafter Geringschätzung sehen sie auf Chinesen und Siamesen herab; und ich habe die Erfahrung gemacht, daß gerade die dümmsten und faulsten Europäer in dieser Beziehung besonderes leisten. Von den Chinesen kann man Arbeitsamkeit lernen und von den Siamesen Ruhe in allen Lebenslagen. Diese hochmütigen Europäer [...] sind als Culturpioniere schwerlich von irgend welchem Nutzen. Der Europäer ist kein höherstehendes Wesen als der noch nicht von der Cultur beleckte Naturmensch. Die Cultur, die wir unseren Vorfahren verdanken, kann kein Grund zur Verachtung unserer schwarzen und braunen Nebenmenschen sein. Energie, Gerechtigkeit und Milde müssen die Culturfaktoren sein, nicht Willkür und Grausamkeit. [...]"[113]

Ähnlich hat Karl Döhring, ein deutscher Architekt, der lange Zeit in Siam gelebt hat, über ‚den' Charakter der Siamesen unter Erläuterung des religiös-soziologischen Hintergrundes geschrieben:

„Die Siamesen sind ganz anders geartet wie wir, und es ist sehr schade, daß wir ihnen mit unserer äußeren Zivilisation auch den Kampf ums Dasein und alle modernen Errungen-

---

[109] *Der Deutsche Klub* wurde in Bangkok am 2. 5. 1891 durch eine Initiative des kaiserlichen Ministerresidenten Kempermann gegründet. Vgl. Stoffers, S. 125.

[110] Prinz Dilok Nabarath, ein Sohn König Ramas V., hat Nationalökonomie an den Universitäten München, Berlin und Tübingen studiert. Er war der erste Thai überhaupt, der an deutschen Universitäten einen Promotionsstudiengang absolviert hat (vgl. Stoffers, S. 120). Seine Doktorarbeit lautet: *Die Landwirtschaft in Siam. Ein Beitrag zur Wirtschaftsgeschichte des Königsreichs Siam*, Leipzig 1908.

[111] Vgl. Stoffers, S. 122.

[112] Vgl. Stoffers, S. 136.

[113] Zitiert nach Stoffers, S. 117.

schaften mit ihrem Zwang zur Arbeit und den Fluch der kapitalistischen Wirtschaft gebracht haben. Ihr kindlich froher, heiterer Charakter wird dadurch vollständig getrübt. [...] Der gemeine rechtgläubige Siamese kann nicht verstehen, warum er eigentlich mehr arbeiten soll, als für die einfache Bedürfnisbefriedigung nötig und warum er mit anderen konkurrieren soll, wodurch er doch nur seinen Brüdern schaden kann. Die buddhistische Lehre lehnt das Streben nach Fortschritt ganz und gar ab. Deshalb hört man oft von solchen, die die siamesischen Verhältnisse nicht kennen, daß die Bevölkerung träge und faul sei. Aber die Siamesen dürfen nach der Lehre ihrer Religion nicht mit anderen konkurrieren, und die Religion gebietet, daß sie andere in ihrer Not und sich gegenseitig unterstützen."[114]

Während also die eigentlich wichtigen Kulturkontakte im offiziösen Rahmen auf der höfischen Gesellschaftsebene stattfanden, kam es außerhalb dieser nur durch individuelles Engagement zu einer tieferen kulturellen Auseinandersetzung und Verständigung (wie beim oben zitierten Luis Weiler beispielsweise); meist jedoch blieb es bei oberflächlichen Begegnungen, wie etwa anläßlich der zehntägigen Feierlichkeiten zum Geburtstag Kaiser Wilhelms I. am 22. März 1871. Damals berichtete die englische Zeitung *The Siam Repository*, daß P'usamret Rajakan Pendin, der vormundschaftliche Regent König Ramas V., seine Hofkapelle zur Unterhaltung bei den Feierlichkeiten in der deutschen Botschaft in Bangkok zur Verfügung gestellt habe:

„On one side of the Bowling Alley the Siamese band, kindly supplied by His Grace the P'usamret Rajakan Pendin, was stationed and the room was crowded with people."[115]

Zudem glorifiziert der Bericht den Kaiser Wilhelm I.:

„Our German friends have many substantial reasons for celebrating the day joyously. WILHELM I. is a King of whom the Germans may well be proud. [...] German ballads, German Songs, German poetry and German history will immortalise the name of WILHELM I. the Emperor of Germany, the good King of Prussia, and his invincible triumvirate. The Crown Prince, Bismarck and Von Moltke, nor will they forget the thousands slain in battle. Messrs. C. Falck & Co's extensive Bowling Alley was brilliantly lighted, and tastefully decorated with flags. Over the landing was prominently seen the words, ‚Hoch lebe Wilhelm I., Kaiser von Deutschland'."[116]

Lediglich die Erforschung der siamesischen Sprache und Kultur durch die Vergleichende Sprachwissenschaft und in der Völkerkunde führte vom dritten Jahrzehnt des 19. Jahrhunderts bis ins 20. Jahrhundert hinein zu einer kontinuierli-

---

[114] K. Döhring, *Siam*, München 1923, S. 17.
[115] *The Siam Repository*, III/ 4 (1871), S. 257. Weil König Rama V. damals noch nicht volljährig war, regierte für ihn ein Vormund. Rama V. wurde erst 1873, zwei Jahre später, inthronisiert.
[116] *The Siam Repository*, III/ 4 (1871), ebd.

chen Beschäftigung deutscher Wissenschaftler mit Siam - gleichwohl konnte diese die Entstehung der geschilderten Negativklischees nicht verhindern. Die Öffnung Siams zum Westen bzw. zu Preußen seit der Thronbesteigung Ramas IV. (1851) hat die wissenschaftliche Erforschung des Landes sehr begünstigt. Doch schon im Jahre 1832 hatte der deutsche protestantische Missionar Carl Friedrich August Gützlaff eine erste Abhandlung über Grammatik und Phonetik der siamesischen Sprache veröffentlicht[117]. Dieses Buch gilt als Wegbereiter der späteren Erforschung des Siamesischen und der Kultur Siams. Um die Mitte des 19. Jahrhunderts haben zwei weitere bedeutende deutsche Wissenschaftler die Vergleichende Sprachforschung in Siam fortgesetzt, nämlich Wilhelm Schott und Adolf Bastian. 1856 und 1858 hielt Schott zwei Vorträge über die siamesische Sprache an der Preußischen Akademie der Wissenschaften[118]. Darin klassifizierte er die siamesische Sprache als eine eigenständige Sprache, die nicht zu der indochinesischen Sprachfamilie gehört. Der Völkerkundler Bastian durchreiste zwischen 1861 und 1863 Südostasien. In seinem epochalen Werk *Die Voelker des Oestlichen Asiens*[119] stellte er die Geschichte und die Sprache der Völker Indochinas dar und gab Aufschluß über Religion, Mythologie, Rechtsverhältnisse, Sitten und Bauwerke der jeweiligen Ethnien. Bis um die Jahrhundertwende setzte Oskar Frankfurter in Bangkok die Forschungen Schotts und Bastians fort und verfaßte während seiner 32jährigen Dienstzeit am Hof Siams von 1885 bis 1917 zahlreiche Abhandlungen über die siamesische Sprache und Kultur[120]. Diese Forschungen auf dem Gebiet der Vergleichenden Sprachwissenschaft und Völkerkunde erweckten schließlich auch das Interesse an der siamesischen Musik.

---

[117] *Remarks on the Siamese Language*, London 1832.

[118] *Über die sogenannten indo-chinesischen Sprachen, insonderheit das Siamesische*, in: Abhandlung der Königlichen Akademie der Wissenschaften zu Berlin, Berlin 1856, S. 161-179, und *Die Cassia-sprache im nördlichen Indien, nebst ergänzenden Bemerkungen über das T'ai oder Siamesische*, in: Abhandlungen der Königlichen Akademie der Wissenschaften zu Berlin, Berlin 1858, S. 415-432. Siehe auch die weitere ausführliche Darstellung der Sprachforschungen in Stoffers, S. 126 ff., mit Anmerkung 402, S. 296.

[119] 6 Bde., Leipzig 1866 ff.; besonders Band III., *Reisen in Siam im Jahre 1863*, Leipzig 1867. Siehe auch die Forschungen im Bereich der Medizin von deutschen Ärzten in Stoffers, S. 128 ff.

[120] Oskar Frankfurter hat in Göttingen, Berlin und Oxford ostasiatische Kulturwissenschaft studiert. In Siam war er zunächst als Dolmetscher und Sekretär im Außenministerium und später als Generaldolmetscher tätig. 1905 wurde er mit der Gründung der Nationalbibliothek Siams beauftragt. Neben der Erforschung der siamesischen Sprache und Kultur hat er 1904 die bis heute bestehende *The Siam Society* gegründet, eine Gesellschaft, die sich die Förderung der siamesischen Wissenschaft, Kultur und Literatur zum Ziel gesetzt hat. Zu seinen Schriften zählen *Beiträge zur Geschichte und Kultur Siam*, in: Mitteilungen des Seminars für Orientalische Sprachen, Berlin 1922, S. 51-71. Siehe auch seine weiteren Werke in Stoffers, Anmerkung 331, S. 293 f.

Im 18. Jahrhundert dienten Entdeckungs- und Forschungsreisen dem nationalen Prestige, und die imperialistischen Nationen, vor allem England und Frankreich, konkurrierten darin heftig miteinander; auch war es nicht selten, daß der friedlichen Erforschung ein militärischer Eingriff folgte. Auch die preußische Expedition wurde im Sinne dieses Forschungswettstreits – namentlich gegen die habsburgische Monarchie Österreich - durchgeführt, wie Stumpf bei der Untersuchung der siamesischen Musik zeigt.

2. Die siamesische Musik in deutscher musikwissenschaftlichen Forschung

Die ersten Ansätze einer systematischen Erforschung außereuropäischer Kulturen finden sich im 19. Jahrhundert. Mehrere, voneinander zunächst unabhängige Forschungsrichtungen waren daran beteiligt, so u. a. die Vorläufer der Ethnologie, der Kulturgeschichtsschreibung, der Vergleichenden Sprachwissenschaft und der wissenschaftlichen Psychologie. Das gemeinsame Erkenntnisinteresse richtete sich auf die Klärung des Ablaufs menschlicher Entwicklung und kultureller Zusammenhänge sowie deren Bedingungen und Gesetze[121]. Das spätere Fach Vergleichende Musikwissenschaft ging in der zweiten Hälfte des 19. Jahrhunderts ebenfalls aus einem solchen neu erwachsenen Interesse an fremden Kulturen hervor[122]. Ihre Anfänge markieren die Forschungen zu außereuropäischen Musikkulturen von François-Joseph Fétis (1784-1871) in den 1860er Jahren: So versuchte er in seiner Arbeit *Sur un nouveau mode de classification des races humaines d'après leurs systèmes musicaux*[123] nachzuweisen, daß die Völker der Erde (rezente Ethnien, d. h. noch bestehende altertümliche Kulturen, und historische Völker) nach ihren Tonsystemen klassifiziert werden könnten, in der Weise, daß die Tonsysteme hinsichtlich gleicher Tonzahl und Intervallstruktur ihres Aufbaues und die Instrumente hinsichtlich gleichen Tonmateriales, das sie zur Verfügung stellen, historisch-genetische Verbindungen zwischen verschiedenen Kulturen anzeigen würden.

In den 1880er Jahren führte der Engländer Alexander John Ellis (1840-1890) die Cent-Einteilung zur Intervallveranschaulichung ein, die die exakte Darstellung komplexer Frequenzverhältnisse ermöglichte. Auch seine Forschungen richteten sich in erster Linie auf einen Vergleich der Tonsysteme verschiedener Kulturen. Die Ergebnisse legte er in seinen Aufsätzen *Tonometrical Observations on Some Existing Non-harmonic Scales* (1884)[124] und *On the Musical Scales of Various Nations* (1885)[125] dar.

---

[121] Vgl. R. Lach, *Die Vergleichende Musikwissenschaft, ihre Methoden und Probleme*, in: Sitzungsberichte der Wiener Akademie der Wissenschaften, Philosophisch-historische Klasse, CC/ 5 (1924), S. 12 ff.

[122] Vgl. R. Lach, *Die Vergleichende...*, S. 1.

[123] In: Bulletins de la Société d'Anthropologie, N. S. 2, 1867, S. 134-143.

[124] In: Proceedings of the Royal Society XXVII (1884), S. 368.

[125] In: Journal of the Society of Arts XXXIII (1885), S. 485-527.

Das Fach Vergleichende Musikwissenschaft wurde erst im Jahr 1900 in Deutschland von Carl Stumpf (1848-1936) begründet. Die von Ellis entwickelte Centrechnung und der Edison-Phonograph (er war 1877 erfunden worden) ermöglichten, von gewissen technisch bedingten Toleranzen abgesehen, Stumpf und seinen Schülern bzw. Mitarbeitern Erich Moritz von Hornbostel (1877-1935) und Otto Abraham (1872-1926) die exakte akustische Analyse der Musik außereuropäischer Kulturen, besonders der Musik der seinerzeit sog. ‚Naturvölker'. Als das Phonogrammarchiv Berlin 1904 gegründet und damit erstmalig die dokumentarische Grundlage für vergleichende Untersuchungen geschaffen wurde, erlebte die Beschäftigung mit Skalen und Tonsystemen einen bedeutenden Aufschwung. Der Einsatz dieser beiden Erfindungen, der damals als die neueste und zuverlässigste Methode zur Untersuchung außereuropäischer Musik galt, war ausschlaggebend für die Entwicklung der Vergleichenden Musikwissenschaft, als erstmals auf empirischer Grundlage aus dem gesammelten und kritisch gesichteten Material die Gemeinsamkeiten und Zusammenhänge der Musikentwicklung in allen Teilen der Erde rekonstruiert und die Unterschiede aus den besonderen Kulturverhältnissen heraus erklärt werden sollten, ja sogar auf die Ursprünge zurückgeschlossen werden sollte[126].

Zu dieser Zeit wurde die Vergleichende Musikwissenschaft lediglich als eine Art Hilfsdisziplin von Fächern wie Prähistorie, Entwicklungsgeschichte, Psychologie und Ethnologie betrachtet. Ihre damaligen Hauptvertreter waren keine genuinen Musikwissenschaftler, sondern kamen aus sehr unterschiedlichen Disziplinen - so war beispielsweise Ellis Akustiker und Phonetiker, Stumpf Psychologe, von Hornbostel Chemiker, Abraham Gynäkologe. Ihr Interesse richtete sich primär auf die Erforschung und Rekonstruktion historischer Zusammenhänge und Beziehungsmuster, die anhand des Kriteriums der Tonsysteme aufgedeckt werden sollten. Die exakte Meßbarkeit und Quantifizierbarkeit der Skalen und Tonsysteme bot scheinbar die Möglichkeit, naturwissenschaftlich objektive Aussagen über ein Kulturelement zu machen, und damit, Gesetzmäßigkeiten kultureller Zusammenhänge objektivieren zu können. Daneben waren die tonometrischen Untersuchungen der Vergleichenden Musikwissenschaft aber auch Bestandteil ihrer kulturhistorischen Forschung.

Ein besonderes Interesse am Aufbau der Vergleichenden Musikwissenschaft ging von seiten der Psychologie aus, namentlich dem Zweig der sog. Entwicklungs- bzw. Völkerpsychologie, die die psychologische Entwicklung der gesamten Menschheit zu erforschen trachtete, insbesondere auch im Hinblick auf Musik als psychisches Phänomen. Ziel der psychologisch orientierten Vergleichenden Musikwissenschaft war die Erforschung anthropologischer Konstanten und psychischer Ursachen und Bedingungen des Musikerlebens. Man erhoffte sich durch die

---

[126] Vgl. O. Abraham und E. v. Hornbostel, in: Zeitschrift für Enthonologie XXXVI (1904), S. 225. Zitiert in A. Schneider, *Musikwissenschaft und Kulturkreislehre*, Bonn-Bad Godesberg 1976, S. 103 (im folgenden abgekürzt als Schneider).

Erforschung der Musik sog. ‚Naturvölker' beispielsweise Aufschlüsse über das damals stark umstrittene Problem der Begründung der Konsonanzwahrnehmung[127]. Die Arbeiten Carl Stumpfs etwa belegen diese Funktion der Vergleichenden Musikwissenschaft als Hilfsdisziplin der Psychologie.

Seit 1906 galt Stumpfs Schüler von Hornbostel als der Hauptvertreter der Vergleichenden Musikwissenschaft. Er formulierte damals die These, daß „gerade die Probleme der Vergleichenden Musikwissenschaft auf die allgemeinsten Fragen: nach dem Ursprung und der Entwicklung der Musik und dem Wesen des Musikalisch-Schönen hinführen."[128] Dabei nannte er vier Untersuchungsschwerpunkte der Vergleichenden Musikwissenschaft: das Tonsystem, die Melodik und Vortragsweise, den Rhythmus und die musikalische Aufführungspraxis, wobei der Untersuchung fremder Tonsysteme besondere Bedeutung zukomme[129]. Unter dem Einfluß der Kulturkreislehre[130] Pater W. Schmidts, mit dem von Hornbostel 1906 anläßlich des internationalen musikwissenschaftlichen Kongresses in Basel zum ersten Mal zusammengetroffen war, fanden auch sog. kulturhistorische Konzepte[131] Eingang in von Hornbostels Forschungen und damit in die Vergleichende Musikwissenschaft[132]. Ungeachtet der unterschiedlichen Zielsetzungen und theoretischen Prämissen sind die Methoden der Vergleichenden Musikwissenschaft jedoch stets gleich geblieben, nämlich naturwissenschaftlich: Zählen, Messen und Vergleichen. Dieser Grundsatz stand auch bei Carl Stumpfs Untersuchungen an siamesischer Musik im Vordergrund. Es galt, die Tonfrequenzen des Instrumentariums zu ermitteln und Musikaufnahmen zu transkribieren. Stumpfs Verfahren und Ergebnisse werden im folgenden als Beispiel musikethnologischer Beschäftigung mit siamesischer Musik in Deutschland vorgestellt.

---

[127] Vgl. Schneider, S. 73.

[128] E. v. Hornbostel, *Die Probleme der Vergleichenden Musikwissenschaft* (1905), in: *Tonart und Ethos*, hrsg. v. Christian Kaden und Erich Stockmann, Leipzig 1986, S. 40.

[129] Vgl. E. v. Hornbostel, *Die Probleme...*, S. 44 ff.

[130] Die Kulturkreislehre ging, vereinfacht gesagt, davon aus, daß die kulturelle Evolution darauf beruhe, daß ein hochkulturelles Zentrum seinen Geltungsbereich über ein immer größeres Territorium ausweite zu einem Kulturkreis. Die Streitfrage dabei war, ob es ursprünglich nur ein Zentrum gegeben habe - wie dies Pater Schmidt vertrat -, oder mehrere über den ganzen Globus verteilte Zentren.

[131] Die Kulturhistorische Ethnologie befaßt sich mit der Entwicklung der ‚Naturvölker' nicht anhand biologischer, sondern historischer Methodik, um die Verhältnisse der ältesten Menschheit aus dem Befund der rezenten Ethnien zu rekonstruieren. Diese Schule wird meist mit der Einrichtung der antievolutionistischen kulturhistorischen Ethnologie identifiziert und mit der Schule des Paters Wilhelm Schmidt, des Hauptvertreters der Wiener Schule, gleichgesetzt. Seiner Meinung nach sollten durch die „Hochgottvorstellung" - Gott habe den Menschen geschaffen - die Hauptgedanken der evolutionistischen Richtung der Ethnologie korrigiert werden (vgl. Schneider, S. 12 f.).

[132] Vgl. Schneider, S. 11.

Im September 1900 war eine Theatertruppe aus Siam in Berlin eingetroffen. Für die Tanzdarbietungen und die Musikvorträge dieses Hoftheaters interessierte sich nicht nur das deutsche Publikum, sondern auch Carl Stumpf und seine Schüler. Carl Stumpf nahm diese Gelegenheit wahr, die siamesische Musik kennenzulernen. Der musikalische Kontakt in der Gestalt wissenschaftlicher Rezeption siamesischer Musik von seiten Deutschlands war hiermit aufgenommen. Was für eine Rolle hat nun diese Untersuchung der siamesischen Musik für das Fach Vergleichende Musikwissenschaft gespielt? Inwieweit waren dabei besonders die Forschungen in den Bereichen der Ethnologie und Sprachwissenschaft, die von deutschen Wissenschaftlern seit der Mitte des 19. Jahrhunderts in Siam durchgeführt worden waren, für die ,Berliner Schule' grundlegend? Dieser deutsch-siamesische Kulturkontakt entstand somit gewissermaßen durch einen Zufall: der Tournee jener siamesischen Theatertruppe durch Europa - einer mißglückten Spekulation ihres Direktors Boosra Mahin.

a) Eine siamesische Theatertruppe in Berlin

Als die siamesische Regierung 1897 beschloß, sich im Jahr 1900 an der Weltausstellung in Paris zu beteiligen, stellte sich die Frage, ob das Hoftheater und seine Musik auch Teil der Repräsentation sein sollte. Dies wurde zunächst vom Kabinett abgelehnt: Die Regierung könne die hohen Kosten nicht übernehmen; außerdem sei die siamesische Theatermusik den Europäern fremd und zu laut[133]. Später erfuhr man durch einen Bericht in der Zeitung *Bangkok Samai* (vom 9. Februar 1899), daß sich doch zwei Theaterkompanien, *Boosmahin-Parisad* und *Mangala-Parisad*, bei der Regierung beworben hatten, um an der Pariser Ausstellung zu partizipieren. *Boosmahin-Parisad* gehörte dem Kammerdiener Boosra Mahin, einem Sohn des Besitzers des *Prince Theatres*, des Ministers *Dschaophraya Mahindharasakdi Dhamrong*; *Mangala-Parisad* gehörte dem Minister *Phraya Petdschada*[134]. Die Bewerbungen wurden vom Kabinett mit der Begründung abgelehnt, daß die Tänzerinnen weder die europäische Kultur kennen noch europäische Sprachen beherrschen würden und daher Schwierigkeiten in Europa hätten – somit könnten sie das Ansehen des Staates beeinträchtigen. Daraufhin reichte Boosra Mahin am 17. Februar 1900 beim König einen Antrag auf Beurlaubung für ein Jahr ein. Offenbar wurde seinem Wunsch entsprochen, denn die siamesische Regierung gab am 19. Februar 1900 seine Entlassung zum 1. Juni bekannt. Aber nicht nur das: Boosra Mahin wurde darüber hinaus auch aus dem Adelsstand ausgeschlossen[135]. Damit fühlte er sich nicht mehr an die

---

[133] Vgl. A. Nawigamul, *Dschaomuen vai tadsin dschai pitplad Dschaomuen Wai tadsindschai pidplad* [*Dschaomuen Wai, Nai Boosra Mahin, Am Scheideweg*], in: Music Journal I/ 2 (1994), S. 79. Die Ablehnung konnte mit der negativen Äußerung Eulenburgs über das siamesische Theater und die siamesische Kultur begründet werden.

[134] Vgl. A. Nawigamul, *Dschaomuen vai...*, ebd.

[135] *Rajagitjanubeksa* [Königliches Hofprotokoll] XVII (1900), S. 156. Es ist zu vermuten, daß dies die Konsequenz daraus war. Boosra Mahin beteiligte sich 16 Jahren zuvor (1884) mit

Kabinettsentscheidung gebunden und beschloß, seine Theaterkompanie in Europa, aber nicht im Namen der Regierung von Siam, auftreten zu lassen. Außerdem waren bereits für den Mai 1900 Aufführungen des Theaters in Rußland mit einem Empfang beim Zaren geplant, an deren Kosten sich die russische Botschaft beteiligen wollte[136]. Damit hatte die Konzerttournee der Theatertruppe Boosra Mahins zweierlei Ziele: erstens die Beteiligung an der Pariser Weltausstellung 1900 und zweitens das Gastspiel in Rußland. Er erhoffte sich, daß ihm eine etwa einjährige Tournee durch Europa ein Vermögen einbringen würde, mit dem er seine Schulden zu tilgen gedachte[137]. Das war jedoch nicht der Fall, wie sich in folgendem zeigen wird.

In Berlin fand die Aufführung der Theatertruppe Boosra Mahins im Rahmen der sog. „Völkerschauen" statt. Die „Völkerschauen" wurden von internationalen Unternehmern veranstaltet und fanden meistens im Zoologischen Garten Berlin statt. Dabei handelt es sich um Vorführungen beispielsweise von exotischen Waffen, Fahrzeugen, Haushaltsgeräten und Haustieren aller Völkerstämme aus allen Erdteilen.[138] Wie die Aufführung der Theatertruppe Boosra Mahins im Zoologischen Garten Berlin zustande kam, ist in Thailand nicht überliefert. Von seiten Deutschlands sind glücklicherweise ein paar Dokumentationen darüber am Zoologischen Garten Berlin noch erhalten. Dabei handelt es sich um Telegrammunterlagen zwischen dem Zoologischen Garten Berlin und dem Impresario namens Victor Bamberger. Der Impresario Bamberger fragte zunächst in seinem Telegramm vom 3. August 1900 aus Paris den Zoologischen Garten nach der Möglichkeit der Vorstellung der Theatertruppe Boosra Mahin:

> „offerriere siamesische Theatertruppe 23 madchen [sic!] 12 manner [sic!] mit orchester [sic!] soeben von Bangkok eingelangt für august oder september drahtet noch sonnabend ob principiell geneigt = bamberger continental paris."[139]

---

anderen Komplicen an einem Aufruhr beteiligt. Dabei hatten sie einen Brief dem König Rama V. überreicht. Das Schreiben beinhaltete, der König möge von seinem Thron herabsteigen und das System der konstitutionellen Monarchie einführen, damit sich das Land Siam weiter beschleunigt entwickeln könne. Daraufhin wurde er zusammen mit den anderen Mitbeteiligten verhaftet, später aber von König im Hinblick auf ihre patriotische Absichten begnadigt. Man muß wissen, daß dies noch in Zeiten der absoluten Monarchie geschah. Nach dem alten Gesetz Siams wurde normalerweise ein Beteiligter an einem Aufruhr zusammen mit seiner ganzen Sippe zum Tode verurteilt. (vgl. Ch. Samudravanij (Hrsg.), *Phänpattana dschababrägkhong Thai. Khamgrabbangkomthun Khuamhendschadgar plienpläng rajaphändin roso 103* [*Das erste politische Reformprogramm Thailands 1884*], Bangkok 1970).

[136] Vgl. A. Nawigamul, *Dschaomuen Vai...*, S. 79; vgl. hierzu auch das Telegramm des Impresario Bamberger vom 6. August 1900 weiter unten.

[137] Zitiert in A. Nawigamul, *Dschaomuen Vai...*, ebd.

[138] Vgl. H. Frädrich, *Von Bangkok nach Berlin – ein tiergärtnerische Chronologie*, in: Thailand-*Rundschau*, 14/ 1 (Mai 2001), S. 12 (im folgenden abgekürzt als Frädrich).

[139] Zitiert nach Frädrich, ebd.

Darauf kam die Anwort des Zoologischen Gartens:

„Eventuell geneigt, erbitten Näheres und Bilden Zoologischer Garten."[140]

Wann sich die Theatergruppe auf den Weg nach Europa machte, ist ebenfalls nicht genau überliefert. Aus der *Egypt Gazette* vom 9. Juli 1900 erfährt man, sie sei in Alexandria eingetroffen – offensichtlich hatte sich die Reise verzögert. Neben einer Aufführung am russischen Konsulat gab es vom 17. bis 19. Juli 1900 drei weitere am dortigen Theater[141]. Dann reiste die Truppe weiter nach Europa. Die *Bangkok Time* berichtete am 11. Oktober 1900, die Aufführungen in Europa seien sehr erfolgreich. Zu dieser Zeit traf das Theater, aus Wien kommend, in Berlin ein, wo es für fünf Wochen blieb[142]. Von Auftritten in folgenden Städten wurde außerdem berichtet: Breslau, Dresden, Wien, Amsterdam, London sowie in Dänemark[143]. Zum Schluß reiste die Truppe weiter nach Rußland und kam zunächst am 28. Oktober 1900 nach St. Petersburg, bevor sie nach Moskau weiterreiste. Sie gab jeweils sechs Vorstellungen und kam schließlich am 24. November 1900 nach Odessa, wo die Tournee mit vier Aufführungen beendet wurde. Man berichtete, das Publikum in Europa sei von den Aufführungen begeistert gewesen[144].

Von der Ankunft der Theatergruppe Boosra Mahins sowie über ihr Gastspiel in Rußland ist dem Telegramm des Impresario Bamberger vom 6. August 1900 an den Zoologischen Garten Berlin zu entnehmen:

„Die Ihnen telegraphisch offerierte Siamesische Theatertruppe war in erster Linie (für Monat nach April a. c.) für Petersburg und in zweiter Linie für die Pariser Ausstellung bestimmt; nach Schluß derselben hätte ich Vertragsgemäß die weitere Exploitierung der Truppe übernehmen sollen. Verschiedene Umstände verzögerten die Abreise der Truppe von Bangkok, so daß dieselbe erst vor einigen Tagen in Triest eintraf. Das Petersburger Gastspiel wurde in Folge Abwesenheit des Zcars von der Hauptstadt auf den Beginn des Winters verschoben. Der Zcar interessierte sich nämlich während seiner Weltumsegelung als Kronprinz sehr stark für das siamesische Theater und ließ den eingeborenen Truppen-

---

[140] Frädrich, ebd.

[141] Zitiert in A. Nawigamul, *Gaeroi Lakon Thai samai ro ha, pan Europe dschag Berlin [Auf den Spuren des Thai-Lakon, Klage aus Berlin]*, in: Music Journal I/ 1 (1994), S. 59. Dies wurde wiederum in *Bangkok Time* (7. August 1900, S. 5) bestätigt (zitiert nach A. Nawigamul, *Gaeroi Lakon Thai*, ebd.).

[142] Zitiert in A. Nawigamul, *Gaeroi Lakon Thai*, ebd.

[143] Vgl. A. Nawigamul, *Gaeroi Lakon Thai*, ebd. Merkwürdigerweise wurde nicht berichtet, wann diese Gruppe in Paris aufgetreten ist; auch die weiteren Spielorte sind nicht bekannt. Weder in Thailand noch in Europa konnte bislang das genaue Datum ermittelt werden.

[144] Vgl. A. Nawigamul, *Gaeroi Lakon Thai*, ebd.

leiter Herr BOOSRA MAHIN schon vor längerer Zeit auf diplomatischem Weg einladen, nach Europa resp. Rußland zu kommen."[145]

Aus dem Telegramm des Impresario Bamberger vom 6. August 1900 erfährt man von dem Schicksal Boosra Mahins, daß seine Konzerttournee durch Europa schon nach den Aufführungen bei der Pariser Weltausstellung 1900 kein Erfolg war. Ein finanzieller Gewinn war nicht mehr zu erwarten. Ganz im Gegenteil, er mußte nun durch die Hilfe des siamesischen Gesandten in Paris mit dem Impresario Bamberger verhandeln und wohl einen nachteiligen Vertrag über Vorstellungen in Berlin abschließen. Dieser Nachteil zeigt sich dadurch, daß die Truppe in Berlin nicht mit würdiger Unterkunft empfangen wurde:

„In Paris nun sind die Geschäftsverhältnisse für die Truppe die denkbar schlechtesten, so daß mich Herr MAHIN jetzt in Paris aufsuchte und mich bat, sofort das Geschäft in die Hand zu nehmen. Dies die Vorgeschichte meiner telegraph. Offerte. [...] Herr MAHIN hat gar nichts für die Exploitierung der Truppe in Europa vorbereitet, ist jedoch in meinem Auftrage nach Wien gefahren, wird dort schleun. Photographien anfertigen lassen u. Ihnen einsenden. Nach Angabe des Siam. Gesandten in Paris, dessen Ansicht ich einholte, ist die in Rede stehende Truppe als die beste Siams bekannt und hat allein Costume im Weit von £ 4,000.-. Wenn auch die Darbietungen vielleicht weniger nach dem Geschmacke eines europäischen Theaterpublikums sind, so ist die Truppe doch ethnographisch von höchstem Interesse und für einen zoolog. Garten, wo täglich mehreren Vorstellungen bei geringen Eintrittspreisen gegeben werden, eine Attraction allerersten Ranges. Viele Vorbereitungen werden nicht nötig sein; die Schlafräume für die Leute sind ja wohl vorhanden ebenso eine Art Bühne resp. Plattform, die nur im siames. Style adaptirt und eingedeckt werden müßte, damit die Vorstellungen auch bei zweifelhaftem Wetter stattfinden können, ohne daß die Costüme leiden. Wenn wir einig werden, kann die Truppe dann in einigen Tagen in Berlin anfangen (bis die Bilderplacierung fertig u. die nötigen Vorreclamen veranlaßt sind). Hochachtend VICTOR BAMBERGER."[146]

Als es beschlossen war, daß die Vorstellung der Theatertruppe Boosra Mahins im Zoo stattfinden wird, schickte der Zoologische Garten Berlin die Nachricht an die Redaktionen der Presse:

„Wir machen Ihnen hierdurch die vorläufige Mittheilung, dass wir noch Ende diese Woche in unserer Arena eine neue Schaustellung eröffnen, und zwar das Gastspiel des ‚Siamesischen Hoftheaters' unter der Leitung eines vornehmen Eingeborenen namens BOOSRA MAHIN. Die Schaustellung dürfte in sofern besonders interessant sein, als zum ersten Male eine echte Siamesentruppe nach Deutschland kommt. In ästhetischer Hinsicht dürften die

---

[145] Zitiert nach Frädrich, S. 12.
[146] Zitiert nach Frädrich, S. 12.

hochinteressanten dramatischen Vorführungen und Tänze, welche bei dem Charakter der Gesellschaft als eine „Hof-Theatergruppe" das vollendetste sein, was von siamesischer Dramaturgie und Choreographie geleistet wird. Eine besondere Einladung für Ihren Herrn Redakteur lassen wir Ihnen noch nächster Tage zugehen."[147]

In Berlin, wo die Gruppe Anfang September 1900 eintraf, gab sie Tanzvorstellungen im Zoologischen Garten. Dort war der japanische Pavillon schon seit einigen Jahren als Aufführungsort außereuropäischer Theaterkunst etabliert; die siamesische Truppe trat jedoch unter freiem Himmel auf. Aus der *Leipziger Illustrierten Zeitung* erfuhr man dann am 6. September 1900, daß die Gruppe doch noch im Namen der Regierung Siams spielte und den offiziellen Namen *Siamesische Hoftheatertruppe* trug[148]. Der König von Siam habe dem Leiter Boosra Mahin die Erlaubnis gegeben, ins Ausland zu reisen[149]. Der Premièren-Vorstellung wohnte die siamesische Gesandtschaft, „durchweg europäisch gebildete Gentlemen von den liebenswürdigsten Umgangsformen"[150], bei. Der Königssohn Prinz Paribatra führte als rangshöchster Repräsentant des Landes die siamesische Gesandtschaft an. Dieser hatte im Lichterfelder Kadettencorps seine Erziehung genossen und gehörte zu jener Zeit als Fahnenjunker einem Garderegiment an.[151]

Weiterhin wird man durch die Zeitung noch über die Besetzung der Truppe, welche in thailändischen Quellen nicht überliefert ist, informiert: Sie bestand aus 23 jungen Tänzerinnen, „einige im zarten Kindesalter"[152], und 12 männlichen Musikern. Die Truppe hatte außerdem eine eigene Bühne mit einem Dekor von siamesischen Motiven aufgebaut[153] und daneben einen Pavillon, eingerichtet zur Ausstellung von Theaterkostümen, Waffen und anderen Kunstgegenständen[154].

Bei der Vorstellung handelte es sich um Szenen aus einer Episode des *Rāmāyaṇa*-Epos:

---

[147] Zitiert nach Frädrich, S. 13.

[148] Die Berichterstattung lautet weiter: „Aus dem Reiche des Weißen Elephanten, aus dem fernen Hinterindien ist kürzlich im Zoologischen Garten zu Berlin eine größere Anzahl von Eingeborenen eingetroffen und hat daselbst auf der für exotische Völkerschaustellungen hergerichteten sogen. Völkerarena ihr vorläufiges Heim aufgeschlagen. Die Gesellschaft führt den officiellen Titel Siamesische Hoftheatertruppe" (*Die Leipziger Illustrierte Zeitung* (6. September 1900), S. 355).

[149] *Die Leipziger Illustrierte Zeitung*, S. 356.

[150] *Die Leipziger Illustrierte Zeitung*, ebd.

[151] *Die Leipziger Illustrierte Zeitung*, ebd.

[152] *Die Leipziger Illustrierte Zeitung*, ebd.

[153] *Die Leipziger Illustrierte Zeitung*, ebd.: „ [...] und gibt als solche auf einer eigens für ihre Zwecke erbauten Bühne, die die charakteristische Architektur eines buddhistischen Tempelpavillons und in dem ornamentalen Aufputz die Bilder der heiligen weißen Elephanten zeigt, [...]."

[154] Aus den erwähnten Kunstgegenständen läßt sich möglicherweise schließen, daß die Theatertruppe nicht nur im Namen der Regierung, sondern auch zusammen mit der Delegation zur Pariser Weltausstellung gereist ist.

„eine Reihe von Darstellungen, die im Dialog, in Gesängen, Tänzen und mimischen Scenen ausschließlich das Leben der altsiamesischen Helden und Götter behandelten."[155]

Gemäß der Erwartung der siamesischen Regierung und wie es Eulenburg berichtet hatte, begriff das Publikum den Sinn der Handlung nicht:

„Die Stücke werden in monoton klingender Weise halb gesungen, begleitet von grotesken Pantomimen. Jedenfalls war diese Siamesentruppe das Eigenartigste, was Berlin bis dahin von exotischen Völkern gesehen hat."[156]

Ebenso bewunderte man wieder die Kostüme der Tänzerinnen[157]. Die siamesische Musik wurde mit der Musik der fernöstlichen Nachbarländer verglichen:

„Diese Musik ist ungemein melodisch, wie denn überhaupt die Musik und der Tanz bei den Siamesen eine viel höhere Stufe der Vollkommenheit erreicht haben als bei ihren asiatischen Nachbarvölkern, die Malaien auf Java und Malakka vielleicht ausgenommen."[158]

Über die Aufführung hat sich der Berliner Theaterkritiker Alfred Kerr am 9. September 1900 in der Breslauer Zeitung unter dem Kolumnentitel Berliner Briefe etwas ausführlicher geäußert. Dabei hat er zunächst über die Mitleid erregende unwürdige Lage der Vorstellungsbühne und die schlechte Unterkunft der Truppe berichtet:

„Daß aber ein Hoftheater neben den Affen eines Zoologischen Gartens gezeigt wird und Hofkunst dicht neben frei umherspringende schwarze Ferkelchen gerückt ist, das geschieht

---

[155] *Die Leipziger Illustrierte Zeitung*, ebd.

[156] Trotzdem versuchte der Autor, die Tanzdarbietung auf der Bühne zu beschreiben: „Die Darstellerinnen auf der Bühne wissen ihre gesammten Darbietungen mit einem Reiz zu umgeben, der angeboren zu sein scheint; sie appelliren an die Aesthetik, statt wie sonst bei solchen Schaustellungen auf die bloße Neugier. Die verschiedenen Tänze, darunter ein Fächer- und ein Speertanz, machen geradezu einen künstlerischen Eindruck. Eine „Liebesneckerei" sich betitelnde Scene, die von zwei kleinen Mädchen ausgeführt wird, muß geradezu als ein Cabinetstück der Mimik bezeichnet werden, um das jedes Ballet diese kleinen, zierlichen Darstellerinnen beneiden darf. In der Mimik erweisen sich übrigens alle Darstellerinnen ohne Ausnahme als vollendet, ebenso in den Tänzen, die von dem Ensemble mit wahrhaft militärischer Präcision ausgeführt werden." (*Die Leipziger Illustrierte Zeitung*, ebd.).

[157] *Die Leipziger Illustrierte Zeitung*, ebd. Nach der Rückkehr in die Heimat ging diese Kompanie aufgrund des Mißerfolges in Europa in Konkurs. Die Kostüme werden seitdem im Nationalmuseum in Bangkok aufbewahrt.

[158] *Die Leipziger Illustrierte Zeitung*, ebd. Dabei wurden wiederum die Musikinstrumente des Ensembles ausführlich beschrieben: „Das Orchester besteht fast durchweg aus Schlaginstrumenten, die ähnlich den chinesischen Metallbecken oder den auch bei uns unter dem Namen Xylophon bekannten Holzinstrumenten gestaltet sind: dem Ranat, einer Art siamesisches Gamelang, dem Kambong, zusammengesetzt aus Metallbecken an einem hufeisenförmigen Holzgestell, Guitarren, Zimbeln, Handtrommeln und Rohrflöten." (*Die Leipziger Illustrierte Zeitung*, ebd.).

zum ersten Mal jetzo in Berlin. [...] Boosra Mahin, ein siamesischer Großer, haftet dem König von Siam für die Wohlfahrt der Truppe. Es gibt da nur Schauspielerinnen, keine Schauspieler. Man kann sich also denken, wie groß die Verantwortlichkeit Boosra Mahin ist. Ein altdeutsches Sprichwort meint, daß ein Sack mit Flöhen leichter zu hüten ist als ein Weibsbild. Um wieviel schwerer ist eine ganze Truppe hüten."[159]

Weiter beschreibt der Autor die Vorstellung der Truppe sehr detailliert, jedoch nicht frei von herablassender Haltung, was die Regierung des Königs von Siam schon erwartet hat:

„Der Katalog versichert, es seien ,junge und allgemein hübsche Mädchen'. Jedenfalls erkennt man die unverwickelten Verhältnisse des Landes aus der nachdrücklich mitgeteilten Tatsache, daß alle Schauspielerinnen dort Leibeigene des Direktor sind; und zwar offiziell, offiziell. O Siam! Somit ist es selbstverständlich, daß der Direktor die Kostüme bezahlt. O Siam! Er hat sogar eine Ausstellung davon veranstaltet, in einem Extraraum, neben den schwarzen Ferkelchen; es sind reizvolle Stoffe darunter. Die Hofkunst Siams aber bietet altindische Begebenheiten; die sich auch in neuerer Zeit könnten zugetragen haben, da sie die Liebe zwischen Mann und Weib behandeln. Möglich, daß in Siam Intimeres gezeigt wird als hier im Zoologischen Garten unter freiem Himmel. Die mimische Szene ,Gno', Nummer neun der Aufführungen, behandelt mit großer Zartheit und Dezenz die Liebesgeschichte eines Halbgottes mit eines Häuptlingstochter. Er ist vom Himmel herabgestiegen und hat reelle Absichten, denn er will ,sich mit Hilfe ihrer Liebe des Landes bemächtigen (!) und als ihr Gemahl die Freuden des Erdenlebens auskosten'. Bloß! Der kleine Schlauberger! Das spielt sich in der Form ab, daß der Halbgott allein auftritt, von einem jungen Mädchen gespielt, eine schwarze Mohrenmaske vor dem Antlitz, an den Schultern ziervolle metallerne Bügelchen, wie es einem Ritter zukommt, und mit strahlenden, funkelnden Höschen bekleidet. In der Hand trägt er einen Stab und hüpft von einem Bein aufs andere. Dieser Gestus zehn Minuten hintereinander vollführt, bekundet seinen Leibesschmerz nach siamesischem Ritus. Hierauf naht die Häuptlingstochter und hüpft seitwärts von ihm, teils hin, teils her, ihr Gesichtchen ist von reizender Gelbheit: und blicken auch die Schlitzäugelein ziemlich regungslos, so machen doch die Arme und Hände vielfältig liebreizende Bewegungen. Namentlich wirken die gespreizten Fingerchen, die bald gen Himmel fahren, bald sich zur Erde neigen, sehr ausdrucksvoll. Angezogen ist auch die Häuptlingstochter wunderhübsch, in grünem Bast mit Goldstickerei, und auf dem Kopf ragt ein goldenes Helmchen mit langer, langer Spitze gefallsüchtig in die Höh'. Beide, der Halbgott und das Mädchen, tänzeln eine Weile auf der rechten und linken Seite des Theaters dahin, mit melancholischen Körperverrengkungen, von einem Bein aufs andere springend, gelegentlich ertönt auf Laut wie von einem fernen Vogel, und das Orchester begleitet melodisch mit Flöten, Metallglöcken und Zymbeln ihre Sehnsucht. Bis schließlich beide Hand in Hand

---

[159] A. Kerr, *Wo liegt Berlin? Brief aus der Reichshauptstadt 1895-1900*, hrsg. v. Günther Rühle, Berlin [4]1997, S. 613.

mit zierlichen Bewegungen und voller Innigkeit auf den Ausgang zuschreiten und verschwinden; die Musik schweigt. [...] Das ist nur einen Nummer; es gibt zwanzig. Alles in allem: Prinz Boosra Mahin, der siamesische Hochberg, hat sich ein Verdienst erworben, dieses Hoftheater im Zoologischen Garten vorzuführen. Wir haben uns lange nicht so ergötzt. Eine ähnliche Freude würden wir nur empfinden, wenn unser Hoftheater nach Siam ginge."[160]

In Thailand gibt es kaum Zeugnisse über die Biographie Boosra Mahins und seine Europatournee. In einem kurzen Exkurs soll versucht werden, zusammenzufassen, was über sein Ensemble und seine Biographie bekannt ist. Den Hintergrund seiner Konzertreise bildet die Entwicklung der siamesischen Musik seit den Jahren um 1850, in denen sie in voller Blüte stand[161]. Dies galt insbesondere auch für die Privatbühnen. Es existierten nun sowohl für einheimisches als auch für das ausländische Publikum verschiedene Theaterhäuser. Die Musiker und Tänzer waren jetzt, auf ein Einkommen angewiesen, mehr oder minder freie Künstler und unabhängig vom höfischen Schirmherr. Dies hatte zur Folge, daß die Musiker in Eigeninitiative die Musik frei weiterentwickelten, bis hin zu Mahins Tournee - um die Jahrhundertwende (1900) eine absolute Innovation in Siam.

Exkurs: Wer war Nai Boosra Mahin?

Nai Boora Mahin kannte man in Siam unter dem bürgerlichen Namen Boos Phengkul. Obgleich er aus einer Adelsfamilie stammte, ist seine Biographie kaum überliefert; man kennt weder sein Geburtsdatum noch seinen Todestag. Er war als Kammerdiener Beamter am Hofe Ramas V. (reg. 1868-1910), zuerst mit der Amtsbezeichnung *Dschamuen Sanpedbhagdi* und später, vor seiner Entlassung, *Dschamuen vaivaranath*. Sonst wird über ihn nur berichtet, er sei bei dem Staatsbesuch König Ramas V. in Indien 1897 mitgereist.

Sein Vater hingegen wird des öfteren erwähnt, denn er war eine wichtige Figur für die Weiterentwicklung des siamesischen Theaters. Als Beamter in der Regierungszeit Ramas IV. wurde er *Dschopraya Mahindharasakdi Dhamrong* betitelt. Sein bürgerlicher Name war Pheng Phengkul; er war aber bekannt unter dem verkürzten Namen *Phraya Mahin*. Er besaß ein eigenes Theater nach dem Vorbild des königlichen Hoftheaters mit dem englischen Namen *The Siamese Theatre*, später als *The Prince Theatre* bekannt, weil damals viele der besten Hoftänzerinnen des Königs auch zu seiner Theatertruppe gehörten. Dieses Theater existierte seit dem Beginn der Regierungszeit Ramas IV., also seit 1851; es war nicht nur bei den Einheimischen bekannt, sondern auch bei den in Bangkok lebenden Ausländern aus dem Westen sehr beliebt[162]. Vom König wurde diese Theater-

---

[160] A. Kerr, S. 613 ff.

[161] Vgl. auch Kapitel I, S. 36 ff.

[162] Dieses Theater war in der zweiten Hälfte des 19. Jahrhunderts als eine von insgesamt 20 bestehenden Gruppen als Privathoftheatertruppe registriert (vgl. Prinz Damrong, *Tamnam Lakon I-nao*, [*Geschichte des Theaterstücks I-nao*], Bangkok 1921, S. 42). Das *Prince Theatre* war

truppe mit Aufführungen nicht nur bei den wichtigen höfischen Feierlichkeiten, sondern auch bei Staatsbesuchen aus dem Ausland betraut.

Den entscheidenden schöpferischen Anstoß für diese Form des privaten, kommerziellen Theaters gab *Phraya Mahin* die Reise nach London mit den königlichen Gesandten 1857/ 58[163]. Dort lernte er das europäische Opernhaus kennen, insbesondere im Hinblick darauf, daß es ein ertragreiches Geschäftsunternehmen sein könne. Nach seiner Rückkehr verwandelte er seine Truppe in ein Theaterensemble nach europäischem Vorbild, mit eigener Räumlichkeit. Das Entscheidende war, daß *The Siamese Theatre* nun nicht mehr - wie bisher üblich - auf Aufträge bei Volksfesten oder nichtöffentlichen Veranstaltungen des Hofes oder adliger Kreise angewiesen und darüber hinaus auch nicht mehr vom Wetter abhängig war, denn ursprünglich fanden die Aufführungen nur in klaren Vollmondnächten statt. Jetzt gab es ein Theaterhaus, die Aufführungen fanden regelmäßig statt, sie waren für jedermann zugänglich, und die Einnahmen waren durch den Verkauf der Eintrittskarten gesichert[164]. Es wird berichtet, daß dieses Theater zunächst gut besucht war. Sein Anreiz waren wie üblich die anmutigen und prachtvollen Kostüme der Darstellerinnen. Zu Beginn fanden die Vorstellungen während einer Woche pro Monat statt, später während zwei Wochen pro Monat[165]. Nach der Beteiligung an den Feierlichkeiten „100 Jahre Bangkok" im Jahre 1882 wurde das Theater in *The Prince Theatre* umbenannt[166]. Trotzdem hatte dieses Theater ständig finanzielle Probleme, so daß der Betrieb zeitweilig vorübergehend eingestellt werden mußte[167].

Später übernahm Nai Boora Mahin die Theatertruppe seines Vaters und wandelte sie in die *Boosmahin Company* um. Es ist zu vermuten, daß der Theaterbe-

---

damals bei westlichen Ausländern in Siam sehr bekannt, es zählte zu den besten Theatern in Bangkok und wurde vielfach in Reiseberichten erwähnt, so erstmals von dem Engländer Carl Bock: „The best [theatre] in Bangkok belongs to Ph[ra]ya Mahin." (C. Bock, *Temples and Elephants*, London 1884, S. 46). 15 Jahre später (1899) bekräftigte dies der Deutsche Ernst von Hesse-Wartegg in seinem Reisebericht: „Aber es giebt in Bangkok auch ein großes, etwa achthundert bis tausend Personen fassendes Theater, das den stolzen Namen Princes Theatre führt und in der That die Privatspekulation eines siamesischen Prinzen, Namens Ph[ra]ya Mahin, ist." (E. von Hesse-Wartegg, *Siam das Reich des weissen Elefanten*, Leipzig 1899, S. 127).

[163] Über diese Mission hat der siamesische Gesandtschaftsdolmetscher Mom Rajoday einen Reisebericht geschrieben, *Nirat müng London [Nirat of London]*, Bangkok 1861. In diesem Werk hat der Autor von seinem kulturellen Erlebnis in England ausführlich berichtet. Dieses Werk hat die Modernisierung Siams im Laufe der Zeit beeinflußt.

[164] Die Theaterstoffe und ihre Darstellungsweise auf der Bühne blieben aber weitgehend unverändert. Änderungen gab es später nur bei dem sogenannten *Lakon dükdamban*, welches sich an der europäischen Oper orientierte (siehe auch den Verweis auf Literatur von *Lakon dükdamban* in Anmerkung 133 im ersten Kapitel).

[165] Vgl. A. Nawigamul, *Raegminai Siam [Neuerungen in Siam]*, Bd. IV, Bangkok 1997, S. 31.

[166] Vgl. *Siam Samai* II (1883), S. 50. Zitiert in: A. Nawigamul, *Raegminai Siam*, S. 36.

[167] Vgl. *Siam Samai* II (1883), S. 51. Zitiert in: A. Nawigamul, *Raegminai Siam*, S. 37.

trieb weiterhin unter permanenten Finanzierungsschwierigkeiten litt. Wie bereits erwähnt, mag Nai Boosra Mahin die Konzertreise nach Europa auch aus diesem Grund unternommen haben: Er erhoffte sich einen großen Gewinn. Dieser wurde ihm aber nicht zuteil. Schon aus Berlin hatte eine Tänzerin ihrem Mann in Bangkok einen Klagebrief geschrieben, aus dem hervorgeht, daß die Theatertruppe zu dieser Zeit viele Schwierigkeiten gehabt haben muß[168]. Dieser Klagebrief bestätigte die Schwierigkeiten, die Impresario Bamberger im oben erwähnten Telegramm beschrieb. Nach der Rückkehr nach Siam 1901 wurde Nai Boosra Mahin von der ganzen Truppe der Prozeß gemacht, weil er aufgrund des hohen Verlustes während der ganzen Reise keine Honorare bezahlt hatte[169]. Die Darstellerinnen wechselten zu anderen Theaterkompanien[170]; er mußte seinen Theaterbetrieb einstellen und verarmte. Später wurde nichts mehr überliefert. Seine heutigen Nachfahren wissen sehr wenig über ihn.

b) Stumpfs Tonmessungen und phonographische Aufzeichnungen

Schon Anfang der 1880er Jahre hatte Ellis das Tonsystem der siamesischen Musik vermessen, zunächst anhand zweier siamesischer Instrumente, Ranat ek (Xylophon) und Khongwong yai (Kesselgong), die im South Kensington Museum aufbewahrt wurden. Diese Untersuchung mißlang aber, da die Instrumente verstimmt waren. Ihm bot sich jedoch noch einmal eine Gelegenheit, siamesische Instrumente zu untersuchen, als 1885 der König von Siam sein Hofensemble zur Beteiligung an der internationalen Erfindungs- und Musikausstellung nach London schickte[171]. Diese Untersuchung schloß Ellis mit dem Ergebnis ab, daß sich die Skala der siamesischen Musik aus sieben gleich temperierten Stufen zusammensetzt - sein Aufsatz darüber, *On the*

---

[168] Dies wurde in der *Bangkok Time* vom 17. Dezember 1900 berichtet. Zitiert in: A. Nawigamul, *Gaeroi Lakon Thai...*, S. 60.

[169] Darüber wurde in der Zeitung *Bangkok Time* von Juni bis Oktober 1901 ausführlich berichtet.

[170] Dies ist in der *Bangkok Time* vom 25. Juni 1901 zu lesen. Zitiert in: A. Nawigamul, *Nai Boos wibagkam langglab muangthai* [*Nai Boosra (Mahin) in Schwierigkeiten nach der Rückkehr nach Siam*], in: Music Journal I/ 3 (1995), S. 87.

[171] Über diese Konzertreise nach England hat glücklicherweise der Musiker Nai Kram berichtet, *Konthai nai praraja samnak pranang Vitoria* [Die Thai (Musiker) am Hof der Königin Victoria], Bangkok 1935. Zitiert in: Anonm., *Dontrithai pai Anglis* [*Thai-Musik in England*], in: Kremationsbuch von Wichien Gulatan, Bangkok 1983, S. 67. Dieser Bericht enthält wichtige Informationen über das siamesische Hofensemble. Es bestand aus 19 Musikern, die in unterschiedlicher Zusammenstellung die drei verschiedenen Ensembles Piphat, Mahorie und Kruengsai bildeten. In London gaben sie von Juni bis August, regelmäßig drei bis vier Mal pro Woche, Vorstellungen in der neu erbauten Royal Albert Hall. Ebenfalls dabei war ein junger Musiker namens Nai Plaeg Prasansab (1860-1924), der später einer der wenigen bedeutenden Meister am Hofe Siams werden sollte. Seine letzte Amtsbezeichnung lautete *Phraya Prasan Duriyasab*. Er hat viele bedeutende Werke komponiert. Eines davon ist *Lao Kham hom*, das Carl Stumpf im Jahre 1900 mit dem Phonograph aufgenommen hat.

Musical Scales of Various Nations,[172] gilt als erste wissenschaftliche Untersuchung der siamesischen Musik in Europa überhaupt. Darüber hinaus kam er zu einer wichtigen Schlußfolgerung über die Musik verschiedener Völker:

> „Es gibt nicht nur eine, nicht nur eine ‚natürliche‘, ja nicht einmal bloß eine Leiter, die notwendig auf den Gesetzen des Klangaufbaues beruht, die Helmholtz so schön ausgearbeitet hat - sondern sehr verschiedene, sehr künstliche, sehr eigenwillige“[173].

Den Ergebnissen Ellis' stand Stumpf sehr skeptisch gegenüber. Sein Zweifel kann auf zweierlei zurückgeführt werden: Erstens war Ellis absolut ‚tone-deaf‘ und mußte sich bei der Tonmessung auf das Ohr von Alfred J. Hipkins vom *Pianohouse Broadwood & Sons* verlassen. Man unterstellte daher, daß Ellis vom Aufbau bestimmter Skalen schon feste Vorstellungen hatte, bevor er mit seinen Messungen begann[174]. Zweitens machten Stumpf die Untersuchungen des Wiener Musikwissenschaftlers Richard Wallaschek und des Essener Gesanglehrers Ludwig Riemann an siamesischen Instrumenten in verschiedenen Museen mißtrauisch, da diese vermutlich verstimmt waren: denn, wie schon Ellis annahm, waren solche Instrumente wegen der im Vergleich zu Siam niedrigeren Luftfeuchtigkeit bereits ausgetrocknet, so daß sich das Bienenwachs, welches sich unter den Stäben des Xylophons und in den Gongs und Kesselgongs befindet, löste[175]. Stumpf befand daher, es sei notwendig und am zuverlässigsten, neue Messungen an einem gerade von einem siamesischen Musiker gestimmten Instrument vorzunehmen[176].

Stumpf und seine Mitarbeiter wiederholten nun die Untersuchung des siamesischen Tonsystems. Man hat zunächst die Tonfrequenzen von vier Instrumenten,

---

[172] In: Journal of the Society of Arts XXXIII (1885), S. 485-521. Diese wurde von Erich von Hornbostel mit dem Titel ins Deutsche übersetzt: *Über die Tonleitern verschiedener Völker*, in: *Sammelbände für Vergleichende Musikwissenschaft*, hrsg. v. Carl Stumpf und Erich Moritz von Hornbostel, München 1922, S. 1-75.

[173] A. J. Ellis, *Über die Tonleitern verschiedener Völker*, in: *Sammelbände für Vergleichende Musikwissenschaft*, S. 75. Dieses Zitat lautet im Original: „The final conclusion is that the musical scale is not one, not ‚natural‘ nor even founded necessarily on the laws of the constitution of musical sound, so beautifully worked out by Helmholtz, but very diverse, very artificial, and very capricious.“ (A. J. Ellis, *On the Musical Scales of Various Nations*, in: Journal of the Society of Arts XXXIII (1885), S. 526). Albrecht Schneider meint, daß Ellis die Aussage Helmholtz' falsch interpretiert hat. In der Tat sind die beiden zur selben Schlußfolgerung gekommen. So hat Helmholtz darüber folgendes geäußert: „Ich habe mich bemüht [...] nachzuweisen, daß die Konstruktion der Tonleitern und des Harmoniegewebes ein Produkt künstlerischer Erfindung, und keineswegs durch den natürlichen Bau oder die natürliche Thätigkeit unseres Ohres unmittelbar gegeben sei, wie man es bisher wohl zu behaupten pflegte.“ (H. v. Helmholtz, *Die Lehre von den Tonempfindungen*, Braunschweig 1870, S. 568 siehe auch die ausführlich Diskussion bei Schneider, S. 73 f.).

[174] Vgl. A. J. Ellis, *Über die Tonleitern...*, S. 105.

[175] Vgl. Stumpf, S. 135.

[176] Vgl. Stumpf, S. 129 f.

Ranat ek, Ranat thum und Khongwong yai, Khongwong lek (zwei Xylophonen und zwei Kesselgongs von unterschiedlicher Größe und unterschiedlichem Tonumfang) gemessen. Die Blasinstrumente Pi (siamesische Oboe) und Khlui (siamesische Flöte) wurden nicht berücksichtigt, weil die Frequenz dieser Instrumente durch die Stärke des Blasens leicht variiert und sich daher nur schwer bestimmen läßt. Die Untersuchungen erbrachten dasselbe Ergebnis wie bei Ellis: Bei dem Tonsystem der siamesischen Musik handelt es sich tatsächlich um eine siebenstufige Tonleiter mit gleichen Intervallen, deren sieben Tonabstände gleich temperiert sind; es existieren keine Halbtonschritte, somit weder große noch kleine Terzen, Sexten oder Septimen, sondern nur neutrale Terzen, Sexten und Septimen. Die Quarte ist erhöht und die Quinte etwas tiefer als das europäische Intervall. Stumpf mußte nach seiner Untersuchung einräumen, „daß Ellis wirklich recht hatte."[177] Sein Ergebnis wurde dann tabellarisch dem Ergebnis von Ellis gegenübergestellt sowie mit einer mathematisch errechneten siebenstufigen Skala gleich großer Intervalle verglichen[178]. Diese Forschungen aus dem Jahr 1900 veröffentlichte Stumpf erst 1901 in seiner grundlegenden Abhandlung *Tonsystem und Musik der Siamesen*[179].

Wie aus dem Bericht von Ellis bekannt, hat auch Stumpf bei seiner Untersuchung beobachtet, daß die Musiker ihre Instrumente in bezug auf diese gleichstufige Siebentonskala erstaunlicherweise lediglich nach dem Gehör gestimmt haben. Stumpf hob dabei genau wie Ellis hervor, daß die gleichschwebend temperierte Leiter der Siamesen der Vorstellung der ‚natürlichen Leiterbildung' widersprach. Vor allem sei dieses Phänomen eben nicht mit tonpsychologischen Mitteln zu erklären. Jedoch könne man feststellen, daß in der siamesischen Musik zumindest das Konsonanzprinzip bekannt sei, es also ein in jeder Musikkultur vorhandenes, sinnlich wahrnehmbares Phänomen sei. In siamesischer Musik lasse sich dies sowohl bei der Stimmung eines Instrumentes als auch in der Melodieführung beobachten: Der Musiker stimmt sein Instrument, beispielsweise das Xylophon, zunächst nach dem Konsonanzprinzip, indem er zuerst einen Oktavraum aufbaut. Dann folgt das Distanzprinzip, es werden nun also innerhalb eines Oktavraums sieben gleiche Tonabstände gestimmt. Diese sollen aus der Empfindung des Verhältnisses der aufeinanderfolgenden Töne hervorgehen. Der Musiker spielt nun die Tonleiter mehrmals hin und her und korrigiert dabei die auffälligsten Ungleichheiten der Stufen, bis zwischen den Tonabständen keine Unterschiede mehr vorhanden sind. Daraus resultierend entsteht nun die siamesische temperierte Quarte, die höher als die natürliche reine Quarte bzw. als die pythagoreische Quarte ist. Das Phänomen der siamesischen temperierten Quarte und der anderen temperierten Tonabstände stellt eine Artifizialisierung dar und läßt sich nicht aus den natürli-

---

[177] Vgl. Stumpf, S. 130.

[178] Siehe die Tabellen bei Stumpf, S. 132 und 137.

[179] Zitiert nach: *Sammelbände für Vergleichende Musikwissenschaft*, hrsg. v. Carl Stumpf und Erich Moritz von Hornbostel, München 1922, S. 127-177 (vgl. dazu auch E. v. Hornbostel, *Formanalysen an siamesischen Orchesterstücken*, in: AfMw II (1919-1920), S. 306-333).

chen Intervallen ableiten. Läßt man den Konsonanzaspekt außer acht, stellt sich zunächst die Frage: Könnte es sich auch um eine sechs-, zehn- oder elfstufige usw. temperierte Skala handeln? Warum müssen es gerade sieben Töne sein? Zu dieser Problematik hat Stumpf zwei Hypothesen aufgestellt: Die siamesische Skala entstehe zum einen aus einem musikalischen Grund, nämlich durch das komplementäre Zusammenwirken von Konsonanz- und Distanzprinzip, und zum anderen aus einem außermusikalischen Grund, wie etwa durch die Siebenzahlmystik im Buddhismus. Diese Frage ist immer noch offen. Der Einfluß des Buddhismus ist zwar nicht auszuschließen, jedoch bedürfte es noch weiterer Forschungen darüber, inwieweit der Theravāda-Buddhismus einen Einfluß auf die siamesische Musik ausübt. Dies wurde bisher weder in Thailand noch in Europa oder in den USA systematisch untersucht.[180]

Anhand des Phänomens der temperierten Quarte versuchte Stumpf weiter zu klären, ob man aus dem Beispiel der siamesischen Musik Schlüsse auf die Entstehung der europäischen Tonleiter ziehen könnte. Er ging davon aus, daß die Siamesen - wie die Europäer - das Konsonanzphänomen - hierbei insbesondere die Oktave und die Quarte - wahrnehmen. Wie bereits erwähnt, spielt die Quarte neben der Oktave eine große Rolle in der siamesischen Musik; sie wird sehr oft in den Melodien eingesetzt und dürfte ursprünglich - nach Stumpfs Theorie – als reine Quarte existiert haben. Aufgrund der Einrichtung gleicher Tonabstände wurde die pythagoreische Quarte zwangsläufig zur temperierten Quarte. Über Jahrhunderte hinweg sollen die Siamesen diesen eigentümlichen Gefühlswert der temperierten Stimmung entwickelt haben. So griff Stumpf auf den Grundsatz Helmholtz' zurück, daß in der (im europäischen Sinne) nicht existierenden Harmonie dieser Musik das Distanzprinzip eine größere Rolle spielt als das Konsonanzprinzip[181]. Auf diese Weise sollten die unterschiedlichen europäischen reinen oder temperierten Quarten und Quinten sowie die großen oder kleinen und reinen Terzen, Sexten und Septimen entstanden sein. Sie seien nämlich nicht aus dem Konsonanzkriterium, sondern aus der Empfindlichkeit des heranwachsenden „Reinheitsgefühls" hervorgegangen[182].

Stumpf hat weiter herausgefunden, daß die siamesische Melodik, obgleich sieben Tonstufen Verwendung finden, in der Tat die Pentatonik zugrundelegt. Die vierte und siebte Stufe tritt nämlich nur als Durchgangsnote in Erscheinung. Auf diese Weise wird ein melodisches Intervall vermieden, das auch Stumpf als beson-

---

[180] Hierbei ist zu ergänzen, daß man auch die Forschung nach dem Einfluß des Hinduismus in der Thai-Musik nicht vernachlässigen soll. Die Darstellung im ersten Kapitel hat ausführlich gezeigt, daß der Hinduismus eine größere Rolle in der Thai-Musik und -Kultur spielt als der Buddhismus.

[181] Vgl. Stumpf, S. 147. Dies betonte von Hornbostel auch später (1905) noch einmal; vgl. E. v. Hornbostel, *Die Probleme...*, S. 49.

[182] Vgl. Stumpf, S. 145.

ders unangenehm klingend empfunden hat. So liegt die Vermutung nahe, daß die siamesische Melodik aus dem Konsonanzbewußtsein hervorgegangen ist. In Anbetracht dessen beschloß Stumpf, es handle sich bei der siamesischen siebenstufigen Tonleiter für die musikalische Praxis um einen Tonvorrat - von von Hornbostel als „Materialleiter"[183] bezeichnet - , der Modienwechsel innerhalb eines Stükkes ermöglicht.

Mit der siebenstufigen Tonleiter beschäftigte sich Stumpf darüber hinaus in musikpsychologischer Hinsicht. Bei der siamesischen siebenstufigen Tonleiter nehme man den Dreivierteltoon - das jeweilige Intervall der Stufen - nicht wahr, es klinge seiner Empfindung nach das Intervall von der ersten zur dritten Stufe wie eine Terz. Des weiteren empfinde man beispielsweise den Klangeindruck vom ersten, dritten und fünften Stab auf dem Xylophon als Dur-Dreiklang, denjenigen von zweiten, vierten und sechsten Stab dann als Moll-Dreiklang. Dieses Phänomen ist eine Täuschung, weil alle Stufen der siamesischen Tonleiter bekanntlich denselben Abstand haben. Das heißt, der Höreindruck der Europäer ist geprägt von den gewohnten maßgebenden Dur- bzw. Moll-Leitern, die in die fremden Intervalle hineininterpretiert werden. Daher hielt Stumpf die Aufzeichnung der Melodien der Siamesen beispielsweise in Reiseberichten für unzuverlässig[184].

Dieses Ergebnis der Untersuchung der siamesischen Musik verband Stumpf mit einer Schlußfolgerung für den physiologischen Bereich, nämlich daß die Siamesen dieselben Sinnesorgane und Sinneszentren wie die Europäer besäßen, d. h. die Sinneseindrücke aller Nationen also gleich seien[185]. Sie seien aber durch die Rahmenbedingungen der unterschiedlichen Erdteile individuell modifiziert worden:

„die Gewohnheiten der Auffassung, die Gefühlsbetonung der Sinneseindrücke - das alles variiert in hohem Maße; die Sinneseindrücke selbst nur relativ gering. Und so werden auch die Unterschiede der Sinneseindrücke und ihre Beziehung zu den Unterschieden der Sinnesreize schwerlich so fundamentalen Umwandlungen in historischen Zeiten oder solchen Verschiedenheiten innerhalb der gegenwärtigen Rassen unterworfen sein."[186]

Darüber äußerte sich von Hornbostel ebenfalls vorsichtig:

„Ich kann mich hier nicht auf eine Erörterung der verschiedenen Konsonanztheorien einlassen, will aber betonen, daß jede Konsonanztheorie, die Anspruch auf Allgemeingültigkeit erhebt, die Ergebnisse der Vergleichenden Musikwissenschaft berücksichtigen muß.

---

[183] Vgl. E. v. Hornbostel, *Die Probleme...*, S. 45 ff.

[184] Über die Aufzeichnungen der siamesischen Musik in den westlichen Reiseberichten siehe: T. E. Miller und J. Chonpairot, *A History of Siamese Music Reconstructed from Western Documents, 1505-1932*, in: Crossroad. An Interdisciplinary Journal of Southeast Asian Studies, VIII/ 2, 1994, S. 1-192.

[185] Vgl. Stumpf, S. 143.

[186] Vgl. Stumpf, S. 144.

Es geht durchaus nicht an, die Erlebnisse innerhalb unserer simultan harmonischen Musik als letzte psychische Tatsache anzusprechen und ohne weiteres auf die ganze Menschheit zu verallgemeinern. [...] Wir dürfen, wenn auch mit einiger Vorsicht, den Zustand primitiver Völker mit früheren Stufen unserer eigenen Kultur ins Parallele setzen. Dann würden wir auch in primitiver Musik Analogien zu suchen haben zu der Tonkunst unserer Vorfahren. Es finden sich nun solche Analogien in der Tat, z. B. zwischen orientalischer und altgriechischer Musik. Wir dürfen aber niemals vergessen, daß auch die primitivste heutige Kultur auf eine lange Entwicklung zurückblickt, und wenn man sieht, oder besser - hört, wie raffiniert in seiner Einstimmigkeit ein japanisches, indisches oder arabisches Musikstück ist, wird man sich sagen, daß - vielleicht aus gleichen Anfängen entsprungen - hier eine sehr hochentwickelte Kunst vorliegt, freilich unter anderem Himmel und nach ganz anderen Richtungen gewachsen als unsere. Je umfangreicher das Tatsachenmaterial wird, das wir der Vergleichung unterwerfen, um so eher dürfen wir hoffen, aus dem Entwicklungsgang auch auf die Uranfänge der Musik zurückschließen zu können."[187]

In diesem Sinne behielt sich Stumpf eine endgültige Stellungnahme zu dem Phänomen vor, daß die Siamesen jahrhundertelang diesen eigentümlichen Gefühlswert für Intervall und Gefühlscharakter als bloßes Konsonanzurteil entwickelt haben. Damit berief sich Stumpf auf die „Elementargedanken" Adolf Bastians: Alle Menschen haben die gleichen geistigen Grundlagen und Begabungen, zumindest auf einer Grundstufe, von der aus Differenzierungen zu „Völkergedanken" führen. Jedes Volk hat also neben einem bei allen Menschen feststellbaren Grundbestand von „Elementargedanken" eine Anzahl besonderer, nur ihm eigener geistiger Merkmale. Diese kämen durch klimatische und geographische Einflüsse zustande, die jeweils in einer Region vorherrschend sind. Eine solche „geographische Provinz" wird nun wieder unterteilt in die Bestandteile der botanischen, zoologischen, anthropologischen und ethnischen „Provinzen"[188].

In einem Zitat hat Stumpf zum Schluß betont, daß die unterschiedlichen Tonsysteme nicht mit den unterschiedlichen Völkern zusammenhängen. Damit lehnte er die Behauptung des Wiener Musikwissenschaftlers Wallaschek - „der Unterschied zwischen Völkern mit und ohne harmonische Musik [...] ist nicht ein Unterschied der Entwicklung, sondern der Rasse"[189] - kategorisch ab, „denn die siamesi-

---

[187] E. von Hornbostel, *Die Probleme...*, S. 48 ff.

[188] Vgl. A. Bastian, *Zur Lehre von den geographischen Provinzen*, Berlin 1886, S. 4 f. Bastian erkannte aber die Tatsache historischer Wanderungen nur bedingt an: „Analogien sind als solche zu konstatieren, einige können gleich als historische Beziehungen erkannt werden, bei anderen muß zunächst abgewartet werden; als unverbrüchlicher Grundsatz gilt: nie ein Schritt über das sicher Konstatierte hinaus" (Adolf Bastian, *Der Völkergedanken im Aufbau einer Wissenschaft von Menschen und seine Begründung auf ethnologische Sammlungen*, Berlin 1881, S. 120 f.).

[189] R. Wallaschek, *Anfänge der Tonkunst*, Leipzig 1903, S. 161. Wallaschek geht davon aus, daß empirisch gesehen ein hochentwickeltes Volk wie die Chinesen keine harmonische Musik in

schen Völker sind keine einheitliche Rasse, haben aber ein einheitliches Tonsystem"[190]. Somit galt Stumpfs Hauptinteresse dem Konsonanzphänomen und dessen Entwicklungsgeschichte für die Erforschung anthropologischer Konstanten, die psychischen Ursachen und Bedingungen des Musikerlebens, zu benutzen. So legte bei dem zweiten Kongreß der internationalen Musikwissenschaftlichen Gesellschaft in Basel 1906 von Hornbostel als Zusammenfassung des Forschungsstandes der Vergleichenden Musikwissenschaft folgendes dar:

> „Diese bisher wichtigsten Ergebnisse der Tonometrie sind die Auffindung von Distanzleitern und irrationalen Intervallen."[191]

Auch er betrachtete die Gegenüberstellung von Konsonanz- und Distanzprinzip in der Musik verschiedener Völker als eine offene Frage in Musikwissenschaft und Psychologie[192]. Damit wurde zugleich auf die Aussage von Ellis wieder zurückgegriffen, daß die irrationalen Tonleitern „sehr künstlich und sehr eigenwillig"[193] sind. Sie sind also keine Schöpfung Gottes nach der Vorstellung der ‚natürlichen Tonleiter', sondern die willkürliche Schöpfung des Menschen. Die Verbreitung mancher Tonleiter ist durch Völkerwanderung zu erklären. Hugo Riemann zog aus der Hypothese von Ellis und den Forschungen der Vergleichenden Musikwissenschaft den weitreichenden Schluß für die europäische Musiktheorie und –ästhetik, daß die Lehre von Tonempfindungen nun in eine Lehre über Tonvorstellungen umgewandelt werden müßte[194].

---

europäischem Sinne kennt, diese aber bei relativ wildlebenden Stämmen Polynesiens existiert (vgl. R. Wallaschek, op. cit., ebd.).

[190] Hier geht Stumpf vom Ergebnis A. Bastians aus. Bastian hat in den 1860er Jahren Feldforschungen in Indien, Birma und Siam gemacht, die er später veröffentlichte als: *Die Völker des Oestlichen Asiens*, 6 Bde., Leipzig 1866 ff. Die Forschungen zu Siam befinden sich im dritten Band: *Reisen in Siam im Jahre 1863*, Leipzig 1867.

[191] E. v. Hornbostel, *Über den gegenwärtigen Stand der Vergleichenden Musikwissenschaft*, in: Kongreßbericht über den 2. Kongreß der Internationalen Musikwissenschaftlichen Gesellschaft Basel 1906, Leipzig 1907, S. 57.

[192] So von Hornbostel wörtlich: „Es ergibt sich also ein Problem, das für die Musikwissenschaft ebenso wie für die Psychologie sehr interessant ist: in welchem Verhältnis beherrschen das Konsonanz- und das Distanzprinzip die Musik der verschiedenen Völker, wie greifen sie ineinander, unterstützen oder verdrängen sie sich?" (E. v. Hornbostel, *Die Probleme...*, S. 49).

[193] A. J. Ellis, *Über die Tonleitern verschiedener Völker*, S. 75.

[194] „Das ärgerliche Ergebnis dieser Forschungen der Vergleichenden Musikwissenschaft war zunächst eine Erschütterung der im Laufe von Jahrtausenden langsam gewordenen Fundamente der Musiktheorie. Selbst Hellseher wie Helmholtz wurden wankend in ihrer Überzeugung, daß die Grundlagen des Musikhörens natürlich gegebene Verhältnisse sind, und ließen durchblicken, daß doch Musiksysteme nicht naturnotwendig, sondern wenigstens teilweise Ergebnis willkürlicher Konstruktion und Konvention sind. [...] Das Durchbrechen dieser Erkenntnis zwingt aber unweigerlich dazu, an die Stelle einer Lehre von den Tonempfindungen eine Lehre von den

Von Hornbostel beschäftigte sich weiter mit der Erforschung der Verwandtschaft verschiedener Völker und Kulturen in psychisch-anthropologischer und historisch-genetischer Hinsicht. Er nahm den Aufbau der Skalen zum Formkriterium für die kulturhistorische Systematisierung ihrer vielfältigen Erscheinungsformen, d. h. er betrachtete die Skala als eine empirische Gesetzmäßigkeit, die wir in der Fülle der melodischen Linien als das Bleibende erfahren - so kann das Tonsystem als Abstraktion aller in einer Kultur üblichen Skalen aufgefaßt werden. Wenige Jahre später (von 1911 an) konzentrierte er sich ganz auf die Vermessung südostasiatischer Tonsysteme und verglich homologe Intervalle an Xylophon und Panpfeife. Seine Abhandlung über Instrumente, Skalen und Melodien aus Madagaskar, Java und Sumatra sowie Siam enthält den schon früher immer wieder unternommenen Versuch, zwischen Afrika und Indonesien genetische Beziehungen mit tonometrischen Mitteln nachzuweisen. So hatte beispielsweise Frobenius auf enthnoorganologischer und morphologischer Ebene begonnen, seine Hypothese des westafrikanisch-malaionigritschen Kulturkreisverhältnisses zu verifizieren[195]. Von Hornbostels Untersuchung des siamesischen Tonsystems und Xylophons (des Ranat eks) sollte ebenfalls zur Stützung dieser These dienen[196].

Die Untersuchungen der Berliner Vergleichenden Musikwissenschaft hatten jedoch noch einen anderen Hintergrund: Mittels des empirisch-objektiven Kriteriums der tonometrischen Analyse hoffte man den Streit gegen die Wiener Schule unter Schmidt für sich zu entscheiden. Die enthnologischen Kontrahenten Bastian und Schmidt sind dabei aber zugleich im Kontext des Kampfes zwischen Protestantismus und Katholizismus sowie zwischen Evolutionismus und Anti-Evolutionismus zu verstehen. Jedoch haben einige Vertreter der Vergleichenden Musikwissenschaft seit den ersten Jahrzehnten des 20. Jahrhunderts wieder eine enge Zusammenarbeit mit der Wiener Schule der Ethnologie unter Pater Wilhelm Schmidt angestrebt. Aus dieser Zusammenarbeit gingen nun allerdings auch jene problematischen Rassentheorien hervor, die nach dem Tod oder der Exilierung der bedeutendsten Vertreter der Berliner Schule (Abraham, von Hornbostel und Stumpf) von der nationalsozialistischen Propaganda mißbraucht wurden. Da dieser Aspekt des Verhältnisses zwischen der Vergleichenden Musikwissenschaft und der Kulturkreislehre sehr komplex ist, wird die vorliegende Arbeit nicht darauf eingehen[197].

Tonvorstellungen zur Fundamentierung der Musiktheorie und Musikästhetik zu fordern." (H. Riemann, *Folkloristische Tonalitätsstudien I*, Leipzig 1916, S. VI).

[195] Siehe die ausführliche Untersuchung bei Schneider.

[196] Vgl. Schneider, S. 146.

[197] Dies wurde schon von Albrecht Schneider ausführlich und mit aufschlußreichen Recherchen untersucht. Siehe Schneider, ebd.

c) Die Phonogramm-Aufnahme

Die siamesische Musik wurde am 24. September 1900 von Stumpf und Abraham im Zoologischen Garten zu Berlin und im psychologischen Institut Berlin aufgenommen mit Hilfe finanzieller Unterstützung des Psychologischen Instituts der Universität Berlin. Es wurden insgesamt sechs Stücke aufgenommen, sowohl mit dem gesamten Ensemble als auch mit einzelnen Instrumenten. Die Aufnahmen befinden sich auf insgesamt 24 Walzen (Tonträgerzylindern): [*Lao*] *Kham hom* (Süße Worte) mit dem ganzen Ensemble umfaßt 9 Walzen (eine enthält die Aufnahme des ganzen Ensembles und 8 weitere enthalten einzelne Instrumentstimmen; *Thai oi Khamen* (Trauriges Scheiden) 11 Walzen (eine mit dem gesamten Ensemble und 10 mit einzelnen Instrumenten); *Pi kes gäl* (Kristallflöte), *Krau kra sä* (Marsch zum Schlachtfeld), *San ra sön praporami* (Gepriesen sei der König), also die zweite Nationalhymne von Siam bzw. die jetzige königliche Hymne)[198] und zwei Gesänge aus dem Fächertanz jeweils eine Walze. Alle Stücke außer *Thai oi Khamen* hat Stumpf auf das Fünfliniensystem übertragen und in seinem *Tonsystem und Musik der Siamesen* publiziert[199]. *Thai oi Khamen* wurde außerdem von von Hornbostel in seinen *Formanalysen an siamesischen Orchesterstücken* transkribiert[200].

Diese sechs Stücke sind noch heute Teil des gespielten Repertoires der thailändischen Musik, wobei die Namen der vier ersten Stücke mehr oder minder von den Originalnamen abweichen. Das erste Stück, *Kham Hom*, kennt man in Thailand unter dem vollständigen Titel *Lao Kham hom*; es ist Musik im laotischen Stil. Ursprünglich wurde dieses von dem Meister *Dchapenpayongying* (*Dscha khom*) in song chan-Variante um die Mitte des 19. Jahrhunderts komponiert; dies gilt sowohl für die Melodie als auch für den Text zur Rezitation. Der Meister *Phraya Prasan Duriyasab* (Plaeg Prasansab)[201] hat dieses zuerst für das Krhüngsai pi java-Ensemble bearbeitet. Der Meister Luang Pradit Pairoh faßte es dann in der Thao-Gattung für das Piphat-Ensemble. Diese drei Fassungen gelten heute als die meistaufgeführten in Thailand[202].

Bei dem Namen des Stückes *Thai oi Khamen* soll es sich um einen Transliterationsfehler vom Siamesischen ins Deutsche handeln. Nach genaueren Untersuchungen in Thailand wurde festgestellt, daß das Stück *Thayoi Khamen* gemeint sein soll. Das Stück *Thayoi Khamen* stammt ursprünglich aus der Theatermusik (Naphat-Musik), und zwar aus der traurigen Szene in song chan-Variante; später wurde dieses in sam chan-Variante weiterverarbeitet[203]. Des-

---

[198] Die zweite siamesische Nationalhymne entstand 1873; sie löste die erste Nationalhymne *Die glückliche Blume* ab. Heute ist sie die königliche Hymne. Siehe *Die glückliche Blume* im dritten Kapitel.

[199] Siehe Stumpf, S. 159 ff.

[200] Siehe E. v. Hornbostel, *Formanalysen...*, S. 306-333.

[201] Über den Komponisten siehe Anmerkung 171.

[202] Vgl. N. Pidokratch, *Saranugrom phlengthai [Thai-Musik-Lexikon]*, Bangkok (o. J.), S. 248 f.

[203] Siehe die ausführliche Erläuterung der Bearbeitungstechnik von einer Variante zur anderen in: *2. Khäkmon Bangkhunprom Thao, a) Fassung für Piphat-Ensemble* im dritten Kapitel.

halb existiert diese in verschiedenen Versionen, sowohl in der Bearbeitung als Solo-Stück als auch für unterschiedliche Ensembles. Die von Stumpf aufgenommene Version des *Thayoi Khamen* war die Fassung für das Piphat-Ensemble. Diese Piphat-Fassung existiert in Thailand in zwei Fassungen und wird folgendermaßen aufgeführt: beim ersten Durchgang spielt man die Version des Meisters Khru Taeng (Pi), beim zweiten Durchgang dann die des Meisters Luang Pradit Pairoh[204].

Ebenso steht *Pi kes gäl*, der Meinung der Musikwissenschaftler in Thailand nach, fehlerhaft für *Khamen Pikaeow*. Dieses Stück ist eine Bearbeitung des Stückes *Pleng paobaimai* (Pflanzenblatt-Blasen), das in song chan-Variante stand und ursprünglich zwei Abschnitte umfaßte. Der Meister Dschoy Suntornwatin erweiterte diese Variante auf sechs Abschnitte und nannte es nun *Khamen (pao)pikaeow* (Ein Kambodschaner bläst die Kristalloboe oder -flöte). *Khamen Pikaeow* wurde später in drei weiteren Fassungen bearbeitet: die Fassung von Montri Tromod, Luang Sanoh duriyang (Thongdie Thongpirun) und Dschangwang Tua[205].

Krau kra sä ist in Thailand unter dem Titel *Lao Grasä* bekannt. *Lao Grasä* ist ein altes Stück im laotischen Stil und existiert ursprünglich in song chan-Variante. Später wurde es von Meister Chalerm Buatang in die Thao-Gattung gefaßt[206].

Zwei Gesänge aus dem Fächertanz kennt man in Thailand als *Dschien jaiyo*, deren Melodie aus einer chinesischen hergeleitet ist, und *Phleng San ra sön praprami* (Gepriesen sei der König), die heutige königliche Hymne von Thailand, wird in dieser Arbeit mit *Phleng Sanrasoen phrabaramie* bezeichnet.

Diese Aufnahmen gelten als die ersten offiziellen Aufnahmen des Berliner Phonogrammarchivs. Es war zunächst bis 1922 dem Psychologischen Institut der Universität Berlin angeschlossen. Von 1924 bis 1933 wurden die Aufnahmen in der Staatlichen Hochschule für Musik aufbewahrt, erst 1934 wurden sie dem Völkerkundemuseum Berlin übergeben. 1944 wurden sie und andere Aufnahmen ausgelagert, und gelangten nach dem Zweiten Weltkrieg in die UdSSR. Später wurden sie nach Ostberlin zurückgebracht. Nach der deutschen Wiedervereinigung wurden sie 1991 wieder dem Völkerkundemuseum Berlin Dahlem zurückgegeben, wo sie bis heute aufbewahrt werden. Aufgrund der mehrmaligen Umzüge sind die Walzen teilweise beschädigt. Alle Aufnahmen sind 1999 auf CD-Tonträger übertragen worden. Er ist für Wissenschaft und Öffentlichkeit zugänglich[207].

---

[204] Vgl. N. Pidokratch, S. 115. Es soll hier darauf hingewiesen werden, daß in der Aufführungspraxis der siamesischen Musik in der Regel jedes Stück einmal wiederholt wird.

[205] Vgl. N. Pidokratch, S. 29.

[206] Vgl. N. Pidokratch, S. 248.

[207] In: *The demonstration collection of E. M. von Hornbostel and the Berlin Phonogramm Archive*, Ethnic Folkways Library FE 4175 (1962 in den USA veröffentlicht). Diese Informationen wurden dankenswerterweise persönlich von Frau Dr. Susanne Ziegler vom Fachreferat Musikethnologie/Phonogramm-Archiv des Museums für Völkerkunde, Berlin Dahlem, ermittelt.

3. Die Rezeption der deutschen Militärkapelle in Siam durch Prinz Paribatra

Das dritte Ereignis musikalischer Begegnung zwischen den beiden Ländern fand 1903 in Siam statt. Diese Begegnung wurde allein von der siamesischen Seite ohne Unterstützung Deutschlands angeregt. Sie wurde von Prinz Paribatra vermittelt. Dabei handelte es sich also um eine einseitige Rezeption der Militärkapelle, die er in Berlin kennengelernt hatte und von der er sehr beeindruckt war. Der Prinz hatte zunächst die siamesische Marine-Kapelle nach deutschem Vorbild eingerichtet. Dabei hatte er nicht nur allein mit ihr die deutsche Militärmusik gepflegt, sondern auch mit seinen Kompositionen, die überwiegend der traditionellen Musik entsprachen. Nun schloß sich der Kreis, zu dem der preußische Kapellmeister Fritz schon 42 Jahre zuvor (1862) den Grundstein gelegt hatte. Der Unterschied zur damaligen Zeit bestand darin, daß das preußisch-deutsche Musikkorps nun von einem Einheimischen eingeführt wurde.

Prinz Paribatra wurde im Jahre 1881 als Sohn König Ramas V. (reg. 1868 bis 1910) und der Prinzessin *Sukumala Marasri Rajadevi* geboren. Sein völlständiger prinzlicher Titel lautet folgendermaßen: *Somdejpracao paramavongthoe caofa paribatrsukhumbandhu krompra Nakonsawan varabinit.* Dieser wurde im Westen als Prinz (von) Nakonsawan und bei den Thai als Tungramom Paribatr oder Krompra Nakonsawan abgekürzt[208]. Ab 1891 besuchte er die siamesische Hofschule Suankulab (Rosengarten). 1895 wurde er zum Studium ins Ausland geschickt. Zunächst hielt er sich ein Jahr lang zur Vorbereitung in London auf, dann wurde er 1896 zum Studium an der preußischen Militärakademie unter der Aufsicht Wilhelms II. nach Potsdam geschickt. In Deutschland hat er insgesamt acht Jahre in der Militärausbildung verbracht. 1903 kehrte er dann als preußischer Hauptmann in seine Heimat zurück. In Siam bekleidete er zunächst das Amt des Chefs des Generalstabes bei der Armee. Ein Jahr später wurde er dann als Vizeadmiral Marineminister. 1910 wurde er Admiral und schließlich 1917 Oberkommandierender des Marineministeriums[209]. 1920, drei Jahre später, wurde er dann wieder als Chef des Generalstabs in die Armee versetzt[210]. Infolge des Staatsstreichs von 1932, durch den sich Siam von der absoluten Monarchie zur konstitutionellen Monarchie wandelte, mußte Paribatra, der damals als militärischer Befehlshaber an der Spitze stand, ins Exil nach Bandung, Holländisch-Indien (heutiges Indonesien), gehen. Dort blieb er bis zu seinem Tode im Jahre 1944.

---

[208] Nakonsawan ist der Name einer Provinz in Zentralthailand. Parallel zur Staatswesensreform bezeichnete Rama V. nun seine Söhne mit den Namen von wichtigen Prinzen als Beiname, z. B. der Kronprinz Vajiravudh wurde Prinz von Dvārāvati (Ayudhaya) oder Prinz Chakrabongse Prinz von Bisnulok. Tungramon ist eine Anrede für Thai-Prinzen.

[209] Vgl. *Phraprawat lae dschariyawat khong jomponruea somdetdschaofa baribatsukhumbhan gromphranakornsawan* [*Prinz Paribatra und The Royal Thai Navy*], hrsg. v. The Royal Thai Navy, in: Kremationsbuch von Prinz Paribatra, Bangkok 1950, S. 14 f.

[210] Vgl. *Phraprawat lae dschariyawat*, S. 15.

Die Militärausbildung des Prinzen in Deutschland und die Übernahme der deutschen Militärkapelle in Siam wurde erst durch die Begeisterung der Siamesen für das deutsche Militärwesen möglich. Als die Preußen 1870/71 Frankreich besiegten, erhoffte sich Siam, daß dies eine Möglichkeit zur Aneignung des preußisch-deutschen Militärwesens und zur Erlangung preußischer Ausrüstung wäre. Man hoffte darauf, die enge Beziehung zu Deutschland vertiefen zu können und damit einer Unterdrückung durch die Kolonialmächte England und insbesondere Frankreich vorzubeugen, nachdem Siam mit diesen viele politische Auseinandersetzungen hatte; zuletzt blockierte Frankreich 1893 die Flußmündung des größten Flusses Chaopraya am Golf von Siam mit Kriegsschiffen[211]. Nach langen Bemühungen wurde von Wilhelm II. schließlich die Erlaubnis erteilt, daß ein siamesischer Prinz, Prinz Paribatra, die Ausbildung an der Berliner Kadettenschule genießen durfte[212]. Zugleich nahm Wilhelm II. diese Gelegenheit wahr, Prinz Paribatra zum Hoffnungsträger einer Vermittlung der deutschen Interessen in Siam zu machen[213]. Prinz Paribatra sollte sich deshalb nicht allein auf eine Militärausbildung konzentrieren, sondern auch die deutsche Kultur kennenlernen, damit er mit möglichst angenehmen Erinnerungen an Deutschland nach Siam zurückkehren konnte. Wilhelm II. erhoffte sich eine Unterstützung der deutschen Interessen in Siam, insbesondere der wirtschaftlichen[214].

Als Prinz Paribatra 1904 sein Amt in der siamesischen Marine antrat, hatte die Marinekapelle zum ersten Mal einen einheimischen Kapellmeister, Kapitän-Leutnant Luang Pimon Senie (Lam), und zwar von 1902 bis 1915[215]. Diese Marinekapelle war von ihrer Gründung im Jahre 1873 bis 1902 von dem US-Amerikaner italienischer Abstammung M. Fusco[216] geleitet worden. Innerhalb von 29 Jahren hatte Fusco die Marinekapelle sehr gut ausgebildet, so daß sie damals als die beste Militärkapelle in Siam galt. Diese durfte mit dem König im Ausland

---

[211] Vgl. R. Wanichalaksa, *Kuamsampan rawang Thai gab Germany tangtae poso 2405-2406* [*Relations between Thailand and Germany, 1862-1917*], Magister Artium, Chulalongkorn Universität, Bangkok 1976, S. 40 ff.

[212] Vgl. R. Wanichalaksa, *Kuamsampan*, S. 41.

[213] Ursprünglich wollte der König von Siam den Kronprinzen Vajiravudh dorthin schicken. Dies aber wurde durch Großbritannien verhindert (vgl. Kl. Wenk, *Die Beziehungen zwischen Deutschland und Thailand*, in: *Thailand*, Berlin 1960, S. 65).

[214] Ein weiterer Grund hierfür war andererseits nach den übereinstimmenden Meinungen der Diplomaten, daß der Prinz mit einer rein militärischen Ausbildung in Siam wenig erreichen konnte. So hat der deutsche Ministerresident dem Auswärtigen Amt empfohlen, dem Prinzen zusätzlich eine technische Ausbildung zukommen zu lassen; man hoffte, daß seine technischen Kenntnisse dem Lande und vielleicht auch Deutschland von Nutzen sein könnten (vgl. Stoffers, S. 121).

[215] Vgl. A. Boonchae, *Wong Yothawathit Gongthabruea* [*The Royal Thai Navy Military Band*], Magister Artium, Mahidol Universität, Bangkok 1996, S. 106 (im folgende abgekürzt als Boonchae).

[216] Vgl. Boonchae, ebd.

auftreten, sogar in Europa, als der König 1897 Europa bereiste[217]. Um die Marine-kapelle weiter auf diesem Standard zu halten, übernahm Paribatra als ernsthafter Musikliebhaber freiwillig die Aufgabe, die Marinekapelle zu beaufsichtigen[218]. Dabei gab er den Kapellmeistern Anweisungen, führte oft selbst die Proben durch und besorgte die musikalischen Materialien wie beispielsweise die Musiknoten sowie viele Schallplatten aus dem Ausland, um bei den Musikern eine richtige Vorstellung von der Musik zu erwecken[219]. Infolgedessen wurde die Marinekapelle erheblich verbessert und galt zu ihrer Zeit und gilt auch noch heute als die beste Militärkapelle Siams bzw. Thailands.

Es wurde außerdem mündlich überliefert, daß der Prinz sehr von der Musik Richard Wagners begeistert war und neben den preußischen Märschen auch viel Wagnersche Musik in Bearbeitung für Militärkapellen eingeführt hat. Solche Musiknoten sind noch in der Musikabteilung der Royal Thai Navy erhalten. Dies wird durch den Bericht Bernhard Kellermanns, eines deutschen Reisenden, bestätigt, der sich 1926 in Bangkok aufhielt. So schrieb der Autor:

> „In der Nachbarschaft [des Königspalasts] übt eine Regimentskapelle. Mit ungeheurem Schwung wirft sie sich in die Tonwellen des Vorspiels von *Tristan und Isolde*. Die Instrumente nehmen einen förmlichen Anlauf, klingen zusammen, brausen auf, und schon verlieren sie sich wieder in Dissonanzen, um nach einer Pause einen neuen, heroischen Versuch zu machen. Sie werden wohl Monate an dem Vorspiel üben."[220]

Der Prinz verließ schon früh, im 14. Lebensjahr, seine Heimat des Studiums wegen und wurde in Deutschland bzw. in Europa mit der europäischen bzw. deutschen Kultur vertraut gemacht. An der Militärakademie hat er Klavierspielen, Harmonielehre sowie Dirigieren gelernt[221]. So erinnert sich seine Tochter daran, daß, als sie noch sehr klein war, ihr Vater sich meistens in seiner Freizeit mit der westlichen Musik beschäftigte und sie ihren Vater abends nur Klavier spielen hörte[222]. Ebenso berichtete sein Vetter Prinz Chula Chakrabongse, daß er sehr gut

---

[217] Vgl. Boonchae, S. 37.

[218] Darüber äußerte er sich, als er von Soldaten am Tag des Staatsstreiches (24. Juni 1932) verhaftet und verhört wurde, dahingehend, daß er ursprünglich in Deutschland nur Musik studieren wollte (Vgl. Siriratana Boosabong, Prinzessin und Amatayakul, Punpis, *Thongramom gabgandontri [Prinz Paribatra und die Musik]*, Bangkok 1981, S. 16 (im folgenden abgekürzt als Prinzessin Siriratana und Punpis), S. 15, im folgenden abgekürzt als Prinzessin Siriratana und Pupis).

[219] Vgl. Prinzessin Siriratana Boosabong, *Phraprawat somdetphradschao boromawongthoe dschaofa paribatsukumphan gromphranakonsawan rajapinit [Die Biographie des Prinzen Paribatra]*, Bangkok 1981, S. 29 (im folgenden abgekürzt als Prinzessin Siriratana).

[220] B. Kellermann, *Reisen in Asien*, Berlin ²1975, S. 420 f.

[221] Vgl. Prinzessin Siriratana und Punpis, S. 9.

[222] Vgl. Prinzessin Siriratana und Punpis, S. 10.

komponieren und sogar beinahe alle Instrumente der Kapelle spielen konnte[223].
So schien es ihm in den ersten Jahren nach seiner Rückkehr aus Deutschland, als
sei er doch sehr einseitig von der europäischen Kultur begeistert gewesen. Infolgedessen war Paribatra nicht in der Lage, sich mit dem Unterschied der zwei
Musikkulturen auseinanderzusetzen. Nach einem Bericht aus Thailand versuchte
er aus Begeisterung für die europäische Musik, das siamesische Tonsystem an
das europäische anzupassen, indem er die siebenstufige siamesische Tonleiter auf
das europäische zwölfton-temperierte System erweiterte, d. h. es wurden weitere
fünf Halbtöne hinzugefügt. Daraufhin hatte er einen westlichen Instrumentenbauer beauftragt, einige spezielle einheimische Instrumente für ein solches Tonsystem zu bauen. Für diese Instrumente bearbeitete er dann die einheimische Musik
in Anlehnung an die europäische Harmonie. Nach einer Aufführung hat ihm ein
westlicher Musikprofessor erklärt, daß die siamesische Musik auf den siamesischen Instrumenten - wie auch europäische Musik auf europäischen Instrumenten - am besten klingt. Außerdem haben einheimische Musikmeister gegen die
Idee des Prinzen Widerstand geleistet.[224] Deshalb nahm er den Reformversuch
schließlich zurück.

Exkurs:
Dieser Musikprofessor dürfte der deutsche Musikwissenschaftler Paul Seelig
gewesen sein. Denn Seelig war der einzige aus dem Westen, mit dem der Prinz
ständig musikalischen Kontakt hatte. Seelig hatte seinen Wohnsitz in Bandung,
Holländisch-Indien[225]. Über die Freundschaft beider Personen ist in Thailand nicht
viel überliefert, aber sie soll noch bis in die 1940er Jahre angedauert haben. Die
erste Begegnung zwischen den beiden fand im Jahre 1896 statt, als der König von
Siam Holländisch-Indien den zweiten Staatsbesuch abstattete - der erste fand 1871
statt. Zu der Zeit machte Prinz Paribatra gerade drei Monate Heimaturlaub und
begleitete den König nach Holländisch-Indien[226]. In den Memoiren der Tochter des
Prinzen Paribatra, Prinzessin Siriratana Boosabong, wird erwähnt, daß Seelig
gelegentlich die siamesische Marinekapelle dirigiert und beim weiteren Aufbau
beratend mitgewirkt habe, wann immer er Paribatra in Bangkok besuchte[227].

---

[223] Vgl. Prinz Ch. Chakrabongse, S. 234.

[224] Vgl. A. Nakhong, *Phleng Siam, Paul J. Seelig*, in: Worasan phlengdontrie (Musik Journal) VI/
6 (1996), S. 79.

[225] Bedauerlicherweise blieb die Erforschung seiner Biographie sowie wissenschaftlichen Arbeit
bis heute erfolglos. Sein einziges Werk, das in Thailand bekannt ist, ist *Phleng Siam [Siamesische Musik]*, Bandoeng [Bandung]/ Indonesien 1932. Dabei handelt es sich um eine Transkription der traditionellen siamesischen Musik ins Fünfliniensystem.

[226] Vgl. Prinzessin Siriratana und Punpis, S. 16.

[227] Vgl. Prinzessin Siriratana, S. 29. Bedauerlicherweise konnte sich die Autorin nicht mehr an
den genauen Zeitpunkt erinnern.

Paul Seelig war in der Tat in siamesischen höfischen Kreisen bekannt, insbesondere bei der siamesischen königlichen Akademie der Wissenschaften (Rājapanditasabhā), zum Beispiel bei den Prinzen Damrong Rajanubhab und Narisara Nuwattiwongse[228]. Über diese Bekanntschaft und Erkenntnisse über die Situation der Einflußnahme westlicher Kultur in Siam hat er im Vorwort seines Werkes *Phleng Siam [Siamesische Musik]*[229] berichtet:

„Das gegenwärtige Volk mag darum schon bei Lebzeiten in den Annalen der Kunstgeschichte eintragen, daß hochbegabte Kenner der nationalen Kunst, S. K. H. Prinz Paribatra für die Musik, und S. K. H. Prinz Damrong Rajanubhab für Kunst und Wissenschaft, viel Großes geleistet haben, welche die alte Kultur und die nationale Kunst zu neuem Leben aufweckten und zu hohen Ehren brachten. [...] Mit jedem Jahre spürt man die weitere Entwicklung der europäischen Kunst, und nicht allein hierbei ist es geblieben, sondern auch die nationale Kunst hat sich mit plötzlichem Erwachen unter der Leitung des Großmeisters siamesischer Musik, Chang Wang Tua von Wat Lang Wat Kaledja, bis auf das Äußerste gesteigert.“[230]

---

[228] Prinz Damrong Rajanubhab (1862-1943) und Prinz Narisara Nuwattiwongse (1863-1947) waren beide Söhne König Ramas IV. (Hier werden ihre Namen folgendermaßen abgekürzt: Prinz Damrong Rajanubhab als Prinz Damrong und Prinz Narisara Nuwattiwongse als Prinz Naris) Sie waren also Brüder König Ramas V. Beide haben die Geschichte, Kunst sowie Architektur von Siam mit westlicher wissenschaftlicher Methode neu verfaßt. Insbesondere Prinz Damrong wird als der Gründer der neuen Geschichtsschreibungsschule Thailands betrachtet (vgl. *Rajasakulawong [Königliche Familie von Thailand]*, hrsg. v. thailändischen königlichen Hof, Bangkok 1993, S. 50 ff.).

[229] Bandoeng [Bandung]/ Indonesien 1932 (im folgenden abgekürzt als Seelig). Bei diesem Werk handelt es sich um die Überlieferung der 150 siamesischen Melodien.

[230] Seelig, S. 4. Chang Wang Tua (1881-1938) war der Leiter des *Wang Bangkhunprom-Ensembles* am Hof des Prinzen Paribatra im Stadtteil Bangkhunprom. Er spielte eine große Rolle beim musikalischem Schaffen des Prinzen. Das wird später erläutert. Der Autor schrieb den Namen des Meisters Chang Wang Tua in englischer Lautschrift. In dieser Arbeit wird der Name aber in deutscher Lautschrift Dschangwang Tua angegeben (*Dschangwang* ist eine Amtsbezeichung und entspricht etwa *Direktor des königlichen* sowie *prinzlichen Kammerdieners*). Außerdem ist es notwendig, die Angabe „Chang Wang Tua von Wat Lang Wat Kaledja" zu korrigieren: also Dschangwang Tua von Wat Kalaya. So heißt es wörtlich: der Meister Dschangwang Tua von der Gemeinde hinter dem Tempel Wat Kalaya. Der Tempel Wat Kalaya liegt auf der anderen Seite des Flusses Chaopraya schräg gegenüber dem Königspalast. Sein Haus existiert heute noch; es ist aber in einem sehr schlechten Zustand, da es bereits über 100 Jahre alt ist. Das ist in Thailand ungewöhnlich. Aufgrund der extrem hohen Temperatur sowie Luftfeuchtigkeit halten sich die traditionellen Häuser aus Holz gewöhnlich nur 40 bis 50 Jahre und zerfallen dann; daraufhin bauen die Thais wieder neue Häuser, denn Renovieren lohnt sich nicht. Die Aufnahme des Kesselgongs sowie Xylophons des Stückes *Khäkmon Bangkhunprom Thao* in der Version des Uthai Patayakosol, des Enkels von Dschangwang Tua zur Analyse in dritten Kapitel fand 1997 in diesem Haus statt. Die Analyse der Aufnahme wird im dritten Kapitel ausführlich geschildert.

1932 trafen sich die beiden Freunde wieder, als Prinz Paribatra aufgrund des oben erwähnten Staatsstreichs ins Exil nach Bandung gehen mußte[231]. Dem Bericht von Prinzessin Siriratana, der Tochter Paribatras, zufolge haben sich die beiden dort häufig gegenseitig besucht und oft über Musik diskutiert. Schließlich wird erwähnt, daß Seelig 1941 der 60. Geburtstagsfeier Paribatras beiwohnte. Zu diesem Anlaß trafen viele bedeutende ehemalige siamesische Hofmusiker aus Bangkok ein und trugen siamesische Musik vor[232]. Hiervon waren sowohl der Gastgeber als auch Seelig sehr angetan[233].

Auf Anraten Seeligs wandte sich der Prinz mehr der einheimischen Musik zu und richtete an seinem Hof Wang Bangkhunprom ein traditionelles Ensemble, das *Wang Bangkhunprom*-Ensemble, ein[234]. Dieses Ensemble stand unter der Leitung des Meisters Dschangwang Tua Patayakosol. Es zählte damals zu den besten Hofensembles. Zu welchem Zeitpunkt Prinz Paribatra zum ersten Mal Unterricht in der traditionellen Thai-Musik erteilt wurde, ist nicht überliefert. Dies muß aber schon früh gewesen sein, denn die traditionelle siamesische Musik gehörte zu den Fächern, die die Prinzen an der Hofschule zu lernen hatten[235]. Seine traditionelle Musikausbildung dürfte aber wohl durch den deutschen bzw. westlichen musikalischen Einfluß verdrängt worden sein. So mußte er nun wieder mit der traditionellen Musik beginnen. Seine Tochter berichtete, daß ihr Vater im Laufe der Zeit begonnen habe, das Spielen verschiedener traditioneller Instrumente zu erlernen. Hierbei habe er darüber hinaus versucht, traditionelle Musik entweder allein oder zusammen mit seinem Meister zu komponieren[236]. Während dieser Zeit entstanden viele seiner Kompositionen, die heute noch als wichtiger Bestandteil des thailändischen Musikrepertories gelten.

Häufig veranstaltete Prinz Paribatra dabei Musikwettbewerbe zwischen den Höfen. Es gab die Regel, daß der Musikmeister des jeweiligen Hofes eine neue Komposition mit hoher Virtuosität vorzustellen hatte. Hierfür wurde am liebsten Musik in den drei Varianten der *Thao*-Gattung komponiert. Die Besonderheit der

---

[231] Es stellt sich nun die Frage, warum der Prinz nach Bandung gehen wollte, denn zu der Stadt Bandung hatte Siam keine besonderen Beziehungen. Es wird nur berichtet, daß der König von Siam diese Stadt 1896 besucht hat und Paribatra mitgereist ist. Dies ist wahrscheinlich die Erklärung dafür, daß die enge Beziehung zu Paul Seelig entstanden ist, welcher dort lebte.

[232] Vgl. P. Amatayakul, *Khunying Paitoon gab Wang Bangkhunprom* [*Khunying Paitoon und der Hof Bangkhunprom*], in: Kremationsbuch von *Khunying* Paitoon Kitiwan, Bangkok 1998, S. 62 ff. (Der Titel *Khunying* entspricht dem englischen der „*Lady*", die nur von dem König verliehen wird). *Khunying* Paitoon Kittiwan (1911-1995) war eine Tochter von Dschangwang Tua.

[233] Vgl. Prinzessin Siriratana und, Punpis, S. 16.

[234] Nach der Aussage von Meister Devaprasiddhi Patayakosol, daß sein Vater, Dschangwang Tua Patayakosol, bei Prinz Paribatra vor seiner Geburt (1907) gedient habe (vgl. P. Amatayakul, *Khunying Paitoon...*, S. 53 f.). In diesem Zusammenhang heißt es, daß das *Wang Bangkhunprom-Ensemble* zwischen 1903 und 1907 gegründet werden sollte.

[235] Vgl. Prinz Ch. Chakrabongse, S. 218.

[236] Vgl. Prinzessin Siriratana und Punpis, S. 10 f.

Musik dieser Gattung besteht darin, daß sie nicht nur am Hof entstanden und deshalb ernsthaft und feierlich ist, sondern auch den Musikern die Freiheit läßt, ihre Virtuosität zu zeigen und damit ihre Kompositionstechnik zu entfalten. Dies war zu jener Zeit revolutionär, da nun bestimmte Musikstücke variiert werden konnten. Hierdurch entstanden mehrere neue Kompositionen, und dies sorgte dafür, daß die siamesische Musik zu dieser Zeit aufblühte und ihren Höhepunkt erreichte.[237]

Nach seiner Wiederbegegnung mit der siamesischen Musik unternahm Paribatra einen zweiten Versuch, die beiden Musikkulturen einander näherzubringen. Er versuchte, die siamesische Musik für die Blaskapelle zu bearbeiten. Zur Vorbereitung hat er dem einheimischen Musikmeister Dschangwang Tua Grundkenntnisse der europäischen Musik vermittelt, u. a. die europäische Notationsschrift sowie Harmonielehre; gleichzeitig hat er seinen besten Trompeter, Leutnant z. S. Siesuth Sridschaya, für die Mitarbeit im Blasorchester ausbilden lassen[238]. Somit konnten diese ihn bei seinem Vorhaben unterstützen. Der erste Versuch fand 1910 statt, als der Prinz sich in der Provinz Petchaburie aufhielt[239]. Der Prinz komponierte zunächst das Stück *Khäkmon Bangkhunprom Thao* - also ein Musikstück der Thao-Gattung - und bearbeitete dieses unmittelbar für die Kapelle. Der Meister Dschangwang Tua war dabei für die Übertragung der Noten vom Ranat ek (dem siamesischen Xylophon) und vom Khongwong yai (dem siamesischen Kesselgong) in das Fünfliniensystem zuständig[240]. Der Trompeter spielte diese dann zur Kontrolle. Außerdem sollte der Meister Dschangwang Tua die Militärkapelle später in der Aufführungspraxis unterrichten. Diese Arbeitsteilung der drei Partien (Paribatra, Dschangwang Tua und Siesuth Sridschaya) ist bei späteren Übertragungen zur Routine geworden[241]. Die Bearbeitung traditioneller Musik für die Kapelle gilt als die zentrale musikalische Schöpfung des Prinzen[242].

Eine solche Bearbeitung siamesischer Musik für Kapelle war zu jener Zeit eigentlich nichts Neues; man kannte dies schon seit den 70er Jahren des 19. Jahrhunderts, sowohl von westlichen als auch von einheimischen Kapellmeistern. Dabei handelte es sich um eine aus verschiedenen bekannten traditionellen Stücken exzerpierte Melodie, die dann im Sinne der westlichen Unterhaltungsmusik für das

---

[237] Siehe die Weiterentwicklung der siamesischen Musik in der Bangkok-Periode sowie die Darstellung der Kompositionstechnik der Thao-Gattung in drei Varianten in: *Die Musik der Bangkok-Periode (seit 1782)* im ersten Kapitel.

[238] Vgl. P. Amatayakul, *Siam sanghit* [*Siamesische Musik*], Bangkok 1981, S. 10.

[239] Vgl. Prinzessin Siriratana und Punpis, S. 42.

[240] Hierüber hat Seelig auch berichtet. Vgl. sein Zitat von Anmerkung 230.

[241] Vgl. Prinzessin Siriratana und Punpis, S. 42.

[242] Darüber hinaus hat er zahlreiche Musikstücke im westlichen Stil - wie zum Beispiel Märsche und Walzer - komponiert; diese werden später vorgestellt. Während seiner Exiljahre (1932-1944) in Bandung hat er weiter komponiert. In ständigem Briefwechsel hat er mit seinem Hofmusikmeister Dschangwang musikalische Probleme diskutiert (siehe unten).

breite Publikum bearbeitet wurde. Solche Musik wurde zwar am Hof gepflegt, war aber keine Hofmusik im ursprünglichen Sinne. Die Übertragungen des Prinzen Paribatra unterscheiden sich hiervon dadurch, daß seine Musik in der Kapellenfassung den ursprünglichen Sinn der Hofmusik weitgehend aufrechterhält; u. a. bleibt die traditionelle Aufführungspraxis bei der Blaskapelle prinzipiell unverändert, d. h. es gibt z. B. keinen Dirigenten[243]. Dadurch entstand eine neue Erscheinungsform der siamesischen Hofmusik, die mit dem westlichen militärischen Einfluß verbunden war. Denn damals nahm die westliche militärische Präsenz am Hof Siams allmählich infolge mehrmaliger Auseinandersetzungen mit Kolonialmächten zu, so daß Siam nun seine Streitkräfte verstärken mußte. In diesem Zusammenhang heißt dies: die westliche moderne Rüstung und Technik wurde zum Schutz gegen den Westen eingeführt. Infolgedessen hat sich in Siam im Laufe der Zeit eine neue Hofkultur entwickelt, die mit der westlichen Militärkultur verknüpft war. Und dabei hat der preußisch-deutsche Militäreinfluß eine große Rolle gespielt[244]. Die Bearbeitung von Paribatra gilt als ein Paradebeispiel der musikalischen Kontakte zwischen den beiden Ländern bzw. zwischen Siam und den westlichen Ländern im Zeitalter des Imperialismus.

Wie viele Musikstücke Prinz Paribatra komponiert hat, hat er selbst nie aufgezeichnet. Man kennt heute nur noch seine wichtigen Werke im Thai-Repertoire, sowohl in der Gattung der traditionellen Musik als auch in jener der Kapellenmusik. Erst 1981 wurde anläßlich seines 100. Geburtstags die Gesamtheit seiner Kompositionen unter der Schirmherrschaft der jetzigen Kronprinzessin Sirindhorn zusammengestellt und herausgegeben. Die Kapellenmusik z. B. befindet sich in den Musikabteilungen der Marine und der Armee; seine traditionellen Kompositionen werden in der Patayakosol-Meisterschule, dem ehemaligen Hofensemble des Prinzen, gepflegt - nach 1932 zog sich der Meister Dschangwang Tua Patayakosol in sein Dorf, die Gemeinde hinter dem Tempel Wat Kalaya, zurück. Nach ihm erhielt sein ehemaliges Ensemble den Namen Patayakosol-Meisterschule[245]. Heute leitet sein Enkelsohn Uthai Patayakosol die Patayakosol-Meisterschule.

---

[243] Siehe den Abschnitt *Die Blaskapellenfassung des Khäkmon Bangkhunprom Thao – Vergleich der beiden Fassungen* im dritten Kapitel.

[244] Solcher Einfluß läßt sich auf alten Photos aus dieser Zeit beobachten, welche den König und Minister zeigen. Sie trugen nun nicht mehr die traditionellen Trachten, sondern westliche Militäruniformen. Der König von Siam stellte sich in einer solchen Militäruniform westlichen Stils als Oberbefehlshaber dar, während seine Kinder um ihn herum Marineuniformen tragen. Es läßt sich nicht ausschließen, daß der siamesische Hof nun die Einflüsse der deutsche Militärkultur übernahm. Denn solche Bilder entstanden in Siam parallel zum deutschen Marineuniform-Kult, als die Regierung des deutschen Kaiserreiches 1895 beschloß, die deutsche Flotte als strategische ‚Antwort' auf die englischen Flotte aufzubauen. Der deutsche Marinekult versinnbildlichte in Siam den Widerstand gegen die Kolonialmächte England und Frankreich.

[245] Es ist ein Sondermerkmal dieser Meisterschule, daß sie seit 1932 selten neukomponierte Werke lieferte, während die anderen Meisterschulen ständig neue Werke auflegten, die mehr oder minder westlichem Einfluß verbunden waren.

Sämtliche Kompositionen des Prinzen Paribatra wurden auf Tonband aufgenommen; die Kapellenmusik wurde in einzelnen Instrumentenstimmen herausgegeben. Bemerkenswert ist ferner, daß die Musik der Kapellenfassung nicht zu einer Partitur zusammengesetzt wurde[246]. Diese Musiknoten und die Tonbänder werden in der Nationalen Bibliothek Bangkoks aufbewahrt, und zwar in der Sonderabteilung Hongsamut Thongramom Boripat (Die Musikbibliothek des Prinzen Paribatra).

Nun soll die Geschichte der Tonaufnahmen des Patayakosol-Ensembles erläutert werden. Dieses Ensemble hatte schon 1928 zum ersten Mal mehrere Schallplattenproduktionen bei der deutschen Schallplattenfirma Carl Lindström AG unter der Marke Parlophone in Bangkok[247] herausgegeben. Die Aufnahmen entstanden deshalb, weil sich die siamesische Regierung in den 1930er Jahren große Sorgen darum machte, daß die siamesische Kultur, insbesondere die traditionelle Musik, aufgrund der starken Einflüsse westlicher Kultur allmählich aus der Gesellschaft verdrängt würde. Da die traditionelle Musik nur mündlich überliefert wurde, geriet sie in kurzer Zeit in Vergessenheit; zu der Zeit waren viele wichtige Stücke aus dem Repertoire bereits verschwunden. Daraufhin wurde ein Konservierungsprojekt unter der Aufsicht von Prinz Damrong, dem damaligen Vorsitzenden der siamesischen königlichen Akademie der Wissenschaften (Rājapanditasabhā), entworfen[248],

---

[246] Es ist bei der Kapellenmusik üblich, daß die jeweiligen Instrumentenstimmen nicht in der Partitur zusammengefaßt werden, sondern meistens im einfachen Klavierauszug, der sog. Direktionsstimme. Schließlich dirigieren die Kapellmeister ja die Kapelle aus praktischem Grund ohne Partitur.

[247] Vgl. Prinzessin Siriratana und Punpis, S. 58 ff. Die Thai-Musik wurde schon seit den Anfängen der Entwicklung der Schallplatten in Bangkok aufgenommen. Die früheste Schallplatte, die bisher gefunden wurde, stammt aus den 1890er Jahren. Weiter Informationen darüber sind in: P. Amatayakul, *Lamnam Siam* [*Die Lieder von Siam (Aufsatzsammlung über die Thai-Schallplatten)*], Bangkok 1997 nachzulesen. Darin hat der Autor von seiner mehr als 20 Jahre dauernden Recherche berichtet.

[248] Vgl. Phra Chen Duriyanga, *Jiwaprawat khong khapadschao* [*Meine Biographie*], in: Kremationsbuch von Phra Chen Duriyanga, Bangkok 1969, S. 56 ff. Hierüber hat sich Seelig in seinem Vorwort auch mit großer Sorge geäußert: „Da bis heute (1932) nur kleine Volksstückchen und Liedchen in verschiedenen Reiseberichten als Probe siamesischen Könnens erschienen sind, hat das vorliegende Werk den Zweck, die Tonstücke für immer der Vergessenheit zu entrücken. Durch die fortwährende Evolution des Volkes ist es sehr wahrscheinlich, daß eines Tages diese alten und neuen Melodien ganz verdreht wiedergegeben oder gänzlich verschwinden werden. Niemand hat sich bisher darum gekümmert, die Musik niederzuschreiben und sie so der Vergessenheit zu entringen. Eine Ausnahme sind die vielen phonographischen Aufnahmen, deren Platten einen wertvollen Schatz bilden, die Tonstücke zu erhalten. Viele Kompositionen kennt man nur noch dem Namen nach, und vielen anderen gibt man einen verkehrten (falschen) Titel. Weiß man in Siam noch, wer die Komponisten waren? Dieselben sind gänzlich unbekannt, nur erinnert man sich, daß gewisse Tonstücke aus der Periode eines Königs hervorgegangen sind, weil sie eng mit irgend einer Handlung verbunden waren." (Seelig, S. 3 f.). Diese betrübte Äußerung von Seelig unterstützt die jüngste Recherche von P. Roongruang, *Thai Classical Music and its Movement form oral to written Transmission, 1903-1942: Historical Context,*

welches Schallpattenaufnahmen und Transkriptionsprojekte beinhaltete. Hierzu hat auch der damalige deutsche Gesandter in Bangkok, Rudolf Asmis (1925-1932), dadurch beigetragen, daß er den Einsatz der oben bereits genannten deutschen Schallplattenfirma vermittelte[249]. Wie viele Schallplatten dabei produziert wurden, ist nicht überliefert. Diese historischen Aufnahmen gingen während der politischen Unruhen 1932 zeitweilig verloren. Bis zum Jahr 1981 sind hiervon mehr als 70 Stücke wiederentdeckt worden[250].

In dem Vorwort zu *Phleng Siam* von Seelig wird des weiteren darüber informiert, daß die ursprüngliche Idee des Transkriptionsprojektes wiederum aus der Bearbeitung der traditionellen Musik für die Kapelle durch Prinz Paribatra hergeleitet wurde:

> „In neuerer Zeit hat dieser Meister [Dschangwang Tua Patayakosol] unter Mithilfe seines Sohnes [Devaprasiddhi, 1907-1973] versucht, die Nationalmelodien in Ziffernschrift zu übertragen. Die Arbeit wurde aber zu schwer und zu kostbar, so daß, wie kürzlich gemeldet wurde, S. K. H. Prinz Damrong diese Arbeit aufgenommen hat. Wir wünschen der Regierung und dem Nestor von Kunst und Wissenschaft mit dieser Arbeit viel Glück, überzeugt seiend, daß mit weiterer Übertragung von siamesischen Kompositionen in Notenschrift die Förderung der nationalen Musik nur gehoben und die Liebe zur Kunst in alle Volksschichten eindringen wird."[251]

Diese Aufzeichnung weist schon darauf hin, daß Seelig bei diesem Projekt mitgewirkt haben dürfte, aber inwieweit er daran beteiligt war, hat er bedauerlicherweise nicht berichtet. Da sein Werk *Phleng Siam* zu der gleichen Zeit (1932) entstanden ist, ist zu vermuten, daß der Meister Dschangwang Tua seine Quelle gewesen ist. Denn Seelig war mit Meister Dschangwang Tua und insbesondere mit dem Schirmherrn Prinz Paribatra persönlich befreundet. Wie bereits im vergangenen Kapitel erwähnt, geben die siamesischen Musikmeister ihre Musik in der Regel nur demjenigen weiter, der der Meisterschule angehört. Mit diesem Werk hat er 150 Melodien überliefert. Diese Übertragung, abgesehen vom Mangel an einer strengen Transkriptionsmethode, ist deshalb wichtig, weil einige dieser Melodien in Thailand inzwischen schon in Vergessenheit geraten waren.

Method, and Legacy of the Thai Music Department Project, Phil. Diss., Kent State Universität/ USA, 1999, S. 41 ff. (im folgenden abgekürzt als P. Roongruang).

[249] Vgl. Phra Chen Duriyanga, op. cit., S. 56 ff.

[250] Vgl. P. Amatayakul, *Pänsieng Wang Bangkhunprom I* [*Die Schallplatten des Bangkhunprom-Hof I*], in: *Lamnam Siam* [*Die Lieder von Siam (Aufsatzsammlung über die Thai-Schallplatten)*], S. 175.

[251] Vgl. Seelig, S. 4.

Exkurs:

Das Transkriptionsprojekt regte Prinz Damrong 1930 selbst an, um die traditionelle mündlich überlieferte Thai-Musik aufzubewahren. Denn der Prinz, der damals der Vorsitzende der siamesischen königlichen Akademie der Wissenschaften (Rājapanditasabhā) war, machte sich große Sorgen darum, daß damals schon viele Repertoirestücke nicht mehr existent waren. Man kannte zwar die Namen, aber die Musik war längst zusammen mit dem Tod der Musikmeister für immer verlorengegangen. Zweimal in der Woche, donnerstags und samstags, trafen sich die Musiker, Musikmeister und Musikwissenschaftler am Hof des Prinzen. Meister Dschangwang Tua sowie Meister Luang Pradit Pairoh waren zuständig für Übertragung auf das Fünfliniensystem, und Phra Chen Duriyanga war zuständig für Korrekturen und Zusammensetzung der Partitur[252]. Dieses Projekt mußte nach dem Staatsstreich 1932 eingestellt werden und wurde dann 1936 von der Zivilregierung fortgesetzt, allerdings nur bis 1941. Bis dahin sind etwa 475 Kernmelodien aus dem Kesselgong übertragen worden. Davon konnte man nur 100 zu Partituren für das Piphat-Ensemble verarbeiten.[253] Von diesen etwa 100 Stücken wurden nur 2 Werke veröffentlicht: *Phleng Chut Homrong Yen* [*Evening Prelude*][254] und *Phleng Chut Tham Kwan* [*Tham Kwan. Musical suite to be performing during a ceremony for invoking spiritual bliss*].[255] Die übrigen Manuskripte wurden zunächst im Fine Arts Department Bangkok streng aufbewahrt. Niemand hatte Zugang; auch für Forschungszwecke wurde keine Ausnahme gemacht. 1981 kamen diese Manuskripte in die Nationalbibliothek Bangkok. Aber sie sind schon im sehr schlechtem Zustand, denn diese Manuskripte bestehen aus sehr dünnem Papier. Man muß dabei bedenken, daß aufgrund der Hitze und der hohen Luftfeuchtigkeit in Thailand der Zustand des Papiers sich sehr schnell verschlechtert, und nun sind die Manuskripte über 60 Jahre alt. Das dünne Papier wurde damals verwendet, weil es nur als Übergangsstadium gedacht wurde. Infolgedessen konnte die Nationalbibliothek sie noch nicht vollständig kategorisieren, weshalb sie weiteren Forschern nicht zugänglich sind. Nur dem US-amerikaner David Morton ist es in den 1957 Jahren gelungen, diese Transkriptionen auf Mikrofilm zu übertragen. Diese Aufnahmen bewahrt die University of California Los Angeles (UCLA) in ihrem Archiv auf.[256]

---

[252] Vgl. D. Yupho, *Gnansanghit khong grom silapakara poso 2492-2494* [*Die Arbeit des Fine Arts Department von 1949 bis 1951*], hrsg. v. The Fine Arts Department, Bangkok ²1994. Zitiert in S. Wongthes im Vorwort zu *Phleng dschud Tham Kwan* [Tham Kwan. Musical suite to be performed during a ceremony for invoking spiritual bliss], Bangkok ²1994, S. (6) f. (die Seitenzahl im Klammern verweist auf die Seiten der Einleitung).

[253] Vgl. D. Yupho, *Gnansanghit*, S. (9).

[254] hrsg. v. The Fine Arts Department, Bangkok ²1994. Siehe auch die Darstellung dieses Vorspielzyklus und Erläuterung aller 13 Stücke im ersten Kapitel, S. 27 f.

[255] hrsg. v. The Fine Arts Department, Bangkok ²1994

[256] Die ausführliche Darstellung des Transkriptionsprojektes ist in dem Werk von P. Roongruang noch zu lesen (siehe P. Roongruang, op. cit.). Der Autor berichtet in seiner Arbeit, daß er die Musik von dieser Mikrofilmaufnahme bearbeitet, transkribiert und veröffentlicht hat.

Die Kompositionen des Prinzen teilen Siriratana und Amatayakul in sechs Gruppen korrekt ein[257]:

A.) Kompositionen im westlichen Stil

B.) Bearbeitungen der traditionellen Märsche für Kapelle nach der westlichen Harmonie

C.) Bearbeitungen eigener sowie fremder traditioneller Kompositionen für Kapelle

D.) Traditionelle Kompositionen für Piphat-Ensemble

E.) Traditionelle Kompositionen für verschiedene Soloinstrumente, und zwar sowohl traditionelle als auch westliche Instrumente

F.) Text zur Rezitation und Melodien, u. a. auch siamesische Lieder

Die Kompositionen der Gruppe A umfassen fünf Stücke: *Pluemjit-Walzer* (Freude-Walzer), *Pradschumpon-Walzer* (Truppenaufstellungs-Walzer), *Norie-Walzer*, *Monthathong-Polka* (Goldene Krone-Polka), *Paribatra-Marsch* (?)[258].

Die Musik der Gruppe B umfaßt acht Stücke: *Sudsanoh* oder *Saensanoh* (Süßes Lied), *Mekhlala-Walzer*[259], *Maharoek-Marsch* (Weihezeit-Marsch) aus dem Stück *Maharoek* in song chan-Variante[260], *Sanrasoen sueapa* (Das Wildtiger-Korps sei gepriesen)[261], *Sakonlan-Marsch* (Stürmische See-Marsch) aus dem Stück

---

[257] Vgl. Prinzessin Siriratana und Punpis, S. 68 ff. Weiterführende Angaben über die Kompositionen, wie z. B. das Datum der Entstehung, sind zum Teil nicht vorhanden.

[258] Dieses Stück wird hier als Problem behandelt, denn es gilt als verschollen. Die heutige vervollständigte Fassung stammt von dem thailändischen Komponisten Nard Thavornbutr. Der Komponist hat erläutert, daß er im Alter von 12 Jahren (1919) dieses Stück vor den Kinos in Bangkok immer wieder gehört habe – hierbei handelt es sich um die Ankündigung einer Stummfilm-Aufführung mit Begleitung durch das Musikkorps. Vor der Filmvorstellung spielte das Musikkorps draußen vor dem Kino einige Marschstücke, um Aufmerksamkeit zu erregen. Der Komponist Nard Thavornbutr hat später die Hauptmelodie aus seiner Erinnerung heraus für den Vortrag durch eine Blaskapelle rekonstruiert (vgl. Prinzessin Siriratana und Punpis, S. 69 ff.). In Thailand wird diese rekonstruierte Fassung des Marsches als die ursprüngliche Komposition des Prinzen anerkannt. Nach einem Vergleich mit einem Dokument aus The Royal Thai Navy aus den 1950er Jahren wurde der *Paribatra-Marsch* aber nicht in der Kompositionsliste des Prinzen geführt. Offenbar hat Nard Thavonbutr diese Musik zu einem späteren Zeitpunkt rekonstruiert. Dies schließt aber nicht aus, daß der *Paribatra-Marsch* doch von Prinz Paribatra komponiert sein könnte. Deshalb wird er in dieser Arbeit mit einem Fragezeichen in Klammern dargestellt.

[259] Der *Mekhala-Walzer* stammt aus einem siamesischen Tanz. Dieser Tanz wurde bei der Eulenburg-Mission 1861/62 vorgeführt. Siehe die Schilderung von Eulenburg zu diesem Tanz und die Erläuterung der Geschichte von Mekhala auf der Seite, S. 66. *Mekhala-Walzer* ist aus dem Stück *Hokbot* (sechs Fußabdrücke oder Abschnitte) hergeleitet.

[260] Siehe die ausführliche Erläuterung von „chan" in: *Exkurs: Zeitmaß, Rhythmik und Metrik* im dritten Kapitel.

[261] Nach der Angabe in der Quelle stammt diese Komposition aus einer Komposition König Ramas II. (*Phleng Bulan loiluen*) und wurde dann von Paribatra für Kapelle bearbeitet (vgl.

110

Oktalee (Seefahrt) in song chan-Variante, *Mahajaya-Marsch* (großer Sieg) aus dem Stück *Mahajaya* in song chan-Variante, *Sok* (Trauermarsch) aus *Payasok* (Große Trauer) in song chan-Variante, *Nangkruan* (klagende Frau) aus dem Stück *Nangkruan Thao* (klagende Frau-Thao)[262].

Die Bearbeitung der traditionellen Musik für den Vortrag durch eine Blaskapelle, also die Musik der Gruppe C, enthält 20 Stücke: *Khäkmon Bangkhunprom Thao* (1910)[263], *Khamen puang* (Blumenstrauß im kambodschanischen Stil)[264] in sam chan-Variante, *Khamen dschomdschan* (Mondlob im kambodschanischen Stil), *Homrong sabadsabing* (Affektion-Vorspiel) in sam chan-Variante, *Thayoi nok* (Thayoi-Stück zur Beschreibung der Traurigkeit Ramas)[265], *Thayoi khamen* (Thayoi-Stück im kambodschanischen Stil), *Thayoi nai* (Thayoi-Stück zur Beschreibung der Traurigkeit von Dämonen), *Puangroi Thao* (Blumenstrauß-Thao), *Khäk hae Thao* (Rezitierender Araber-Thao), *Tonsamoh Thao* (Ankerlichten-Thao), *Khäk matsi Thao* (Matsi Thao im arabischen Stil), *Krobdschakawan Thao* (wörtlich: Auf dem Universum-Thao), *Bulan dschokmuoi* (wörtlich: Boxender Mond-Thao) in sam chan-Variante, *Khamen yai Thao* (Großer Kambodschaner-Thao), *Pamah (hathon) Thao* (Birma-Thao im birmanischen Stil in fünf Abschnitten), *Khäk si glueh Thao* (vier Araber-Thao), *Khäk sai Thao* (Saiburie-Thao[266]) (1928), *Bahtsagunie* (Garudas Fuß), *Khabmai bandoh* (prinzliches Wiegenlied), *Khamen bodhisat Thao* (Bodhisatava im kambodschanischen Stil-Thao).

Prinzessin Siriratana und Punpis, S. 74). Bei dieser soll es sich in der Tat um die ehemalige Nationalhymne von Siam (1862 bis 1873) handeln, die vom preußischen Kapellmeister Fritz (*Die Glückliche Blume*) komponiert wurde. Sie wurde 1873 durch die jetzige königliche Hymne, die zweite Nationalhymne Siams, abgelöst. Prinz Paribatra hat ca. 1911 dieses Stück nochmals für das *Gong Suepa-Korps* (*Das Wildtiger-Korps*) aufgegriffen. Daraufhin hat er sie als *Phleng Sanrasoen Suepa* (*Das Wildtiger-Korps sei gepriesen*) neu benannt. Seitdem behauptete man, der Prinz sei der Komponist dieses Stückes. Siehe die Untersuchung der *Glücklichen Blume* und Diskussion darüber in: *Die glückliche Blume* im dritten Kapitel.

[262] „Thao" ist die Bezeichnung einer Kompositionsgattung der siamesischen Musik. Siehe die Erläuterung mit konkretem Beispiel in der Analyse von *Khäkmon Bangkhunprom Thao* im dritten Kapitel.

[263] Siehe die ausführliche Erläuterung des jeweiligen Begriffs in der Analyse von *Khäkmon Bangkhunprom Thao* im dritten Kapitel. Die Jahresangaben in Klammern bei diesen Kompositionen weisen darauf hin, daß sie seine Kompositionen sind. Die restlichen Stücke stammen aus anderen, auch anonymen Kompositionen. Von diesen ist merkwürdigerweise nicht überliefert, wann sie für Kapelle bearbeitet worden sind.

[264] Der Titel *Khamen* weist auf einen Musikstil in der siamesischen Musik hin. So heißt *Khamen puang* zunächst die (siamesische) Musik im kambodschanischen Stil, und dieses Musikstück heißt *puang*, also sinngemäß Bündel oder Strauß. Dies heißt dann ins Deutsche übertragen: Blumenstrauß im kambodschanischen Stil.

[265] *Thayoi* stammen aus dem Repertoire der Naphat-Musik zur Beschreibung der Traurigkeit; siehe Kapitel I, S. 18.

[266] *Saiburie* war ein alter Name der Provinz Pattani im Südthailand, in der ein großer Anteil der Einwohner muslimisch ist (vgl. N. Pidokratch, S. 41).

In der Gruppe D gibt es 25 traditionelle Kompositionen für das Piphat-Ensemble: *Khäkmon Bangkhunprom Thao* (Bangkhunprom im Khäkmonstil-Thao) (1910), *Khäk sarai* (Seetang im arabischen Stil) (1928), *Ah-tan Thao* (Verzauberungs-Thao) (1928), *Devaprasiddhi* (Gottessegen) (1928), *Namlodtaisai Thao* (Wasser unter dem Sand-Thao) (1937), *Narai phlaengrub* (verwandelter Gott Narai) (1937), *Khäk sarai* (Seetang im arabischen Stil) in sam chan-Variante, *Samingthongmon*[267] *Thao* (Ritter Thong-Thao), *Homrong praseban*[268] (Praseban-Vorspiel) (1938), *Homrong khayakhayaeng* (Ekel-Vorspiel) in sam chan-Variante (1938), *Kruan-ha Thao* (Sehnsuchts-Thao) (1938), *Dschien lan Thao* (Schreiender Chinese-Thao) (1938), *Gamsuansurang Thao* (Schöne Lieder-Thao) (1938), *Absonsamrang* (Schöne Engel) (1940), *Surangdschamrieng Thao* (Schöne Dichtung-Thao) (1940), *Dschien khaohong Thao* (ins Zimmer tretender Chinese) (1940), *Devaprasiddhi Thao* (Gottessegen-Thao) (1940; eine Überarbeitung der Fassung von 1928), *Vilanda-odh Thao* (klagender Holländer-Thao) (1937), *Dokmairuang Thao* (fallende Blume-Thao) (1938), *Dschien gaeb bubpa Thao* (Ein Chinese sammelt Blumen-Thao) (1941), *Tonsamoh Thao* (Ankerlichten-Thao) (1941), *Pradschan kruengsieg* (Halber Mond) (1941), *Dschingdschogthong Thao* (Goldene Eidechse-Thao) (1941), *Sudthawin* (*tanao*) *Thao* (Verehrungs-Thao) (1941).

Die Musik der Gruppe E besteht aus Kompositionen für Soloinstrumente und beschränkt sich auf zwei Instrumente: Sohsamsai (siamesische dreisaitige Geige) und Klarinette: *Bulan loiluen* (Der Mond am Himmel) für Sohsamsai, *Ah-hiea* (Bruder) für Sohsamsai (1931), *Saratie* (Fahrer) für Sohsamsai (1932), *Saratie* (Fahrer) in sam chan-Variante für Klarinette.

Und schließlich noch die Gruppe F, die Vokalmusik. Diese wurde meistens für die Vokalpartie der Piphat-Fassung bearbeitet: *Khäkmon Bangkhunprom Thao*, *Khamen puang* (Blumenstrauß im kambodschanischen Stil) in sam chan-Variante, *Khäk hae Thao* (Rezitierender Araber-Thao), *Khamen yai Thao* (Großer Kambodschaner-Thao), *Pae* (Onkel) in sam chan-Variante), *Puangroi Thao* (Blumenstrauß im kambodschanischen Stil), *Namlodtaisai Thao* (Wasser unter dem Sand-Thao), *Narai phlaengrub Thao* (sich verwandelnder Gott Narai-Thao), *Khamen paktoh*[269] (Paktoh im kambodschanischen Stil) in sam chan-Variante, *Devaprasiddhi Thao* (Gottessegen-Thao), *Dschien khaohong Thao* (ins Zimmer tretender Chinese-Thao), *Dschingdschogthong Thao* (Goldene Eidechse-Thao), *Sudthawin Thao* (Verehrungs-Thao).

---

[267] *Samingthong* ist aus dem Zyklus des sogenannten *Phleng Tab Saburong* hergeleitet. Dieser Zyklus ist sehr alt und stammt aus der Ayudhaya-Periode (vgl. N. Pidokratch, S. 271 f.).

[268] Praseban ist der Name des neuen Hofes des Prinzen Paribatra in Bandung. Er komponierte dieses Stück zur Repräsentation seines Hofes.

[269] *Paktoh* ist ein Bezirk in der Provinz Rachaburi, Südthailand.

Bei den dargestellten Kompositionen der sechs Gruppen läßt sich folgendes beobachten: Die Kompositionen, die mit Jahresangabe ihrer Entstehung bekannt sind, entstanden beinahe ausschließlich während der Exiljahre (seit 1932) des Komponisten. Das sind die Kompositionen der Gruppe D (25 Stücke), die ausschließlich für Piphat-Ensemble bestimmt sind, denn es stand zu dieser Zeit dem Komponisten keine Kapelle mehr zur Verfügung. Da von den 20 Stücken aus Gruppe C, also die Bearbeitungen für Kapelle, nur zwei von ihm selbst komponiert wurden, die anderen 18 von anderen Komponisten übernommen, also von ihm nur bearbeitet wurden, muß man annehmen, daß er während seiner Amtszeit nicht allzu viel Zeit hatte, erst die Musik zu komponieren und dann diese für Kapelle zu bearbeiten. Die Überarbeitung schon existierender Kompositionen erforderte hingegen weniger Aufwand[270].

Am Gesamtwerk des Prinzen läßt sich beobachten, daß er überwiegend traditionelle Musik (Gruppe D, 25 Stücke) komponiert hat oder dieselbe für Kapelle bearbeitete (Gruppe C, 20 Stücke). Die Kompositionen im westlichen Stil (Gruppe A, 5 Stücke) treten in den Hintergrund. Die Kompositionen der Gruppen A und E (4 Stücke) spielen im Vergleich zu den Kompositionen der Gruppen C und D eine untergeordnete Rolle. Sie dienen zur rein höfischen Unterhaltung. Daran läßt sich zeigen, daß der Prinz in der Tat nur die traditionelle Hofmusik pflegen wollte, besonders die Musik der sogenannten Thao-Gattung, die in seiner Zeit entstanden ist. Was die Besonderheit seiner musikalischen Schöpfung ausmachte, war die neue Form der siamesischen Hofkultur, die mit der deutschen Militärkultur verknüpft wurde, dabei aber weiterhin ihren ursprünglichen Charakter und ihre Funktion aufrechterhielt. Dieser Vorsatz läßt sich wahrscheinlich aus seinem früheren gescheiterten Versuch erklären, experimentierend das siamesische Tonsystem an das westliche System anzunähern, um die Hofmusik Siams nach dem westlichen Vorbild zu ,zivilisieren‘.

Die Gruppe B enthält vier Märsche, die erwartungsgemäß nach dem Vorbild preußisch-deutscher Märsche komponiert wurden, aber denen ausschließlich siamesische Melodien zugrundelagen. Sie waren ursprünglich feierliche Stücke, die bei verschiedenen Hofzeremonien von einem traditionellen Ensemble vorgetragen wurden. Sie können mit ,Märschen‘ im westlichen Sinne verglichen werden. Prinz Paribatra hat diese ,Märsche‘ für Kapelle bearbeitet; sie sollten von einem Bläserensemble vorgetragen werden und weitgehend als feierliche Hofmusik fungieren, damit die siamesische feierliche Musik nun militärisch klang[271]: *Maharoek* (Weihezeit), *Mahajaya* (Großer Sieg), *Sakonlan* (Stürmische See) und *Payasok* (Trauermarsch). *Maharoek* und *Mahajaya* wurden ursprünglich für den

---

[270] Darüber hinaus enthalten die Kompositionen der Gruppen C und D Musik der Thao-Gattung, der damals beliebtesten Kompositionsgattung am Hof Siams. Gruppe F gilt als Nebenprodukt der Gruppe C. Es handelt sich dabei um die zu rezitierenden Texte.

[271] *Phleng Sanrasoen Sueapa* wird hier nicht berücksichtigt, da die Zuordnung wie oben bereits erwähnt problematisch ist.

König und gesellschaftlich hochstehende Personen vorgetragen. Heute ist *Maharoek* ein feierlicher Beitrag; er wird zu jedem Anlaß und für jede Gesellschaft vorgetragen, während *Mahajaya* nur für das Staatsoberhaupt, nämlich den König sowie den Premierminister, bestimmt ist. *Sakonlan* ist von dem traditionellen Stück *Thaleba* oder *Oktalee* (die stürmische See) hergeleitet; seine Bearbeitung für Musikkorps ist als Begleitung einer Militärparade gedacht. Bei *Payasok* handelt es sich um einen Trauermarsch für höfische Leichnams-Prozessionen[272].

Paribatras Wirken stellt eine erste Vollendung der über 50 Jahre währenden Auseinandersetzung zwischen der deutschen und der siamesischen Kultur dar. Der von ihm propagierte musikalische Austausch lief zur angestrebten Reform in den Bereichen des Staats- und Militärwesens parallel[273]. Darin liegt die Eigenart der siamesischen Rezeption westlicher Kultur. Bei der Modernisierung ließ sich Siam zunächst vom Westen belehren. Viele Fachleute sowie Fachberater aus verschiedenen westlichen Ländern wurden mit Reformen beauftragt. Nach dem Prinzip divide et impera war jeweils ein westlicher Staat für einen bestimmten Bereich zuständig, z. B. die Deutschen für das Eisenbahn- und Postwesen, die Dänen für die Polizei und die Marine, die Briten für das Bildungssystem und die Belgier für das Rechtssystem, damit keine Gefahr bestand, daß sie dem Staat schaden könnten[274]. Dabei wurden viele Einheimische ausgebildet. Zugleich schickte der König seine Kinder nach Europa zum Studieren, und zwar in die Länder, in denen die Monarchie noch existierte. Als diese dort ihr Studium absolvierten, war der Modernisierungsprozeß in Siam schon im Gang. Diese Prinzen sollten dann die westlichen Experten ersetzen; so konnten die siamesischen Prinzen zu Beginn des 20. Jahrhunderts beinahe alle Aufgaben der westlichen Fachleute erfüllen[275]. Dies spiegelte sich auch im musikalischen Bereich wider. Hatte Siam seit den 1870er Jahren Kapellmeister aus verschiedenen Ländern, u. a. England, Frankreich, den USA und Deutschland, angestellt[276], so besaß Siam in den 1900er Jahren einheimische Kapellmeister.

In den 1930er Jahren erreichte Siam den Höhepunkt der Rezeption westlicher Kultur. Dazu hat Seelig folgendes beobachtet und zusammengefaßt:

„Während dieses Land [sc. Holländisch-Indien] ausschließlich nur holländische Kultur pflegt, begegnet man in Siam allenthalben, im großen und kleinen, im staatlichen, geschäftlichen und häuslichen Leben der europäischen Kultur, weil die Kultur-Triebkräfte gleich-

---

[272] Vgl. Prinzessin Siriratana und Punpis, S. 74.

[273] Die Reform des Staatswesens seit der Regierungszeit Rama V. (reg. 1868-1910) bis in die Gegenwart wird ausführlich geschildert in: *Regions and National Integration in Thailand 1892-1992*, hrsg. v. Volker Grabowsky, Wiesbaden 1995.

[274] Vgl. Prinz Ch. Chakrabongse, S. 239 f.

[275] Vgl. Prinz Ch. Chakrabongse, S. ebd.

[276] Ebenso war die siamesische Marine unter der Leitung des dänischen Kapitäns Richelieu, bevor Prinz Paribatra sein Amt antrat (vgl. Prinz Ch. Chakrabongse, S. 229).

mäßig aus ganz Europa und Amerika zusammengeholt sind. Sie ist mehr gleichmäßig und international, und keines der europäischen Völker wird in irgendwelcher Weise an Bedeutung, Einfluß und Kulturverbreitung vorherrschen. Infolge der größeren Internationalität der europäischen Bevölkerung herrscht in Siam ein viel regeres geistiges Leben, viel höheres künstlerisches und ästhetisches Sichbestreben als irgendwo, wo das europäische und eurasiatische Element an Oberflächlichkeit seinesgleichen sucht."[277]

Welche Bedingungen die rasche Anpassung an westliches Leben beförderten, zeigt sich wiederum exemplarisch an Wirken des Prinzen Paribatra. Seine musikalische Schöpfung kann zunächst unter dreierlei Aspekten betrachtet werden: Erstens, daß er sich in zwei Kulturen sehr gut auskannte. Zweitens, daß die traditionelle Musik Siams den Höhepunkt ihrer Entwicklung erreicht hatte[278]. Und drittens, daß sich die Blaskapelle Siams damals weit genug entwickelt hatte und in der Lage war, die Kompositionen des Prinzen vorzutragen. Um den Zusammenhang mit der Rezeption der deutschen Blaskapelle überblicken zu können, soll im nächsten Abschnitt auf die Geschichte der siamesischen Militärkapelle eingegangen werden, nicht zuletzt deshalb, weil diese noch nie in Thailand dargestellt worden ist.

Exkurs: Die Anfänge der siamesischen Blaskapellenmusik am Hof

Das genaue Datum der ersten Einführung der westlichen Blaskapelle ist in Siam nicht überliefert[279]. Ebenfalls sind fast keine Informationen über die Kapelle Siams in der Folgezeit in offiziellen Dokumenten von seiten Siams erhalten, sondern nahezu ausschließlich in solchen von seiten des Westens, u. a. in Zeitungen sowie Reiseberichten. Diese sind allerdings nur sehr lückenhaft überliefert. Dessen ungeachtet kann man Entwicklungsstand sowie Verbreitung der Militärkapelle Siams rekonstruieren. Es beginnt mit der ersten Erwähnung im Zusammenhang mit der preußischen Expedition 1862 und reicht bis zur letzten Erwähnung 1932 durch einen deutschen Musikwissenschaftler, Paul J. Seelig.

Die Ansätze zur Einrichtung einer westlichen Militärkapelle datieren parallel zur Einführung der Militärwesenreform nach westlichem Vorbild zu Beginn der Regierungszeit von König Rama IV. (reg. 1851-1868). Als der englische Gesandte

---

[277] Seelig, S. 4.

[278] Siehe auch *Die Musik der Bangkok-Periode (seit 1782)* im ersten Kapitel.

[279] Es ist allerdings in Thailand überliefert, daß König Rama IV. zwei britische Offiziere, Hauptmann Knox und Hauptmann Impey, aus Britisch-Indien mit der Reform der Streitkräfte nach westlichem Vorbild beauftragte (vgl. *The Siam Repository*, II/ 1 (1870), S. 402). Dabei sollen die beiden Offiziere auch die Militärkapelle eingeführt haben. Es gibt noch weitere wichtige Quellen, die in der British Library London aufbewahrt werden. Da es an finanziellen Mitteln mangelt, diese eingehend zu erforschen, wird diese Arbeit mit den in Thailand und Deutschland verfügbaren bruchstückhaften Quellen arbeiten.

Sir John Bowring 1855 in Siam eintraf, um einen Handelsvertrag mit Siam abzuschließen, hat er aufgezeichnet, daß Siam damals noch kein richtiges Musikkorps besaß. Als er am 3. April 1855 beim Ehrenempfang am Königspalast vor dem Spalier stand, äußerte er:

> „Never was such music-fifes, drum, and a fiddle, played by the most grotesque-looking figures imaginable."[280]

Diese Aufzeichnung Bowrings weist zumindest darauf hin, daß Siam nun schon den protokollarischen Aspekt westlicher militärischer Tradition bei internationalen Staatsempfängen übernommen hatte.

Die Berichte der Eulenburg-Mission 1861/62 gelten als die zweite wichtige Informationsquelle über die siamesische Hofkapelle. Damit begann die erste musikalische Belehrung. Es wird berichtet, daß innerhalb von ca. sechs Jahren (von 1855 bis 1861) der König von Siam schon eine vollständige Besetzung des Musikkorps in Berlin erworben hatte. Aber die Musiker konnten weder mit den Instrumenten umgehen noch westliche Notationsschrift lesen. Und nach einem Unterricht von drei Wochen bei dem preußischen Kapellmeister Fritz konnten - dem Bericht der preußischen Expedition zufolge - die Musiker dann einige preußische Märsche spielen.[281]

Aus den folgenden sechs Jahren, von 1863 bis 1868, fand man bis jetzt noch keine Aufzeichnung über die Blaskapelle Siams. Von 1869 bis 1874 wurde die englische Zeitung *The Siam Repository* von Samuel J. Smith, einem englisch-portugiesischen protestantischen Missionar in Bangkok, herausgegeben. Aus der Berichterstattung des Jahres 1870 erfährt man, daß es in Siam nun wenigstens drei Musikkorps gab: am Hof des ersten Königs, des zweiten Königs und des vormundschaftlichen Regenten[282]. Das siamesische Musikkorps hatte innerhalb von acht Jahren nach der preußischen Expedition 1862 Fortschritte gemacht. Das Korps konnte nun in der Öffentlichkeit auftreten, wie zum Beispiel bei einheimischen staatlichen Feierlichkeiten oder auch bei solchen westlicher Botschaften sowie Konsulate.

Dabei handelte es sich um eine mittlere Besetzung von ca. 15 bis 19 Musikern. Den Berichten nach ist dabei bemerkenswert, daß die Musiker zu der Zeit sehr jung waren und überwiegend einheimischen christlichen Minderheiten nichtsiamesischer Abstammung angehörten, wie Vietnamesen oder Peguaner (eine

---

[280] Sir John Bowring, op. cit., S. 263. Hierüber siehe auch Anmerkung 11.

[281] *Die Preussische Expedition...*, S. 298.

[282] Seit 1868 hatte Siam einen neuen ersten König, Rama V. Chulalongkorn. Da er zu dieser Zeit noch nicht volljährig war, mußte er sich durch den Regenten vertreten lassen. Erst 1873 trat er als das offizielle Staatsoberhaupt auf.

Ethnie in Birma)[283]. Dies war damals selbstverständlich, denn diese einheimischen Christen waren u. a. an die Notationsschrift der westlichen Musik gewöhnt. Dazu erfährt man aus dem Revisionsbericht des Siam Repository vom 1. Juli 1870, daß die Hofkapelle Siams am 24. Mai 1870 der Geburtstagsfeier der Königin Victoria im englischen Konsulat in Bangkok beiwohnte:

„Two Siamese bands, one belonging to H. M. the Second King of Siam, and the other to His Highness the P'usamret Rajakan Pedin [dem vormundschaftlichen Regenten], which understand well the use of European Instruments. [...] The band of H. M. the Second King consisted of a group of 15 young lads; and that of His Highness of a group of 19 Cochin Chinese men."[284]

Im September 1871 traten drei Hofkapellen am Königsgeburtstag zusammen auf:

„The music of evening was kept up by three groups of performers. The band of H. M. the first King, of H. M. The Second King, and His Excellency, The Kralahome [der vormundschaftliche Regent und Verteidigungsminister]. One of these bands was composed of small Peguan boys, who performed admirably."[285]

---

[283] Damals war es in Siam selbstverständlich, daß, wer - außer den Staatsoberhäuptern - Fremdsprachen, u. a. Englisch sowie Französisch, beherrschte, Christ war aufgrund der engen Kontakte mit den Missionaren. Diese einheimischen Christen hatten, wie oben schon erwähnt, eben überwiegend keine siamesische Herkunft. Deshalb hatten sie ein anderes Verhältnis zum Staat; u. a. hatten sie keine Wehrpflicht zu leisten, aber eine gewisse höhere Steuerabgabe. Bei der Modernisierung wurden viele einheimische Christen am Hof beauftragt, nicht zuletzt, weil sie westliche Kultur bzw. Musik kennengelernt hatten, aber auch, weil sie mit den westlichen Experten kommunizieren konnten. Hierüber hat der Schiffsprediger Kreyher bei der Eulenburg-Mission sich schon geäußert: „Die jetzige Regierung ist dem Christentum nicht feindlich. Der König, völlig durchdrungen von der Ueberlegenheit der europäischen Macht und Cultur ist auf das Eifrigste bestrebt sein Land derselben entgegenzuführen, und begünstigt deshalb jede Verbindung mit Europa und die Ansiedelung der Fremden. Was seine Politik in Religionssachen betrifft, so hat er, obwohl selbst eifriger Anhänger und Apologet des Buddhimus den Grundsatz der freien Religions[aus]übung angenommen und es werden daher der Verkündigung des Evangeliums in seinem Lande keine Hindernisse mehr entgegengestellt. Ja in Bezug auf seine nicht siamesischen Unterthanen scheint der König es gar nicht ungern zu sehen, wenn sie zum Christenthume übertreten. So hat er vor einigen Jahren [vor 1862] selbst seinem General der Artillerie, der ein Christ ist, 3000 kriegsgefangene Anamiten [Vietnamesen], welche der Armee einverleibt wurden mit dem Auftrage übergeben, sie zu Christen zu machen." (J. Kreyher, S. 377 f.). So dürften diese vietnamesischen Kapellenmusiker die von Kreyher erwähnten vietnamesischen Söldner gewesen sein.
[284] *The Siam Repository*, II/ 1 (1870), S. 385.
[285] *The Siam Repository*, IV/ 4 (1872), S. 8.

Frank Vincent, ein US-Amerikaner, der sich 1870-71 in Siam aufhielt und eine Audienz bei König Rama V. erhielt, berichtet, daß der erste König sogar zwei Kapellen besessen habe:

„After the parade His Majesty's own brass band played for us. There were sixteen instrumentalists, led by a sergeantmajor, a mere youngster seven or eight years old and three feet in height; indeed, none of the members of the band were more than twenty years of age. [...] They played in remarkably good time and tune, first the 'Siamese National Hymn'[286], a rather pretty composition; and, second, a very familiar western Waltz. Afterwards another band of musicians, who were older, but had had less practice, were ordered out, and they rendered a piece of dancing music tolerably well."[287]

Die Behauptung, daß die Musiker im Alter von sieben oder acht gewesen seien, ist nicht nachzuvollziehen. Es wird sich dabei um eine falsche Alterseinschätzung durch den Autor handeln. Daraus erhält man mindestens die Information, daß die Kapelle Siams um diese Zeit in der Aufbauphase war und außerdem der König nun die junge Generation förderte.

Der Bericht von Frank Vincent hat gezeigt, daß die siamesische Militärkapelle im Zeitraum von 1862 bis 1880 nicht nur in erster Linie eine Repräsentationsfunktion bei Hof bzw. Staat erfüllte; vielmehr lernte sie neben dem Signalblasen zur Aufstellung des Heeres sowie dem Tafel-, und Stundenblasen auch die westliche Unterhaltungsmusik spielen, u. a. Walzer, oder andere Musik, die für Kapelle bearbeitet war. So berichtete auch *The Siam Repository* beispielsweise anläßlich des Gastempfanges eines holländischen Botschafters[288] in Bangkok am 18. Oktober 1872: Zunächst spielte die Kapelle im Spalier die offizielle Begrüßung:

„After entering the palace walls, lines of soldiers presented arms, and native bands with European instruments played welcome strains."[289]

Während des Essens spielten nun die Hofkapelle und das traditionelle Ensemble abwechselnd zur Unterhaltung:

---

[286] Bei dieser Nationalhymne von Siam dürfte es sich um *Die glückliche Blume* handeln, wenn man davon ausgeht, daß diese 1873 durch die zweite siamesische Nationalhymne ersetzt worden ist. Siehe *Die glückliche Blume* im dritten Kapitel.

[287] Fr. Vincent, *The Land of the White Elephant, sights and scenes in south-east Asia 1871-1872*, New York 1872, S. 151 f.

[288] *The Siam Repository*, V/ 1 (1873), S. 25 ff. Es wird nicht angegeben, aus welchem Land er angereist kam. Es kann nur vermutet werden, daß er aus Niederländisch-indischen (heute Indonesien) kam, denn damals fanden gegenseitige Besuche beider Länder häufig statt.

[289] *The Siam Repository*, V/ 1 (1873), S. 41.

„During the meal, a band of European and native instruments alternately played native and European airs."[290]

Als weiterer Punkt ist zu beobachten, daß die siamesische Hofkapelle auch die anderen westlichen Staaten repräsentierte, u. a. Großbritannien sowie Deutschland. Sie wohnten am häufigsten deren nationalen Feierlichkeiten bei. So schickten zum Beispiel der zweite König und der vormundschaftliche Regent ihre Hofkapelle zum englischen Generalkonsulat zur Feier anläßlich des Geburtstages Königin Victorias am 24. Mai 1870. Es wurde berichtet:

„Two Siamese bands, one belonging to H. M. the Second King of Siam, and the other to His Highness the P'usamret Rajakan Pendin [dem Regent], which understand well the use of European Instruments, were placed at disposal of the Consul General to honor the occasion, and entertain the Company with the best pieces of music at their command."[291]

Oder - wie oben schon ausgeführt - der vormundschaftliche Regent schickte seine Hofkapelle zur Unterhaltung zur Geburtstagsfeier Wilhelms I. in Bangkok am 22. März 1871[292].

1874 gab es einen Bericht in *The Siam Repository* über die deutschen Kapellmeister am Hof des zweiten Königs. Dabei handelte es sich um einen Besuch des Autors an jenem Hof im Jahre 1873, und zwar eine Woche nach der Feier des offiziellen Regierungsantritts von König Rama V. In diesem Bericht gibt es darüber hinaus viele Informationen über den Unterricht sowie die Ausstattung des Unterrichtsraums, und dabei hat der Autor die deutschen Kapellmeister hoch gelobt:

„Let the Siamese teacher beg of the second King, to permit them to witness the number the German teachers training his brass band, and then let them strive to seek some of the German power to lead the young to do well. We went out to witness the grand display on the street, between the first and the second king's at the time of the coronation ceremonies last week. [...] We heard a band of music and wandered towards the sound, expecting to see a strolling company, lolling on the grass, preparing for evening, but no - a class opened before us, in a large hall, sitting at a long table, à la European, with European music notes before them, and a teacher drilling them. As I have done before to other teachers, I asked, 'please sir may I step in and listen a moment.' A seat was brought us and we designed to hear a tune and pass on. But I was pleased - delighted beyond measure. I saw before me my own longings accompanied - thoroughly trained class in science, I could but say to them, in Siamese, 'While the tinsel of this evening, will pass away this evening, your acquisitions will remain.' They played on and we listened - some were Siamese airs, the teacher had

---

[290] *The Siam Repository*, V/ 1 (1873), S. 53.

[291] *The Siam Repository*, II/ 1 (1870), S. 385.

[292] *The Siam Repository*, III/ 4 (1871), S. 257. Siehe das ausführliche Zitat auf S. Anmerkung 116.

119

written out in European notes, their own national air, and a more complicated piece of music, a selection of their teacher. It was discipline in the manner of the great masters, and it was a success. As we left I said, 'please tell me your nationality sir,' (He spoke English as if his mother tongue.) He replied, 'I am a German.' The Music did not excel all the music I ever heard out of Christian, enlightened countries, but it was a great success, as an example of teaching. The pupils had a good Hall, good comfortable seats, a good table, written music, the eye of each pupil was fixed on his note book, and with the precision of an orchestra, they obeyed the movements of the master. What can be done in music, can be done in mathematics, in languages, in natural and mental sciences and in the reception of all truth. The Siamese will know science, at least, they will, if they can secure teachers in every department, that are able to rule as the German ruled in music."[293]

Daß Deutsche in großer Anzahl am Königshof als Kapellmeister gearbeiteten, ist in Thailand bisher unbekannt. Infolgedessen ist nicht nachzuvollziehen, um wen es sich im einzelnen handelte. Überliefert ist lediglich, daß ein amerikanischer Kapellmeister deutscher Abstammung, Jacob Feit, um diese Zeit in dieser Position tätig war, wie den Reiseberichten in den nächsten Abschnitten zu entnehmen ist.

1884 urteilte Carl Bock, ein englischer Reisender, in seinem Reisebericht, daß die Kapelle im Verlauf von 14 Jahren (von 1870 bis gegen 1884) eine größer werdende Rolle in der siamesischen Gesellschaft gewonnen habe und schon von Militärs fast aller Dienstgrade unterhalten werde. Vor allem gab es am Königshof schon einheimische Kapellmeister und Musiker[294]:

"[...] they [sc. die Siamesen] are beginning to adopt those used by European brass bands. Every of rank has at least one band, if not two, one exclusively of native and the other exclusively of European instruments. His Majesty has some excellent bands, in one of which the band-master as well as the members of the band are Siamese. In other cases the leaders are either Germans or Italians, though the rest of the musicians are all Siamese."[295]

Ein Franzose, Lucien Fournereau, erwähnte 1892, acht Jahre später, daß die siamesische Kapelle nun nachmittags auf dem freien Platz dem Königspalast gegenüber (also dem freien Platz vor dem heutigen Verteidigungsministerium) musiziert habe. Dort habe sie unter der Leitung eines italienischen Kapellmeisters

---

[293] *The Siam Repository*, VI/ 1 (1874), S. 128.

[294] Hier ist zu vermuten, daß die Musiker nun überwiegend Siamesen waren.

[295] C. Bock, *Temples and Elephants: The Narrative of a Journey of Exploration Through Upper Siam and Laos*, London, 1884, S. 46 f. Bei den erwähnten deutschen und italienischen Kapellmeistern handelt es sich wahrscheinlich um die zwei Amerikaner Jacob Feit und M. Fusco. Es ist bekannt, daß Siam um diese Zeit zwei US-Amerikaner deutscher und italienischer Abstammung am Hof mit der Leitung der Militärkapellen beauftragt hatte. Siehe die Diskussion in den nächsten Absätzen.

aus Opern exzerpierte Melodien gespielt, und zwar von Gounod und Massenet, sowie Kompositionen von Schumann[296]. 1899 bestätigte Ernst von Hesse-Wartegg dies noch einmal:

> „Ueber alles Lob erhaben sind die mit europäischen Instrumenten versehenen Musikkorps der einzelnen Regimenter, die abwechselnd täglich in Bangkok öffentlich konzertieren."[297]

Diese Quellen weisen schon darauf hin, daß die Kapellen nun ein Bestandteil der Armee Siams waren und täglich in der Öffentlichkeit auftreten konnten.

Die Frage, wer im Zeitraum von 1862 bis 1900 als Kapellmeister am Königshof bzw. bei der siamesischen Regierung angestellt war, ist jedoch schwierig zu beantworten. Bis jetzt kann in Thailand nur festgestellt werden, daß Siam von 1862 bis 1900 mindestens vier Kapellmeister eingestellt hat. 1870 wurde von der Zeitung *The Siam Repository* erwähnt, daß Siam zu dieser Zeit zwei Kapellmeister hatte: den Franzosen Chabrie am Hof des zweiten Königs und den Singapurer Hewston am Hof des ersten Königs[298]. Unbekannt bleibt jedoch, bis wann sie angestellt waren. Später in den 1870er Jahren hat die siamesische Regierung zwei weitere Kapellmeister beschäftigt: Jacob Feit, einen US-Amerikaner deutscher Abstammung, und M. Fusco, einen US-Amerikaner italienischer Abstammung. Jacob Feit wurde von 1873 bis 1885 am Hof des zweiten Königs und von 1885 bis 1909 am Hof des ersten Königs beauftragt, während Fusco sein Amt durchgehend von 1878 bis 1902 bei der siamesischen Marine ausübte[299]. Von 1912 bis 1913 war ein weiterer italienischer Kapellmeister, Roberto Nazzari, bei der Armee tätig. Dieser kehrte nach dem Ersten Weltkrieg (1920) wieder nach Siam zurück und trat

---

[296] So berichtete er: „With regret we leave Wat Phra Keo [den Hoftempel im Königspalast von Bangkok] and climb into the Victoria which now brings us to listen to military music in the courtyard of the army barracks. Today we are far from the time when Siamese musicians were content to blow as hard as they could in their long antiquated trumpets and in red copper horns: the gong and the tom-tom have been dethroned and we have been able to reverently listen to excellent music executing pieces of our most celebrated operas harmoniously. The leader of the orchestra is an Italian; the deputy is Siamese." (L. Fournereau, *Bangkok in 1892*, Bangkok ²1998, S. 83 f.).

[297] E. von Hesse-Wartegg, *Siam. Das Reich des weissen Elefanten*, Leipzig 1899, S. 161.

[298] Vgl. *Siam Repository*, II/ 1 (1870), S. 402.

[299] Vgl. Boonchae, S. 22. Jacob Feit (1844-1909) stammte aus Trier und wanderte 1862 in die USA aus. Nach der Beteiligung am dortigen Bürgerkrieg kam er 1867 nach Siam auf weitere Abenteuer. In Siam ist er bis zu seinem Tode geblieben. Er heiratete eine einheimische Frau. Sein Sohn Peter Feit (1883-1968) oder, mit einheimischem Namen, Piti Vatyakara war später auch Dirigent des Symphonieorchesters am königlichen Hof. Er ist bekannt unter der Amtsbezeichnung Phra Chen Duriyanga. Phra Chen Duriyanga hat 1932 die dritte (also die jetzige) Nationalhymne von Thailand komponiert (vgl. Phra Chen Duriyanga, op. cit., S. 27 ff. und 37 ff.). Im Gegensatz zu Jacob Feit ist die Biographie des Kapellmeisters M. Fusco nicht überliefert.

als Kapellmeister bei der siamesischen Kavallerie an[300]. Es wird berichtet, daß er zwei Jahre später mit seiner Kapelle in Kollaboration mit dem siamesischen Hoforchester die Oper *Cavalleria Rusticana* von Mascagni aufführte. Dies war die erste Opernaufführung überhaupt in Siam[301].

Nun soll von der Problematik der Staatszugehörigkeit der beiden Kapellmeister, Jacob Feit und M. Fusco, die Rede sein. Nach offiziellen Angaben aus Thailand waren sie US-Amerikaner, aber von italienischer bzw. deutscher Abstammung. Paradoxerweise werden sie in den westlichen Quellen (u. a. in den Reiseberichten von Carl Bock und Lucien Fournereau) als Deutscher bzw. Italiener bezeichnet. Es ist jedoch unklar, was Jacob Feit sowie die Autoren damit meinten, d. h. ob es sich dabei um die Kulturidentität handeln sollte. Sollte dies der Fall sein, dürfte die Aussage „I am a German" aus dem Bericht in *The Siam Repository* 1874 von Jacob Feit selbst stammen. Denn dem Bericht zufolge sprach der Kapellmeister akzentfreies Englisch. Dies könnte auch darauf zurückgeführt werden, daß der aus Trier ausgewanderte Jacob Feit (1844-1909) seit seinem 19. Lebensjahr (1863 bis 1867) in den USA lebte. Es ist durchaus denkbar, daß er binnen vier Jahren des Aufenthaltes (1863 bis 1867) in den USA sehr gut Englisch sprechen lernte. Diese These kann nicht widerlegt werden. Da sich nicht allzuviele Quellen für die Untersuchung fanden, kann die vorliegende Arbeit nicht näher darauf eingehen. Um dies genauer aufklären zu können, ist weitere aufwendige Erforschung der Dokumente nötig, die in den USA und in der Kolonialabteilung der British Library London aufbewahrt sind.

In der Regierungszeit König Ramas VI. (reg. 1910-1925) ist die Rezeption der westlichen Musik einen Schritt weiter gekommen, so daß in Siam nun zum ersten Mal am Hof ein Sinfonieorchester eingerichtet wurde. Da der König sein Studium in Oxford genossen hatte, kannte er sich in der westlichen Kultur gut aus. Dies sorgte dafür, daß sich der Prozeß der Rezeption der westlichen Kultur in Siam sehr beschleunigte, und zwar u. a. in Bereichen der Literatur und des Theaters. Phra Chen Duriyanga, der Sohn des Kapellmeisters Jacob Feit, trat als der erste Chefdirigent (von 1917 bis 1932) des siamesischen Hofsinfonieorchesters auf. 1932 hat Paul J. Seelig die Lebendigkeit der westlichen Kultur in der Gesellschaft Siams beobachtet[302]. Dabei hebt der Autor hervor, daß die zunehmende Rezeption westlicher Musikkultur in Siam als Indiz für die Einflußnahme des Westens in

---

[300] Vgl. Phra Chen Duriyanga, op. cit., S. 38. Es wurde in Thailand ebenfalls nicht überliefert, bis wann er in Siam gearbeitet hat. Zur ausführlichen Darstellung des Kapellmeisters Nazzari siehe P. Roongruang, S. 142 ff.

[301] Vgl. Phra Chen Duriyanga, op. cit., S. 41. Natürlich waren die Sänger und Darsteller auf der Bühne ausschließlich aus dem Westen, nur die Instrumentalisten Einheimische.

[302] Das Jahr 1932, auf das als obere Grenze die vorliegende Arbeit beschränkt ist, weist noch eine Besonderheit auf, nämlich daß es das letzte Jahr der absoluten Monarchie Siams war. Die Zivilregierung hat danach eine andere Kulturpolitik gepflegt.

anderen Bereichen, u. a. beim Staats- und Militärwesen, betrachtet werden könne. So berichtet Seelig:

> „Das buddhistische Königreich nähert sich unter seiner tatkräftigen und fortschrittlich ge- sinnten Regierung, deren Seele die Chakri-Familie [die heutige Dynastie, seit 1872] ist, mit geradezu verblüffender Schnelligkeit der Kulturstufe, auf welcher heute das kultivierteste Land des Ostens, Niederländisch-Indien, steht. [...] Eben durch die Internationalität des eu- ropäischen Publikums wurde eine höhere und regere geistige und künstlerische Betätigung bewirkt, welche ansteckend auf den Siamesen gewirkt hat, so daß eben jetzt die Zeit ge- kommen ist, um beobachten zu können, daß bei der ungeheuren Schnelligkeit, mit der die Kulturbestrebungen in Siam auf allen Gebieten vor sich gehen, der Siamese etwas leisten kann und leistungsfähig ist. Was auf musikalischem Gebiet hervorgegangen ist, zeigen uns die großen Militärorchester, welche neben Blas- auch Streichmusik führen. Dann das Royal Orchestra, das seit einigen Jahren Symphonie-Konzerte gibt und die modernsten Werke unter der Direktion von Phra Chen Duriyanga vorführt, dessen Vater Jacob Feit, aus Trier gebürtig, als erster Hofkapellmeister das Musikinteresse unter der eingeborenen Bevölke- rung gefördert hat. Mit jedem Jahre spürt man die weitere Entwicklung der europäischen Kunst, [...].“[303]

Wie gezeigt, entwickelte sich im Zeitraum von nur 38 Jahren (von 1862 bis ca. 1900) eine siamesische Militärkapellenkultur. Diese Prozeß konnte sich deshalb so schnell vollziehen, weil die Könige von Siam bereits vorher der westlichen Kultur gegenüber sehr aufgeschlossen waren. Es begann mit der Einrichtung der Hofkapelle und weitete sich auf die anderen militärischen Abteilungen aus. Dann schloß sich der preußisch-deutsche Einfluß der Militärmusik an.

4. Zusammenfassung

Im allgemeinen betrachtet hatte die Rezeption der preußisch-deutschen Ka- pelle sowie der westlichen Kultur in Siam die Funktion, durch dauernde Moderni- sierung die eigene Souveränität zu bewahren. Die kulturelle Modernisierung konnte allein jedoch nicht die Souveränität Siams gewährleisten. Neben den geschickten politischen Verhandlungen in der Außenpolitik mußte Siam auch eine wohlüberlegte Wirtschaftspolitik betreiben, um reichliche Einnahmequellen für die Modernisierung zu erschließen - so hatte Siam den siamesischen Wirtschaftsbe- richten zu Beginn des 20. Jahrhunderts zufolge jährlich hohe Überschüsse in der Handelsbilanz[304]. Ferner gab es damals keine Internationalen Fonds im heutigen

---

[303] Vgl. Seelig, S. 4.

[304] Vgl. Prinz Ch. Chakrabongse, S. 264 f. Da die Darstellung der Wirtschaft Siams in diesem Zeitraum weitere aufwendige Forschungen erfordert, wird in dieser Arbeit nicht darauf einge- gangen. Es gibt inzwischen Untersuchungen der Bedingungen der Unabhängigkeit von Siam im

Sinne, die Siam hätten Geld zur Verfügung stellen können. So war Siam, das damals auf der Agrarwirtschaft basierte, auf sich allein gestellt. Nur die Wirtschaftspolitik der siamesischen Regierung ermöglichte den fortschrittlichen Modernisierungsprozeß und damit die Selbständigkeit in der Kulturpolitik, die wiederum Souveränitätserhalt Siams bedeutete. Es wird dabei oft diskutiert, ob die Souveränität Siams nicht vielmehr darin begründete war, daß die beiden Kolonialmächte Großbritannien und Frankreich in den 1890er Jahren das Abkommen getroffen hatten, Siam als ‚Pufferstaat' einzurichten[305]. Diese Mächte hätten jedoch in Siam leicht eingreifen können, wenn dieser Staat wirtschaftlich sowie politisch schwach gewesen wäre und keinen Widerstand hätte leisten können.

Auf musikalischem Gebiet äußerte sich die Reform in der Übernahme der Blaskapelle. Den Reiseberichten zufolge gab es in der 1890er Jahren in beinahe jedem siamesischen Regiment eine eigene Kapelle[306]. In diesem Zusammenhang muß bedacht werden, welchen Kostenaufwand das bedeutete, nämlich Anschaffung der Kapellenbesetzungen, Musiknoten, Musiker und die Bezahlung eines westlichen Kapellmeisters. Verglichen mit dem Kostenaufwand für die Einrichtung der westlichen Kapellen mußte der Staat noch viel mehr bei den Reformen in anderen Bereichen, wie beispielsweise Militär, Bildung, Rechtssystem, Infrastruktur usw., investieren.

Die Untersuchung hat gezeigt, daß Siam dabei freie Entscheidungen treffen konnte, sich die Kultur aus einem bestimmten Land anzueignen, und zwar aus den Ländern, in denen Könige sowie Kaiser als Staatsoberhäupter fungierten. Im Hinblick auf die Rezeption der Kapelle hat Siam es dabei nicht vorgezogen, Kapellen aus bestimmten Ländern zu übernehmen. So wurden im Zeitraum von 1862 bis 1903 Kapellmeister aus verschiedenen Ländern beauftragt. Daß die Rezeption der preußisch-deutschen Kapelle in Siam stattgefunden hat, ergab sich also zufällig. Weil Prinz Paribatra persönlich großes Interesse an der preußisch-deutschen Militärmusik hatte, ergriff er selbst die Initiative, die Kapellen nach jenem Vorbild einzurichten. Es gab in der Tat damals schon mehrere Prinzen aus Siam - wie beispielsweise Prinz Mahidol, den Vater des jetzigen Königs Bhumiphol von Thailand, der 1908 als der letzte Prinz von Siam in der preußisch-deutschen militärischen Ausbildung unter der Aufsicht von Wilhelm II. war - , die ihre Studien in Deutschland genossen hatten. Diese hatten aber kein ernsthaftes Interesse an Musik wie Paribatra. In letzter Kon-

---

Kampf gegen Kolonisation, in denen der wirtschaftliche Aspekt in Betracht gezogen wird. Siehe beispielsweise den Aufsatz von Chris Dixon und Michael J. G. Parnwell, *Thailand: The Legacy of Non-Colonial Development in South-East Asia*, in: *Colonialism and Development in the Contemporary World*, hrsg. v. Chris Dixon und Michael Haffernan, London 1991, S. 204-225. Der Verfasser möchte hier nur darauf hinweisen, daß bei der Diskussion der Souveränität Siams auch der wirtschaftliche Aspekt einbezogen werden muß.

[305] Der Grund lag darin, daß man zur Annexion eines fremden Landes viel Geld benötigte. Frankreich und England waren damals nicht dazu in der Lage.

[306] Vgl. E. v. Hesse-Wartegg, S. 161.

sequenz hing somit die Rezeption der preußisch-deutschen Kapelle in Siam von der Person Paribatra ab, war also ein Stück weit zufällig.

Die deutsch-siamesischen Musikbeziehungen auf inoffizieller Ebene, wie sie beispielsweise im *Deutschen Kulb* gepflegt wurden, dienten vorwiegend dem Musikleben in Bangkok ansässigen Deutscher. Dieses führte jedoch nur am Rande zu Begegnungen mit Siamesen und regte keine eigenschöpferische Musikkultur in Siam an. Ebensowenig die westlichen Kapellmeister, die längere Zeit in Siam angestellt waren und schon mehrere Bearbeitungen von traditioneller Musik in Kapellenfassung angefertigt hatten. Diese Bearbeitungen hatten gleichfalls offiziell keine besondere Bedeutung und erfüllten allein eine ‚Unterhaltungsfunktion' für das breite Publikum. Nach der Amtszeit der westlichen Kapellmeister wurde eine solche ‚Unterhaltungsmusik' nicht weiter gepflegt. Infolgedessen sind Noten davon nur noch selten in Thailand erhalten.

Der Zeitraum der Rezeption der westlichen Kultur läßt sich nun in drei Generationen einteilen: Die erste Generation war die Regierung Ramas IV. (reg. 1851-1868), des Großvaters, die zweite diejenige Ramas V. (reg. 1868-1910), des Vaters, und die dritte die Ramas VI. (reg. 1910-1925) sowie Ramas VII. (reg. 1925-1935) und Prinz Paribatras (1881-1944), der Söhne. Dabei hatte jede Regierungszeit ihre eigene Art der Rezeption der westlichen Kultur, die wiederum aus dem politischen Kontext hervorging.

Bei der Rezeption der Kapelle in der ersten Generation, also in der Regierungszeit Ramas IV., handelte es sich um die Übernahme eines Symbols. Nach dem Angriff Birmas 1826 und der Niederlage Chinas im Opiumkrieg 1824 gegen Großbritannien wußte Rama IV., daß Siam sich nun möglichst schnell an westliche Modelle anpassen mußte. In erster Linie wurden westliche militärische Einrichtungen übernommen. Auch der Ankauf eines ganzen Musikkorps aus Berlin - dem Bericht *Die Preussischen Expedition...* zufolge[307] - war ein Paradebeispiel dafür, zumal niemand mit den Instrumenten umgehen konnte. Ebenso mußte Siam eine eigene Nationalhymne haben. Diesen Wunsch erfüllte Fritz bei der Eulenburg-Mission durch seine Komposition *Die glückliche Blume*; schon zuvor hatte Siam durch das englische National Anthem *God save the Queen* (*Victoria*) provisorisch seinen Staat repräsentiert[308]. Denn dieses westliche Protokoll mußte schnell eingerichtet werden. Daß Siam noch nicht in der Lage war, kritisch mit der westlichen Kultur umzugehen, zeigt die Übernahme der Nationalhymnen anderer Staaten, was die eigene Souveränität eher in Frage stellte, insbesondere die Übernahme von *God save the King*[309] aus Großbritannien.

---

[307] *Die Preussische Expedition...*, S. 272.

[308] Vgl. M. Tramod, *Prawat Phleng Sanrasoen Phrabarami lae Phleng Dschad* [*Die Geschichte der Nationalhymne von Siam und Thailand*], in: Silapakorn XVI/ 2 (1972), Bangkok S. 79.

[309] *God save the Queen* (*Victoria*) wurde dann in Siam in *God save the King* (*von Siam*) umbenannt, weil sie den König von Siam repräsentierte.

Bei der Rezeption der westlichen Kultur in der zweiten Generation, nämlich in der Regierungszeit Ramas V. (reg. 1868-1910), handelte es sich um gezielte Rezeption durch Anstellung westlicher Fachleute. Im Laufe dieser Regierungszeit wurden viele Kapellmeister am Königshof beauftragt. Nebenbei begann Siam allmählich, sich mit kritischen Fragen zu der westlichen Kultur auseinanderzusetzen, was ein Zeichen der eigenen Souveränität war. So wurde beispielsweise die Frage nach der Souveränität bei der Übernahme der *Glücklichen Blume* sowie von *God save the King* gestellt. Daraufhin entstand die zweite Nationalhymne Siams, die von einem einheimischen Komponisten komponiert wurde und vor allem auf einer einheimischen Melodie basiert - diese Frage wird ausführlich in Kapitel III behandelt. Die eigenständige Kulturpolitik zeigte sich deutlich darin, daß Siam sich auf Einflüsse aus bestimmten Ländern beschränkte. Die Gedanken der französischen republikanischen Staatsform sollten dabei ausgeschlossen werden, weil solche Gedanken niemals an das Herrschaftssystem Siams hätten angepaßt werden können und im Gegenteil sogar die Monarchie hätten stürzen können, und zwar nicht nur, weil Frankreich ein republikanischer Staat war, sondern auch, weil Frankreich zu jener Zeit eine aggressive Expansionspolitik betrieb, insbesondere gegen Siam. Dies hat sich daran gezeigt, daß der König bewußt seine Kinder zum Studium nur in die monarchischen Staaten schickte. Und seine Befürchtung hat sich tatsächlich später (beim Staatsstreich 1932 in Siam) bewahrheitet, indem die meisten daran Beteiligten ihr Studium in Frankreich genossen hatten. Dabei schickte der König seine Söhne nach Europa zum Studium, damit diese später die westlichen Experten ersetzen konnten[310]. In dieser Periode haben die westlichen Kapellmeister, darunter auch die Deutschen, dazu beigetragen, die einheimischen Kapellen zu unterrichten. Und die siamesischen Kapellen hatten zu dieser Zeit ein hohes Niveau.

Die westliche Musik sowie Kultur wurde erst in der dritten Generation reflektiert, und zwar durch die Prinzen sowie andere Einheimische, die im Ausland ihr Studium absolviert hatten. Diese haben allmählich die Posten der westlichen Experten in Siam übernommen. Da diese Prinzen sich in beiden Kulturen gut auskannten, begannen sie nun, das westliche Wissen sowie Kulturgut an die einheimische Kultur anzupassen. Im Hinblick auf den Bereich der siamesischen Kapelle hatten zu Beginn des 20. Jahrhunderts die meisten Regimenter in Siam bereits einheimische Kapellmeister. Nun begann Paribatra die traditionelle Musik für Kapelle zu bearbeiten. Daß Paribatra sich kritisch der preußisch-deutschen Kapellenmusik gegenüber stellte, zeigt seine Bearbeitungsmusik eindeutig, in der er wenig Märsche nach jenem Vorbild komponierte. Vielmehr hat er traditionelle

---

[310] Ein Grund dafür war, daß, obwohl der König eine „divide et impera"-Politik betrieb, er dennoch kein Vertrauen zu den westlichen Experten hatte. Denn damals waren die Spitzen aller Ämter durch den Westen besetzt. So dachte König Rama V., dem Zitat von Campell zufolge: Siam was „a universal horror of anything in the nature of a permanent European Civil Service" (J. G. D. Campell, *Siam in the Twentieth Century*, London 1902, S. 172).

Musik komponiert, und diese wurde dann für Kapelle bearbeitet. Daß die musikalische Leistung Paribatras letztlich in die siamesische Hofmusik eingegliedert wurde, indem dabei die deutsche mit der siamesischen Musikkultur verknüpft wurde, lag nicht nur daran, daß der Prinz sich selbst in beiden gut auskannte, sondern auch daran, daß seine musikalische Schöpfung eine feste Funktion hatte, nämlich als neue Erscheinungsform der Hofmusik Siams. Dies war die Zeit, in der die westliche Kultur sowie die militärische Präsenz am Hof Siams zugenommen hatten. Im Laufe der Zeit bildete sich eine neue Hofkultur Siams heraus, die mit der westlichen Militärkultur verknüpft war, insbesondere mit dem preußisch-deutschen Militäreinfluß - schon in den 1880er Jahren wurde die siamesische höfische Etikette nach westlichem Stil reformiert. Dies galt auch für die Kleidung, insbesondere die militärische Uniform.[311] Die Hofmusik in Blaskapellenfassung sollte deshalb einerseits militärisch sein, andererseits die Funktion und Bedeutung der Hofmusik (unverändert: ernsthaft und feierlich) im ursprünglichen Sinn haben. Dies wird im dritten Kapitel am Beispiel der Analyse der Kapellenfassung der Komposition *Khäkmon Bangkhunprom Thao* gezeigt.

Die Rezeption der westlichen Kapelle in Siam hat gezeigt, daß die bedeutende Verschmelzung der beiden Kulturen nur durch die Initiative der Einheimischen stattfinden konnte. Bis die Einheimischen die fremde Kultur reflektierten, dauerte es 48 Jahre (von 1862 bis 1910), bis in die dritte Generation hinein. Generell kann festgestellt werden: Ob eine fremde Kultur sich in einer Gesellschaft etablieren kann, hängt von zweierlei ab: erstens, ob sie sich mit der einheimischen Kultur verknüpfen läßt und zweitens, ob die neu entstandene Kulturform eine feste gesellschaftliche Funktion besitzt. Die Bearbeitung der traditionellen Hofmusik für Kapelle durch Paribatra erfüllte diese zwei Bedingungen und wird deshalb bis in die Gegenwart hinein gepflegt. Sie zählt heute in Thailand zur thailändischen Musik. Im Gegensatz dazu stehen die Übertragungen durch andere Kapellmeister, die bloß Unterhaltungsfunktionen erfüllten, und die schnell und folgenlos wieder verschwunden sind.

Allerdings muß auch festgestellt werden, daß die westliche Musik bzw. Kultur erst seit der Regierungszeit Ramas IV. (reg. 1851-1868) - im Gegensatz zu seinen Vorgängern Rama II. (reg. 1809-1824) und Rama III. (reg. 1824-1851) - zum ersten Mal in der Geschichte Siams systematisch rezipiert wurde. Dies war in erster Linie die Entscheidung des Staatsoberhauptes bzw. des Königs[312]. Rama IV. sowie seine Minister waren persönlich der westlichen Kultur gegenüber entgegenkommend. Schließlich gilt Rama IV. als der erste König Siams überhaupt, der Englisch sowie auch Latein konnte. Dadurch hatte er den Zugang zum Verständnis der westlichen Kultur. Der König öffnete sein Königreich infolgedessen der westlichen Welt; von nun an wurde Siams neue Epoche bezeichnet als

---

[311] Vgl. Prinz Ch. Chakrabongse, S. 223 f.
[312] Vgl. W. F. Vella, *Siam under Rama III*, New York 1957, S. 1 f.

„The New Siam"[313]oder „The Young Siam"[314], und Siam in der Zeit zuvor entsprechend als „The Old Siam"[315].

Die weiter oben beschriebene arrogante Haltung der Preußen und später Deutschlands (bis 1917) Siam gegenüber bestätigt ebenfalls die These, daß die politische Elite auf deutscher Seite eine entscheidende Rolle bei der Rezeption der fremden Kultur gespielt hat. Solange Staat und Kirche sich auf ein bestimmtes klischeehaftes Siambild eingestellt hatten, wurde an diesem in den Staatsorganen sowie bei den Bürokraten verbreitet festgehalten. Das heißt: dieses Stereotyp wurde von oben nach unten weitergegeben. Die oben dargestellten Nachuntersuchungen der preußisch-deutschen offiziellen politischen Akten, der Bildungsliteratur und der Schulbücher aus dieser Zeit sowie auch der Meinung der Kirche haben durchaus gezeigt, daß solche Vorurteile sich verbreitet eingeprägt haben.

Die Untersuchung läßt sich nun so zusammenfassen, daß der Staat ein große Rolle bei den kulturellen Kontakten spielte. Wenn Staat sowie Kirche sich auf ein historisches stereotypes Vorurteil als Richtlinie in der Kulturpolitik einstellen, wirkt diese Haltung sich auch auf die Gesellschaft aus. Dieses Desinteresse zeigt sich daran, daß das deutsche kulturelle Zentrum, *Der deutsche Klub* in Bangkok, nur für die Deutschen gedacht war. Das sorgte dafür, daß kultureller Kontakt mit jenem Land zumindest auf der offiziellen Ebene kaum stattgefunden hat. Hingegen waren die Eindrücke von der siamesischen Kultur bei den Deutschen, die aufgeschlossener waren und mehr Kontakte zu den Einheimischen hatten, überwiegend positiv, auch wenn es selbstverständlich hier wie überall letztendlich auf die persönliche Einstellung ankam. Immerhin vermittelt die breite Palette der Meinungen ein recht umfassendes Bild von den Möglichkeiten gegenseitigen Verstehens. Ebenso ist der Umgang von Stumpf mit den siamesischen Musikern in der wissenschaftlichen Untersuchung von gegenseitigem Respekt gekennzeichnet. Dabei wurde die Kultur Siams weiterhin als Kultur der ‚Naturvölker' eingeschätzt. Es steht nicht zur Diskussion, ob Stumpf dabei bewußt oder unbewußt urteilte. Mindestens zeigt eine solche Weltanschauung eindeutig, mit welchem historischen Interesse der preußische Staat sich damit befaßt hat. In diesen oben geschilderten Tatsachen ist der Grund dafür zu sehen, daß die siamesische Musik in Deutschland nicht rezipiert wurde. Davon soll ausführlich im vierten Kapitel die Rede sein. Vorab soll im dritten Kapitel dargestellt werden, wie die Siamesen die fremde Kultur reflektiert haben, und zwar an zwei konkreten Beispielen, der Nationalhymne *Die glückliche Blume* und der Bearbeitung des Stückes *Khäkmon Bangkhunprom Thao* für die Kapelle.

---

[313] Vgl. W. F. Vella, op. cit., ebd.
[314] Vgl. *The Siam Repository*, VI/ 1-4 (1874), S. 612.
[315] Vgl. W. F. Vella, op. cit., S. 223 f. und vgl. *The Siam Repository*, VI/ 1-4 (1874), S. 612.

III. Die musikalischen Kontakte der beiden Länder an zwei Beispielen

1. *Die glückliche Blume*

a) Entstehung und Rezeption

Wie bereits im vorangehenden Kapitel erläutert, wurde von Kapellmeister Fritz während der Eulenburg-Mission 1861/62 eine Nationalhymne für Siam komponiert. Der König von Siam nahm sie entgegen und nannte sie *Die glückliche Blume*[1]. Bedauerlicherweise gibt es darüber keine offiziellen Aufzeichnungen von seiten Siams. Die preußische Quelle kann jedoch nicht in dem Sinne interpretiert werden, daß Siam *Die glückliche Blume* offiziell als seine Nationalhymne übernommen hat, obwohl Fritz im Jahr 1900, 38 Jahre später, Carl Stumpf bestätigte, daß *Die glückliche Blume* die erste Nationalhymne von Siam gewesen sei[2]. In siamesischen Hofkreisen war sie bis zu Beginn des 20. Jahrhunderts wohl noch bekannt. Da man aber nichts über *Die glückliche Blume* schriftlich festhielt, konnte ihre Entstehungsgeschichte leicht in Vergessenheit geraten. Heute kennt in Thailand niemand mehr die genauen Umstände ihrer Entstehung und Funktion. Bekannt ist hingegen, daß Siam seit den 1850er Jahren provisorisch die britische Nationalhymne *God save the Queen* zur Repräsentation des Königs übernommen hatte, denn man glaubte, mit zunehmender Öffnung zum Westen für Staatsbesuche und ähnliche repräsentative Anlässe eine Nationalhymne zu benötigen, die die staatliche Souveränität symbolisierte.

Die Übernahme einer fremden Nationalhymne empfand man jedoch seit den 1870er Jahren gerade als eine Infragestellung der Souveränität Siams. Daraufhin entstand 1873 die offizielle Nationalhymne *Phleng Sanrasoen phrabaramie* (Der König sei gepriesen), in der eine einheimische Melodie - als Zeichen der Unabhängigkeit - verwendet wurde. Merkwürdigerweise weiß man in Thailand heute nicht nur wenig über *Die glückliche Blume*, sondern auch kaum etwas von der *Phleng Sanrasoen phrabaramie* (Der König sei gepriesen); weder ist ihre genaue Entstehungsgeschichte noch der Komponist bekannt.

Aufgrund ihres marschmäßigen Charakters wurde *Die glückliche Blume* 1911 von Prinz Paribatra verwendet als Marschstück zur Repräsentation des Bataillons *Gong Sueapa* (Das Wildtiger-Korps) und folglich *Phleng Sanrasoen sueapa* (Das Wildtiger-Korps sei gepriesen) genannt. Seitdem glaubte man, daß er der Komponist dieses Stückes sei. Bei dem *Gong Sueapa*-Bataillon handelte es sich um eine

---

[1] Vgl. *Die Preussische Expedition nach Ost-Asien nach amtlichen Quellen*, hrsg. v. Albert Berg, Bd. IV, Berlin 1873, S. 298.

[2] C. Stumpf, *Tonsystem und Musik der Siamesen*, in: *Sammelbände für Vergleichende Musikwissenschaft*, hrsg. v. Carl Stumpf und Erich Moritz von Hornbostel, München 1922, S. 158 (im folgenden abgekürzt als Stumpf).

paramilitärische Einheit, die von König Rama VI. (1911-1925) gegründet worden war, um das siamesische Nationalgefühl zu erwecken[3], was der These, *Die glückliche Blume* sei einmal Siams Nationalhymne gewesen, zusätzliches Gewicht verleiht.

Die glückliche Blume trat noch mehr in dem Hintergrund, als Siam durch einen Staatsstreich 1932 von einer absoluten in eine konstitutionelle Monarchie umgewandelt wurde: Es entstand eine weitere, die heutige Nationalhymne von Thailand, die seitdem allein den Staat repräsentiert, während die *Phleng Sanrasoen phrabaramie* (Der König sei gepriesen) weiterhin der Repräsentation des Königs dient. In den nächsten Abschnitten wird nun versucht, die Geschichte der *Glücklichen Blume* zu rekonstruieren.

Die Erforschung der Entstehung und Rezeption der *Glücklichen Blume* steht zunächst vor dem Problem, sich nur auf sehr wenige Quellen stützen zu können. Deren eingehende Interpretation ermöglicht jedoch, genaueres über den Komponisten und die Funktion des Stückes zu sagen. Es gibt zunächst drei wichtige Quellen, deren Autoren entweder das Geschehen erlebt oder mit den wirkenden Personen Kontakt hatten: *Die Preussische Expedition nach Ostasien nach amtlichen Quellen* (1862)[4], die englische Zeitung in Bangkok *The Siam Repository* (1872-73)[5] und der Aufsatz von Carl Stumpf *Tonsystem und Musik der Siamesen* (1900)[6]. Allerdings widersprechen sich zum Teil die Informationen, insbesondere bezüglich der Urheberschaft der *Glücklichen Blume*.

Nur aus dem Bericht über die *Preussische Expedition...* geht hervor, daß der Kapellmeister Fritz eine Nationalhymne für Siam komponiert habe, als er den siamesischen Hofmusikern Unterricht erteilte. So berichtete *Die Preussische Expedition...*:

> „Einige Tage darauf, am 29. Januar [1862], spielten die siamesischen Bläser zum ersten Mal vor ihrem König, der mit seinen Frauen aus der Audienzhalle zuhörte. Zugleich fanden Ballspiele und Pferderennen in den Höfen statt. Zum Schluss bliesen die Siamesen eine von Musikmeister Fritz componierte ‚siamesische Nationalhymne', welche der König ‚Die glückliche Blume' taufte."[7]

Der Titel *Die glücklichen Blume* ist nur im Deutschen bekannt. Wie das Stück im Thai oder im Englischen hieß, ist nicht überliefert. Diese Komposition ist, wenn man genau bedenkt, ein ebenso wichtiges Ereignis wie beispielsweise der Ab-

---

[3] Vgl. Prinz Chula Chakrabongse, *Lords of Life*, London, S. 275 ff (im folgenden abgekürzt als Prinz Ch. Chakrabongse).

[4] Dieser Bericht wird im folgenden zitiert als *Die Preussische Expedition nach Ost-Asien nach amtlichen Quellen*, Bd. IV, Berlin 1873.

[5] *The Siam Repository*, IV/ 1-4 (1872) und V/ 1 (1873).

[6] In: *Sammelbände für Vergleichende Musikwissenschaft*, hrsg. v. Carl Stumpf und Erich Moritz von Hornbostel, München 1922, S. 127-177.

[7] Vgl. *Die Preussische Expedition...*, S. 298.

schluß des Freundschafts-, Handels- und Schiffahrtsvertrags, zeigt sie jedoch, wenigstens als symbolisches Geschenk, eine Anerkennung der Souveränität Siams. Fraglich ist, weshalb *Die glückliche Blume* weder von Eulenburg noch von anderen Autoren, die eigene Berichte über die Expedition verfaßt haben, erwähnt wurde[8]. Hielten sie diese für unwichtig, oder war für sie die Komposition keine besondere Leistung des Komponisten?

In Siam wurde die Funktion der *Glücklichen Blume* als Nationalhymne von der englischen Zeitung *The Siam Repository* für die frühen 1870er Jahre indirekt bestätigt[9]. Aus den Informationen von *The Siam Repository* geht zunächst hervor, daß Siam zweierlei Hymnen verwendet hat, nämlich *God save the King* und eine andere Hymne, für die jedoch unterschiedliche Bezeichnungen wie „the Siamese national anthem"[10], „the Siamese national air"[11] verwendet wurden, ohne einen Titel zu nennen. Die englische Hymne hingegen wurde stets mit *God save the King* angesprochen und so stellt sich die Frage, ob nicht mit den anderen Bezeichnungen tatsächlich *Die glückliche Blume* gemeint war. Geht man davon aus, daß die offizielle Nationalhymne von Siam *Phleng Sanrasoen phrabaramie* (Der König sei gepriesen) erst 1873 entstanden ist, müßten die Berichte in der *Siam Repository* auf *Die glückliche Blume* verweisen, denn alle drei referieren Vorgänge aus der Zeit vor 1873. Die genaue Jahresangabe der Entstehung der somit eigentlich zweiten siamesischen Nationalhymne hat Nai Boosra Mahin, der Leiter einer 1900 in Berlin gastierenden siamesischen Theatertruppe, Stumpf persönlich mitgeteilt: Sie sei nach dem offiziellen Regierungsantritt König Ramas V. 1873 eingeführt worden[12].

---

[8] Gemeint sind sechs verschiedenen Aufzeichnungen von Mitgliedern der preußischen Expedition in Siam: Philipp Graf zu Eulenburg-Hertelfeld (Hrsg.), *Ost-Asien 1860-1862 in Briefen des Grafen Fritz zu Eulenburg*, Berlin 1900; Reinhold Werner, *Die preussische Expedition nach China, Japan und Siam in den Jahren 1860, 1861 und 1862. Reisebriefe*, Leipzig [2]1873; Herrmann Rose, *Meine Erlebnisse auf der Preußischen Expedition nach Ostasien 1860, 1861 und 1862*, Kiel 1895; J. Kreyher, *Die preußische Expedition nach Ostasien in den Jahren 1859-1862, Reisebilder aus Japan, China und Siam. Aus dem Tagebuch von J. Kreyher, ehemal. Schiffsprediger an Bord S.M.S. „Arcona"*, Hamburg 1863; Max von Brandt, *Dreiunddreissig Jahre in Ost-Asien – Erinnerung eines deutschen Diplomaten*, 3 Bde., Leipzig 1901; Gustav Spieß, *Die preußische Expedition nach Ostasien während der Jahre 1860-1862. Reiseskizzen aus Japan, China Siam und der indischen Inselwelt*, Berlin und Leipzig 1864.

[9] Diese Zeitung war eine Art Wochenblatt, das jedoch nicht regelmäßig erschien; sie zählte wichtige Ereignisse in Form von Kurzberichten auf.

[10] *The Siam Repository*, IV/ 1-4 (1872), S. 275.

[11] *The Siam Repository*, IV/ 1-4 (1872), S. 372.

[12] Vgl. Stumpf, S. 159. Wie oben bereits erwähnt ist in Thailand selbst nicht überliefert, ab wann *Phleng Sanrasoen phrabaramie* (Der König sei gepriesen) offiziell verwendet wurde. Überliefert ist nur, daß *God save the King* bis in die Regierungszeit Ramas V., also etwa bis in die 1870er Jahre, zur Repräsentation des Königs von Siam vorgetragen wurde (vgl. *Sansomdet. Briefwechsel zwischen Prinz Damrong und Prinz Naris*, Bd. XXIII, Bangkok 1962, S. 81, im folgenden abgekürzt als *Sansomdet*).

Dennoch diente der *Siam Repository* zufolge *God save the King* in den Jahren 1870 und 1871 der Repräsentation des Königs. So wurde beispielsweise im Juli 1870 berichtet, daß nur *God save the King* bei einer Feierlichkeit König Ramas V. am 30. März 1870 dreimal gespielt wurde, zu Beginn und Ende der Audienz sowie als er ein Schreiben von Ministern entgegennahm[13]. Dies scheint der These zu widersprechen, *Die glückliche Blume* habe die Funktion einer Nationalhymne gehabt.

Aus einem Bericht vom Januar 1871 geht jedoch hervor, daß bei der Geburtstagsfeier des Königs am 21. September 1870 mehrere nationale Hymnen, *God save the King* und mindestens eine weitere gespielt wurden[14], als der König eine Ausstellung auf dem Platz vor dem Palast besichtigte:

> „As His Majesty was moving through the palace grounds observing and praising the artistic displays at the different locations soldiers were stationed at prominent points to present arms, the band of European Instrumental music played 'God save the King', and the other national airs, [...].“[15]

Es ist nicht klar, was genau mit dem Plural „the other national airs" gemeint ist. Später wurde der Begriff „national air" in dieser Zeitung vermutlich für *Die*

---

[13] „At day break, on the 26th, of March [1870], the esplanade, near the 1st King's palace, indicated a great impending event. [...] The three great musical bands of the capital were present, to first King's, the 2nd, King's and that of Praya Kalahome [sc. dem vormudschaftliche Regent]. The illumination, the music and skillful adornings everywhere make the surroundings most imposing. [...] At ten o'clock H. M. appeared and ascended the throne, while the bands played 'God save the King'. The soldiers filled off, and soon returned escorting the bearers of the decoration. This was placed at some distance from the throne: and the soldiers formed a hollow square. The Praya Kalahome, accompanied by two distinguished noblemen laid the *decoration* and the *diploma* at the foot of the throne and as his H. M. came forward to receive it, all the bands played again 'God save the King', the simultaneous burst of instruments not accustomed to play together, making more volume, than melody. [...] At eleven o'clock His Majesty retired amid the cheers of the assembled throng. All the bands for the third time played 'God save the King'." (*The Siam Repository*, II/ 1 (1870), S. 311 f.).

[14] Zum Toast auf den König wurde berichtet: „At the suitable time T. G. Knox, Esq. H. B. M's Consul General, rose and said at the request and in behalf of His Excellency the Foreign Minister he rose to propose the health of H. M. the King of Siam, wishing for H. M. a long and useful reign, and his increasing age, pre-eminently increasing wisdom. All tipped their glasses to their lips, saying 'the health of H. M. the King'. Then followed three cheers, 'yip, yip, hurra', and with increasing vigor and zest the fourth repetition of the jolly cheer and the band struck up 'God save the King'." (*The Siam Repository*, III/ 4 (1871), S. 3). Der britische Generalkonsul Thomas George Knox war in den 1850er Jahren als Offizier Britisch-Indien beauftragt, das Militärwesen in Siam zu modernisieren (vgl. *Prawatsat Krung Ratanakosin [Chronik der Bangkok-Periode]*, hrsg. v. der Vorbereitungskommitte der 200 Jahr-Feier von Bangkok, Bd. II, Bangkok 1982, S. 530).

[15] *The Siam Repository*, III/ 4 (1871), S. 4.

glückliche Blume verwendet[16]. Bei der Mehrzahl „airs" könnte es sich aber zum einen um *Die glückliche Blume*, zum anderen wahrscheinlich um weitere traditionelle, feierliche Stücke handeln, die für die Militärkapelle übertragen worden waren. In der Regel wird bei solchen Feierlichkeiten auch heute dem König zu Ehren eine Hymne gespielt, und zwar die erwähnte *Phleng Sanrasoen phrabaramie*.

Erst in Zeitungsberichten von 1872 ist davon die Rede, daß die Hofkapelle ausschließlich die „Siamese national anthem" gespielt habe, so z. B. im Juli 1872 bei einem Abendessen, zu dem der König von Siam den britischen Generalkonsul eingeladen hat. Mit dieser Einladung wollte der König der englischen Regierung seinen Dank für den gastlichen Empfang in Britisch-Indien erweisen, der ihm 1871 bei einem Staatsbesuch in der englischen Kolonie zuteil wurde:

„Soon the familiar strains of the Siamese national anthem, announced the arrival of His Majesty, and his suite. The host, and all the assembled guests of all ranks stood in position to receive him." [17]

Daß die Hymne als „familiar" angesehen wurde, deutet darauf hin, daß auch zuvor eine Komposition die Funktion der Nationalhymne hatte.

Aussage zur Entstehungsgeschichte dieser Nationalhymne von Siam finden sich in einem Bericht vom 1. Juli 1872, über die Geburtstagsfeier der Königin Victoria am 24. Juni 1872 im englischen Konsulat in Bangkok, bei der die siamesische Hofkapelle gespielt und die Nationalhymne von Siam vorgetragen habe:

„The Siamese band, of European instrumental music which assiduously performed its task, added greatly to the vivacity of the company. [...] The band played the Siamese national air. The German Embassy, which was composed of Count Eulenberg [sic!] and his companions, is entitled to the honor of first Siamese a national anthem, which was adapted to words, in a favorite Siamese measure, written by a very worthy friend of ours now in Siam."[18]

Stellt man dieser Aussage diejenige des Berichtes *Die Preussische Expedition...* gegenüber, wird klar, daß die andere Hymne, neben *God save the King*, wohl *Die glückliche Blume*, sie somit in der Tat die erste Nationalhymne von Siam war und *Phleng Sanrasoen phrabaramie* als zweite siamesische Nationalhymne anzusehen ist. Daß erst 1872 explizit von einer siamesischen Nationalhymne berichtet wurde, läßt vermuten, daß sie in diesem Jahr offiziell als erste Nationalhymne angenommen wurde. Jedoch wird nicht überliefert, wie sie im Siamesischen noch wie sie im Englischen genannt wurde. Weiter geht aus diesem Bericht hervor, bei der *Glücklichen Blume* handle es sich um die Vertonung eines Textes, den ein Freund des Berichterstatters verfaßt habe. Ausführlicheres zum Entstehungsprozeß der *Glücklichen Blume* erfährt man ein Jahr später (1873):

---

[16] Siehe unten.

[17] *The Siam Repository*, IV/ 1-4, 1872, S. 275 f.

[18] *The Siam Repository*, IV/ 1-4, 1872, S. 372.

„One of the physician's of Count Eulenberg's [sic!] mission prevailed on one of foreign residents who was a poetess to prepare some national hymns. For these hymns he composed the music. These airs were taught the Siamese musicians, and they are frequently heard to great gratification when the Siamese band plays."[19]

Bei der Angabe, ein Arzt solle der Komponist gewesen sein, handelt es sich wohl um eine Fehlinformation (siehe unten). Allerdings könnte es möglich sein, daß dieser Arzt auf besagten Text eine Melodie komponiert hat und der Kapellmeister Fritz diese Vertonung weiter für Blaskapelle bearbeitet hat. Da hiervon nichts überliefert ist und auch jener Text nicht gefunden werden konnte, muß diese Frage offen bleiben.

Den letzten, bislang auffindbaren Bericht über die erste Nationalhymne von Siam gibt dieselbe Zeitung anläßlich des Staatsbesuchs des niederländischen Gesandten in Bangkok im Oktober 1872. Dort heißt es, daß die siamesische Nationalhymne bei dem Abendessen zum offiziellen Empfang des niederländischen Gesandten im Außenministerium gespielt wurde, nachdem der Gesandte einen Trinkspruch auf den König von Siam ausgebracht hatte; nach dem Toast des Außenministers auf den König der Niederlande wurde die niederländische Nationalhymne gespielt:

„At the close of the dinner; the Ambassador proposed the health of His Majesty the supreme King, when it was drank, the band struck up the Siamese national[hymn]. His Excellency the Foreign Minister return the compliment and proposed, the health of His Majesty, the King of the Netherlands. The band played the Netherlands national[hymn]."[20]

Seit den 1870er Jahren hatte Siam auch enge Beziehungen zu der Regierung Holländisch-Indiens (des heutigen Indonesiens) und es fanden viele gegenseitige Staatsbesuche statt, deren erster derjenige des Königs von Siam (Rama V.) im Jahr 1871 war. Insgesamt hat König Rama V. Holländisch-Indien drei Staatsbesuche (1871, 1896 und 1901) abgestattet. In den Reiseberichten des Königs 1871 und 1896 ließen sich noch Spuren der *Glücklichen Blume* finden[21]. So wurde die Nationalhymne von Siam bei den Besuchen von 1871, 1896 sowie 1901 unterschiedlich benannt: Beim Besuch 1871 wurde sie „Phleng Siam"[22] (Siamesisches Lied), 1896 und 1901 „*Phleng Sanrasoen phrabaramie*"[23] (Der König sei gepriesen) genannt; letztere ist aber, wie bereits erwähnt, die zweite Nationalhymne von

---

[19] *The Siam Repository*, V/1 (1873), S. 147.

[20] *The Siam Repository*, V/1 (1873), S. 42.

[21] Gemeint sind die Aufzeichnungen Köning Chulalongkorns, *Jotmaihaet sadetprapat gohjava nai ratdschagan tiha tangsamkhrau* [*Aufzeichnungen von den drei Staatsbesuchen des Königs Rama V. (1871, 1896 und 1901)*], Bangkok 1966.

[22] Köning Chulalongkorn, *Jotmaihaet...*, S. 20.

[23] Köning Chulalongkorn, *Jotmaihaet...*, S. 39 sowie 51. Die Erwähnungen der *Phleng Sanrasoen phrabaramie* im Jahre 1901 finden sich beispielsweise auf den Seiten, 98 f. sowie 105.

Siam, die auch immer mit ihrem Titel bezeichnet wird. Es ist also sehr wahrscheinlich, daß mit „*Phleng Siam*" eine andere Hymne, eigentlich nur *Die glückliche
Blume* gemeint sein konnte. Man erhält hierzu allerdings von den Quellen keine
Auskunft. Ganz unwahrscheinlich ist hingegen, daß „*Phleng Siam*" für *God save
the King* steht, auch war für diese keine Umschreibung in Gebrauch[24]; so wurde
God save the King beispielsweise zur Repräsentation des siamesischen Königs
gespielt (und im Bericht mit dem genauen Titel festgehalten), als der König auf
dem Weg nach Holländisch-Indien in Singapur Zwischenstation machte[25]. Geht
man von einem strengen Sprachgebrauch der königlichen Aufzeichnungen aus,
dann müßte wohl mit „*Phleng Siam*" *Die glückliche Blume* gemeint sein[26].

Die Frage stellt sich nun, wie die parallele Verwendung der beiden Hymnen,
Die glückliche Blume und *God save the King*, zu erklären ist. Es ist denkbar - weil
ein nationales Bewußtsein in Siam noch nicht ausgeprägt war - , daß man unter
dem Einfluß des deutschen und britischen Kapellmeisters einfach beide Hymnen
beibehalten hat[27]. Bei *God save the King* könnte es sich auch um eine Übernahme
aus den 1850er Jahren handeln, als der britische Einfluß bei der Reform des Militärwesens in Siam noch eine große Rolle spielte[28]. Man ließ die siamesische Hofkapelle *God save the King* zur Repräsentation des Königs spielen. In den 1870er
Jahren wurde dann ein deutscher Kapellmeister an den Hof des zweiten Königs
berufen[29]. Dieser ließ nun wahrscheinlich *Die glückliche Blume* (als die von einem
Preußen komponierte) offizielle Nationalhymne Siams spielen.

In Deutschland hingegen taucht *Die glückliche Blume* wieder auf, als Carl
Stumpf im Jahr 1900 ein siamesisches Hoftheater in Berlin besuchte. Stumpf hat
zunächst die zweite siamesische Nationalhymne, *Phleng Sanrasoen phrabaramie*,
auf dem Phonogramm aufgenommen. Dabei wollte er die typisch siamesische
Melodie in dieser Hymne genau untersuchen und ihrer exakte Entstehungszeit

---

[24] Hierüber hat Prinz Naris sich in einem Brief an Prinz Damrong so geäußert, daß es in Siam
unmöglich sei, die Melodie eines anderen Staates als eigene zu übernehmen, wie es bei westlichen Staaten zuweilen üblich war; zum Beispiel entstammte die Melodie der preußischen Nationalhymne (*Heil Dir im Siegerkranz*) der englischen Hymne *God save the Queen* (vgl. *Sansomdet*, S. 138).

[25] vgl. *Sansomdet*, S. 81.

[26] Es gibt noch mehrere Erwähnungen der siamesischen Nationalhymne in verschiedenen Reiseberichten sowie in den politischen Akten der Zeit nach 1873, in denen jedoch eindeutig ist, daß
es sich dabei um die zweite Nationalhymne von Siam handelte. Daher werden sie hier nicht
weiter berücksichtigt.

[27] Die siamesische Regierung hat im Laufe der 1870er Jahre bis in die 1910er Jahre verschiedene
westliche Kapellmeister angestellt. Siehe hierzu *Exkurs: Die Anfänge der siamesischen Blaskapellenmusik am Hof* im zweiten Kapitel.

[28] Damals wurden insbesondere zwei Offiziere aus Britisch-Indien, Knox und Impey an den
Königshof geholt (vgl. *Prawatsat Krung Ratanakosin* [*Chronik der Bangkok-Periode*], S. 530).

[29] Siehe die Recherche über die deutschen Kapellmeister am Hof von König Siams in *Exkurs: Die
Anfänge der siamesischen Blaskapellenmusik am Hof* im zweiten Kapitel II.

ermitteln. Da zu dieser Zeit in Siam nicht mehr bekannt war, wie und wann die zweite Nationalhymne entstand, versuchte er selbst deren Geschichte zu erforschen und gelangte dabei zu Hinweisen, daß Siam zuvor noch eine andere Nationalhymne hatte, nämlich *Die glückliche Blume*. Dem ging er nach und so stieß er auf zwei damals noch lebende Teilnehmer der preußischen Expedition, den Geologen Freiherr Ferdinand von Richthofen und den Kapellmeister Fritz. Von Richthofen meldete sich bei Stumpf als Zeuge und bestätigte, daß *Die glückliche Blume* von Kapellmeister Fritz komponiert worden sei. Als Beweis verwies er Stumpf auf *Die Preussische Expedition...*, die er selbst mitverfaßt hatte[30]. Später stand Stumpf auch in direktem Kontakt mit dem Kapellmeister Fritz und erhielt von ihm persönlich das Manuskript der *Glücklichen Blume*. Fritz teilte Stumpf außerdem mit, daß es, als er sich damals (1861/62) in Bangkok aufhielt, in Siam noch keine Nationalhymne gegeben habe, sonst hätte man ihn informiert[31]. Dabei hat Fritz *God save the King* nicht erwähnt und selbstverständlich wußte er, daß die englische Hymne keine siamesische Nationalhymne war. Damit ist erwiesen, daß Kapellmeister Fritz der Komponist der *Glücklichen Blume* war und nicht der Expeditionsarzt, wie *The Siam Repository* berichtet hatte. Der Leiter der siamesischen Theatergruppe, Nai Boosra Mahin, informierte Stumpf auch über die genaue Zeitangabe, wann die zweite Nationalhymne eingeführt wurde, nämlich bald nach dem offiziellen Regierungsantritt König Ramas V. im September 1873[32]. Die ehemalige Funktion der *Glücklichen Blume* als Nationalhymne dürfte bei den siamesischen Hofkreisen in den folgenden Jahren noch bekannt gewesen sein, zumal sie ein beliebtes Repertoirestück der siamesischen Hofkapelle war und es bis heute geblieben ist.

Nach dem Komponisten der zweiten Nationalhymne von Siam sowie ihrer Entstehungsgeschichte wird heute in Thailand noch weiter geforscht. In den 1940er Jahren waren zwei Prinzen, Naris und Damrong, auf der Suche nach weiteren Informationen. Dabei teilte Prinz Naris, ein Onkel von Prinz Paribatra, in einem Brief vom 23. September 1941 Prinz Damrong mit:

„[...] ที่แตรทหารเป่ารับวังหน้าแต่/ครึ่งเพลงนั้น   ดูจะเป็นทำตามเคยมาแต่เมื่อยังใช้ เพลงสรรเสริญ/อังกฤษอยู่ก็เป็นได้   ทรงทราบอยู่แล้วว่า 'เพลงสรรเสริญ พระ/บารมี 'ที่เจ้าจอมมโหรีฝันกับแตรวงที่ทหารเป่าไม่เหมือนกัน เกล้า/กระหม่อมอาจ กราบทูลรับรองได้ ด้วยได้เคยตรวจเพลง'สรร/เสริญเสือป่า' ซึ่งทูล กระหม่อม ชายทรงแต่งเมื่อรัชกาลที่๖ ไป/ทรงสืบงัดเอาเพลง 'สรรเสริญพระบารมี' เก่า/ มาทำเป็นเพลง/'สรรเสริญเสือป่า' ได้ที่จริงเพลง'สรรเสริญ พระบารมี 'เก่า/ กับที่ทหารเป่าควรจะ เป็นเพลงเดียวกัน"

---

[30] Vgl. Stumpf, S. 159.

[31] Vgl. Stumpf, ebd.

[32] Vgl. Stumpf, ebd.

„[...] Daß die Kapelle der Leibgarde[33] [die königliche Hymne] nur in halbierter Version vorgetragen hatte, ging wohl auf die [alte] praktische Tradition zurück, als diese Kapelle noch die *Phleng Sanrasoen [phrabaramie*[34]] von England [sc. *God save the King*] verwendet hatte. [Ihr, sc. Prinz Damrong)] wißt wohl, daß die *Phleng Sanrasoen phrabaramie*, deren Melodie aus dem Traum der Dschaodschom Mahorie[35] entstammt, nicht identisch ist mit der *Phleng Sanrasoen phrabaramie*, die von der Kapelle der Leibgarde vorgetragen wurde. Ich [Prinz Naris] kann dies bestätigen, denn ich habe die Melodie der *Phleng Sanrasoen sueapa* untersucht. Diese Komposition war die alte königliche Hymne [also die erste Nationalhymne, *Die glückliche Blume*], und Prinz Paribatra hat sie in der Regierungszeit des Königs Rama VI. [reg. 1911-1925] zur Repräsentation des Wildtiger-Korps umgewandelt. Diese alte königliche Hymne muß wohl mit dem Stück, das [einst] von den Militärkapellen gespielt wurde, identisch sein."[36]

Die Informationen aus diesem Brief besagen zweierlei: Zum einen, daß *God save the King* und *Die glückliche Blume* einst den König von Siam repräsentierten. Und, daß *Die glückliche Blume* später durch Prinz Paribatra wieder aufgegriffen wurde, und zwar etwa um 1911, denn das sogenannte Gong Sueapa (das Wildtiger-Korps) wurde im Mai 1911 von König Rama VI. gegründet[37]. Somit stimmt die Aussage des Prinzen Naris mit der Angabe der *Siam Repository* überein, daß in Siam um 1870 zwei Hymnen verwendet wurden.

Der in England ausgebildete König wollte eine Elitetruppe zum Erwecken des Nationalbewußtseins nach westlichem Vorbild einrichten. In diesem Wildtiger-Korps gab es einen Klub, in dem unter anderem regelmäßig patriotische Vorträge zur Stärkung des Nationalgefühls und der Liebe zum Vaterland stattfanden[38]. Dabei wurde zum ersten Mal das Motto ausgerufen:

---

[33] Es handelt sich um die Kapelle des zweiten Königs, muß also vor 1882 gewesen sein, denn der Rang des zweiten Königs wurde in diesem Jahr, nachdem der zweite König gestorben war, abgeschafft (vgl. Boonchauy Sovat *Ganwikroh nueathamnonglak khong Phleng Kheak Mon Bangkhunprom* [*Analyse der Khäkmon Bangkhunprom Melodie*], Magister Artium, Mahidol Universität, Bangkok 1995, S. 44).

[34] Der in diesem Brief mehrfach verwandte Begriff „*Phleng Sanrasoen phrabaramie*" meint die königliche Hymne schlicht im allgemeinen Sinne.

[35] Dschaodschom Mahorie ist eine Bezeichnung der königlichen Hofdamen. Die Prinzen hatten, wie aus den vorangehenden Briefen deutlich wird, die Vermutung, die zweite Nationalhymne lasse sich von einer Komposition einer bestimmten Hofdame herleiten. Jedoch erwies sich diese Fährte als falsch.

[36] *Sansomdet*, S. 142. Prinz Naris erinnert sich hier an die Zeit der Regierung Ramas V., also vor 1910. Dieses Zitat hat der Verfasser selbst vom Thailändischem ins Deutsche übersetzt.

[37] Vgl. D. Wyatt, *Thailand*, Chiang Mai/ Thailand 1982, S. 225.

[38] Vgl. Prinz Chula Chakrabongse, S. 277. Hierüber hat sich der deutsche Eisenbahningenieur Luis Weiler ebenfalls in dem Brief an seinen Eltern vom 27. 9. 1911 geäußert: „Alle diese Königsreisen stehen unter den Tigerzeichen. Ich hatte inzwischen Gelegenheit in die Regulationen dieses Korps Einsicht zu nehmen. Es handelt sich danach um eine Vereinigung, die den Zweck hat, die siamesische Nationalität und Religion zu erhalten und zu beschützen. Man erkannt daraus leicht die Absicht des Königs der seit 1893 begonnenen Teilung Siams zwischen

„Schützt den Staat, die Religion und den König vor den Feinden [den Kolonialmächten]"[39].

Zur Präsentation des Wildtiger-Korps hat Prinz Paribatra *Die glückliche Blume* als Marschstück bearbeitet und darauffolgend sie *Phleng Sanrasoen sueapa* (Das Wildtiger-Korps sei gepriesen) genannt. Seitdem glaubt man in Thailand, daß Prinz Paribatra der Komponist der *Phleng Sanrasoen sueapa* sei[40]. Versteht man die Angabe des Prinzen Naris (1873-1945) so, daß er als Kind noch die alte Nationalhymne von der Leibgarden-Kapelle des zweiten Königs, also vor 1882, gehört habe, wäre dies ein eindeutiger Beweis, daß Prinz Paribatra nicht der Komponist der Melodie von *Phleng Sanrasoen sueapa* sein kann, denn er wurde erst 1881 geboren[41].

Die Entstehungsgeschichte der *Glücklichen Blume* war in den 1920er Jahren noch bekannt. Als Bernhard Kellermann, ein deutscher Reisender, sich 1926 in Bangkok aufhielt, hat man ihm bei einer Kremationsfeier von der *Glücklichen Blume* berichtet:

> „Heute findet im Tempel Wat Sraket eine große Totenfeier statt: die Einäscherung von vier Offizieren, einem Major und drei Hauptleuten. [...] Die Nationalhymne ertönt, alle erheben sich von ihren Sitzen. Diese Hymne wurde von einem deutschen Musiker komponiert, der irgendwie nach Siam verschlagen wurde."[42]

Frankreich und England Einhalt zu gebieten. Er [König Rama VI.] will im Volke den Sinn für Patriotismus wecken, der bisher geschlummert hat. Und ich gewinne von Tag zu Tag mehr die Überzeugung, daß ihm das gelingt. Es ist geradezu überraschend, wie diese Bewegung anschwillt. Dem alten König [Rama V.] ist es gewiß sehr schwer gewesen, in die Abtretung der Provinzen einzuwilligen, aber bei der politischen Schwäche Siams und dem Zusammenhängen Englands mit Frankreich bei dieser modernen Art des Völkerraubs konnte es wohl nicht anders. Jetzt liegt die Sache anders." (L. Weiler, *Anfang der Eisenbahn in Thailand von Luis Weiler*, hrsg. v. Clemens Weiler, Bangkok 1979, S. 200).

[39] Vgl. D. Wyatt, *Thailand*, S. 225. So heißt dies in der Thai-Sprache: „pokpong dschad, sasanah, phra mahagasat (ปกป้องชาติ ศาสนา พระมหากษัตริย์)".

[40] Zusätzliche Verwirrung stiftet die Angabe, *Phleng Sanrasoen sueapa* (*Die glückliche Blume*) sei von einer Komposition König Ramas II., der sogenannten *Bulan loiluen* oder *Sarasoen pradschan* (*Der Mond sei gepriesen*) hergeleitet (so Prinzessin Siriratana Boosabong und Punpis Amatayakul, *Phraprawat somdetphradschao boromawongthoe dschaofa paribat sukhumbhan gromphranakonsawan varapinit* [*Biographie des Prinzen Paribatra*], Bangkok 1981, S. 74). Wäre dies genau überprüft worden an den Melodien selbst, hätte sich wohl herausgestellt, daß diese Angabe nicht stimmen kann. Anders hat sich Montri Tramod geäußert: Ihm zufolge basiere nicht die erste, sondern die zweite Nationalhymne auf der Komposition *Bulan loiluen* Ramas II. (vgl. M. Tramod, *Prawat phleng sanrasoen phrabaramie lae phleng dschad* [*Entstehungsgeschichte der königlichen Hymne und der Nationalhymne (von Thailand)*], in: Silapakorn XVI/2 (1972), S. 79 f.). Die Frage ist nach wie vor offen.

[41] Vgl. *Sansomdet*, S. 142.

[42] B. Kellermann, *Reisen in Asien*, Berlin ²1975, S. 434.

Kellermann hat vielleicht seinen Informanten falsch verstanden, denn zu diesem Zeitpunkt war *Die glückliche Blume* nicht mehr die aktuelle Nationalhymne, von einer anderen hätte man aber kaum diese Aussage gemacht. Möglicherweise handelte es sich bei dieser Totenfeier um eine Leichnahmsverbrennung von vier Mitgliedern der paramilitärischen Einheit des *Gong Sueapa*-Bataillons und es wurde *Phleng Sanrasoen sueapa*, also *Die glückliche Blume* in der Bearbeitung von Paribatra, zu Ehren der Toten gespielt. Kellermanns Bezeichnung „Nationalhymne" kann darauf zurückgeführt werden, daß der Autor auf die alte Funktion der *Glücklichen Blume* hingewiesen wurde, denn nach der siamesischen und thailändischen Tradition wurde die Nationalhymne nur zur Repräsentation des Königs sowie des Staates gespielt, also bei einem solchen Anlaß wie oben erwähnter Totenfeier nur, wenn der König oder sein Stellvertreter anwesend ist.

Bekannt war *Die glückliche Blume* bei den in Siam lebenden Deutschen. 1937/38 hat Paul Seelig[43] Prinz Naris unterrichtet, daß die erste Nationalhymne von Siam von einem Deutschen komponiert worden sei[44]. Dieses Gespräch fand in Bandung, Holländisch-Indien (heute Indonesien), statt, als Prinz Naris einen Besuch bei seinem dort im Exil lebenden Neffen Paribatra abstattete.

Daß *Die glückliche Blume* nur kurze Zeit in Verwendung war, nämlich von 1862 bis 1873, ist zweifellos auf politische Gründe zurückzuführen. Den Hintergrund ihrer Absetzung erläutert Prinz Naris folgendermaßen: Anläßlich eines Staatsbesuchs Ramas V. in Holländisch-Indien 1871 fragten den König holländische Offiziere nach einer eigenen siamesischen Nationalhymne[45]. Angeblich habe sich der König die Frage gestellt, ob die Übernahme einer europäischen Hymne die Souveränität Siams beeinträchtige, und ob Siam nicht eine eigene, auf einheimischen Melodien beruhende Hymne haben solle[46]. Die Nationalhymne sollte das Selbstbewußtsein Siams demonstrieren, denn überall in den kolonisierten Nachbarländern wurden die Nationalhymnen der jeweiligen Kolonialmacht gespielt, z. B. in Britisch-Indien und Singapur *God save the Queen* oder in Holländisch-Indien die holländische Nationalhymne. Nach seiner Rückkehr habe der König die Musikmeister an seinem Hof eine eigene Nationalhymne komponieren lassen, die dann für den Vortrag durch das Musikkorps weiter bearbeitet wurde[47].

---

[43] Paul Seelig war ein deutscher Musikwissenschaftler, der seinen Wohnsitz in Bandung in Holländisch-Indien hatte. Er war sehr eng mit Prinz Paribatra befreundet und kam oft nach Bangkok, um den Prinzen zu besuchen. Seelig spielte eine wichtige Rolle bei der Entwicklung der westlichen Musik in Siam. Siehe die ausführliche Darstellung in: *Die Rezeption der deutschen Militärmusik in Siam* im zweiten Kapitel.

[44] Vgl. Prinz Naris, *Mue kra sadej Chawa 2480-2481 [Reisebericht aus Java 1937-38]*, Bangkok 1971, S. 25.

[45] Vgl. *Sansomdet*, S. 81.

[46] Vgl. *Sansomdet*, ebd.

[47] Vgl. *Sansomdet*, S. 82. Wie bereits erwähnt ist der Komponist dieser zweiten Nationalhymne bis heute in Thailand unbekannt. In Sammlungen wie beispielsweise *Nationalhymnen. Texte und Melodien*, Stuttgart [7]1982, S. 178, wird angegeben, daß Pjotr Schurowsky (1850-1908) ihr

Zusammenfassend läßt sich annehmen, daß die Geschichte der *Glücklichen Blume* zugleich die Geschichte der Rezeption der westlichen Kultur in Siam widerspiegelt. Sie folgt über drei Generationen einem Rezeptionsmuster, das im Kapitel II schon dargestellt wurde: *Die glückliche Blume* wurde in der ersten Generation einfach übernommen, in der zweiten Generation abgelöst und in der dritten Generation in anderer Funktion wiederverwendet. Zwischen der Entstehung und der Wiederverwendung der *Glücklichen Blume* liegt ein Zeitraum von 49 Jahren (1862 bis 1911), das heißt es hat fast ein halbes Jahrhundert gedauert, bis die fremde Kultur in die einheimische eingegliedert wurde bzw. bis die Einheimischen die fremde Kultur reflektieren konnten.

Die Verwendung der englischen Hymne *God save the King* in der Regierungszeit des Ramas IV. (1851-1868) zeigt, daß Siam noch nicht in der Lage war, sich kritisch gegen die Einflußnahme des Westens abzugrenzen. In der zweiten Hälfte des 19. Jahrhunderts wollte man den Staat in Siam möglichst schnell an die westliche, vermeintlich höher stehende Zivilisation anpassen. Dieser ‚Nachholbedarf' zeigte sich auch durch die Übernahme der Nationalhymne eines anderen Staates - gleichwohl eine Notlösung, um den Staat schnellst möglich nach außen hin repräsentieren zu können.

Erst nach dem Regierungswechsel zu König Rama V. (1868-1910), also in der zweiten Generation, begann Siam, den Einfluß der westlichen Kultur zu reflektieren und versuchte dann, die westliche an die einheimische Kultur anzupassen. Infolgedessen wurde *Die glückliche Blume* sowie *God save the King* als Nationalhymne von Siam abgelöst, das Prinzip Nationalhymne aber beibehalten. Unter der Gefahr der Kolonisation entstand die zweite Nationalhymne, sie sollte als Zeichen nationaler Identität zugleich ein eigenes kulturelles und politisches Bewußtsein im Land stärken und nach außen demonstrieren. Dies zeigte sich schon dadurch, daß die Melodie der zweiten Nationalhymne auf der musikalischen Tradition Siams beruhte (Nb. A).

Im Unterschied zur *Glücklichen Blume* findet sich hier ein pentatonisches Melodiegerüst mit typischen Verzierungsfloskeln und nicht ein marschmäßiger, sondern ein hymnisch-choralartiger Duktus nach dem Vorbild der Repräsentationsmusiken europäischer Monarchien.

Komponist sei, was aber schon Stumpf 1900 abgelehnt hat: Er hat herausgefunden, daß Schurowsky die Melodie lediglich für die Blaskapelle arrangiert hat (vgl. Stumpf, S. 158 f.). Ohne jedoch den politischen Kontext in Betracht zu ziehen, wird bedauerlicherweise der jüngsten Forschung in Thailand immer noch Schurowsky mit Stolz als Komponist der zweiten Nationalhymne genannt,. (vgl. S. Charoensuk, *Gaosibgaopie Phleng Sanrasoen phrabaramie* [*99 Jahre königliche Hymne von Thailand*], Bangkok 1987). Der Autor basiert seine These auf ein Telegramm des Königs Rama V., in dem dieser Schurowsky für die ‚Komposition' der Hymne dankte. Möglicherweise geht dieses Mißverständnis auf einen ungenauen Gebrauch des Wortes Komposition in thailändischen Quellen zurück, in denen nicht zwischen dieser und einem Arrangement unterschieden wird.

Phleng Sanrasoen phrabaramie
(Die königliche Hymne von Thailand)

Nb. A: Phleng Sanrasoen phrabaramie (Der König sei gepriesen)[48]

Bei der Rezeption der westlichen Kultur in der dritten Generation in Siam konnte sich der Staat offensichtlich der Funktion der Nationalhymne gezielter bedienen, war doch die dritte Generation der Aristokratie, wie beispielsweise König Rama VI. oder Prinz Paribatra in Europa ausgebildet. Seit der Regierung Ramas VI. (1910-1925) wurde das nach westlichem Vorbild aufgebaute Militärwesen nicht allein zur Landesverteidigung, sondern auch zum Aufbau eines Nationalbewußtseins, zur Erweckung eines Nationalstolzes und damit wiederum zum Kampf gegen potentielle westliche Unterdrückung eingesetzt. Die Wiederverwendung der *Glücklichen Blume* ist ein Paradebeispiel für diese Absicht. Nicht zuletzt waren aber auch Stützung und Erhalt der absoluten Autorität des Königs entscheidende Hintergrundmotive.

Die westliche Militärmusik gewann allmählich eine staatstragende Funktion ähnlich derjenigen der traditionellen Musik, insofern die Opferbereitschaft des Einzelnen sowie die Untertanenmentalität eingefordert wurden. Ob die Identifikation des Einzelnen mit seiner ihm vertrauten heimatlichen Umgebung gleichwertig auf eine abstrakte Größe wie Vaterland bzw. Nation übertragen werden kann, mag an dieser Stelle hintangestellt werden - wie aber konnten die zwei Musikkulturen am Hof nebeneinander existieren? Welche auch gesellschaftlich signifikanten Kulturkonflikte resultierten aus diese Situation?

---

[48] Aufgrund eines satztechnischen Problems werden die ersten drei Notenbeispiele mit Lateinbuchstaben A bis C angegeben. Erst ab dem vierten Notenbeispiel wird mit arabischen Ziffern numeriert.

Der starke Einfluß der westlichen Kultur, die Aufklärungsidee, ihr Ideal des republikanischen Staates brachte aber auch die traditionelle Form des siamesischen Absolutismus ins Wanken[49]. Nach dem Staatsstreich von 1932 wurde in Siam die absolute durch eine konstitutionelle Monarchie ersetzt. Die Zivilregierung ließ daraufhin eine dritte Nationalhymne komponieren; ebenso wurde der Landesname von Siam zu Thailand (1939) abgeändert. Die dritte Nationalhymne von Thailand wurde von Phra Chen Duriyanga (1883-1967; mit bürgerlichem Namen Piti Vatyakara), einem Thai deutscher Abstammung, komponiert[50]. Sie sollte allein den neuen Staat Thailand repräsentieren. Im Gegensatz zu der zweiten steht die dritte Nationalhymne, der westlichen aufgeklärten Staatsform entsprechend, durch ihren marschartigen, kämpferischen Charakter in der Tradition der französischen Revolutionshymne, der *Marseillaise*[51]:

Die Nationalhymne von Thailand

Nb. B: Die Nationalhymne von Thailand

---

[49] Das war genau das, was König Rama V. einst vorhergesehen und befürchtet hatte. In der Tat hatten die für den Staatsstreich Verantwortlichen in Frankreich studiert und ihn schon dort während der Studienzeit geplant (vgl. Prinz Ch. Chakrabongs, S. 310).

[50] Siehe die Darstellung seiner Biographie sowie die seines Vater Jacob Feit in *Exkurs: Die Anfänge der siamesischen Blaskapellenmusik am Hof* im zweiten Kapitel.

[51] Eine Betrachtung der dritten Nationalhymne liegt dieser Nähe zum französischen Vorbild wegen außerhalb der Fragestellung dieser Arbeit und sie wird deshalb nicht weiter berücksichtigt - obwohl eine systematische Untersuchung noch aussteht.

142

b) Analyse

Die Suche nach dem Manuskript der *Glücklichen Blume* in Deutschland blieb bislang erfolglos. Da Stumpf 1900 noch erwähnt hatte, er habe das Manuskript persönlich von dem Komponisten erhalten[52], konzentrierte sich die Suche zunächst auf seinen Nachlaß, der in der Abteilung der Musikethnologie des Völkerkunde Museums Berlin (Dahlem) aufbewahrt ist. Bedauerlicherweise war das Manuskript der *Glücklichen Blume* dort nicht zu finden. Man vermutet, daß einige Dokumente aufgrund mehrmaliger Umzüge während und nach dem Zweiten Weltkrieg und schließlich nach der deutschen Wiedervereinigung verloren gegangen sind[53]. Das Manuskript befindet sich auch nicht im Geheimen Staatsarchiv Berlin (Dahlem), in dem alle Akten der preußischen Expedition aufbewahrt sind. Ebenso war das Manuskript auch nicht im Militärarchiv Freiburg zu finden.

In Thailand, wo keine historische Aufzeichnung der *Glücklichen Blume* existiert, ist die Musik nur in der Bearbeitung *Phleng Sanrasoen sueapa* von Paribatra vorhanden. Sie liegt im Archiv der Royal Thai Navy, deren Oberbefehlshaber Paribatra einst war. Sie ist nur in einzelnen Instrumentenstimmen erhalten, weil Partituren bei Kapellenmusik aus praktischen Gründen unbekannt sind. Der Kapellmeister dirigiert das Musikkorps in der Regel ohne Partitur, höchstens mit der sog. Direktionsstimme. Dabei handelt es sich um zusammengesetzte wichtige Stimmen im Klavierauszug. Diese einzelnen Stimmen wurden für diese Arbeit zu einer Partitur zusammengesetzt[54]. *Phleng Sanrasoen sueapa* ist für 18stimmige Militärkapelle gesetzt: Pikkolo und Flöte, Oboe, eine Klarinette in Es, drei Karinetten in B, Alt Saxophone in Es, Tenor Saxophone in B, Fagotte, drei Hörner in F, zwei Kornette in F, zwei Posaunen, Euphonium und Baß (Tuba), und schließlich große Trommel und Marschtrommel. Diese Besetzung ist offenbar die der Bearbeitung Paribatras für moderne Militärkapelle, nicht die Urbesetzung von Fritz, denn zu jener Zeit hatte die siamesische Kapelle wohl keine solche große Besetzung.

Da das Manuskript der *Glücklichen Blume* in Deutschland nicht vorhanden ist, kann die Diskussion darüber nicht weiter geführt werden, inwieweit *Phleng Sanrasoen sueapa* von der *Glücklichen Blume* abgeleitet ist. Obgleich also nicht ausgeschlossen werden kann, daß *Phleng Sanrasoen sueapa* nicht die ursprüngliche Fassung der *Glücklichen Blume* ist, wird hier vorerst angenommen, daß sie ein Neu-Arrangement der Urfassung des Kapellmeisters Fritz ist.

Phleng Sanrasoen sueapa (Nb. C und Tonb. 65) steht in der Partitur in Es-dur und Vierviertel-Takt, sie umfaßt insgesamt 23 Takte und wird durchgehend vorgetragen ohne Wiederholung (vgl. Partitur im Anhang). Der Vortrag dauert ca. eine

---

[52] Stumpf, S. 158.
[53] An dieser Stelle möchte der Verfasser Frau Dr. Suanne Ziegler, Fachreferat Musikethnologie Phonogramm-Archiv des Völkerkundemuseums Berlin (Dahlem), für die wichtigen Informationen danken.
[54] Siehe Partitur im Anhang.

Minute. In der Partitur sind die Instrumente in drei Gruppen angeordnet: obere (Diskant), untere (Baß) und mittlere Stimmen. Zum Diskant gehören die folgenden Instrumente: Pikkolo und Flöte, Klarinette in Es, Oboe und die erste Klarinette in B sowie Altsaxophon und das erste Kornett. Zum Baß gehören Fagott, zwei Posaunen, Euphonium und Baßtuba. Die Füllstimme wird von den restlichen Instrumenten gespielt.

Phleng Sanrasoen sueapa

Nb. C: Phleng Sanrasoen sueapa (Das Wildtiger-Korps sei gepriesen)

Schon die Spielanweisung „march maestroso" weist auf einen weniger hymnisch-choralartigen denn marschmäßigen Charakter hin, und es finden sich auch die typischen Strukturen von einfacher Harmonie und punktierten Rhythmen. So wird überwiegend Tonika und Dominante, gelegentlich Subdominante und Tonikaparallele verwendet. Darüber hinaus kommt das Quartintervall in der Melodieführung häufig vor. In diesem Stück tritt eine rhythmische Gruppe häufig auf aus einer punktierten Achtelnote, einer 16telnote und zwei Achtelnoten, die hier P-Gruppe genannt wird. Sie ist beispielsweise in den Takten 1 (Nb. 1), 9 (Nb. 4), 12 und 13 (Nb. 5) sowie 14 (Nb. 6) zu finden. Ein anderes wiederkehrendes Motiv, die Wechselnotengruppe - hier wird sie als W-Gruppe bezeichnet - erscheint fast in jedem Takt, nämlich in verschiedenen Metrumswerten wie beispielsweise auf der Viertelnote im Auftakt zu Takt 1 (Nb. 1) und Takt 10 (Nb. 5), auf der Achtelnote im Takt 4 (Nb. 2), oder auf den 16telnoten in Takt 3 (Nb. 2), Takt 4 (Nb. 3) und 7 (Nb. 4) bzw. Takt 15 (Nb. 6). Darüber hinaus gibt es noch die Besonderheit, daß W-Gruppe und P-Gruppe miteinander verknüpft sind und sich als punktierte Wechselnote darstellen. Diese Gestalt ist in Takt 3 (Nb. 2), Takt 12 und 13 (Nb. 5) sowie 14 (Nb. 6) zu sehen.

Der Aufbau dieses Stückes gliedert sich in zwei Teile: A und B. Der A-Teil, der Hauptteil, umfaßt 18 Takte (Takt 1 mit Auftakt -18), der B-Teil sechs Takte (Takt 18-23). Der Hauptteil beginnt in der Tonika und endet in der Dominante mit dem Halbschluß. Der B-Teil bleibt nur in der Tonika. Die Melodieführung im A-Teil ist homophon. Der A-Teil läßt sich wiederum in vier kleine Abschnitte gliedern: a, b, c und b´. Der a-Abschnitt ist sechs Takte (Takt 1 m. A.-6) lang, der b-Abschnitt vier Takte (Takt 7-10), der c-Abschnitt vier Takte (Takt 11 m. A.-15) und der b´-Abschnitt vier Takte (Takt 15 m. A.-18). Der b´-Abschnitt ist dabei eine fast identische Wiederholung des b-Abschnittes. Die Abschnitte b und b´ erinnern sehr an einen Refrain im Gesangstück. An diesen vier Abschnitten ist der Schluß bemerkenswert: Der a-Abschnitt endet mit einem Ganzschluß, während die anderen drei Abschnitte auf dem Halbschluß schließen. Weiterhin steht der Taktumfang dieser vier Abschnitte in dem auffällig ungleichmäßigen Verhältnis 6 + 4 + 4 + 4.

Der a-Abschnitt (Takt 1 m. A. bis 6) besteht wiederum aus drei Elementen: a1, a2 und a3. Das Element a1 (Takt 1 m. A. und 2) legt die zwei Haupttöne b^1 und es^2 im Quartintervall zugrunde, aber der Ambitus umfaßt eine Sexte, nämlich von b^1 bis g^2. Die Melodie beginnt im Vortakt mit Wechselnote es^2-d^2-es^2 (die ersten zwei Töne in Viertelnoten, der letzte Ton als punktierter Achtelnote im Takt 1). Auf es^2 wird weiter mit einer P-Gruppe phrasiert: es^2 f^2 g^2 f^2. Auf der dritten Zählzeit im Takt 1 wiederholen sich die zwei letzten Achtelnoten der P-Gruppe, g^2 und f^2, bevor die Melodie wieder zu es^2 kommt. Mit einem Quartabsprung von es^2 zum b^1 in punktierter Viertelnote im Takt 2 endet dieser Abschnitt im Ganzschluß:

Nb. 1: *Phleng Sarasoen sueapa*, A-Teil, a-Abschnitt; Element a1, Takt 1 m. A. und 2

Das Element a2 (Takt 2 und 3) weist denselben Ambitus einer Sexte b^1 bis g^2 auf. Der aufsteigende Sextgang, mit dem das Element beginnt, ist eine Erwiderung zum Quartabsprung (es^2-b^1) des Elementes a1. Das in Takt 3 erreichte g^2 bleibt dann liegen, und zwar in der Figur der punktierten Wechselnote:

Nb. 2: *Phleng Sanrasoen sueapa*, A-Teil, a-Abschnitt;
Element a2, Takt 2 und 3

Das Element a3 (Takt 4 bis 6) erstreckt sich von as^2 im Takt 4 bis c^3 im Takt 6. An ihm ist bemerkenswert, daß das Quartenintervall sehr häufig vorkommt. Sein Beginn ist durch eine in der Begleitung akzentuierte Achtelpause hervorgehoben, dann erscheint auf den ersten zwei Zählzeiten Achtel-Wechselnoten im Quartenabstand: as^2-es^2-as^2. Auf der dritten und vierten Zählzeit schließt sich eine zweite W-Gruppe an in 16telnoten auf b^2. Über die Durchgangsnote as^2 erreicht die Melodie abwärts g^2 in Takt 5. Nach einer Umspielung von g^2 folgt ein Quartgang zum c^3 im Takt 6, dem bisher höchsten Ton, dann wieder abwärts zum es^2. Mit dem Ganzschluß wird dieser Abschnitt beendet. Wie in den vorherigen Elementen bewegt sich die Melodieführung im Ambitus einer Sexte, es^2 bis c^3, steigt also allmählich zu einer höheren Lage auf:

Nb. 3: *Phleng Sarasoen sueapa*, A-Teil, a-Abschnitt; Element a3, Takt 4-6

Analog zum Element a3 beginnt der b-Abschnitt (Takt 7-10) mit einer Achtelpause, dann mit zwei W-Gruppen, nun aber beider in 16telnoten von g^2 und es^2 ausgehend. Im Takt 8 wird die Melodie auf den ersten zwei Zählzeiten aufwärts in gebrochenem Tonika-Akkord von es^2 zum es^3 geführt, der eine Signalwirkung bringt, schreitet dann zum f^3 und stufenweise abwärts zu b^2 im Takt 9, bevor noch einmal ein Quartgang von b^2 zum es^3 als P-Gruppe sich anschließt. Der Abgang in vergrößerten Notenwerten (Viertel) d^3-c^3-b^2 endet den Abschnitt mit dem Halbschluß und wirkt wie eine metrische Verlangsamung:

146

Nb. 4 : *Phleng Sarasoen sueapa*, A-Teil, b-Abschnitt, Takt 7-10

Die Melodieführung wird also allmählich in eine höhere Lage verschoben und zugleich der Tonumfang mit jedem Abschnitt erweitert: so umfaßt der Ambitus zunächst in den a-Abschnitten eine Sexte, im b-Abschnitt eine Dezime sowie im c-Abschnitt die None f^2-g^3.

Dieser c-Abschnitt (Takt 11 m. A. bis 14) läßt sich zunächst in zwei Elemente teilen: das erste Element c1 umfaßt drei Takte, Takt 10 bis der zweiten Zählzeit im Takt 12, das zweite Element c2 beginnt in der dritten Zählzeit im Takt 12 bis 14. Im ersten Element c1 beginnt die Melodie mit Wechselnoten in Quarten der drei mit Akzent versehenen Viertelnoten b^2-es^3-b^2. Die Signalwendung und die sich anschließende melodische Bewegung zum Halbschluß im b-Abschnitt wird dadurch verdichtet wieder aufgegriffen und der appellative Charakter verstärkt. Dieser auftaktige Beginn mit den Viertelnoten erinnert an den Auftakt des Elementes a1: Der Unterschied besteht jedoch darin, daß diese Stelle mit der fünften Stufe b^2 beginnt, während Abschnitt a auf der ersten Stufe es^2, also eine Quinte tiefer begann. In Takt 11 springt die Melodie um eine Quinte nach oben von c^3 zum g^3, dem höchsten Ton dieses Stückes. Dann steigt die Melodie über Durchgangswechselnoten wieder zum Achtel c^3 in Takt 12 ab, und das Element endet mit einem durch eine Achtelpause akzentuierend wiederum hervorgehobenen Achtel es^3 auf der zweiten Zählzeit:

Nb. 5 : *Phleng Sarasoen sueapa*, A-Teil, c-Abschnitt, Takt 11 m. A. bis 14

147

Im zweiten Element c2 (Takt 12 auf der dritten Zählzeit bis 14) liegt der Melodie die P-Gruppe zugrunde, die dreimal, auf as^2, c^3 und nochmals as^2 auftritt. Im Takt 14 endet dieser Teil mit einer Halben f^2 im Halbschluß. Der Abschnitt-c als Höhepunkt wird nicht nur durch die höchste Lage der Melodie verdeutlicht, sondern auch durch zahlreiche Harmoniewechsel. Im Vergleich zu den vorherigen, harmonisch monotonen Abschnitten findet hier beinahe zu jeder Zählzeit ein Akkordwechsel statt, nicht nur Tonika und Dominante, auch Tonikaparallele, Subdominante und Subdominantparallele sowie Zwischendominanten zur Subdominante und Subdominantparallele.

Dieser Höhepunkt im c-Abschnitt wird zusätzlich dann noch umrahmt von dem b´-Abschnitt (Takt 15 m. A.-18), der weitgehend mit dem b-Abschnitt identisch ist und ihm gegenüber steht; der Unterschied besteht nur in der P-Gruppe auf g^2 im Auftakt zum Takt 15. Der b´-Abschnitt endet in Takt 18 mit einem Halbschluß und schließt damit den A-Teil ab:

Nb. 6: *Phleng Sarasoen sueapa*, A-Teil, b´-Abschnitt, Takt 15 m. A. bis 18

Der B-Teil umfaßt nur sechs Takte (Takt 18-23). Im Beginn hebt er sich durch den fortissimo Ganzschluß vom A-Teil deutlich ab, wie ein Neubeginn, bleibt dann grundsätzlich in der Tonika und verhält sich somit wie ein langer Ganzschlußakkord des Stückes. Auch satztechnisch steht der B-Teil im Kontrast zum A-Teil: Der B-Teil enthält einen kontrapunktischen Dialog im zweistimmigen Satz von Baß und tiefer Mittelstimme, während der A-Teil rein homophon ist, die hauptsächliche melodische Bewegung liegt dort in der Oberstimme, hier in den tiefen Stimmen. Umgekehrt begleiten die Oberstimmen diese nun mit einem repetierten Akkord, der eine Art Orgelpunkt in Diskant und mit hohen Mittelstimmen bildet. Diese Umkehrung mit der Melodie im Baß verstärkt psychologisch beim Zuhörer den Bewegungsimpuls des Marsches. Die überwiegend diatonische Melodieführung im A-Teil wird von dem gebrochenen Dreiklang abgelöst. Im Vergleich zum A-Teil wird im B-Teil keine Wechselnote mehr verwendet, und die punktierte Note tritt in den Hintergrund, erscheint noch in Takt 19 als rhythmische Umkehrung der P-Gruppe. Ebenso ist die Dynamik beider Teile unterschiedlich: der A-Teil beginnt und bleibt im Forte, der B-Teil hingegen beginnt im Fortissimo und decrescendiert allmählich, morendo, zum Pianissimo des Schlusses:

Nb. 7: *Phleng Sarasoen sueapa*: B-Teil, Takt 18-23

Die obige Analyse hat gezeigt, daß *Phleng Sanrasoen sueapa* (also *Die glückliche Blume* in der Bearbeitung Paribatras) ein B-Teil charakterisiert, der sich wie ein zweiter Teil einer dreiteiligen Marschform A-B-A verhält - es ist sehr kurz, fragmentarisch angedeutet und es fehlt dann die Wiederkehr des A-Teils. Dies stört den Hörer am meisten. Der B-Teil erweckt bei ihm die Erwartung, das Marschsignal in der Baßstimme (Takt 18 bis 20) werde nun weiter ausgeführt und schließlich kehre der A-Teil wieder. Dies ist aber nicht der Fall, das Stück kommt vielmehr überraschenderweise plötzlich zum Schluß.

In Anbetracht der ungleichmäßigen Taktverhältnisse stellt sich die Frage, ob dies auf einen zur Vertonung vorgelegen habenden Text zurückgeführt werden könnte - dem bereits erwähnten Bericht von *The Siam Repository* zufolge sei *Die glückliche Blume* ja zunächst als Gedicht entstanden, wurde dann ins Siamesische übertragen, bevor es der Kapellmeister Fritz vertonte. Obwohl der Charakter der Melodieführung nicht liedhaft ist, kann man sich vorstellen dieser Musik einen Text zu unterlegen. Besonders die Abschnitte b und b´ erinnern an einen Refrain. Der mitreißende Charakter der Marschmusik verdeckt eine mögliche Irritation durch die ungleichmäßige Taktproportion.

Nationalhymnen lassen sich im allgemeinen nach ihrem Charakter in zwei Hauptypen einordnen: Der erste Typ ist die choralartige Hymnenform, z. B. die englische Hymne *God save the King*, die österreichische Kaiserhymne oder die heutige Nationalhymne Deutschlands. Diesen Typ kennzeichnet „gemessenes Tempo, kleinen Tonumfang, vorwiegend engschrittiges Intervall und statische Rhythmen.“[55] Der zweite Typ hingegen ist kämpferisch, marschartig, wie die französische Revolutionshymne *Marseillaise*. Ihre Melodie enthält als typische Merkmale Auftaktigkeit, punktierter Rhythmus, schnelles Tempo, aufwärts gerichteter Quartsprung, großer Ambitus und Signalwirkung des gebrochenen Dreiklangs[56]. *Phleng Sanrasoen sueapa* - wie auch die dritte, also die heutige Nationalhymne Thailands - weisen eindeutig alle oben geschilderten Hauptmerkmale des zweiten Hymnentypus auf.

---

[55] Birgit Glaner, Art. Nationalhymne, in *MGG*, Bd. VII, 2. Aufl., 1997, Sp. 21.
[56] Vgl. Birgit Glaner, op. cit., ebd.

Berücksichtigt man diese Unterscheidung der zwei Typen von Nationalhymnen, werden die Entstehungsgründe der zweiten und dritten Nationalhymne Thailands noch verständlicher. Wie eingangs erwähnt, ist ihre Entstehung eng mit dem politischen Kontext verbunden. Die zweite Nationalhymne von Siam sollte nicht nur die Souveränität Siams demonstrieren, sondern auch die monarchische Staatsform gegen der republikanische absetzen. Infolgedessen hat der König von Siam den choralartigen friedlichen Hymnentyp für seine Nationalhymne gewählt (Nb. A). Nachdem Siam 1932 von der absoluten in eine konstitutionelle Monarchie umgewandelt worden war, hat die Zivilregierung die neue Nationalhymne komponieren lassen im zweiten Typus mit marschartigem Charakter nach französischem Vorbild (Nb. B).

Zum Schluß soll noch Stellung genommen werden zu der These, daß *Die glückliche Blume* ein traditionelles siamesisches Stück, eine Komposition Ramas II. *Bulan loiluen* zugrunde liegen haben könnte[57]. Zunächst ist darauf hinzuweisen; daß *Die glückliche Blume* keine traditionelle siamesische Melodie, der Pentatonik zugrunde liegt, ist. Außerdem ist ein solches unregelmäßiges Taktverhältnis in der siamesischen Musik nicht bekannt, insbesondere der ungerade Taktumfang von 23 Takten, sondern ausschließlich ein geradzahliger Taktumfang, der sich wiederum nach der Vorgabe im Trommelschlag richtet. Dies wird in der Analyse des nächsten Stückes, *Khäkmon Bangkhunprom Thao*, ausführlich dargestellt.

---

[57] Vgl. auch Anmerkung Nr. 40 und 47.

2. *Khäkmon Bangkhunprom Thao*

a) Fassung für Piphat-Ensemble

1) Entstehungsgeschichte

Khäkmon Bangkhunprom Thao wurde von Prinz Paribatra 1910 komponiert, als er sich in der Provinz Petchburi aufhielt. Da wurde er von dem König beauftragt, um dort den Bau eines neuen Königspalasts zu beaufsichtigen[58]. Zu welchem Anlaß dieses Stück entstanden ist, ist nicht überliefert. Man vermutet nur, daß es als Repräsentationsstück fungieren sollte, da im Werktitel der Name des Hofes, *Bangkhunprom*, enthalten ist[59]. Bekannt ist nur, daß er zunächst ein anonymes Stück, *Mon tadtaeng* (Ein Mon erntet Gurken), übernommen hat und es zur Thao-Gattung in drei Varianten ausbaute. Dazu fügte er selbst den Text und die zu rezitierende Melodie hinzu[60]. Gleich darauf hat er dieses Stück für Militärkapelle bearbeitet. Ein Dokument der Thai Royal Navy besagt, daß ein Offizier, Major Luang Prasan Duriyang, das Kornett dabei zur Korrektur gespielt habe[61]. Bemerkenswert dabei ist, daß, obwohl zuerst in der traditionellen Fassung entstanden, nicht diese als die Urfassung gilt, sondern die Blaskapellenfassung. Die traditio-

---

[58] Vgl. Wichien Gulatan, *Prawat phlengthai [Monographie der Thai Musik]*, Bangkok 1983, S. 59 f. Dieser Palast, Phraram Rajaniwet (der Palast des Königs Rama) wurde 1909 als ländliche Residenz für den König Rama V. (reg. 1868-1910) während der Monsoonzeit (von Juni bis zum Oktober) errichtet. Der König litt schon jahrelang wegen der hohen Luftfeuchtigkeit an einer Schrumpfniere. Um das Klima zu wechseln, wurde dieser Palast an einem geeigneten Ort in der Provinz Petchburi (ca. 150 Km südlich von Bangkok) gebaut. Der König hatte den deutschen Architekt Karl Döring beauftragt, und der Prinz wurde mit der Bauaufsicht beauftragt. (siehe ausführliche Untersuchung der Bauten dieses Architekten in Thailand von Kr. Daroonthanom, *Das architektonische Werk des deutschen Architekten Karl Döhring in Thailand*, Phil. Diss., Universität Osnabrück, Berlin 1998).

[59] Boonchuay Sovat befaßte sich mit dieser Frage, indem er sich bei den in den 1990er Jahren noch lebenden alten Meistern dieser Patayakosol-Meisterschulen erkundigte, ohne sie beantworten zu können. Die Meister sind beispielsweise Khru Tuean Patayakul, Prasith Thavorn, Usa Khantamalai und ihre Schwester Tuuam Prasithikul aus der Patayakosol-Schule sowie Meisterin Luean Suntornwatin, die Tochter von Meister Khru Praya Sanoh Duriyang (Dschaem Suntornwatin) und schließlich Montri Tramod. (Vgl. Boonchuay Sovat, *Ganwikroh nueathamnonglak khong Phleng Kheak Mon Bangkhunprom [Analyse der Khäkmon Bangkhunprom Melodie]*, Magister Artium, Mahidol Universität, Bangkok 1995, S. 36, im folgenden abgekürzt als Sovat).

[60] Dieses Verfahren hat der Komponist im Rezitationstext verraten, und zwar im Rezitationstext in der chan dieow-Variante (siehe Text zur Rezitation in Originalsprache und die Übersetzung im Deutschen im Anhang).

[61] Vgl. *Die musikalischen Werke des Prinzen Paribatra*, ein unveröffentlichtes Merkblatt der Royal Thai Marine, 1950, S. 3. Dieses Dokument ist Commander (Fregattenkapitän) Saran Ruengnarong zu verdanken. Wann die Überarbeitung und die Übertragung auf das traditionelle Ensemble erfolgt sein soll, ist ebenfalls nicht überliefert.

nellen Fassungen dieses Stückes sind - aufgrund seiner Beliebtheit - erst später, in verschiedenen Versionen mehrerer Meisterschulen, entstanden, die sich dabei durch die Spieltechnik der jeweiligen Meisterschule sowie durch den Text und die Rezitationsmelodie unterscheiden[62]. Diese Versionen wurden wiederum für unterschiedliche Ensembles, beispielsweise für das Piphat-, Mahorie- oder auch das Khrüngsai-Ensemble bearbeitet[63]. Der Prinz soll die Blaskapellenfassung später noch einmal überarbeitet haben. Besonders der dritte Abschnitt wurde dabei gekürzt. Daraufhin bearbeitete er dieses Stück wiederum für sein Hofensemble zur heute offiziellen Fassung[64].

Heute zählt das *Khäkmon Bangkhunprom Thao* in Thailand zum Repertoire wichtiger traditioneller Musik, das in jeder Meisterschule gespielt wird. Infolgedessen entstanden und entstehen die verschiedenen Versionen, von denen nur die drei wichtigsten in das Fünfliniensystem transkribiert wurden[65]. Die erste Transkription wurde von dem Fine Arts Department Bangkok 1961 veröffentlicht. Bei dieser wurde jedoch weder angegeben, von welchem Meister sie stammt, noch, von wem sie übertragen wurde. Diese Transkription wird als die Fine Arts Department-Version bezeichnet[66]. 34 Jahre später (1995) entstanden aus der Patayakosol-Schule – der ehemaligen Meisterschule des Prinzen Paribatra – zwei Transkriptionen von Boonchuay Sovat, nämlich die Version von Uthai Patayakosol, dem Enkelsohn und gleichzeitigen Enkelschüler des Hofmusikmeisters Dschangwang Tua, und die Version des Khru Tuean Patayakul, einem wichtigen Schüler der

---

[62] Es ist üblich in Siam, daß ein Musikstück aus einer anderen Meisterschule nicht originalgetreu gespielt wird. Es gibt eine bestimmte Freiheit, in deren Rahmen man die Musik anderer Komponisten mit seiner eigenen Spieltechnik ändern darf. Der ganze Aufbau jedoch muß selbstverständlich unverändert bleiben. Ist Text in dem Stück vorhanden, darf der Interpret seinen neuen Text an die Stelle des alten einsetzen - natürlich mit anderer rezitierender Vortragsweise. Dieser ist dabei das Kennzeichen einer Meisterschule. Es gibt mindestens vier unterschiedliche Texte zu dieser Musik nach verschiedenen Meisterschulen (vgl. Kajon Pananant, *Botrong phlengthaidoerm* [*Gesangstexte der traditionellen Thai-Musik*], in: Buch zum 60. Geburtstag und der Weihe seines neuen Hauses am 16. Januar 1959, Bangkok 1959, S. 118 ff.). Was die Analyse des Textes betrifft, müßte noch der Tonfall in der Rezitation mitbetrachtet werden.

[63] Vgl. Wichien Gulatan, op. cit., S. 59 f.

[64] Vgl. *Thai Classical Music*, hrsg. v. Saimai Chobkolsük und Phathanee Promsombat, Bd. I, Bangkok: The Fine Arts Department [3]1996, S. 206.

[65] Nach der Aussage von Montri Tramod gibt es noch zwei wichtige Versionen, nämlich von Phraya Prasan Duriyasab (Plaeg Prasansab) und von Khru Tuam Prasithikul. Bedauerlicherweise sind beide längst gestorben, und die Musik wurde nicht überliefert (vgl. Sovat, S. 158).

[66] Diese Fine Arts Department-Version ist in: *Thai Classical Music*, Bd. I, Bangkok [3]1996, S. 57-66, zu finden. In dieser Transkription wird zwar aus dem Kesselgong übertragen, aber dabei nicht mit streng wissenschaftlicher Methode vorgegangen. So wird zum Beispiel die Musik auf eine Stimme reduziert und Doppelklänge nicht berücksichtigt. Darüber hinaus ist die Übertragung mit dem Tonartvorzeichen für G-dur versehen.

ersten Generation nach Dschangwang Tua[67]. Von der Blaskapellenfassung gibt es insgesamt noch zwei Versionen, nämlich die ursprüngliche Marineversion und die Armeeversion. Diese beiden wurden vom Prinzen bearbeitet. Diese Arbeit berücksichtigt nur die Musik der traditionellen Fassung in der Version des Meisters Uthai Patayakosol und der Kapellenfassung in der Marineversion.

Uthai Patayakosol ist der einzige der oben genannten Meister, der noch lebt. Er entstammt in direkter Linie der Hofmeisterschule des Prinzen. Er ist der Enkel des Dschangwang Tua (1881-1938), des Gründers der Patayakosol-Meisterschule, dessen Sohn Devaprasiddhi Patayakosol (1907-1973) war. Seine Kernmelodie (Basic Melody) für den Kesselgong wurde bei Feldforschungen in Bangkok im März 1997 und im September 1998 aufgenommen und in das Fünfliniensystem übertragen[68]. Die Methode der Transkription wird in den nächsten Abschnitten zur Sprache kommen. Vorab sollen noch die Begriffe im Titel erläutert werden, denn sie verweisen auf den wichtigen musikalischen Stil und den inhaltlichen Hintergrund des Werkes.

2) Die Bedeutung der Begriffe des Titels: *Khäkmon*, *Bangkhunprom* und *Thao*

Der Titel *Khäkmon Bangkhunprom Thao* enthält drei Begriffe. Der erste Begriff *Khäkmon* ist ein Kompositum aus *Khäk* und *Mon*. *Khäk* bezeichnet die Menschen und Kulturen Indiens und des arabisch-muslimischen Raumes[69]. Im musikalischen Sinne bedeutet *Phleng Khäk* die Thai-Musik im indischen oder arabischen Stil[70]. Der Begriff *Mon* verweist auf einen Volksstamm, der seit Urzeiten sehr eng mit den Thais verbunden ist, insbesondere im Sinne kultureller Wechselbeziehungen[71]. Die Kultur und Musik der Mon war schon immer bei den Siamesen hochgeschätzt, insbesondere um die letzte Jahrhundertwende. Die Musik der Mon beeinflußte die Thai-Musik sehr stark und zählt bis heute zum zentralen Repertoire der Thai-Musik[72]. So bedeutet *Phleng Mon* die Musik im Mon-Stil[73].

Als Kompositum charakterisiert das Stück *Khäkmon* in erster Linie die Musik im Mon-Stil. *Khäk* verweist als Beiname auf einer zweiten Bedeutungsebene im musikalischen Zusammenhang auf das Paarstück aus *Phleng dscha* (das

---

[67] Vgl. Sovat, S. 158. Die ersten zwei Versionen sind schon von Boonchuay Sovat übertragen (siehe Sovat, S. 189-209).

[68] Diese Tonaufnahme und Transkription finden sich im Anhang.

[69] Vgl. *Pojananugrom thai* [*Thai Lexikon*], hrsg. v. der thailändischen königlichen Akademie der Wissenschaften, Bangkok 1982, S. 158.

[70] Vgl. *Pojananugrom thai* [*Thai Lexikon*], ebd.

[71] Vgl. *Pojananugrom thai* [*Thai Lexikon*], S. 631.

[72] Es ist zu vermuten, daß einmal ein Mon-Reich im heutigen Zentralthailand existierte. Seine Kultur stand bis zum 12. Jahrhundert in Blüte. Nach der Gründung des Thai-Reiches 1350 haben die Thai die Mon-Kultur übernommen, und sie gilt heute als die Grundlage der Thai-Kultur schlechthin, insbesondere der Religion des Theravāda-Buddhismus, der religiösen Kunst und der Musik.

[73] Vgl. *Pojananugrom thai* [*Thai Lexikon*], S. 631.

‚langsame‘ Stück) und *Phleng reow* (das ‚schnelle‘ Stück)[74]: *Phleng reow* wird auch *Phleng Khäk* (das *Khäk*-Stück) genannt, weil dieses den Trommelschlag Nathab songmai[75] verwendet, ein Schlagmuster des Stückes *Phleng reow*, das in der Empfindung des Siamesen ähnlich wie indische oder arabische Musik klingt[76]. Handelt es sich bei diesem zweiten Stück um Musik im Mon-Stil, so wird es *Khäkmon* benannt, d. h. also das schnelle Stück im Mon-Stil - hat das *Khäk*-Stück keinen eigenen Namen, dann wird der Name des ersten Stückes übernommen; heißt z. B. das erste langsame Stück *Praram doendong*, dann nennt man dieses *Khäk praram doendong*[77]. Den Forschungsergebnissen von Boonchuay Sovat zufolge existiert die *Khäkmon*-Musik im thailändischen Repertoire heute nur noch in 12 Stücken[78], die sich durch folgende Hauptmerkmale charakterisieren lassen[79]: Erstens pendelt diese Musik mindestens zwischen zwei Pentatoniken, in *Khäkmon Bangkhunprom Thao* sogar zwischen vier Pentatoniken, auf F, H, C und G. Zweitens scheinen bestimmte zweitaktige Mon-Melodien innerhalb des Stückes mehrmals wiederzukehren. Hier werden sie Melodie-Floskeln genannt. In *Khäkmon Bangkhunprom Thao* kommen insgesamt acht solcher Melodie-Floskeln vor (M_1 bis M_8). Bei diesen Melodie-Floskeln ist weiterhin bemerkenswert, daß sie auch in anderen *Khäkmon*-Stücken Verwendung finden. Und drittens findet sich innerhalb eines *Khäkmon*-Stückes eine einheitliche zweitaktige Figur, die immer vor den es gliedernden Binnenzäsuren steht; in *Khäkmon Bangkhunprom Thao* wird diese als Spielfigur S_4 bezeichnet[80].

---

[74] Siehe auch die ausführliche Erläuterung der Bedeutung von *Phleng dscha* und *Phleng reaow* im ersten Kapitel, S. 38.

[75] Das Trommelschlagmuster von Nathab songmai wird entweder von der Paartrommel, Glong Khäk oder Glong songnah, oder von der Trommel Taphon geschlagen. Dessen Durchlauf umfaßt vier Takte des Zweiviertel-Taktes mit der Viertelnote als Metrumseinheit.

[76] Vgl. Montri Tramod und Wichien Gulatan, *Fang lae khaojaiphlengthai* [*Thai Musik Hören und Verstehen*], Bangkok 1980, S. 291 f. Die Klassifizierung des musikalischen Stils richtet sich nach zweierlei Merkmalen: dem rhythmischen Schlagmuster und der Melodie. Wenn der Trommelschlag dieser Musik der indischen bzw. arabischen Musik ähnelt, muß sie jedoch noch nicht zwangsläufig Musik in jenem Stil sein, erst wenn auch die andere Komponente nicht fehlt, nämlich die Melodie, ist dies der Fall.

[77] Vgl. Montri Tramod und Wichien Gulatan, *Fang lae khaojai...*, ebd.

[78] Siehe Sovat, S. 27.

[79] Vgl. Sovat, S. 94 ff.

[80] Im Hinblick auf die einheitliche Schlußbildungsfigur S_4 soll vorab darauf aufmerksam gemacht werden, daß S_4 in der Aufnahme der Kesselgong-Version sowie der Version für Kesselgong und Xylophon jeweils im dritten Abschnitt jeder ‚Variante‘ (siehe unten) anders gespielt wird (Tonb. Nr. 3, 6, 9, 12, 15 und 18). Dies sei, der Aussage des Meisters Uthai Patayakosol zufolge, nur bei der Übung erlaubt, um sich selbst das Ende der ‚Varianten‘ besser einprägen zu können.

Bangkhunprom ist der Name einer am Fluß Chaopraya gelegenen Gemeinde, einem Vorort Bangkoks, der etwa 3 km nördlich flußaufwärts liegt. Der Palast *Wang Bangkhunprom* wurde dort 1899 erbaut, als Prinz Paribatra noch in Deutschland seine Militärausbildung genoß, aber erst 1913 fertig eingerichtet[81]. *Thao* ist die Bezeichnung einer musikalischen Gattung Siams. Bei der Thao-Gattung handelt es sich um Musik zur Vokalrezitation, die aber keine begleitende Vokalmusik ist, sondern ihren eigenen Auftritt zwischen den Rezitationen hat und sich prinzipiell nicht mit der Rezitation verbindet. Die Entstehung der Thao-Gattung ist insbesondere mit der Sepha-Rezitation verbunden. Mit Sepha-Rezitation bezeichnete man ursprünglich ein Gedichtvortrag. Sie stand in der Ayudhaya-Periode (1350-1767) in Blüte. Ihre Besonderheit ist, daß alle vier Füße im jeweiligen Vers einen bestimmten metrischen Rhythmus haben und Melodien, die mit langen Melismen verbunden sind. Der Rezitator wurde ursprünglich nur mit rhythmischem Schlagen zweier Graab-Stockhölzer begleitet. Das Gedicht stammt meistens aus dem anonymen Liebesroman *Khundschang-Khunphän*. ([Die Geschichte einer Dreiecksbeziehung zwischen den Männern] Khundschang und Khunphän [und der Frau Wanthong]) aus der Regierungszeit des Ramathiebodis (1463-1488).[82]

Die Thao-Gattung selbst nahm ihren Anfang in der Zeit Ramas II. (reg. 1809-1824), der Bangkok-Periode, in der dieser die Sepha-Rezitation wieder ins Leben rief und dabei eine neue Ordnung einführte, derzufolge die Rezitation nach bestimmten Versen unterbrochen wurde und ein kurzer Musikvortrag des Piphat-Ensembles einsetzte. Dies hatte zwei Gründe. Zum einen sind die vielen langen Melismen des Thai-,Sprechgesangs', die allein aus dem Kehlkopf erzeugt werden, für den Rezitator sehr anstrengend. Um die Belastung des Sängers zu mindern, unterbricht ihn der Auftritt der Musik. Zum anderen soll der Musikvortrag beim Zuhörer für Abwechslung der Stimmung sorgen. Im Laufe der Zeit schuf sich das Piphat-Ensemble sein eigenes Repertoire für die Sepha-Rezitation (Piphat-Sepha), das sich in drei Teile gliedert. Es beginnt mit zwei Vorspielstücken: *Banlaeng roi pralong Sepha* und *Homrong Sepha*, dann folgt der Hauptteil, dem mehrere kleine Abschnitte für kleine Auftritte zwischendurch untergeordnet sind. Zum Schluß

---

[81] Vgl. Prinzessin Siriratana Boosabong, *Phraprawat somdetphradschao boromawongthoe dschaofa paribatsukhumphan gromphranakonsawan varapinit* [*Biographie des Prinzen Paribatra*], Bangkok 1981, S. 11 ff. Dieser Palast wurde 1911 von dem deutschen Architekten Karl Döhring im Jugendstil errichtet (siehe die ausführliche Bauuntersuchung dieses Palasts von Kr. Daroonthanom, *Das architektonische Werk des deutschen Architekten Karl Döhring in Thailand*, Phil. Diss., Universität Osnabrück, Berlin 1998, S. 67-87). Nach dem Staatsstreich 1932 wurde er verstaatlichen und ist heute der Sitz der National Bank of Thailand.

[82] Siehe die Erläuterung des Titels in Anmerkung 135 im ersten Kapitel. Dieser Roman wurde ins Englische übersetzt von Prem Phaya, *The Story of Khun Chang Khun Phan*, 2 Bde., Bangkok 1955 und 1959.

spielt das Ensemble ein Nachspiel, *Phleng la*[83]. Die Sepha-Rezitation wurde nach der Zeit Ramas II. nicht mehr gepflegt. Doch die Musik Piphat-Sepha existierte weiter und entwickelte sich gegen Mitte der 1850er Jahre zu einer reinen Instrumentalgattung, der sogenannten Thao-Gattung. Diese bedurfte nun eines neuen Repertoires. Das neue Repertoire konnte derart herausgebildet werden, daß es entweder von dem Meister selbst komponiert, oder aus dem alten Repertoire übernommen und in der Spieltechnik des Meisters bearbeitet wurde. So verfuhr man jedoch nicht mit der rituellen Musik, denn sie gilt - bis heute - als heilig.

Der Titel *Khäkmon Bangkhunprom Thao* kann also zunächst so zusammengefaßt werden: Er bezeichnet ein Stück mit dem Namen *Bangkhunprom* im *Khäkmon*-Stil, das in der Thao-Form komponiert wurde.

Mit der Entstehung der Thao-Gattung stand auch die Thai-Musik in ihrer höchsten Blüte, insbesondere gefördert durch die Konkurrenz der adligen Höfe, die ihren Ausdruck in regelmäßigen Wettbewerben zwischen den jeweiligen Meistern fand. So entstanden die neuen, singulären, virtuosen ‚Solo'-Stücke, die dem Meister ein musikalisch individuellen Freiraum boten. Damit wurde mit der Tradition einer streng reglementierten Aufführungspraxis gebrochen und die Musik durfte nun frei verändert oder bearbeitet werden. Dabei bildete jedoch ein bestimmtes Grundverhältnis rhythmischer und metrischer Strukturen sowie Taktanzahlen einen vorgegebenen Rahmen, innerhalb dessen der Musiker eine konkrete Variante verwirklichte[84]. Vorzugsweise wurde ein Stück aus den drei Varianten sam chan, song chan oder auch chan dieow aufgebaut, und zwar in der Reihenfolge: sam chan, song chan und chan dieow.

Diese drei Varianten existierten zwar in der Thai-Musik seit ihren Anfängen, aber nur die Varianten song chan und chan dieow spielten zunächst eine Rolle im Hauptrepertoire der Theatermusik, da sie mit einem Tanzmuster verbunden sind. Die sam chan-Variante ist nun der neue Ausgangspunkt zur Weiterentwicklung der Thai-Musik. Die Kennzeichnungen sam chan, song chan und chan dieow bedeuten wörtlich im Deutschen die dritte, zweite und erste Stufe. Die Merkwürdigkeit, daß diese Zählung rückläufig zur Aufführung der Varianten beim Spielen des Stückes ist, verweist auf die Thai-Denkweise, die den Anfang des Zählens hier im Ende des Stückes nimmt, um dann zum Anfang des Stückes zu zählen. Wie noch zeigen wird, wird die Thao-Gattung entlang dieses rückläufigen Gedankenganges konstruiert. Unabhängig davon ist die Reihenfolge im vorangehenden Arbeitsgang der musikalischen Bearbeitung. Die drei Varianten unterscheiden sich voneinander durch Metrum und Schlagmuster der Trommeln

---

[83] Vgl. Somsak Ketukaenchan, *The Thang of the Khong Wong Yai and Ranat ek, a transcription and analysis of performance practice in Thai Music*, Phil. Diss., University of York/ England 1989, S. 3. (Im folgenden abgekürzt als Ketukaenchan) Zum wichtigen Repertoire, dort transkribiert und ausführlich untersucht wurde, gehören beispielsweise: *Jorake hangyau* (Krokodile mit langem Schwanz), *Tau gin pagbung* (Schildkröte frißt Wasserpflanzen).

[84] Vgl. Montri Tramod, *Sabsanghit [Terminologie der Thai-Musik]*, Bangkok 1964, S. 14.

und Becken, die auseinander nach dem Prinzip von Augmentation bzw. Diminution abgeleitet werden[85]. Der Hauptgedanke ist folgender: Die Musik wird beispielsweise zunächst in der ersten Variante (chan dieow) komponiert, und zwar mit einer Achtelnote als Metrumswert und einer Länge der ‚melodischen Phrase‘[86] von zwei Takten (im Zweiviertel-Takt). Dann wird dieselbe Musik in der zweiten Variante (song chan) bearbeitet, indem die Metrumseinheit von einer Achtelnote auf eine Viertelnote vergrößert und die ‚melodische Phrase‘ von zwei auf vier Takte verdoppelt wird. Ebenso ergibt die Bearbeitung der Musik in der dritten Variante (sam chan) auf diese Weise einen Metrumswert von einer halben Note und eine achttaktige ‚melodische Phrase‘.

Die melodische Vorlage selbst für ein Thao-Stück kann in irgendeiner der drei Varianten stehen. Vor ihr werden nach der beschriebenen Vorschrift Abteilungen gebildet. Das *Khäkmon Bangkhunprom Thao* stammt beispielsweise aus der anonymen Melodie *Mon tadtaeng* (Ein Mon erntet Gurken)[87] in der song chan-Variante, die sich in drei Abschnitte gliedert, deren ersten beide jeweils 16 Takte umfassen, der dritte Abschnitt ist mit 24 Takten etwas länger. Der Komponist von *Khäkmon Bangkhunprom Thao* hat diese Vorgabe weiter in der sam chan- und chan dieow-Variante ausgebaut. In der sam chan-Variante wird die Musik von 16 Takten auf 32 Takte im ersten und zweiten Abschnitt und von 24 Takten auf 48 Takte im dritten Abschnitt verdoppelt. In der chan dieow-Variante hingegen wird die Musik im ersten und zweiten Abschnitt auf 8 Takte und im dritten Abschnitt auf 12 Takte halbiert. Dieser also dreiteilige Aufbau der Thao-Form kann in der Reihenfolge, in der er dann gespielt wird, folgendermaßen dargestellt werden:

---

[85] Die Begriffe Augmentation sowie Diminution wurden zum ersten Mal in den 1960er Jahren von dem US-amerikanischen Musikethnologen David Morton zur Beschreibung der thailändischen Musik auf deren Strukturen übertragen. Da er den Änderungsprozeß der melodischen Struktur bei der Augmentation und Diminution noch nicht feststellen konnte, beziehen sich diese Begriffe nur auf die Verdopplung sowie Halbierung der Metrik und des Schlagmusters, also der Länge einer melodischen Phrase. Im englischen Gebrauch beziehen sich Augmentation und Diminution allein auf die metrische Verdopplung und Halbierung, während die beiden Begriffe im Deutschen über diesen Gebrauch hinausgehen; vgl. zur Terminologie auch Michael Beiche, Art. Augmentation und Diminution im *HmT*, 17. Ausl. 1990. Zu Mortons Verwendung der Begriffe siehe: David Morton, *The Traditional Music of Thailand*, London 1976, S. 182 ff. Obgleich es in der melodischen Bearbeitung der Thai-Musik neben gewöhnlicher Verdoppelung bzw. Halbierung vielfältige andere Weisen der Vergrößerung bzw. Verkleinerung gibt, werden die Begriffe Augmentation und Diminution in dieser Arbeit weiter lediglich als Angabe der Verhältnisse von Metrik und Länge einer melodischen Phrase in den verschiedenen Varianten beibehalten.

[86] Hier soll vorab darauf hingewiesen werden, daß die Begriffe ‚melodische Phrase‘ sowie ‚Phrase‘ hier gebraucht werden in der Funktion von ‚melodischem Satz‘, insofern damit eine gegliederte melodische Struktur bezeichnet werden soll, ohne aber die Implikationen regelmäßiger Periodik zu übernehmen.

[87] Siehe Sovat, S. 38.

Die dritte Variante sam chan (III)
1. Abschnitt (III, 1): Vokalrezitation (Tonb. 19) + Ensemble[88] (32 Takte im Zweiviertel-Takt) (Tonb. 1, 10 und 21)
2. Abschnitt (III, 2): Vokalrezitation (Tonb. 22) + Ensemble (32 Takte im Zweiviertel-Takt) (Tonb. 2, 11 und 24)
3. Abschnitt (III, 3): Vokalrezitation (Tonb. 25) + Ensemble (48 Takte im Zweiviertel-Takt) (Tonb. 3, 12 und 27)
Die zweite Variante song chan (II)
1. Abschnitt (II, 1): Vokalrezitation (Tonb. 28) + Ensemble (16 Takte im Zweiviertel-Takt) (Tonb. 4, 13 und 30)
2. Abschnitt (II, 2): Vokalrezitation (Tonb. 31) + Ensemble (16 Takte im Zweiviertel-Takt) (Tonb. 5, 14 und 32)
3. Abschnitt (II, 3): Vokalrezitation (Tonb. 33) + Ensemble (24 Takte im Zweiviertel-Takt) (Tonb. 6, 15 und 34)
Die erste Variante chan dieow (I)
1. Abschnitt (I, 1): Vokalrezitation (Tonb. 35) + Ensemble (8 Takte im Zweiviertel-Takt) (Tonb. 7, 16 und 36)
2. Abschnitt (I, 2): Vokalrezitation (Tonb. 37) + Ensemble (8 Takte im Zweiviertel-Takt) (Tonb. 8, 17 und 38)
3. Abschnitt (I, 3): Vokalrezitation (Tonb. 39) + Ensemble (12 Takte im Zweiviertel-Takt) (Tonb. 9, 18 und 40)
Der Schlußsatz (Lukmod) (20 Takte im Zweiviertel-Takt) (Tonb. 9, 18 und 41)

Im Laufe der vorliegenden Arbeit wird die jeweilige Variante auf drei Weisen benannt, z. B. wird sie entweder als sam chan-Variante oder als dritte Variante oder aber mit der römischen Zahl III bezeichnet. Der Abschnitt der jeweiligen Variante wird hingegen mit arabischen Ziffern versehen, so meint II, 3 beispielsweise den dritten Abschnitt der song chan-Variante. Da diese Arbeit lediglich die Kompositionstechnik bei der Augmentation bzw. Diminution untersuchen wird, werden der Text bzw. die Vokalrezitation und der Schlußsatz (Lukmod) nicht berücksichtigt[89]. Um die Kompositionstechnik bei der Augmentation und Diminution etwas leichter erfassen zu können, müssen zuvor einige Grundelemente der Thai-Musik erläutert werden.

Exkurs: Zeitmaß, Rhythmik und Metrik

Rhythmik und Metrik sind in der Thai-Musik ausschließlich binär und werden hier im Zweiviertel-Takt transkribiert. Der Rhythmus ist getragen von zwei Gliedern: dem Beckenschlag (Dschangwa Dsching) und dem Trommelschlag (Dschangwa Nathab). Der Beckenschlag fungiert dabei als Maßeinheit der Metrik,

---

[88] Jeder Ensembleeinsatz wird in gängiger Aufführungspraxis immer zweimal vorgetragen.
[89] Der Text zur Vokalrezitation sowie die Übersetzung im Deutschen sind im Anhang zu finden.

158

der Trommelschlag als Maßeinheit der Rhythmik und der Länge einer melodischen Phrase. Dieses Schlagmuster steht meistens musikalisch für sich, d. h. die rhythmische Gestaltung der Melodie muß nicht unbedingt in Einklang mit diesem stehen. Zunächst soll der Beckenschlag (Dschangwa Dsching) betrachtet werden. Dieser wird durch zwei kleine Becken aus Messing erzeugt. Es gibt zwei Normschläge: der Dsching-Schlag (vollklingender Schlag) und der Dschab-Schlag (gedämpft akzentuierter Schlag). Diese wechseln sich miteinander in der Regel in jedem Stück ab[90]. Der vollklingende Schlag wird in der vorliegenden Arbeit mit ,o' und der gedämpfte (akzentuierte) Schlag mit ,+' gekennzeichnet. In diesem Zusammenhang besteht eine Regel, wonach das Stück immer mit dem klingenden Schlag beginnt und mit dem akzentuierten, gedämpften Schlag endet. In den folgenden drei Varianten werden drei Beckenschlagmuster vorgegeben: In der sam chan-Variante findet sich der Dsching- und Dschab-Schlag abwechselnd alle zwei Viertelnoten, also jede halbe Note, in der song chan-Variante jede Viertelnote und in der chan dieow-Variante jede Achtelnote. Daher kann der Beckenschlag gleichzeitig als die Angabe des Taktschlags betrachtet und das Schlagmuster im jeweiligen Satz wie folgt dargestellt werden:

Nb. 8: Beckenschlagmuster in drei Varianten

Die Übertragung auf das Fünfliniensystem führt jedoch bei der Thai-Musik zu einer problematischen metrischen Verschiebung: Viele westliche Musikwissenschaftler sind davon ausgegangen, daß die Thai-Musik immer mit der ersten Zählzeit des ersten Taktes beginnt. Daraus resultierte eine Übertragung bei der der Akzentschlag immer auf unbetonten Zählzeiten läge. Um den Akzentschlag auf der betonten Zählzeit zu halten, sind sie deshalb gezwungen, den Akzentschlag ,+' in der zweiten und ersten Variante auf die betonte Zählzeit zu verschieben, und damit das Stück in diesen Varianten gegen die Regel mit einem Akzentschlag beginnen zu lassen:

---

[90] Es gibt darüber hinaus in der Thai-Musik noch fünf weitere Becken Schlagmuster. Diese aber wirken zusammen mit dem Trommelschlag Nathab piset. Da sie die zu untersuchende Komposition nicht betreffen, werden sie nicht berücksichtigt. Ausführliche Information darüber findet sich in der Arbeit von M. Wisuttiphat, *Dontriethai wikroh [Analyse der Thai Musik]*, in: Bericht vom Kongreß 4. Januar 1991 der Srinakarinwirote Universität, Bangkok 1991, S. 145 ff, im folgenden abgekürzt als Wisuttiphat.

Nb. 9: Beckenschlagmuster in drei Varianten

Diese Übertragung entspricht also nicht der tatsächlichen Praxis. Das Ungewohnte eines Beginnens mit einem unvollständigen Takt läßt sich wiederum aus der Thai-Zählweise erhellen. Danach wird eine Zähleinheit immer vom Endpunkt an gerechnet, wohin man eine Thesis ,+' setzt, statt wie im Westen üblich gleich von dem Ausgangspunkt, wo im Thai-Denken stets eine Arsis ,o' sich befindet[91]. In der Tat fängt die Thai-Musik nicht nur immer auf der unbetonten Zählzeit an, sie beginnt auch meist mit einem Auftakt:

Nb. 10: Darstellung des Beckenschlagmusters in III, 1, II, 1 und I, 1

Im Gegensatz zum Beckenschlag bestimmt der Trommelschlag (Dschangwa Nathab) die Länge einer ,melodischen Phrase'. Der Dschangwa Nathab wird von einer oder mehreren Trommeln komplementär zusammen geschlagen[92]. Es gibt im allgemeinen drei Schlagmuster: den Nathab probgai, den Nathab songmai und den Nathab piset. Die Nathab probgai und Nathab songmai werden in der Musik zur Vokalrezitation verwendet[93]. Der Nathab piset hingegen wird in der Theatermusik

---

[91] Siehe auch die ausführliche Diskussion in: D. Morton, op. cit., S. 41 ff.

[92] Die meistens verwendete Trommel ist entweder die Paartrommel *Glong Song nah* oder *Glong Khäk* oder die Trommel *Taphon* (vgl. Wisuttiphat, ebd.).

[93] Vgl. S. Phukaothong, *Garndontrithai lae thangkaosu dontrithai* [*Thaimusik und der Zugang zu ihr*], Bangkok [2]1996, S. 42.

(der Naphat-Musik) und in der Musik im Stil der anderen Länder verwendet[94]. Da das Stück *Khäkmon Bangkhunprom Thao* den Nathab probgai verwendet, beschränkt sich diese Arbeit auf den Nathab probgai. Ein Durchgang von Nathab probgai umfaßt in der sam chan-Variante 8 Takte, in der song chan-Variante 4 Takte und in der chan dieow-Variante 2 Takte[95]. Der jeweilige Durchgang muß dabei vollständig geschlagen werden. Es existieren also keine halben Durchgänge. Zwangsläufig gilt dies auch für die Länge der ‚melodischen Phrase‘. Zum Beispiel umfaßt der ersten Abschnitt der song chan-Variante 16 Takte; dies bedeutet zugleich, daß dieser Abschnitt insgesamt 4 Durchgänge des Nathab probgai bzw. 4 ‚melodische Phrasen‘ umfaßt. Bei der Augmentation bzw. der Diminution enthält dieser Abschnitt immer noch 4 ‚melodische Phrasen‘. Die Länge eines Durchganges bzw. einer ‚melodischen Phrase‘ aber wird jeweils verdoppelt bzw. halbiert. So beinhaltet dieser Abschnitt in der sam chan-Variante 32 Takte und in der chan dieow-Variante 16 Takte. Dasselbe Verhältnis besteht auch in den anderen Abschnitten.

Zuletzt soll die Charakteristik der ‚melodischen Phrase‘ näher erläutert werden. Vergleicht man die abendländische Melodie mit der Thai-Melodie, stellt man folgende Unterschiede fest: erstens existiert in der thai-melodischen Struktur kein ‚periodischer Satzbau‘, obwohl diese beispielsweise vier Takte hat. Zweitens hat die Melodie keinen Spannungsgehalt zwischen Tonika und Dominante. Drittens gibt es keine Schlußbildung im Sinne einer abendländischen ‚Kadenz‘ in der jeweiligen ‚melodischen Phrase‘, und viertens reihen sich die jeweiligen ‚melodischen Phrasen‘ horizontal bausteinartig aneinander, ohne Beziehung zueinander. Aufgrund dieser Eigenschaften erscheint auch der Begriff ‚melodischer Satz‘ nicht treffend. Es gibt keine feste Regel, wie viele melodische Phrasen ein Abschnitt enthalten soll.

---

[94] Vgl. S. Phukaothong, *Garndontrithai...*, ebd. Im Hinblick auf die Theatermusik dient der Nathab piset dazu, den Charakter der jeweiligen Theaterfigur anzudeuten, insbesondere die Musik der Götter und Herrscher. Da die Musik im Stil der Nachbarländer einschließlich des Westens einen anderen Rhythmus hat als die Thai-Musik, wird der dieser Musik entsprechend Trommelschlag Nathab piset verwendet. Zu diesem gibt es insgesamt zwölf Schlagmuster nach zwölf verschiedenen Stilen, d. h. wiederum, daß es 12 verschiedene Einflüsse aus 12 unterschiedlichen Ländern in Thai-Musik gibt. Als Folge gibt es unter dem Nathab piset viele verschiedene Schlagmuster von Trommel und Becken. Sie sind sehr vielfältig und recht kompliziert. Die ausführliche Darstellung ist in der oben schon genannten Arbeit von Wisuttiphat zu finden (siehe Wisuttiphat, S. 145 ff.).

[95] Das Nathab probgai stammt aus einem alten Volkslied Zentralsiams *Phleng probgai*. Eine Besonderheit dieses Volksliedes liegt darin, daß der Chor nach jeder Strophe, die von der Hauptstimme vorher vorgesungen wird, eine kurze Schlußmelodie von 4 Takten im Zweiviertel-Takt singt. Der Rhythmus dieser Melodie entwickelt sich im Laufe der Zeit zum Hauptschlagmuster. Das Schlagmuster Nathab songmai besteht aus der Hälfte des Nathab probgai, so umfaßt ein Schlagmuster Nathab songmai in der sam chan-Variante 4 Takte, in der song chan-Variante 2 Takte und in der chan dieow-Variante einen Takt (vgl. S. Phukaothong, op. cit., S. 42 f.).

Innerhalb der jeweiligen melodischen Phrase ist die wichtigste Note die letzte Note der melodischen Phrase, die zugleich mit dem gedämpften Beckenschlag zusammenfällt. Diese heißt in Thai-Musik Luktok und kann im Deutschen wörtlich direkt als die Endnote benannt werden. Diese spielt eine zentrale Rolle beim Aufbau der weiteren Varianten, indem sie immer am Ende der melodischen Phrase als Anhaltspunkt festgehalten wird. Die Endnoten der jeweiligen viertaktigen Phrase in den drei Abschnitten der song chan-Variante werden folgendermaßen dargestellt (vgl. auch die Transkription im Anhang):

song chan-Variante	Takt 4	Takt 8	Takt 12	Takt 16	Takt 20	Takt 24
1. Abschnitt	d^2	h^1	h^1	g^1	--	--
2. Abschnitt	g^1	h^1	h	g^1	--	--
3. Abschnitt	d^1	d^1	c^1	h^1	h^1	G^1

Als nächstes soll die Problematik des Tempos näher erörtert werden. Den Musikern ist es selbstverständlich, wie ein Musikstück vorgetragen werden soll; ob ein Stück schnell oder langsam aufgeführt wird, liegt an der gemeinsamen spontanen Bestimmung durch die Musiker. Daß die Bezeichnung von sam chan, song chan und chan dieow zugleich der Tempobezeichnung langsam, mäßig und schnell entspricht, wie in der verbreiteten Sekundärliteratur angegeben wird, stellt eine Fehlinformation dar. Es ist zunächst das Prinzip der Aufführungspraxis Thai-Musik, daß die Musik immer mit langsamem Tempo beginnt und schnell endet[96]. Das greift wiederum die Aufführungspraxis der Theatermusik auf, nämlich das Paarstück *Phleng dscha* und *Phleng reow* (das Paarstück in langsamem und schnellem Tempo)[97]. Die Frage, die sich hier stellt, ist, was das Tempo jedes Stückes bestimmt[98]. Die Musiker erkennen dies vor dem Einsatz des Ensembles an der Einleitung durch ein oder zwei Instrumenten. Denn es ist selten in der Thai-Musik, daß das Ensemble als ganzes das Stück anfängt; stets wird es von einem einzelnen Instrument eingeleitet. Das Stück *Khäkmon Bangkhunprom Thao* wird beispielsweise von dem Xylophon (Ranat ek) und der Thai-Oboe (Pi) gegen Ende des jeweiligen Abschnitts der Vokalrezitation als Übergang zum Einsatz des Ensembles eingeleitet (Tonb. 20, 23, 26 und 29). Diese bestimmen das Tempo des Stückes. Der Becken- und Trommelschlag sorgt für das gleichmäßige Tempo. Das Tempo wird nicht nur allmählich von der sam chan-Variante bis zur chan dieow-Variante beschleunigt, sondern schon innerhalb des jeweiligen Abschnittes. Bei diesem Stück z. B. wurde in der Aufnahme des zweiten

---

[96] Hierzu vgl. die scharfsinnig Beobachtung darüber von Reinhold Werner im zweiten Kapitel, S. 64.

[97] Siehe die Erläuterung von *Phleng dscha* und *Phleng reow* im ersten Kapitel, S. 38.

[98] Diese Frage stellt sich nämlich den Musikern nie. Es ist ihnen alles selbstverständlich, und den meisten von ihnen fällt es sehr schwer, diese Frage zu beantworten, wie der Verfasser dieser Arbeit bei der Feldforschung in Thailand feststellte.

Durchganges des ersten Abschnitts der sam chan-Variante fast doppelt be-schleunigt, sogar schneller als in der chan dieow-Variante[99].

Bevor die Kompositionstechnik der Augmentation bzw. Diminution in diesem Stück behandelt wird, soll zuerst die Methode der Transkription der Kernmelodie aus dem Kesselgong (Khongwong yai) dargestellt werden. Der Kesselgong ge-winnt im Piphat-Ensemble an Wichtigkeit, weil er die Kernmelodie des Stückes trägt. Diese Kernmelodie wird von den anderen Instrumenten - wie beispielsweise dem Xylophon (Ranat) und der Oboe (Pi) - übernommen und variiert. Während das Xylophon und die Oboe die Kernmelodie bei jedem Einsatz ändern, wird die Kernmelodie im Kesselgong stets streng und genau gespielt (vgl. Tonb. 10-18). Bei der Aufführung übernehmen aber das Xylophon und die Oboe die Führungsrolle[100]. Da sich die vorliegende Untersuchung darauf beschränkt, wie der Komponist aus der song chan-Variante die Thao-Form aufbaut, werden andere von dem Xylophon und der Oboe weiter variierte Melodien ausgeklammert[101].

Der Kesselgong besteht aus 16 topfförmigen Gongs aus Bronze. Alle 16 Gongs werden zusammen horizontal in einem kreisförmigen Holzrahmen ange-ordnet. Der Spieler muß im Kreiszentrum sitzen. Der tiefste Gong befindet sich bei der linken Hand, der höchste bei der rechten Hand des Spielers[102]. Man kann die Tonhöhe stimmen, indem man Bienenwachs und Blei unter dem Gong befe-stigt. In Thailand werden alle 16 Gongs des Kesselgongs folgendermaßen auf dem Fünfliniensystem übertragen (Fig. 1). Bezüglich der Transkription aus dem Kesselgong auf das Fünfliniensystem soll beachtet werden, daß das Tonsystem der Thai-Musik sieben gleiche Stufen hat: Ein Oktavraum wird in sieben tempe-rierte Abstände geteilt, wobei kein Halbton existiert. Allerdings beruht die Melodie auf der Pentatonik. In diesem Zusammenhang gibt es noch sieben Pen-tatoniken (Thang)[103].

Daher entsprechen auf dem Fünfliniensystem die Tonfrequenzen der transkri-bierten Noten nicht der konventionellen europäischen Tonhöhe. Zum Beispiel beträgt a^1 nicht 440 Hertz, sondern der Tonhöhe des zwölften Gongs. Zudem existiert in dieser Transkription kein konventioneller Halbton zwischen H und C bzw. E und F mehr, sondern ein Ganzton nach Thai-Intervallstruktur. Diese Über-tragung beabsichtigt, die Melodie auf dem Kesselgong möglichst getreu darzustel-

---

[99] Vgl. die Beschreibung von Werner Reinhold, eines Teilnehmers der preußischen Expedition von 1861/62, über eine Aufführung des Thao-Stückes im Kapitel II, S. 64.

[100] Vgl. Ketukaenchan, S. 3.

[101] Dafür gibt es noch weitere Gründe: Die Melodien auf dem Xylophon und Oboe sind nie vereinheitlicht, weder bei derselben Patayakosol-Schule noch bei anderen Meisterschulen. Zudem werden innerhalb derselben Meisterschule das Xylophon und die Oboe beim zweiten Durchgang des jeweiligen Abschnittes immer weiter variiert. Aber die Noten auf dem wichtigen Akzent des Taktes bleiben unverändert.

[102] Vgl. Abbildungen im Anhang in: *Ensemble und ihre Besetzungen*.

[103] Siehe dazu auch die Erläuterungen zu Thang im Anhang.

len; infolgedessen wird diese Übertragung bei der Wiedergabe auf dem europäischen Instrument nicht berücksichtigt. Damit ist zugleich geklärt, warum sie keine Akzidens benötigt.

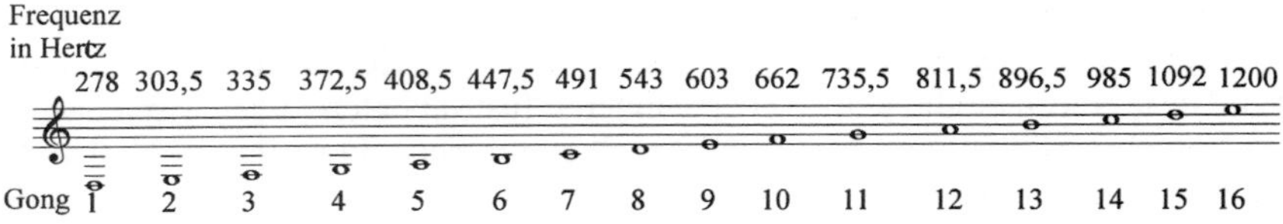

Fig. 1: Der Tonumfang des Kesselgong (Khongwong yai) mit Frequenzangabe
(Quelle: David Morton, *The Tradition Music of Thailand*, London 1976, S. 233 ff.)

Um den Aufbau des Stückes leicht zu überblicken, bedarf es hier noch einer Erläuterung über das Thai-Tonsystem. Dabei handelt es sich um eine Leiter in sieben gleichen Stufen. Das heißt innerhalb einer Oktave wird in sieben temperierte Abstände geteilt. Infolgedessen existiert kein Halbton, und der Ganzton beträgt 171,4 Cent. Diese sieben Töne sind dann die Materialtonleiter. Wobei F als der erste Ton gilt und E als der siebte Ton. Diese Töne sind fixiert, d. h. der Ton F wird immer zu dem ersten Ton gezählt, ungeachtet, in welcher Lage sie sich befinden. Dies bedeutet zugleich, daß der Stimmverlauf in irgendeiner Oktavlage gespielt werden kann. Und der jeweilige Ton trägt einen bestimmten Namen. Der erste Ton, F, heißt pieng o lang, der zweite Ton, G, nai, der dritte Ton, A, glang, der vierte Ton, H, pieng o bon, der fünf Ton, C, nok, der sechste Ton, D, glang haeb, und der siebte Ton, E, java[104]. Die melodische Gebrauchsleiter beruht aber auf der Pentatonik. Darauf gibt es insgesamt 7 Gebrauchsleiter bzw. Pentatoniken, nämlich von Pentatonik auf F bis Pentatonik auf E. Die Pentatonik ist außerdem das Ausdrucksmittel des musikalischen Stiles. In der Musik im laotischen Stil, z. B. wird in der Regel die Pentatonik auf C und in der Musik im Mon-Stil die Pentatonik auf F verwendet[105].

Da der Halbton in der Thai-Musik nicht vorhanden ist, bedeutet dies zugleich, daß es auch keinen Spannungsgehalt gibt. Dadurch hat man auch kein Grundtongefühl. In diesem Beispielsstück beginnt und endet die Musik in jedem Abschnitt aller drei Varianten mit der zweiten Stufe, dem Ton g^1, der Pentatonik auf F. Dieses g^1 wird deshalb der Ausgangston genannt. Dabei nehmen die Hörer diese Abweichung kaum wahr. Es gibt dennoch eine Gesetzmäßigkeit bei der Abweichung. Der Forschung von Manop Wisuttiphat zufolge erfolgt die Abweichung der Pentatonik im Quartverhältnis. Ist die Pentatonik eines Musikstückes der Ausgangsleiter auf F, kann die Musik noch zu der Pentatonik auf H abweichen. Dasgleiche Verhältnis hat die Pentatonik auf G zu der Pentatonik auf C sowie die

---

[104] Vgl. Montri Tramod, *Sabsanghit*, S. 17 ff.
[105] Vgl. Wisuttiphat, S. 18.

Pentatonik auf A zu der Pentatonik auf D[106]. Das Stück *Khäkmon Bangkhunprom Thao* ist ein gutes Beispiel dafür, in dem es Abweichungen von insgesamt vier Pentatoniken gibt: der Pentatonik auf F, H, C und G. Obwohl die Pentatonik auf F die Grundleiter des Stückes ist, pendelt die Musik aber zwischen den Pentatoniken auf F und H, so daß es an mehreren Stellen schwierig festzustellen ist, in welcher Pentatonik die Musik stattfindet. Demzufolge wirkt die Musik vom Höreindruck her noch mehr labyrinthisch - nicht zuletzt weil man bei solcher Musik kein Grundtongefühl hat.

Die Stammtöne der Pentatonik auf F sind F, G, A, C und D, und der Pentatonik auf H: H, C, D, F und G[107]. Durch das Pendeln zwischen den beiden Pentatoniken entstehen also die sechs Töne, die hier als die Sechstonleiter bezeichnet wird: F, G, A, H, C und D[108]:

Pentatonik auf F	F	G	A		C	D			
Pentatonik auf H				H	C	D		F	G
Sechstonleiter	F	G	A	H	C	D			

Dabei ist der Ton H kein Stammton der Pentatonik auf F, und der Ton A kein Stammton der Pentatonik auf H. An mancher Stelle tritt, obwohl die Musik in der Pentatonik auf F ist, trotzdem die vierte Stufe H, sehr oft auf. Dieses Auftreten sorgt für das tonal in der Luft schwebende Gefühl der Hörer.

Auch das Auftreten des anderen Fremdtons nimmt man nicht wahr, z. B. bei den Melodie-Floskeln M_3 (Nb. 22) und M_6 (Nb. 23) oder der Spielfigur S_6 (Nb. 19) in diesem Stück, die in der Pentatonik auf C sind[109]:

Mit dem Auftreten des Tones E, der nicht zur Sechstonleiter gehört, hat man weder ein Gefühl von dem Fremdton noch von der Abweichung. Dabei braucht der Ton E auch kein Alterationszeichen, denn er ist ein Stammton des sieben gleichstu-

---

[106] Vgl. Wisuttiphat, S. 9 f.

[107] Hier soll noch einmal, was den Abstand zwischen den Tönen - insbesondere zwischen E und F sowie H und C - betrifft, betont werden, daß es sich immer um Ganztonintervalle handelt entsprechend Thai-Intervallstruktur.

[108] Die sechs Töne werden aber nicht mit dem Begriff „Hexatonic" bezeichnet, wie er in der englischen Sekundärliteratur Verwendung gefunden hat (vgl. Terry E. Miller, *Thailand*, in: *Southeast Asia, The Garland Encyclopedia of World Music*, Bd. IV, London 1998, S. 270). Erstens hat die Thai-Musik eine völlig andere Tradition als die abendländische Musik, zweitens besitzt keiner der Töne eine Vorrangstellung in der Melodieführung wie sie für die abendländische Hexachordlehre konstitutiv ist, und drittens beruht die Thai-Melodiestruktur grundlegend auf der Pentatonik. Um dieses Problem abschließend zu klären, bedarf es jedoch weiterer Forschungen, insbesondere einer systematischen Untersuchung der Thai-Musik, zu der sie zudem zuerst auf das Fünfliniensystem transkribiert werden muß.

[109] Siehe die ausführliche Behandlung der Spielfigur S_6 und der Melodie-Floskel M_3 und M_6 weiter unten.

figen Tonsystems. Da alle Stammtöne der Pentatonik auf G zur Sechstonleiter gehören, bereitet die Abweichung in die Pentatonik auf G keine Probleme.

Zum Thema Transkription müssen folgende Bemerkungen gemacht werden: Aufgrund der nichtexistierenden Notationsschrift kommt es oft vor, daß die Musik, obwohl sie schon fertig komponiert ist, bei jedem Vortrag eine leichte Abweichung aufweist, ohne daß aber die wichtigen Hauptnoten geändert werden. Dies gilt auch für die zwei Aufnahmen des Meisters Uthai Patayakosol (Tonb. 1 bis 18). Die häufigsten Abweichungen sind Doppelklänge, wo er statt der Oktave oft die Quarte oder die Sekunde anbringt. Die Oktave hat in der Regel Vorrang. Aufgrund des beschränkten Tonumfanges wird aber die Oktave durch Quarte, Sekunde oder andere Intervalle ersetzt[110]. In der Aufführungspraxis kann der Meister dennoch mit beliebigen anderem Intervall frei spielen. In dieser Transkription wird dieses Problem derart gelöst, daß die häufig auftretenden Intervalle notiert und die alternativen Intervalle in Klammern eingesetzt werden. Zum Beispiel werden im Aufschlag in der zweiten Zählzeit in Takt 4 und 5 sowie 6 und 7 im zweiten Abschnitt von der sam chan-Variante (III, 2) die Sekunde notiert und die alternative Quarte in Klammern gesetzt (siehe die Transkription im Anhang).

Bemerkenswert ist auch der Wechsel des Schlagmusters in der sam chan-und in der song chan-Variante, nämlich an der Stelle des sogenannten ‚Ereignisses‘[111]: der Imitation im ersten Abschnitt (III, 1, Takt 16 bis 23 und II, 1, Takt 8 bis 11), der Sequenzierung im zweiten Abschnitt (III, 2 Takt 16 bis 23 und II, 2 Takt 8 bis 11) sowie der Synkope im dritten Abschnitt (III, 3 Takt 32 bis 39 und II, 3 Takt 16 bis 19). An dieser Stelle wechselt das Becken- und das Trommelschlagmuster vom Nathab probgai zum Nathab mon, dem Trommelschlagmuster für Musik im Mon-Stil. Das Trommelschlagmuster des Nathab mon existiert nur in der song chan-Variante, d. h. die Länge einer melodischen Phrase umfaßt vier Takte des Zwei-viertel-Taktes. Beim Beckenschlagmuster beträgt das Metrum eine Viertelnote. Dieser Wechsel, insbesondere des Beckenschlages, ist in der Transkription nur in der sam chan-Variante bemerkbar.[112]

Im Hinblick auf die Thai-Aufführungspraxis muß darauf hingewiesen werden, daß die Musik im zweiten Durchgang beschleunigt wird, sogar beinahe auf das verdoppelte Tempo. Da das Tempo in der Thai-Musik nie genau definiert wird, kann die Musik je nach Belieben der Musiker aufgeführt werden. Aus diesem Grund wird keine westliche Tempobezeichnung in der Transkription angegeben.

---

[110] Nach der persönlichen Mitteilung von dem Meister Uthai Patayakosol bei der Feldforschung in Bangkok im März 1997.

[111] Mit ‚Ereignis‘ ist hier die musikalische Gestalt gemeint, die nur einmal im bestimmten Abschnitt vorkommt, im Gegensatz zu dem ‚Element‘, das in jedem Abschnitt auftritt.

[112] Das heißt, daß die Beckenschlagmuster des Nathab probgai und Nathab mon nur in der song chan-Variante identisch sind, die Trommelschagmuster jedoch unterschiedlich. Infolgedessen ist der Wechsel des Trommelschlagmusters vom Nathab probgai zum Nathab Mon nur in der song chan-Variante hörbar.

Außerdem werden überwiegend ‚Ereignisse' in den ersten zwei Varianten - in der sam chan- und song chan-Variante - in Dialog und Engführung zwischen Kesselgong und Xylophon geführt. Diese werden in der Transkription dargestellt, nämlich die Imitation in III, 1 (Takt 17 m. A. bis 24) und II,1, (Takt 9 m. A. bis 12) die Sequenzierung in III, 2 (Takt 17 m. A. bis 27) und die zwei Mon-Melodien in III, 3 (Takt 1 m. A. bis 12) und II, 3 (Takt 1 m. A. bis 8). Die Einsätze der Vokalpartie werden aber in der Transkription nicht dargestellt[113]. Wie bereits eingangs erwähnt, kommen in dieser Musik ständig Abweichungen zwischen den Pentatoniken vor. Da diese Abweichungen aber eine untergeordnete Rolle bei dem Aufbau des Stückes, bzw. der Augmentation und der Diminution spielen, wird er nicht bei der Transkription dargestellt, sondern in den Tabellen[114].

3) Analyse

In der Transkription aus dem Kesselgong der Melodie *Khäkmon Bangkhunprom Thao* läßt sich zweierlei erkennen: erstens gibt es zwei musikalische Gestaltungen. Die eine kommt in jeder Variante vor und wird als das ‚Element' (des Satzes) bezeichnet. Die andere erscheint nur in einem bestimmten Abschnitt und wird das ‚Ereignis' (des Satzes) genannt. Das ‚Element' (des Satzes) gibt es wiederum in zwei Formen: die Spielfiguren in Achtelnoten und die Melodie-Floskeln in 16telnoten. Sie alle umfassen meistens zwei Takte und werden bei der Augmentation und Diminution nicht geändert, sondern ausgewechselt.

Das ‚Element' (des Satzes)
Die Spielfigur

Die Spielfigur gehört zu dem wesentlichen Grundmuster der Kesselgong-Spieltechnik; sie fungiert quasi als die Melodie-Einheit und stellt darüber hinaus das Grundelement der Thai-Musik dar. Hier wird sie mit ‚S' gekennzeichnet. Die Grundform der Spielfigur besteht aus Achtelnoten in der Gestalt einer symmetrischen Halbkreis-Form; die einheimischen Musiker nennen sie die „Sichelmond-Figur"[115]. So verlaufen die Achtelnoten innerhalb der Pentatonik auf- und abwärts im Umfang entweder von Quinte oder Quarte sowie auch Sexte. In der Regel wird die Spielfigur in Doppelklang gespielt, meist in Oktave bzw. Quarte oder auch Sexte. Die Gestalt der Spielfigur umfaßt in der Regel zwei Takte, die stets im Auftakt beginnen. In der Analyse wird sie in drei Glieder geteilt: den Auftakt-, Haupttakt- und den zweiten Takt-Teil:

---

[113] Der Rezitationstext und die Übersetzung ins Deutsche sind im Anhang zu finden
[114] Siehe dazu die Tabellen weiter unten
[115] Vgl. Sovat, S. 117.

Auftakt   Haupttakt   zweiter Takt

Nb. 11: S_3 in III, 3 (Takt 21 m. A. und 22)

In diesem Stück kommt die Spielfigur meistens bei der Eröffnung und am Schluß des jeweiligen Abschnittes, aber auch bei der Überleitung zwischen den melodischen Phrasen vor. In der Thai-Musik gibt es viele verschiedene Formen der Spielfigur, deren Unterschiedlichkeit sich nach dem Stil der Musik, der Meisterschule sowie dem Meister selbst richten[116]. Die vorliegende Arbeit beschränkt sich auf die Spielfiguren, die in dem Stück *Khäkmon Bangkhunprom Thao* vorkommen. Insgesamt gibt es in diesem Stück sechs Formen, S_1 bis S_6.

Die Spielfigur S_1 findet sich in der Pentatonik auf H, und ihre Gestalt verläuft auf- und abwärts innerhalb des Tonumfangs einer Sexte: h, c^1, d^1, f^1 und g^1. Im Prinzip wird S_1 im Oktave-Doppelklang gespielt. Die oben liegenbleibende Note d^2 ist dadurch zu erklären, daß die Oktavparallele aufgrund des beschränkten Tonumfangs auf dem Kesselgong im Haupttakt nicht aufgeführt werden kann. S_1 kommt insgesamt vier Mal vor, nämlich III, 2 (Takt 13 bis 16), II, 1 (Takt 5 m. A. und 6), II, 2 (Takt 1 m. A. und 2) und I, 3 (Takt 5 m. A. und 6). Ihre Erscheinungsformen lassen sich wiederum zwei Kategorien zuordnen, die sich durch die Position der obersten Note g^1 unterscheiden. Die erste Form der Spielfigur, S_{1a}, ist nur III, 2 zu finden. Dabei handelt es sich um eine vollständige Form, und sie umfaßt ungewöhnlicherweise vier Takte. Beachtenswert sind die Randnoten, aufwärts h und c^1 und abwärts d^1, c^1 und h, in Viertelnote mit Oktavsprung von zwei 16tel- und einer Achtelnote gespielt, während die übrigen Noten (Takt 14) in Achtelnoten geführt werden, nämlich in Doppelklängen mit bleibendem d^2 von Obernoten. Die oberste Note g^1 befindet sich auf der zweiten Zählzeit (Takt 14) (Nb. 12).

Die zweiten Form, S_{1b}, ist in den drei restlichen Abschnitten zu finden, nämlich II, 1, II, 2 und I, 3. S_{1b} läßt sich wiederum von S_{1a} durch folgende zwei Merkmale unterscheiden: S_{1b} umfaßt nun ausschließlich 2 Takte, und deren oberste Note g^1 ist auf dem Aufschlag in der ersten Zählzeit. S_{1b} beginnt in II, 2 und I, 3 mit der vorgezogenen ersten Note, c^1, sowie mit Oktavsprung in 16telnoten auf dem Aufschlag in der zweiten Zählzeit im Auftakt, während dieser bei S_{1b} in II, 1 fehlt, und statt dessen durch eine Pause ersetzt wird (Nb. 13).

---

[116] Eine systematische Untersuchung der Bedeutung dieser Achtelnoten-Spielfiguren liegt aber bis heute (2001) noch nicht vor, weder in Thailand noch in der westlichen Ethnomusikologie. Ausführliche Darstellungen aber sind in den folgenden Werken zu finden: Ketukaenchan, S. 11 ff. sowie Wisuttiphat, S. 20 ff.

Nb. 12: S$_{1a}$ in III, 2 (Takt 13 bis 16)

Nb. 13: S$_{1b}$ in II, 1, II, 2 und I, 3
Amerkung: Die arabischen Ziffer beziehen sich
auf die Stufe der Pentatonik auf F

S$_2$ ist in der Pentatonik auf H, und zwar im Umfang von Quinte: also h, c^1, d^1 und f^1. Wie bei S$_1$ wird die obere Note im Haupttakt aufgrund des beschränkten Tonumfangs auf d^2 gespielt. S$_2$ kommt sieben Mal vor, nämlich III, 1 (Takt 6 m. A. und 7), III, 3 (Takt 45 m. A. und 46), II, 1 (Takt 13 m. A. und 14), II, 3 (Takt 21 m. A. und 22), I, 1 (Takt 2 m. A. und 3), I, 2 (Takt 1 m. A.) und I, 3 (Takt 9 m. A. und 10). Die Gestalten der S$_2$ lassen sich zwei Formen zuordnen, die sich ebenfalls wie bei S$_1$ durch die Position der obersten Note f^1 unterscheiden. Bemerkenswert ist dabei, daß die aufwärtsgehenden Noten voneinander abweichen, aber die Noten bei der Aufwärtsbewegung gleichförmig sind.

In der ersten Form der S$_{2a}$ findet sich die höchste Note f^1 auf dem Aufschlag in der ersten Zählzeit im Haupttakt und ist in folgenden fünf Abschnitten zu finden: III, 1, III, 3, II, 1, II, 3 und I, 3. Außer in III, 1 verknüpft sich S$_{2a}$ mit S$_4$, der Schlußbildung am Abschnittsende. Darüber hinaus ist sie der Keim bei der Bildung der Sequenz Q$_2$ im zweiten Abschnitt und der Synkope I im dritten Abschnitt. Auf diese wird später an einem konkreten Beispiel eingegangen:

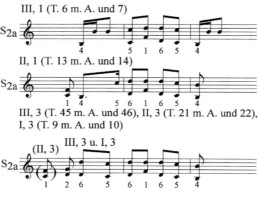

Nb. 14: S$_{2a}$ in III, 1, III, 3, II, 1, II, 3 und I, 3

S$_{2b}$ ist an zwei Stellen zu finden, nämlich I, 1 und I, 2. Sie umfaßt nur einen Takt; es handelt es sich um eine abgekürzte Form, die nur an den Noten bei der Abwärtsbewegung zu erkennen ist und deren oberste Achtelnote f^1 auf der zweiten Zählzeit steht:

Nb. 15: S$_{2b}$ in I, 1 und I, 2

S$_3$ ist in der Pentatonik auf F. Sie kommt nur einmal vor, nämlich III, 3 (Takt 21 m. A. und 22) und wird in Oktave-Doppelklang gespielt:

Nb. 16 : S$_3$ in III, 3 (Takt 21 m. A. und 22)

S$_4$ ist in der Pentatonik auf F und fungiert als einheitliche Schlußbildung am Ende jedes Abschnittes. Sie wird ebenso in Oktave aufgeführt:

S₄
Nb. 17: S_4

S_5 erscheint nur einmal; als Eröffnung zu III, 1 (Takt 1 m. A. und 2). S_5 ist in der Pentatonik auf G und in Oktave-Doppelklang:

S₅
Nb. 18: S_5 in III, 1 (Takt 1 m. A. und 2)

S_6 kommt ebenso einmal vor: III, 3 (Takt 17 m. A. bis 18). Sie befindet sich in der Pentatonik auf C:

S₆
Nb. 19: S_6 in III, 3 (Takt 17 m. A. und 18)

Die Melodie-Floskel

Die zweitaktigen Melodie-Floskeln in 16telnoten lassen sich als typische Melodien im Mon-Stil kennzeichnen. Darum tauchen sie auch, wie bereits eingangs erwähnt, in anderen Stücken im Mon-Stil auf. Im Gegensatz zu den Spielfiguren ist die Erscheinungsform der Melodie-Floskel jeweils einheitlich. Die Melodie-Floskeln werden hier mit M bezeichnet. In diesem Stück gibt es insgesamt 8 Kategorien M_1 bis M_8:

M_1 ist in der Pentatonik auf F und ist in II, 1 (Takt 7 m. A. und 8) und I, 2 (Takt 3 m. A. und 4) sowie in I, 3 (Takt 7 m. A. und 8) zu finden. Bei M_1 wie bei M_8 handelt es sich um eine Form der Schlußbildung (siehe weiter unten). Bemerkenswert dabei ist, daß die Gestalt in der Pentatonik auf F beginnt aber mit dem Note H endet, also der vierten Stufe:

II, 1 (Takt 7 m. A. und 8)
I, 2 (Takt 3 m. A. und 4)
I, 3 (Takt 7 m. A. und 8)

M₁
Nb. 20: M_1 in II, 1, I, 2 und I, 3

171

M_2 schließt sich in diesem Stück an M_8 an; damit umfassen beide zusammen vier Takte. Sie sind in der Pentatonik auf F, aber, wie M_1, endet die Gestalt mit der vierten Stufe, H. Diese Paarmelodie befindet sich in II, 2 (Takt 5 m. A. bis 8) und in II, 3 (Takt 13 m. A. bis 16). Dieses Melodie-Floskel-Paar ebenso fungiert als Schlußbildung des ersten Teiles in II, 2 und II, 3:

M_2 und M_8

Nb. 21: M_2 und M_8 in II, 2 (Takt 5 m. A. bis 8) und
II, 3 (Takt 13 m. A. bis 16)

M_3 befindet sich in der Pentatonik auf C und kommt vor in II, 3 (Takt 9 m. A. und 10):

M_3

Nb. 22: M_3 in II, 3 (Takt 9 m. A. und 10)

M_4 befindet sich in der Pentatonik auf F und kommt viermal vor, III, 1 (Takt 11 m. A. und 12), III, 2 (Takt 3 m. A. und 4), III, 3 (Takt 23 m. A. und 24) und II, 3 (Takt 11 m. A. und 12):

III, 1 (Takt 11 m. A. und 12)
III, 2 (Takt 3 m. A. und 4)
III, 3 (Takt 23 m. A. und 24)
II, 3 (Takt 11 m. A. und 12)

M_4

Nb. 23: M_4 in III, 1, III, 2, III, 3 und II, 3

M_5 befindet sich in der Pentatonik auf G. Sie ist nur an einer Stelle, III, 1 (Takt 3 m. A. und 4), zu finden:

M_5

Nb. 24: M_5 in III, 1 (Takt 3 m. A. und 4)

M_6 befindet sich in der Pentatonik auf C und erscheint ebenfalls nur einmal, nämlich III, 1 (Takt 9 m. A. und 10):

Nb. 25: M$_6$ in III, 1 (Takt 9 m. A. und 10)

M$_7$ ist in der Pentatonik auf F. Sie findet sich III, 1 (Takt 13 m. A. und 16), III, 2 (Takt 11 m. A. und 12; ohne Anschluß von M$_8$) und III, 3 (Takt 29 m. A. bis 32). M$_7$ schließt sich in III, 1 und III, 3 an M$_8$ an und fungiert deshalb als Schlußbildung des ersten Teiles, wobei in III, 2 M$_7$ allein steht, ohne Anschluß von M$_8$. Das Fehlen von M$_8$ in III, 2 beruht offenbar auf einem Versehen des Komponisten (siehe weiter unten). Wie bei M$_1$ und das Paar M$_2$-M$_8$ beginnt die M$_7$ in der Pentatonik auf F, aber M$_8$ endet auf H, also der vierten Stufe:

Außer den oben dargestellten zwei ‚Elementen' gibt es noch sechs weitere Gestalten, deren rhythmische Gestaltungen sich nicht in die oben dargestellten

III, 1 (Takt 13 m. A. bis 16)
III, 2 (Takt 11 m. A. und 12; ohne Anschluß von M$_8$)
III, 3 (Takt 29 m. A. bis 32)

M$_7$ und M$_8$

M$_7$ M$_8$

Nb. 26: M$_7$ und M$_8$ in III, 1, III, 2 und III, 3

Kategorien einordnen lassen:

Die Gestalt A in der ersten melodischen Phrase der II, 1 (Takt 1 m. A. bis 4):

Nb. 27: Die Gestalt A in II, 1 (Takt 1 m. A. bis 4)

Die Gestalt B zu Beginn der III, 2 (Takt 1 m. A. und 2):

Nb. 28: Die Gestalt B in III, 2 (Takt 1 m. A. und 2)

Die gedoppelten eintaktigen Sequenzen Q$_5$ und Q$_6$ (Takt 4 bis 8) und die Gestalt C (Takt 8 und 10) in III, 2:

Nb. 29: Die Sequenzen Q$_5$ und Q$_6$ sowie die Gestalt C in III, 2 (Takt 4 bis 10)

Die Gestalt D in III, 3 (Takt 18 bis 20):

Nb. 30: Die Gestalt D in III, 3 (Takt 18 bis 20)

Die Gestalt E in III, 3 (Takt 24 bis 28):

Nb. 31: Die Gestalt E in III, 3 (Takt 24 bis 28)

Die Gestalt F in den ersten zwei Takten der I,1:

Nb. 32: Die Gestalt F in I, 1 (Takt 1 m. A.)

Die eintaktigen Sequenzen Q$_5$ und Q$_6$ in Takt 2 und 3 der II, 2:

Nb. 33: Die Sequenzen Q$_5$ und Q$_6$ in II, 2 (Takt 2 bis 4)

Und schließlich die diminuierten Sequenzen Q$_5$ und Q$_6$ in I, 2 (Takt 1 und 2):

Nb. 34: Die verkleinerten Sequenzen Q$_5$
und Q$_6$ in I, 2 (Takt 1 und 2)

Die ‚Ereignisse‘ (des Satzes)

Durch den Hinweis auf die ‚Elemente‘ wird der Aufbau des jeweiligen Abschnittes überschaubarer. Was noch im jeweiligen Abschnitt zu untersuchen bleibt, ist das ‚Ereignis‘ des Satzes. Zunächst sollen die ‚Ereignisse‘ in der zweiten Variante, der Kern-Variante, näher betrachtet werden. Die ‚Ereignisse‘ werden in bestimmten melodischen Phrasen jenes Abschnittes festgelegt. So finden sich die Imitation in der dritten melodischen Phrase des ersten Abschnittes (Takt 9 m. A. bis 12), die Sequenzierung in der dritten und vierten melodischen Phrase des zweiten Abschnittes (die Sequenz: Q_1: Takt 9 m. A. bis 12 und die Sequenz Q_2: Takt 13 m. A. und 14), die Mon-Melodie in den ersten und zweiten melodischen Phrasen des dritten Abschnittes (Takt 1 m. A. bis 4 und Takt 5 m. A. bis 8) und schließlich die Synkope in der fünften melodischen Phrase des dritten Abschnittes (II, 3: Takt 17 m. A. bis 19). Dieselben ‚Ereignisse‘ befinden sich dann in der sam chan-Variante und der chan dieow-Variante in denselben melodischen Phrasen des entsprechenden Abschnittes.

Die ‚Ereignisse‘ dienen nicht nur dazu, die jeweiligen Abschnitte voneinander zu unterscheiden, sondern sie bilden auch das Hauptmerkmal der Musik im Mon-Stil. Die wichtige Funktion des jeweiligen ‚Ereignisses‘ ist der Ausdruck des musikalischen Höhepunktes des Abschnittes. Dieser Höhepunkt läßt sich an dreierlei Merkmalen erkennen:

Erstens an einem Schlagmuster-Wechsel im Becken- und Trommelschlag; dieser findet aber nur bei der Imitation, Sequenzierung und Synkope in der sam chan- und son chan-Variante statt. An dieser Stelle wird nämlich das Schlagmuster Nathab Mon verwendet, das nur Musik im Mon-Stil begleitet. Dieses Schlagmuster gibt es nur in der song chan-Variante; d. h. es wird nicht in acht noch zwei Takte verdoppelt bzw. halbiert. Ein Durchgang dieses Schlagmusters umfaßt also nur zwei Takte des Zweiviertel-Taktes, und Metrumseinheit ist ein Viertelnotenwert. Der Wechsel des Beckenschlages vom Nathab Probgai zum Nathab Mon ist nur in der Transkription erkennbar, nämlich in der sam chan-Variante, und zwar Takt 16 bis 23 in III, 1 und III, 2 sowie Takt 32 bis 39 in III, 3.

Zweitens treten diese ‚Ereignisse‘ im Dialog sowie in Engführung zwischen zwei Instrumenten, dem Xylophon und dem Kesselgong, auf. Der Dialog kommt nur vor bei der Imitation in III, 1 und II, 1, die Engführung bei der Sequenzierung in III, 2 und bei der Mon-Melodie in III, 3 und II, 3.

Und drittens wird die musikalische Gestaltung der jeweiligen ‚Ereignisse‘ bei der Augmentation und Diminution nicht - wie bei den ‚Elementen‘ - ausgewechselt, sondern im Sinne der ‚Motivarbeit‘ geführt.

Die Imitation

Als nächstes soll die Imitation in II, 1 betrachtet werden. Bei ihr handelt es sich um den ‚Dialog‘ zwischen den beiden Hauptinstrumenten, dem Xylophon und dem Kesselgong. Die melodische Gestalt der Imitation ist in der Pentatonik auf F und umfaßt jeweils einen Takt. Die jeweilige Gestalt gliedert sich wiederum in drei Gruppen: die erste Gruppe bildet die drei gebundene 16telnoten (d^2-c^2-g^1 oder g^1-c^2-g^1) auf der ersten Zählzeit. Die zweite Gruppe bildet vier gebundene 16telnoten (a^1, h^1, c^2 und g^1) als Hauptgruppe der ganzen Gestalt auf der zweiten Zählzeit. Diese Gruppe wird Gruppe A genannt. Und die dritte Gruppe ist die Endnote g^1 oder h^1 auf der ersten Zählzeit im nächsten Takt. Die Einsätze des Xylophons bzw. Kesselgongs lassen sich durch die ersten Noten, d^2 und g^1, und die letzten Noten, g^1 und h^1, unterscheiden:

Nb. 35: Die Imitation in II, 1 (Takt 9 m. A. bis 12)

Daß die zweite Dialoggruppe mit h^1 endet, zeigt sich daran, daß die Musik zwischen den Pentatoniken von F auf H pendelt. Dies wird schon bei den Melodie-Floskeln M_1 und den Paaren M_2-M_8 sowie M_7-M_8 erwähnt. Ebenso kommt dieses Pendeln zwischen beiden Pentatoniken bei der Sequenzierung vor.

Die Sequenzierung
Bei den zwei Sequenzen Q_1 (4 Takte) und Q_2 (2 Takte) in II, 2 handelt es sich um vier absteigende Kettensequenzen in 16telnoten. Die beiden Sequenzen sind in der Pentatonik auf F. Die jeweilige Gestalt von Q_1 umfaßt einen Takt in gebundenen 16telnoten, und läßt sich - wie bei der Imitation - in drei Gruppen einordnen. Die erste Gruppe enthält drei 16telnoten bzw. zwei 16telnoten in der ersten melodischen Gestaltung auf der ersten Zählzeit. Diese Gruppe wird Gruppe C genannt. Die zweiten Gruppe ist die Hauptgruppe und besteht aus vier gebundenen 16telnoten auf der zweiten Zählzeit. Diese Gruppe wird als Gruppe B bezeichnet. Dabei werden die zwei letzten 16telnoten in der zweiten Gruppe (Takt 8 und 9) der ersten und zweiten melodischen Gestaltung in einer Achtelnote zusammen gespielt. Die dritte Gruppe schließlich ist die Endnote. Die vier melodischen Gestaltungen werden sämtlich mit den absteigenden Hauptnoten f^1 (Takt 9), d^1 (Takt 10), c^1 (Takt 11) und h (Takt 12) ausgeführt. Bemerkenswert ist dabei, daß diese Sequenz mit der Pentatonik auf F beginnt. Allmählich neigt sie dazu, zu der Pentatonik auf H abzuweichen, und zwar in der letzten Gruppe.
Bei Q_2 handelt es sich um die halbierte Version von Q_1. Die melodische Gestaltung umfaßt jeweils nur einen halben Takt; infolgedessen enthält sie nur die Gruppe C und die Hauptendnoten f^1, d^1, c^1 und h in 16telnoten aus Q_1. Q_1 und Q_2

werden von den zwei Hauptinstrumenten (Xylophon und Kesselgong) nicht in der Form eines Dialogs aufgeführt, sondern in der Form einer Engführung:

Nb. 36: Die Sequenzen Q_1 und Q_2 in II, 2 (Takt 8 bis 14)

Die Mon-Melodie

Bei der viertaktigen Mon-Melodie in II, 3 sind zunächst zwei Aspekte zu beachten, die in diesem Stück zum ersten Mal auftauchen: Erstens wird ein punktiertes Rhythmus verwendet, zweitens ist ihr Aufbau quasi eine Art des ‚periodischen Baus‘ von ‚Vorder- und Nachsatz‘. Der zweitaktige ‚Vordersatz‘ (Takt 1 m. A. und 2) baut auf g^1 als Hauptnote auf. Diese ist verknüpft mit einem neuen Rhythmus von einer punktierten Achtelnote und 16telnote, das als Gruppe D bezeichnet wird. Außerdem gibt es noch die Gruppe E auf der zweiten Zählzeit im Haupttakt, und zwar vier gebundene 16telnoten: d^1-f^1-g^1-f^1. Der ‚Vordersatz‘ beginnt mit zwei Mal aufgetreten der Gruppe D in Umspielung der Note g^1: g^1-f^1-g^1-a^1. Von a^1 springt die Melodie zu d^1 ab, nämlich zur Gruppe E. Von der Gruppe E führt die Melodie zu g^1 auf der ersten Zählzeit im Takt 2; damit endet der ‚Vordersatz‘:

Nb. 37: Die Mon-Melodie in II, 3 (Takt 1 m. A. bis 4)

Der ‚Nachsatz‘ (Takt 3 m. A. und 4) entfaltet sich weiter: er fängt mit a^1 an und endet mit d^1.- Im Gegensatz zum ‚Vordersatz‘ liegt der Schwerpunkt auf d^1, der vierten Stufe unter g^1, so daß diese Note im Quartverhältnis steht. Es beginnt mit dem Terzaufsprung von a^1 in 16telnoten zu c^2 in Achtelnote im zweiten Takt, und setzt sich fort mit dem Septimabsprung zu d^1. Bei dieser Septime von c^2 zu d^1 im Takt 2 handelt es sich um eine Oktave-Transposition aufgrund des beschränkten Tonumfangs des Instruments. Von d^1 wird die Melodie in symmetrische Sichelmond-Form in 16telnoten: d^1-f^1-g^1-a^1-g^1-f^1-d^1 geführt. Dabei werden diese Noten in zwei Gruppen geteilt. Die erste Gruppe beinhaltet die beiden ersten Noten d^1

und f^1 auf dem Aufschlag der zweiten Zählzeit in Takt 2. Dies wird als die Gruppe F bezeichnet. Die zweite Gruppe bilden die restlichen vier Noten auf der ersten Zählzeit in Takt 3; sie werden als die Gruppe G genannt. Nach der Gruppe G endet der ‚Nachsatz' mit d^1, das sich auf der zweiten Zählzeit in Takt 3 und der ersten Zählzeit in Takt 4 mit Umspielung von f^1 und c^1 dehnt, eine Art Wechselnote. Da e^1 nicht zu der Pentatonik auf F gehört, muß die obere Note zu f^1 wechseln. Die Mon-Melodie bleibt eindeutig in der Pentatonik auf F.

Die Synkope

Die Synkope I in II, 3 (Takt 17 m. A. bis 19) ist ebenfalls eine Besonderheit, denn sie kommt selten in der Thai-Musik vor. Die Synkope I gestaltet die Spielfigur S$_{2a}$ um und erweitert sie von zwei auf vier Takte. Diese vier Takte gliedern sich in zwei Teile: Der ersten Teil (Takt 17 m. A. und 18) beinhaltet die ersten fünf Noten von S$_{2a}$, indem diese die ersten drei Achtelnoten f^1, d^2 und c^2 auf Viertelnoten vergrößert und dann synkopisch eingesetzt werden. So endet der ersten Teil mit d^1 und f^1 wie ursprünglich. In Takt 19 m. A. setzt sich der zweiten Teil fort mit der sechsten, siebten und achten Note von S$_{2a}$, also d^2, c^2 und h^1 sowie c^2 im Auftakt. Die vier Achtelnoten werden in diesem Teil zunächst in den Paaren, c^2-d^2 bzw. c^2-h^1 geführt. Während sich das erste Paar (c^2 und d^2) im Auftakt zu Takt 19 befindet, bleibt das zweite Paar (c^2 und h^1) auf der zweiten Zählzeit in Takt 19. Logischerweise sollte das zweite Paar ebenfalls im Auftakt zu Takt 20 vorkommen, was aber nicht der Fall ist. Das hat jedoch seinen Grund. Durch die neue kompositorische Beschaffenheit der metrischen Verschiebung wird die Musik interessanter und lebendiger. Andererseits entsteht dadurch eine Zäsur zwischen Synkope I und der Spielfigur S$_{2a}$ in Takt 20:

Nb. 38: Die Synkope I und S$_{2a}$ in II, 3 (Takt 17 m. A. bis 22)
Anmerkung: Die arabischen Ziffer hier weisen auf die Reiheposition der Noten von S$_{2a}$

Aus den Darstellungen der ‚Elemente' und ‚Ereignisse' kann nun der Aufbau des Stückes *Khäkmon Bangkhunprom Thao* besser verstanden werden. Der Aufbau des ersten und zweiten Abschnittes der song chan-Variante (II, 1 und II, 2) gliedert sich in zwei Teile, von denen jeder zwei melodische Phrasen bzw. 8 Takte enthält. Der erste Teil besteht lediglich aus ‚Elementen'. Vom zweiten Teil enthält die dritte melodische Phrase das ‚Ereignis' (die Imitation bzw. Sequenzierung), während die vierte melodische Phrase mit S$_{2a}$ und S$_4$ im ersten Abschnitt bzw. Q$_2$ und S$_4$ im zweiten Abschnitt endet. Der dritte Abschnitt der song chan-Variante (II, 3) ist dagegen dreiteilig, wobei jeder Teil ebenfalls jeweils zwei melodische Phrasen

178

umfaßt. Der erste Teil beginnt mit der Mon-Melodie und deren Wiederholung in der zweiten melodischen Phrase. Der Aufbau des zweiten und dritten Teiles entspricht dem Aufbau des ersten und zweiten Abschnittes; im zweiten Teil enthält die dritte und vierte melodische Phrase lediglich ‚Elemente', im dritten Teil die fünfte melodische Phrase die Synkope I und die sechste melodische Phrase die Spielfiguren S_{2a} und S_4.

Zunächst soll der Aufbau des ersten Abschnittes der song chan-Variante (II, 1), der Kern-Variante, betrachtet werden. Die erste melodische Phrase öffnet sich mit der Gestalt A. Sie ist im Hauptmodus, der Pentatonik auf F. Die Gestalt A lagert sich im ersten Takt um g^1, das als Ausgangston fungiert. Dann folgt die Melodie in Oktave-Doppelklang von a^1 in Takt 2 zu d^2 in Takt 4. Mit d^2 endet die erste melodische Phrase:

Die zweite melodische Phrase ist aus zwei ‚Elementen', S_{1b} und M_1, zusammengesetzt und endet mit h^1. Damit schließt der erste Teil. Der zweite Teil beginnt mit der dritten melodischen Phrase, indem die Imitation zwischen dem Kesselgong und dem Xylophon zum Vorschein kommt. Diese melodische Phrase schließt also mit h^1. Der erste Abschnitt schließt mit der vierte melodischen Phrase ab, die die Spielfiguren S_{2a} und S_4 und damit das Ende g^1 enthält:

Die Tabellendarstellung des Aufbaus ersten Abschnittes (II, 1): 16 Takte, 4 melodische Phrasen

Melodische Phrase	‚Element'	‚Ereignis'	Endnote	Takt	Pentatonik
1.	Die Gestalt A		a^{1} [117]	2	F
			d^2	4	F
2.	S_{1b}		c^2	6	H
	M_1		h^1	8	F
3.		Die Imitation	h^1	10	F
			h^1	12	F
4.	S_{2a}		h^1	14	H
	S_4		g^1	16	F

Der zweite Abschnitt gliedert sich ebenso in zwei Teile von jeweils zwei melodischen Phrasen. Die erste melodische Phrase enthält die Spielfigur S_{1b} und zwei eintaktigen Sequenzen in Takt 3 und 4. Sie schließt dann mit der Endnote g^1 (Nb. 33).

Die zweite melodische Phrase enthält zwei Melodie-Floskeln, M_2 und M_8, und schließt mit der Endnote h^1. Der zweite Teil beginnt mit der dritten melodischen Phrase, die die Sequenz Q_1 enthält. Es folgt die Sequenz Q_2 und die Spielfi-

---

[117] Da die zweite Endnote der melodischen Phrase, die sich in der Mitte der melodischen Phrase befindet, eine wichtige Rolle beim Umbau zur dritten Variante spielt, werden in den Tabellen auch diese zweiten Endnoten dargestellt.

gur S_4 in der vierten melodischen Phrase. Die Endnoten der dritten und vierten melodischer Phrasen sind also h^1 und g^1:

Die Tabellendarstellung des Aufbaus zweiten Abschnittes (II, 2): 16 Takte, 4 melodische Phrasen

Melodische Phrase	‚Element'	‚Ereignis'	Endnote	Takt	Pentatonik
1.	S_{1b}		c^2	2	H
	Zwei eintaktige Sequenzen Q_5 und Q_6		g^1	4	H und F
2.	M_2		c^2	6	F
	M_8		h^1	8	F
3.		Die Sequenz Q_1	d^1	10	F
			h^1	12	F
4.		Die Sequenz Q_2	h^1	14	F
	S_4		g^1	16	F

Der dritte Abschnitt gliedert sich in drei Teile. Der erste Teil besteht aus der Mon-Melodie und deren Wiederholung in der ersten und zweiten melodischen Phrase. Ihre Endnote ist dann jeweils d^1. Die dritte melodische Phrase enthält lediglich die Melodiepaar-Floskel M_3-M_4 und die vierte melodische Phrase die Melodiepaar-Floskel M_2-M_8. Die fünfte melodische Phrase beginnt im dritten Teil mit der Synkope I. Die sechste melodische Phrase besteht aus den Spielfiguren S_{2a} und S_4. Die Endnoten dieser melodischen Phrasen sind: c^1, h^1, h^1 und g^1:

Die Tabellendarstellung des Aufbaus dritten Abschnittes (II, 3): 24 Takte, 6 melodische Phrasen

Melodische Phrase	‚Element'	‚Ereignis'	Endnote	Takt	Pentatonik
1.		Die Mon-Melodie	g^1	2	F
			d^1	4	F
2.		Die Mon-Melodie (Wdh.)	g^1	6	F
			d^1	8	F
3.	M_3		f^1	10	C
	M_4		c^1	12	F
4.	M_2		c^2	14	F
	M_8		h^1	16	F
5.		Die Synkope I	d^2	18	H
			h^1	20	H
6.	S_{2a}		h^1	22	H
	S_4		g^1	24	F

Zum Schluß soll auf die Bedeutung einiger Melodie-Floskeln eingegangen werden. Obwohl keine ‚Kadenz‘ (zwei folgende Akkorde als Kennzeichnung zum Abschluß eines musikalischen Satzes) in der Thai-Musik existiert, läßt sich eine Schlußbildung trotzdem beobachten, nämlich die Spielfigur S_4 am Ende jedes Abschnittes und die Melodie-Floskeln M_1, M_8 am Ende des ersten Teiles in dem ersten und zweiten Abschnitt und des zweiten Teiles in dem dritten Abschnitt. Folglich kann ihre Funktion ‚die Kadenz‘ nur in diesem Stück gesprochen werden[118]. So befindet sich M_1 am Ende des ersten Teils des ersten Abschnittes in der song chan-Variante und am Ende des ersten Teils des ersten und zweiten Abschnittes sowie des zweiten Teiles des dritten Abschnittes in der chan dieow-Variante. Und M_8 fungiert als Schlußbildung zum ersten Teil des zweiten Abschnittes und zum zweiten Teil des dritten Abschnittes in der song chan-Variante, und zum ersten Teil des ersten Abschnittes und zum zweiten Teil des dritten Abschnittes in der sam chan-Variante:

Die Tabellendarstellung der Schlußbildungen jeweiligen Teiles aller Abschnitte der drei Varianten

sam chan-Variante			song chan-Variante		chan ieow-Variante	
	1. Teil	2. Teil.	1. Teil	2. Teil	1. Teil	2. Teil
1. Abschnitt	M_7-M_8	S_4	S_{1b}-M_1	S_4	M_1	S_4
2.Abschnitt	M_7-S_{1a}	S_4	M_2-M_8	S_4	M_1	S_4
	2. Teil	3. Teil	2. Teil	3. Teil	2. Teil	3. Teil
3.Abschnitt	M_7-M_8	S_4	M_2-M_8	S_4	M_1	S_4

Schließlich soll darauf aufmerksam gemacht werden, daß in der sam chan-Variante keine Schlußbildung M_7-M_8 zum ersten Teil des zweiten Abschnittes vorkommt, sondern M_7-S_{1a}. Dabei handelt es sich um ein Problem der Kompositionstechnik. Darüber wird am Ende der Analyse diskutiert.

4) Die Augmentation

Es stellt sich nun die Frage, wie der Komponist das Stück von der song chan-Variante auf die sam chan-Variante vergrößert hat. Aus der Untersuchung läßt sich feststellen, daß das Metrum und der Rhythmus in der Komposition nicht verdoppelt werden wie im Rhythmus-Teil, also im Becken- und Trommelschlag. Infolgedessen steht der Komponist vor dem Problem, wie er Komposition füllen soll, die von 4 auf 8 Takten verdoppelt wird. Es handelt sich also dabei um das Füllungsproblem. Nach der Untersuchung ergibt sich, daß es drei Problemstellen gibt, die der Komponist unterschiedlich mit seiner individuellen Kompositionstechnik zu füllen hat: Erstens die melodischen Phrasen, in denen lediglich ‚Elemente‘ enthal-

---

[118] In den anderen Stücken haben sie nicht unbedingt dieselbe Funktion, denn eine systematische Untersuchung der Funktion und Bedeutung dieser Melodie-Floskel liegt noch nicht vor.

ten sind. Dies sind namentlich die erste und zweite melodische Phrase im ersten und zweiten Abschnitt und die dritte und vierte melodische Phrase im dritten Abschnitt. Zweitens die melodischen Phrasen, die ausschließlich ‚Ereignisse' beinhalten. Und drittens die letzte melodische Phrase jedes Abschnittes.

Bei der Untersuchung stellt sich ferner heraus, daß der Prozeß der Verdopplung im Melodie-Teil im Gegensatz zum Rhythmus-Teil im allgemeinen systematisch von zwei auf vier Takte erfolgt, nämlich von der kleinsten (zweitaktigen) melodischen Gestalt. Daraus ergeben sich zwei Endnoten. Die eine stammt aus dem Ende der melodischen Phrase und die andere aus ihrer Mitte. Dieser Vorgang zeigt sich sehr deutlich bei den melodischen Phrasen, die lediglich aus ‚Elementen' bestehen, indem die jeweilige ‚Elementfigur' der Spielfigur oder Melodie-Floskel der melodischen Phrase verdoppelt wird. Die zweite melodische Phrase des ersten Abschnittes der song chan-Variante (II, 1) enthält beispielsweise zwei ‚Elemente' von S_{1b} und M_1. Diese werden in der sam chan-Variante (III, 1) folgendermaßen bearbeitet: S_{1b} wird durch M_6 und M_4 ersetzt und M_1 durch M_7 und M_8. Die Endnoten c^2 und h^1 werden beibehalten. Dadurch enthält eine achttaktige melodische Phrase vier ‚Elementfiguren'. Dafür, wie die vier neuen ‚Elementfiguren' im Umfang von acht Takten konstruiert werden, gibt es keine feste Regel. Allerdings müssen zwei Endnoten identisch sein (vgl. Tab., S. 188 f.).

Ferner gibt es melodische Phrasen, die nicht nur aus ‚Elementfiguren' bestehen. Die jeweilige ‚Elementfigur' wird dabei bei der Augmentation nicht mit zwei Figuren verdoppelt, sondern geschieht entweder in einer Zusammensetzung von einer bestimmten melodischen Gestalt und einer Elementfigur oder lediglich mit einer bestimmten melodischen Gestalt. So werden M_2 und M_8 in der zweiten melodischen Phrase in II, 2 jeweils in III, 2 durch die Gestalt C und M_7 sowie S_{1a} (aus vier Takten bestehend) ausgetauscht. Ebenso werden M_3 und M_4 in der dritten melodischen Phrase in II, 3 jeweils in III, 3 durch S_6 und die Gestalt D sowie S_3 und M_4 ausgewechselt. Ebenso werden M_2 und M_8 in der vierten melodischen Phrase in II, 3 durch die Gestalt E und M_7 sowie M_8 in III, 3 ersetzt (vgl. Tab., S. 188 f.). Weiterhin wird die Gestalt A in der ersten melodischen Phrase in II, 1 durch S_5, M_5 und S_{2a} substituiert. S_{1b} sowie Q_5 und Q_6 in der ersten melodischen Phrase in II, 2 werden in III, 2 durch die Gestalt B und M_4 sowie Q_5 und Q_6 jeweils zweimal ersetzt. Die Augmentationsarbeit von Q_5 und Q_6 in der sam chan-Variante wird später nochmals behandelt. Die Augmentationsarbeit in solchen melodischen Phrasen, die aus den ‚Elementfiguren' sowie verschiedenen Gestalten bestehen, sind auch in den Tabellen auf den Seiten 188 f. ausführlich dargestellt.

Das zweite zu lösende Problem ist der Verdopplungsprozeß bei den ‚Ereignissen'. Dies ist etwas komplizierter und erfordert eine gut durchdachte Lösung; es ermöglicht dem Komponisten, seine individuelle Kompositionstechnik zu demonstrieren. Die ‚Ereignisse' werden dann in der Art der ‚motivischen Arbeit' geführt, in der die musikalische Gestaltung durch die rhythmische Wiederholung oder durch metrische Vergrößerung sowie auch durch melodischen Einschub erfolgt. Diese Kompositionstechniken sind nämlich bei den verschiedenen Meistern unterschiedlich. Deshalb tragen die Musikstücke seitdem den Namen des Meisters, also des Komponisten.

Zunächst soll Augmentationsarbeit bei der Imitation vom ersten Abschnitt der song chan-Variante (Takt 8 m. A. bis 12) (Nb. 35) in der sam chan-Variante (Takt 17 m. A. bis 24) (Nb. 39) betrachtet werden. Diese Augmentationsarbeit erfolgt in erster Linie durch Wiederholung der vier gebundenen 16telnoten in der Hauptgruppe der melodischen Gestaltung. Beim Augmentationsprozeß läßt sich folgendes beobachten: Erstens wird die Gruppe A zweimal wiederholt. Zweitens wird die Endnote der jeweiligen Gestalt von einer Achtelnote auf eine Viertelnote vergrößert. Und drittens fällt der Einsatz der nächsten Gestalt nicht auf dieselbe Zählzeit wie in der song chan-Variante auf, sondern wird auf eine neue Zählzeit verschoben. Dadurch wird die jeweilige melodische Gestalt von einem Takt auf zwei Takte vergrößert, damit sich die Imitation insgesamt von vier Takten auf acht Takte ausdehnt:

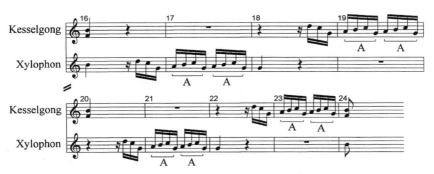

Nb. 39: Die Imitation in III, 1 (Takt 16 bis 24)

Nb. 40: Die Sequenzen Q_1 und Q_2 in III, 3 (Takt 24 bis 30)

Nun steht der Komponist vor einem zu lösenden Problem in der letzten melodischen Phrase dieses Abschnittes. Hier ist es in der Regel so, daß die Spielfigur S_4 als Schlußbildung des Abschnittes festgehalten werden muß und die Spielfigur S_{2a} ausgewechselt wird. Daraus ergibt sich, daß noch sechs Takte frei sind. Diese werden dann unterschiedlich im jeweiligen Abschnitt unterschiedlich gelöst. In diesem ersten Abschnitt werden die sechs freien Takte von der Sequenz Q_1 (4 Takte) und Q_2 (2 Takte) gefüllt. Bemerkenswert daran ist, daß diese zwei Sequenzgruppen die ‚Ereignisse' im zweiten Abschnitt der song chan-Variante darstellen.

Die Füllung dieser sechs freien Takte mit Q_1 und Q_2 erschien dem Komponisten anscheinend am sinnvollsten (Nb. 40).

Die Sequenzierung im zweiten Abschnitt der song chan-Variante finden sich an zwei Stellen: Die zwei eintaktigen Sequenzen Q_5 und Q_6 sind in der ersten melodischen Phrase (Takt 2 bis 4) zu finden (Nb. 33), die Sequenz Q_1 und Q_2 in der dritten melodischen Phrase (Takt 9 m. A. bis 12) und in der daran anschließenden ersten Hälfte der vierten melodischen Phrase (Takt 13 m. A. und 14) (Nb. 36).

Bei der Augmentation der Sequenzierung an der ersten Stelle wurde die jeweilige Sequenz Q_5 und Q_6 in der sam chan-Variante verdoppelt wiederholt. So befinden sich Q_5 in Takt 5 m. A. bis 6 sowie Q_6 in Takt 6 bis 8. Dabei wird die Sequenz Q_5 eine Oktave nach unten verschoben. Dies hat aber keine musikalische Bedeutung in der Thai-Musik (Nb. 41):

Nb. 33: Die Sequenzen Q_5 und Q_6 in II, 2 (Takt 2 bis 4)

Nb. 41: Die Sequenzen Q_5 und Q_6 in III, 2 (Takt 4 bis 8)

An der zweiten Stelle wird die Sequenz Q_1 (4 Takte) in der dritten melodischen Phrase durch die Sequenz Q_3 (8 Takte) ersetzt. Dann werden die sechs freien Takte in der letzten melodischen Phrase durch die Sequenz Q_4 (4 Takte) und Q_2 (2 Takte) gefüllt. Bemerkenswert ist an diesen drei gereihten Sequenzen, daß ihr Taktumfang sich ständig im Verhältnis von Q_1 zu Q_2 halbiert, nämlich 8 : 4 : 2 und die absteigenden Hauptendnoten f^1, d^1, c^1 und h beibehalten werden (Nb. 42).

Nb. 36: Die Sequenzen Q_1 und Q_2 in II, 2 (Takt 8 bis 14)

Auf die Sequenz Q_3 in der sam chan-Variante (Takt 17 m. A. bis 24) soll nun eingegangen werden. Die Sequenz Q_3 entstammt der Sequenz Q_1 (Nb. 36), deren

184

Nb. 42: Die Sequenzen Q$_3$, Q$_4$ und Q$_2$ in III, 2 (Takt 17 m. A. bis 30)

jeweilige Gestalt von einem Takt auf zwei Takte vergrößert wird. In der jeweiligen Gestalt der Q$_1$ wird zunächst die Gruppe B, vier gebundene 16telnoten, beibehalten. Dann werden zwei neue Gruppen von 16telnoten hinzugefügt: die Gruppe von zwei 16telnoten im Auftakt und die Gruppe von vier 16telnoten auf der ersten Zählzeit im Haupttakt. Die Endnote der jeweiligen Gruppe (f^1, d^1, c^1 und h) wird, wie bei der Imitation, auf eine Viertelnote vergrößert. Der Einsatz der nächsten Gruppe tritt mit dem Auftakt der neuen Zählzeit auf. Zwischen den Pausen, bevor die nächste Gestalt auftritt, setzt das Xylophon in Engführung ein. Somit umfaßt die Sequenz Q$_3$ acht Takte (Nb. 42).

Die Sequenz Q$_4$ umfaßt vier Takte (Takt 24 m. A. bis 28). Sie stellt die abgekürzte Version von Q$_3$ dar, indem die jeweilige Gestalt auf einen Takt reduziert wird. Nur die Gruppe B, die vier gebundenen 16telnoten, ist erhalten. Die neu hinzugefügten 16telnoten sind von der dritten 16telnote auf der ersten Zählzeit aus der Sequenz Q$_3$ hergeleitet. Die Endnoten sind ebenfalls jeweils um punktierte Achtelnoten gekürzt. Q$_3$ wird außerdem von Xylophon und Kesselgong in Engführung geführt. Dann folgt die zweitaktige Sequenz Q$_2$ (Takt 29 m. A. bis 30) aus der song chan-Variante. Ihre melodische Gestalt besteht jeweils aus einem halben Takt (Nb. 42).

Das Problem der Lücke von sechs Takten in der letzten melodischen Phrase ist folgendermaßen gelöst: Die Sequenzierung wird in drei Gruppen: Q$_3$, Q$_4$ und Q$_2$ dargestellt. Dabei ist bemerkenswert, daß deren Taktverhältnis hintereinander halbiert wird, nämlich von 8: 4: 2 Takte.

Bei der Augmentationsarbeit der Mon-Melodie wird der zweiteilige Aufbau dieser Melodie zunächst beibehalten, indem der jeweilige Teil von zwei auf vier Takte vergrößert wird. Die Arbeit in der ersten Hälfte beruht auf dem Zitat der Kernmelodie in der song chan-Variante (Nb. 37), während es sich bei der zweiten Hälfte um eine freie Entfaltung handelt. Zunächst soll dieser Prozeß im ersten Teil (Takt 1 m. A. bis 4) betrachtet werden:

Nb. 37: Die Mon-Melodie in II, 3 (Takt 1 m. A. bis 4)

Nach wie vor wird der Charakter des ‚Vorder- und Nachsatzes' in der Mon-Melodie beibehalten. Denn ‚Vordersatz', der nun 4 Takte (Takt 1 m. A. bis 4) umfaßt, liegt weiterhin in die Note g^1 zugrunde. Dabei werden die Gruppen D und E bewahrt. Der Aufbau dieser Hälfte gliedert sich in drei Teile: Im ersten Teil (Takt 1. m. A. und 2) wiederholt sich die Melodie der ersten zwei Takte der song chan-Variante. Im zweiten Teil (Takt 2 auf der zweiten Zählzeit und 3) handelt es sich um einen Einschub mit derselben rhythmischen Struktur wie im Takt zuvor, nämlich in einer Widerspiegelung. Dieser Teil endet mit d^1. Im letzten Teil (Takt 3 auf der zweiten Zählzeit und 4) beginnt die Melodie wieder wie im ersten Teil und endet mit g^1. Damit schließt die erste Hälfte ab. In den drei untergeordneten Teilen stehen die Zentralnoten wiederum jeweils im Quinten-Verhältnis, also g^1-d^1-g^1:

Nb. 43: Die Mon-Melodie in III, 3 (Takt 1 m. A. bis 8)

Der ‚Nachsatz' entfaltet sich frei und spinnt sich fort. Der Tonumfang dieser Hälfte ist sehr groß, nämlich von a bis d^2. Es beginnt zunächst in Takt 4 und 5 mit den zwei eintaktigen Sequenzen a^1-d^1 und d^1-g^1. Diese haben die Gestalt der Gruppe E, aber in metrischer Verschiebung auf dem Auftakt zur Zählzeit. Die Hauptnote dieser zwei Sequenzen stellt sich wieder im Quinten-Verhältnis d^1 und a^1 dar. Im Takt 6 steigt die Melodie von g^1 auf d^2, dann wird von hier aus die absteigende Kettensequenz im Umfang einer Oktave (d^2 bis d^1) geführt. Diese Kettensequenz erinnert an die Sequenz Q_2. Somit endet der zweiten Teil der Melodie mit d^1, der Quinte vom ersten Teil (g^1). Die zweite melodische Phrase (Takt 9 m. A. bis 16) wiederholt sich noch einmal.

Die Augmentationsarbeit in der Mon-Melodie unterscheidet sich von der in der Imitation und Sequenzierung dadurch, daß hier grundsätzlich keine metrische Vergrößerung durchgeführt wird. Im ‚Vordersatz‘ wird die Melodie gemäß der Vorlage beibehalten, dann wird die Melodie durch den Einschub vergrößert. Im ‚Nachsatz‘ wird die Mon-Melodie frei entfaltet, und zwar in erster Linie durch Sequenzierung. Dadurch wird der Aufbau von ‚Vorder- und Nachsatz‘ beibehalten.

Wie bei der Sequenzierung im zweiten Abschnitt wird die Augmentationsarbeit in der Synkope in den zwei letzten melodischen Phrasen des dritten Abschnitts der sam chan-Variante (Takt 33 m. A. bis 46) in drei Gruppen dargestellt: die Synkope II (8 Takte: Takt 33 m. A. bis 40), die Synkope I (4 Takte: Takt 41 m. A. bis 43) und die Spielfigur S_{2a} (2 Takte: Takt 45 m. A. und 46). Die Synkope I und die S_{2a} stammen nämlich beide verändert von der song chan-Variante her. Aus dieser Gegenüberstellung erhellt eindeutig, daß die Synkopen I und II aus S_{2a} stammen. Damit ist die Lücke von 6 Takten in der letzten melodischen Phrase, wie bei der Sequenzierung, gelöst.

In der Augmentationsarbeit der Synkope II wird folgendes beobachtet: Die Achtelnote der Spielfigur S_{2a} wird zunächst auf eine Viertelnote vergrößert, die wiederum mit drei Arten bearbeitet wird. Sie erscheint zunächst in der Gestaltung der Synkope mit Achtelnoten (Takt 33 m. A. und 41 m. A.), dann in punktierten Viertelnoten (Takt 35 bis 37) und schließlich mit Viertelnoten (Takt 39 bis 40 bzw. 43):

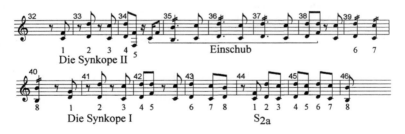

Nb. 44: Die Synkope II, Synkope I und S_{2a} in III, 3

Die achttaktige Synkope II (Takt 33. m. A. bis 40) gliedert sich in drei Teil. Der erste Teil (Takte 33 m. A. und 34) und der dritte Teil (Takt 39 m. A. und 40) stammen dabei aus der Synkope I. Sie werden voneinander durch den zweiten Teil, den Einschub-Teil, getrennt. Beim zweiten Teil (Takte 35 m. A. bis 38) handelt es sich um einen Einschub. Die Besonderheit in diesem Teil ist die neue rhythmische Struktur von punktierten Viertel- und Achtelnoten in Takt 35 bis 37. Durch diese metrische Vergrößerung werden die Noten c^2 und d^2, also die dritte und vierte Note, in Takt 36 und 37 hervorgehoben. Damit wird die Synkope II zum Höhepunkt geführt.

Nun folgt die viertaktige Synkope I (Takt 41 m. A. bis 43). Der Einschub, der in Synkope II vorhanden ist, fehlt hier. Ein anderer Unterschied besteht darin, daß die zweite Gruppe mit g^1 (im Auftakt zu Takt 41) statt f^1 (im Auftakt zu Takt 33) beginnt, also mit einem Quintensprung. Außerdem fällt die Endnote h^1 in Vorwegnahme im Takt 43 in den Aufschlag des letzten Taktschlags anstatt auf der ersten Zählzeit in Takt 44. Gerade dies bewirkt, daß der Satz viel lebhafter und interessanter wird. Es folgt die Spielfigur S_{2a}. Diese tritt auf als eine Zusammenfassung von zwei Synkopengruppen (Nb. 44).

Zum Schluß soll hier noch darauf hingewiesen werden, daß der Sexten- bzw. Quintensprung in Takt 33 m. A., 44 und 41 m. A. in der Thai-Musik zu dieser Zeit noch ungewöhnlich war. Diese Intervalle wurden erst nach dem Jahre 1930 öfters verwendet. Es ist nicht ausgeschlossen, daß hier der Westen die Thai-Musik beeinflußt hat.

Die gesamte augmentische Arbeit kann in folgenden Tabellen dargestellt werden:

Tabellendarstellung des Aufbaus des Stückes *Khäkmon Bangkhunprom Thao* **in der sam chan-Variante:**

Der erste Abschnitt (III, 1): 32 Takte, 4 melodische Phrasen

Melodische Phrase	Altes ‚Element‘ (2 Takte)	Neues ‚Element‘ (4 Takte)	Altes ‚Ereignis‘ (2 Takte)	Neues ‚Ereignis‘ (4 Takte)	Endnote	Takt	Pentatonik
1.	Die Gestalt A	S_5 und M_5			a^1	4	G
		S_{2a}			d^2	8	G
2.	S_{1b}	M_6 und M_4			c^2	12	C, F
	M_1	M_7 und M_8			h^1	16	H
3.			Die Imitation (4 Takte)	Die Imitation (8 Takte)	h^1	20	H
					h^1	24	H
4.	S_{2a}			Q_1 (4 Takte),	h^1	28	H
	S^4			Q_2 (2 Takte) und S_4	g^1	32	F

Der zweite Abschnitt (III, 2): 32 Takte 4 melodische Phrasen

Melodische Phrase	Altes ‚Element' (2 Takte)	Neues ‚Element' (4 Takte)	Altes ‚Ereignis' (2 Takte)	Neues ‚Ereignis' (4 Takte)	End-note	Takt	Penta-tonik
1.	S_{1b}	Die Gestalt B und M_4			c^2	4	H
	eintaktige Q_5 und Q_6 (2 Takte)		eintaktige Q_5 und Q_6 jeweils zweimal verdoppelt wiederholt (4 Takte)		g^1	8	F
2.	M_2	Die Gestalt C und M_7			c^2	12	F
	M_8	S_{1a}			h^1	16	H
3.			Q_1 (4 Takte)	Q_3 (8 Takte)	d^1	20	H
					h^1	24	H
4.			Q_2 (2 Takte)	Q_4 (4 Takte), Q_2 (2 Takte)	h^1	28	H
	S_4			und S_4	g^1	32	F

Der dritte Abschnitt (III, 3): 48 Takte, 6 melodische Phrasen

Melodische Phrase	Altes ‚Element' (2 Takte)	Neue ‚Element' (4 Takte)	Altes ‚Ereignis' (2 Takte)	Neues ‚Ereignis' (4 Takte)	End-note	Takt	Penta-tonik
1.			Die Mon-Melodie (4 Takte)	Die Mon-Melodie (8 Takte)	g^1	4	F
					d^1	8	F
2.			Die Mon-Melodie (Wdh.)	Die Mon-Melodie (Wdh.)	g^1	12	F
					d^1	16	F
3.	M_3	S_6 und die Gestalt D			f^1	20	C
	M_4	S_3 und M_4			c^1	24	F
4.	M_2	Die Gestalt E			c^2	28	F
	M_8	M_7 und M_8			h^1	32	F
5.			Die Synkope I (4 Takte)	Die Synkope II (8 Takte)	d^2	36	H
					h^1	40	H
6.	S_{2a}			Die Synkope I (4 Takte), S_{2a} (2 Takte) und S_4	h^1	44	F
	S_4				g^1	48	F

Bei der Betrachtung der Augmentationsarbeit im Melodie-Teil hat sich gezeigt, daß der Komponist im allgemeinen keinerlei Probleme mit den melodischen Phrasen hatte, die allein die ‚Elemente' oder ‚Ereignisse' enthalten. Hierbei sind drei Stellen bemerkenswert: Als einheitliche Schlußbildung zum ersten Teil des zweiten Abschnittes in der dritten Variante (III, 2) hätte die Paarmelodie-Floskel M_7-M_8 sich erscheinen sollen - wie im ersten Abschnitt und zum Schluß des zweiten Teils im dritten Abschnitt der dritten Variante (III, 1 und III, 3). Hier muß der Komponist bemerkt haben, daß er M_7 zu früh eingesetzt hat und M_8 als Schlußbildung sich nicht anschließen läßt. Daraufhin führte er S_{1a} mit der ungewöhnlichen Länge von vier Takten ein, damit h^1 als Endnote der Phrase rechtzeitig auftreten kann. Ebenso handelt es sich bei der Gestalt E in der vierten melodischen Phrase des dritten Abschnittes (III, 3) von Takt 24 bis 28 bloß um die Füllung von fünf Takten, bis M_7 und M_8 an der richtigen Stelle erscheinen können. Und schließlich wurde das konstruktive Taktverhältnis von 8: 4: 2 in den letzten zwei melodischen Phrasen des Abschnittes beibehalten. Dieses Taktverhältnis ist besonders bei der Sequenzierung und Synkope im zweiten und dritten Abschnitt zu beobachten. Bei der Imitation im ersten Abschnitt werden diese drei Taktgruppen zwar eingereiht, aber es gibt keinen Zusammenhang unter den drei Gruppenreihen. Da der musikalische Sachverhalt anders als bei Sequenzierung und Synkope bearbeitet wird, hatte der Komponist wohl Schwierigkeiten, einen passenden musikalischen Zusammenhang zwischen Imitation und S_4 zu finden. Da die Lücke von sechs Takten (Takt 24 bis 30) einfach von den Sequenzen Q_1 und Q_2 gefüllt wurde, scheint dies eine Notlösung für den Komponisten gewesen zu sein.

5) Die Diminution

Die Diminutionsarbeit in der chan dieow-Variante wird im allgemeinen dadurch geregelt, daß die jeweilige melodische Phrase aus der song chan-Variante von vier auf zwei Takte reduziert wird. Dabei bleiben aber die Anzahl der melodischen Phrasen sowie die Endnoten jedes Abschnittes und sein Aufbau unverändert. Wie bei der Augmentationsarbeit gibt es auch bei der Diminutionsarbeit zwei Kategorien: die Diminution der ‚Elemente' und die der ‚Ereignisse' des Satzes. Die letzte melodische Phrase ist wenig problematisch, da diese von 4 auf 2 Takte halbiert wird, beansprucht die Spielfigur S_4 diese 2 Takte allein. Bei den melodischen Phrasen, die aus den zwei ‚Elementfiguren' bestehen, wird auf eine ‚Elementfigur' reduziert. Der Diminutionsprozeß wird bei den ‚Ereignissen' weiterhin mit der ‚motivischen Arbeit' geführt und dabei auf die wichtigen Noten reduziert. Die Diminution der zwei Kategorien wird im einzelnen im jeden Abschnitt behandelt.

Der erste Abschnitt der chan dieow-Variante (I, 1) umfaßt acht Takte bzw. vier zweitaktige melodische Phrasen. In der ersten melodischen Phrase (Takt 1 m. A. und 2) wird die Gestalt A in der song chan-Variante auf die Gestalt F reduziert, und zwar auf die Hauptgerüstnoten (g^1, a^1, h^1 c^2 und d^2):

Nb. 27: Die Gestalt A in II, 1 (Takt 1 m. A. bis 4)

Nb. 32: Die Gestalt F in I, 1 (Takt 1 m. A.)

In der zweiten melodischen Phrase werden die Spielfiguren S_{1b} und M_1 in der song chan-Variante schlicht durch die S_{2b} ersetzt. Die Spielfigur S_{2b} erscheint zwischen der ersten und zweiten melodischen Phrase (Takt 3 m. A. und 4), damit die zweite Hälfte von M_1 als Schlußbildung am Ende der melodischen Phrase gebildet werden kann, nämlich die vier gebundenen 16telnoten (c^2, g^1, a^1 und h^1) in Takt 3 und zwei Achtelnoten (c^2 und h^1) in Takt 4 mit Auftakt. Das Erscheinen von M_1 bringt noch eine andere Einsicht mit sich, nämlich über den Zusammenhang zwischen M_1 und der Imitation. Man hat somit den Eindruck, daß die melodische Gestalt der Imitation aus M_1 hergeleitet ist.

In der dritten melodischen Phrase (Takt 5 m. A. und 6) wird die Imitation eingeführt, deren Gestalt einen Takt enthält, nämlich die Gruppe A. Die Imitation wird – weil sie zu kurz ist - aus praktischen Gründen nicht mehr in Dialog geführt, sondern in Takt 4 bis 6 auf der ersten Zählzeit drei Mal durchgehend nacheinander gespielt:

Nb. 35: Die Imitation in II, 1 (Takt 8 bis 12)

Nb. 44: Die Imitation in I, 1 (Takt 4 bis 6)

Die letzte melodische Phrase (Takt 7 m. A. und 8) wird von S_4 besetzt, um den Charakter des Stückes aufrechtzuerhalten:

Tabellendarstellung des ersten Abschnittes der chan dieow-Variante (I, 1): 8 Takte, 4 melodische Phrasen

Melodische Phrase	Altes ‚Element' sowie ‚Ereignis' (4 Takte)	Neues ‚Element' sowie ‚Ereignis'(2 Takte)	End-note	Takt	Pentatonik
1.	Die Gestalt A	Die Gestalt F	d^2	2	F
2.	S_{1b} M_1	S_{2b} und M_1	h^1	4	H
3.	Die Imitation (4 Takte)	Die Imitation (2 Takte)	h^1	6	H
4.	S_{2a} S_4	S_4	g^1	8	F

Der Aufbau des zweiten Abschnitts der chan dieow-Variante (I, 2) umfaßt ebenso 8 Takte. In der ersten melodischen Phrase wird S_{1b} in der song chan-Variante durch S_{2b} in verkürzter Version durch vier Achtelnoten (d^1, f^1, d^1 und c^1) ersetzt. Die zwei eintaktigen Sequenzen Q_5 und Q_6 in II, 2 (Nb. 33) werden ebenso jeweils auf eine Viertelnote reduziert, also zwei 16tel- und eine Achtelnote mit den Gerüstnoten d^2-c^2 und a^1-g^1 (Nb. 34):

In der zweiten melodischen Phrase (Takt 3 m. A. und 4) werden die zwei Melodie-Floskeln M_2 und M_8 in der song chan-Variante durch die Melodie-Floskel M_1 als Schlußbildung ersetzt. Die dritte und vierte melodische Phrase, die jeweils nur zwei Takte umfaßt, wird lediglich auf die Sequenz Q_2 und S_4 reduziert.

Die Tabellendarstellung des zweiten Abschnittes der chan dieow-Variante (I, 2): 8 Takte, 4 melodische Phrasen

Melodische Phrase	Altes ‚Element' sowie ‚Ereignis' (4 Takte)	Neues ‚Element' sowie ‚Ereignis' (2 Takte)	End-note	Takt	Penta-tonik
1.	S_{1b} Q_5 und Q_6	S_{2b} und Die auf einen halben Takt verkleinerten Sequenzen Q_5 sowie Q_6	g^1	2	F
2.	M_2 M_8	M_1	h^1	4	F
3.	Q_1	Q_2	h^1	6	H
4.	Q_2 S_4	S_4	g^1	8	F

Der dritte Abschnitt der chan dieow-Variante (I, 3) umfaßt 12 Takte bzw. 6 melodische Phrasen. Die Diminutionsarbeit der Mon-Melodie in den ersten zwei melodischen Phrasen beruht weiterhin auf dem ‚periodischen' Bau. Die Melodie wird von einem Ausschnitt der song chan-Variante hergeleitet (Nb. 37) und zwar auf die Gruppe F und G reduziert, nämlich zwei 16telnotengruppen im dritten Takt und vier 16telnotengruppen auf dem ersten Taktschlag in Takt drei sowie eine

Nb. 33: Die Sequenzen Q_5 und Q_6 in II, 2 (Takt 2 bis 4)

Nb. 34: Die verkleinerten Sequenzen Q_5
und Q_6 in I, 2 (Takt 1 und 2)

Nb. 37: Die Mon-Melodie in II, 3 (Takt 1 m. A. bis 4)

Nb. 45: Die Mon-Melodie in I, 1 (Takt 1 m. A. und 2)

Achtelnote als Endnote. Sie gliedert sich nach wie vor in zwei Teile, ‚Vorder- und Nachsatz' (Takt 1 m. A. und Takt 2 m. A.), die sich durch die Endnoten g^1 und d^1 unterscheiden lassen (Nb. 45):

In der dritten melodischen Phrase (Takt 4 auf dem Aufschlag in der ersten Zählzeit bis Takt 6 auf der ersten Zählzeit) werden M_3 und M_4 durch S_{1b} ausgetauscht, ebenfalls in der vierten melodischen Phrase (Takt 6 auf dem Aufschlag in der ersten Zählzeit bis zu der ersten Zählzeit im Takt 8) M_2 und M_8 durch M_1 als Schlußbildung. Ähnlich wie im zweiten Abschnitt wird hier die Synkope I durch die Spielfigur S_{2a} in der fünften melodischen Phrase ersetzt. Damit kann die Spielfigur S_4 die ganze sechste melodische Phrase ausfüllen.

Bemerkenswert ist weiterhin die Gruppendarstellung der ‚Ereignisse' in der jeweiligen Variante. So wird das ‚Ereignis' Imitation, Sequenzierung und Synkope in der sam chan-Variante in drei Gruppen mit dem Taktverhältnis von 8: 4: 2 dargestellt, in der song chan-Variante in zwei Gruppen mit dem Taktverhältnis 4: 2 und in der chan dieow-Variante in einer Gruppe von 2 Takten. Dieses Taktverhältnis entspricht wiederum den Strukturproportionen des Stückes.

Die Tabellendarstellung des dritten Abschnittes (I, 3) der chan dieow-Variante: 12 Takte, 6 melodische Phrasen

Melodische Phrase	Altes ‚Element' sowie ‚Ereignis' (4 Takte)	Neues ‚Element' sowie ‚Ereignis' (2 Takte)	End-note	Takt	Penta-tonik
1.	Die Mon-Melodie	Die Mon-Melodie	d^1	2	F
2.	Die Mon-Melodie	Die Mon-Melodie	d^1	4	F
3.	M_3 M_4	S_{1b}	c^1	6	F
4.	M_2 M_8	M_1	h^1	8	F
5.	Die Synkope I	S_{2a}	h^1	10	H
6.	S_{2a} S_4	S_4	G^1	12	F

Die obige Untersuchung des Stückes *Khäkmon Bangkhunprom Thao* hat gezeigt, wie systematisch und rational das Stück aufgebaut wird. Bei der Analyse anhand der Transkription vergißt man aber leicht, daß diese Musik ohne geschriebene Notation entstanden ist. Daher ist es sehr verblüffend, wie der Komponist das ganze Stück konstruiert hat. Konkret läßt sich über den Kompositionsvorgang sagen, daß er sich vom Becken- und Trommelschlag ausgehend entwickelt. Dabei legt der Komponist zunächst fest, daß die Endnote mit der bestimmten Stelle des Trommelschlages zusammenfällt. Das heißt: die melodische Phrase wird vom Ende her aufgebaut. Die Augmentationsarbeit bei allen ‚Ereignissen' zeigt dies ganz deutlich. Zum Beispiel werden bei der Sequenzierung der Augmentation die Endnoten der melodischen Gestalt festgelegt, dann wird die wichtige musikalische Gestalt bzw. Gruppe fixiert, und von dieser weiter nach vorn wird die melodische Gestalt aufgebaut, bis die ganze Phrase ausgefüllt wird. Oder auch bei der letzten melodischen Phrase des ersten Abschnittes in der sam chan-Variante: Es wird zunächst die Spielfigur S_4 am Ende festgelegt. Als der Komponist keine bessere Lösung fand, füllte er die Lücke von sechs Takten mit den Sequenzen Q_1 und Q_2. Ebenso werden die melodischen Phrasen, die allein die ‚Elemente' enthalten, auf diese Weise eingeführt. Diejenigen Spielfigur oder Melodie-Floskel wird dann ausgewechselt, deren Endnote mit der festgelegten am Ende der Phrase identisch ist. Wobei sich es gezeigt hat, daß die zweitaktige Spielfigur und Melodie-Floskel die kleinsten einer Melodie-Einheit sind. Sie fungieren andererseits als Baustein zum Aufbau weiterer Varianten, indem sie bausteinartig aneinander gereiht werden, bis jene melodische Phrase ausgefüllt ist.

b) Die Blaskapellenfassung des *Khäkmon Bangkhunprom Thao* - Vergleich der beiden Fassungen[119]

Die nächsten Abschnitte werden sich damit befassen, wie der Komponist seine Komposition *Khäkmon Bangkhunprom Thao* für die Blaskapelle bearbeitet hat. Da in Thailand nicht überliefert wurde, wie der Komponist dieses Stück übertragen hat - er hat weder eine Skizze noch ein Manuskript hinterlassen -, wird versucht, nachzuvollziehen, wie er dieses Stück von der traditionellen Fassung für die Kapellenfassung bearbeitet hat und welche Probleme er dabei zu bewältigen hatte. Diese Bearbeitung soll zugleich als Paradigma der Problematik des Kontaktes zweier Kulturen betrachtet werden, nämlich im Hinblick darauf, daß der Komponist, ein siamesischer Prinz, seine höfische Musikkultur auf die europäischen Instrumente bzw. das europäische Tonsystem übertragen hat. Dieses Unternehmen war im Siam seiner Zeit überhaupt neu, ein bedeutendes Beispiel für den sich vollziehenden Assimilationsprozeß. Bemerkenswert ist, daß Prinz Paribatra selbst die Initiative zur Bearbeitung ergriffen hat. Dadurch entstand die neue Identität der Hofmusik Siams, die einerseits ihre eigene Repräsentationsfunktion am Hof beibehält, und andererseits nach außen wirkt, indem die Hofmusik nun militärisch klingt.

Es läßt sich im allgemeinen feststellen, daß er wohl bei der Bearbeitung vier Probleme zu lösen hatte: Erstens die Übertragung des metrischen Rhythmus, zweitens die Übertragung zwischen zwei völlig unterschiedlichen Tonsystemen, drittens die Übertragung der Musik und viertens die Wiederherstellung der Spontaneität und Lebendigkeit, die diese Musik in der traditionellen Aufführungspraxis besessen hatte.

Zunächst soll aber auf einige bemerkenswerte Erkenntnisse über die Aufführungspraxis der Kapellenfassung dieses Stückes in Thailand, die durch Archivforschungen im Frühjahr 1996 und im Herbst 1997 gewonnen worden sind, hingewiesen werden, daß das Stück *Khäkmon Bangkhunprom Thao* der Kapellenfassung nun den Charakter zweier Kulturen verbindet: Zum einen richtet sich die Kapelle der Royal Thai Navy bei der Aufführung nach der traditionellen europäischen Sitzordnung; die Sängerin befindet sich in der Mitte vor der Kapelle. Dazwischen oder an der Seite der Kapelle befindet sich die Schlagwerktruppe. Zum anderen ist die Blaskapellenfassung von *Khäkmon Bangkhunprom Thao* nach der Auffassung der dortigen Musiker nach wie vor gemäß der traditionellen Aufführungspraxis , nichtdirigierte' Musik. Das heißt nach der traditionellen Praxis verläuft die Aufführung spontan, ohne Kapellmeister oder Dirigenten. Es ist anzunehmen, daß diese Komposition schon zur Zeit des Komponisten auf diese Weise aufgeführt wurde. Auf die Frage, wie der Vortrag ohne Dirigenten funktionieren kann, antworten die

---

[119] Wie bereits erwähnt, gibt es zwei Kapellenfassungen zu diesem Stück: die Marine- und Armeefassung. Diese Arbeit berücksichtigt sich auf der Marinefassung. Weil diese als die Urfassung (1910) gilt.

Musiker mit Selbstverständlichkeit, daß jeder sich in beiden Fassungen dieses Stückes gut auskennt und Bescheid weiß, wie die Musik aufgeführt werden soll. Außerdem wird diese Musik der einheimischen Klangvorstellung gemäß gespielt, wodurch sie für Europäer sehr unrein klingt (Tonb.42-46). Aber wenn die Kapelle der Royal Thai Navy die preußische Marschmusik, u. a. *Der alte Kamerad* spielt, dann gleicht sich die Kapelle an die europäische Klangvorstellung sowie Aufführungspraxis an, d. h. ein Kapellmeister übernimmt die Leitung. Damit läßt sich erklären, warum es dort keine Partitur noch Direktionsstimme zu diesem Stück gibt.

In Thailand sind nur die einzelnen Instrumentenstimmen der Kapellenfassung dieser Komposition erhalten[120]. Diese Instrumentenstimmen sind von Hand geschrieben; weil in Thailand bis in die Gegenwart hinein noch kein Musikverlag wie in Europa existiert, wird die Musik der Kapelle stets von Generation zu Generation per Abschrift überliefert. Diese einzelnen Instrumentenstimmen wurden deshalb vom Verfasser dieser Arbeit selbst für die Analyse in der Partitur zusammengestellt (sie findet sich im Anhang). Hinsichtlich der Frage nach der Zuverlässigkeit der Musiknoten und der Originalität der Besetzung der Kapellenfassung von *Khäkmon Bangkhunprom Thao* wird bei den Offizieren der Royal Thai Navy davon ausgegangen, daß diese Musiknoten, weil sie in der Bibliothek der Musikabteilung der Royal Thai Navy aufbewahrt sind, als offizielle Reinschriften gelten und deshalb zuverlässig sein sollten. Außerdem wird dieses Stück ständig aufgeführt, nicht nur, weil es von der Kapelle der Royal Thai Navy zur Uraufführung gebracht wurde, sondern auch, weil es die Kapelle der Marine und zugleich des Prinzen repräsentiert, der einst Oberkommandierender der Marine war.

Der Kapellenfassung von *Khäkmon Bangkhunprom Thao* ist für die sog. Kleine Harmoniemusik oder Mindestbesetzung bearbeitet[121] und liegen folgende zwölf Instrumentenstimmen zugrunde: Pikkolo sowie Flöte, Klarinette in Es und B, Oboe, Alt- und Bariton-Saxophon, Fagott, Horn in Es, Trompete in B, Posaune, Euphonium und Baß (Tuba). In der thailändischen Quelle wird aber nicht angegeben, wie viele Instrumente die jeweilige Stimme besetzen sollen.

---

[120] Die Musiknoten der einzelnen Instrumente der ganzen Besetzung der Marinefassung und ihre Aufnahme auf Musikkassette hatte der Verfasser durch eine Sondergenehmigung zu Forschungszwecken aus der Musikabteilung der Royal Thai Navy in Bangkok erhalten. An dieser Stelle ist Capt. Veeraphan Waklang, dem Leiter der Musikabteilung der Royal Thai Navy, zu danken. Die zu rezitierende Melodie des Textes ist dabei nicht erhalten, denn sie ist nie auf das Fünfliniensystem übertragen worden. Dies war selbstverständlich nicht nötig, denn die Melodie der Rezitation ist mit der traditionellen Fassung identisch, und beim Vortrag stimmt die Kapelle die Sängerin mit dem Ausgangston des Stück, f¹, ein (Siehe den Rezitationstext mit Übersetzung ins Deutsche im Anhang).

[121] In der Regel gibt es drei Besetzungen im Musikkorps: Reine Blechbesetzung oder Hornmusik, Kleine Harmoniemusik oder Mindestbesetzung und Große Harmoniebesetzung oder Blasorchester (vgl. W. Schneider, *Handbuch der Blasmusik. Ein Wegweiser für Bläser und Dirigenten*, Mainz 1954, S. 63).

Nun soll das erste Problem, nämlich die Übertragung des Rhythmus, erörtert werden. Wie eingangs in der Analyse der traditionellen Fassung erläutert, ist die Rhythmik in der Thai-Musik binär. Infolgedessen kann die Musik entweder im Zweivierteltakt oder im Viervierteltakt bzw. im Zweihalbetakt aufgezeichnet werden. In der Transkription der traditionellen Fassung wurde der Zweivierteltakt ausgewählt; der Komponist hat aber die Kapellenfassung entsprechend dem Charakter der Kapellenmusik in den Zweihalbetakt übertragen. Dies sorgt dafür, daß das Metrum der Musik proportional zwar verdoppelt wird, aber die Anzahl der melodischen Phrasen, die Taktzahl, die Endnoten und der metrische Akzent beim Becken- und Trommelschlag mit der traditionellen Fassung identisch sind.

In der Partitur werden außerdem zwei Takte vor dem Doppelstrich zu Beginn jedes Abschnittes für alle Instrumente angegeben. Diese Vortakte dienen als Überleitung gegen Ende der Vokalpartie zum Beginn des Ensembleeinsatzes - der traditionellen Aufführungspraxis zufolge setzt (Tonb. 20, 23 und 26) das Ensemble zu Beginn des Stückes nicht mit ganzer Besetzung ein, sondern ein oder zwei Instrumente leiten ein (Tonb. 43, 46 und 49). Die in der Partitur in allen Instrumentenstimme angegebenen Vortakte sind also somit zu erklären, daß diese nach Belieben nur von ein oder zwei Instrumenten gespielt werden kann. In der Aufnahme werden diese zwei Takte nur von einer Klarinette gespielt.

Hier stellt sich ein Problem der Taktzählung: In der Transkription der traditionellen Fassung beginnt die Musik mit einem Auftakt und endet mit einem unvollkommenen Takt. Aber in der Kapellenfassung wird dieser Auftakt mit einem ganzen Takt gefüllt, während die Musik paradoxerweise mit dem unvollkommenen Takt endet. Um die Taktzählung mit der traditionellen Fassung in Einklang zu bestimmen, wird hier der erste Takt in der Kapellenfassung als Auftakt betrachtet.

Das zweite zu lösende Problem, die Übertragung zwischen den zwei Tonsystemen, ist der Komponist folgendermaßen angegangen: Er hatte zunächst den ersten Ton der Hauptleiter dieses Stückes, der Thai-Pentatonik auf F (Thang pieng o lang), mit dem im europäischen Tonsystem zunächst gelegenen Ton verglichen und folglich vier Töne, es^1, e^1, f^1 und fis^1, gefunden. Infolgedessen konnten Thang pieng o lang in die Pentatonik auf Es, E, F bzw. Fis übertragen werden. Diese europäischen pentatonischen Leitern implizieren aber die Intervallstruktur des diatonischen Systems[122]. Er ergeben sich also die folgenden Skalen:

Pentatonik auf Es	Es	F	G	B	C
Pentatonik auf E	E	Fis	Gis	H	Cis
Pentatonik auf F	F	G	A	C	D
Pentatonik auf Fis	Fis	Gis	Ais	Cis	Dis

---

[122] Daraus ergibt sich eine Darstellung der ursprünglichen Zweitonschritte der Thai-Skala als Eineinhalbtonschritte, was dem Thai-Höreindruck natürlich nicht ganz entspricht.

Gegenüber den Pentatoniken auf E bzw. Fis sind die Pentatoniken auf Es bzw. F besser geeignet für die Blaskapelle, wobei die Pentatonik auf Es wiederum besser geeignet ist als die Pentatonik auf F. Folglich hat der Prinz dieses Stück in der Kapellenfassung in Es-Dur gesetzt. Die Stammtöne der Pentatonik auf Es sind folgendermaßen: es^1 f^1 g^1 b^1 und c^1. Dabei sind as^1 und d^1, die vierte und siebte Stufe, Durchgangstöne. Daß der Komponist dabei beabsichtigt hat, mit Es-Dur eine „heroische Tonart" zu assoziieren, läßt sich nicht ausschließen, denn er war sehr von der Musik Wagners begeistert.

Nun stand der Prinz vor dem weiteren Problem der diatonischen Halbtöne, die durch Abweichungen zwischen den verschiedenen ursprünglichen Thai-Pentatoniken entstanden sind. Dies ist der wesentliche Aspekt bei der Auseinandersetzung der beiden völlig unterschiedlichen Tonsysteme bzw. Musikkulturen. Zunächst soll jedoch grundlegend der Unterschied der beiden Tonsysteme dargestellt werden.

Wie bereits eingangs erwähnt, besteht das Tonsystem der Thai-Musik aus sieben temperierten Stufen, d. h. die Oktave wird in sieben gleiche Abstände geteilt. Bei der Übertragung von der Thai-Pentatonik in F, der Hauptleiter des Stückes *Khäkmon Bangkhunprom Thao*, auf die Pentatonik in Es, die auf der Intervallstruktur der diatonischen Es-Dur Tonleiter beruht, hat der Komponist zunächst keinerlei Schwierigkeit.

Da die Musik der Kapellenfassung sich nach der Intervallstruktur des diatonischen Systems richtet, mußte der Komponist auch den Fremdton berücksichtigen, der durch den Wechsel der Pentatoniken entstand - besonders den Fremdton, der mit dem Halbton verbunden ist. Damit taucht ein neues Problem auf, das der Komponist zu berücksichtigen hatte. Denn die Fremdtöne können in der Thai-Musik ohne weiteres auftreten. Weil in der Thai-Materialtonleiter lediglich sieben fixierte Töne existieren, und diese daher nicht alteriert werden, werden vor Fremdtönen keine Alterationszeichen gesetzt. Hingegen ist das Auftreten eines Fremdtones in der europäischen diatonischen Leiter mit einer Akzidenz verbunden, da die europäische Materialtonleiter aus zwölf Halbtönen besteht, d. h. jeder Ton erhöht bzw. vertieft werden kann.

Vorab soll auf die Sechstonleiter des Stückes *Khäkmon Bangkhunprom Thao* eingegangen werden. In der traditionellen Fassung ist die Pentatonik auf F die Hauptleiter dieses Stückes, aber sie hat noch ein Quartverhältnis zu der Pentatonik auf H. Daraus ergibt sich die Sechstonleiter dieses Stückes:

Pentatonik auf F	F	G	A		C	D			
Pentatonik auf H				H	C	D		F	G
	F	G	A	H	C	D			

Diese Sechstonleiter kann in der Kapellenfassung in Pentatoniken auf Es und As folgendermaßen übertragen werden:

Pentatonik auf Es	Es	F	G		B	C			
Pentatonik auf As				As	B	C		Es	F
	Es	F	G	As	B	C			

Bei dieser Sechstonleiter ist vor allem der Halbtonschritt von G zu As zu betrachten. Dieser Halbtonabstand ist nicht zu vermeiden, da er zu der Struktur des diatonischen Systems gehört.

Nun sind die Fremdtöne zu betrachten, die bei zwei weiteren Wechseln der Pentatoniken entstehen. In der traditionellen Fassung finden sich nämlich die Pentatoniken auf C bzw. G; diese entsprechen dann in der Kapellenfassung den Pentatoniken auf B bzw. F. Die Thai-Pentatonik auf C soll zunächst erörtert werden. Ihre Stammtöne lauten also: C, D, E, G und A. Dabei kann der Ton E, obwohl er nicht zur Sechstonleiter des Stückes (F, G, A, H, C und D) gehört, freilich auftreten und benötigt keine Alterationszeichen, denn E ist ein Bestandteil des festgelegten gleichmäßig siebenstufigen Tonsystems der Thai-Musik. Dementsprechend ist D in der Pentatonik auf B der Kapellenfassung (B, C, D, F und G) zwar nicht in der Sechstonleiter des Stückes enthalten (Es; F, G, As, B und C) kann aber trotzdem ohne weiteres auftreten, weil D noch zu den Stammtönen von Es-Dur gehört. Infolgedessen benötigte D beispielsweise in M_3 in der Kapellenfassung kein Akzidenzenzeichen:

Nb. 60: M_3 in II, 3 (Takt 9 m. A. und 10) der beiden Fassungen[123]

Die Thai-Pentatonik auf G entspricht der Pentatonik auf F der Kapellenfassung - F, G, A, C und D. Dabei gehören A und D nicht zur Sechstonleiter des Stückes. Da D noch leitereigen zu Es-Dur ist, wird es nicht alteriert. Für das A hingegen muß As erhöht werden. Dieser Vorgang ist in S_5 und M_5 in III, 1 zu sehen (Nb. 54 und 61).

Bemerkenswert ist dabei, daß in S_5 und M_5 nicht nur As zu A erhöht wird, sondern auch Es zu E. Dies ist wie folgt zu erklären: E ist in der Tat die siebte Stufe der Pentatonik auf F und tritt hier als Durchgangston auf. Der Komponist hat an dieser Stellt wohl mit E eher den traditionellen Klang nachempfunden als mit Es.

---

[123] Bemerkung: die arabischen Ziffern deuten auf die Stufenleiter der Pentatonik der beiden Fassungen hin.

Daraus läßt sich schließen, daß das Problem des Auftretens von Fremdtönen, bei denen Abweichungen in der Kapellenfassung entstehen, in erster Linie dadurch gelöst wurde, daß sie nicht alteriert wurden, solange sie noch zu den Stammtönen von Es-Dur gehören. Aber ob es dazu wirklich einer Akzidenz bedarf, wird noch einmal nach dem Höreindruck geprüft. Damit ist zugleich zu erklären, warum an dieser Stelle keine Modulation von Es-Dur nach F-Dur stattfindet.

Nb. 54: S₅ in III, 1 der beiden Fassungen

Nb. 61: M₅ in III, 1 der beiden Fassungen

Daß bei der Musik der Kapellenfassung des Stückes *Khäkmon Bangkhun-prom Thao* keine europäische Harmonik verwendet wird, bringt zugleich die Einsicht mit sich, daß der Komponist beabsichtigte, die traditionelle Aufführungspraxis in der Kapellenfassung weiter aufrechtzuerhalten. Auch bestätigt sich, daß die Musik in der Partitur der Kapellenfassung grundsätzlich aus dem Kesselgong stammt. Damit wird das dritte Problem in Betracht gezogen, nämlich die Übertragung der Musik von der traditionellen Fassung auf die Kapelle. Dabei wird untersucht, ob die Gestalten der ‚Elemente' und ‚Ereignisse' beider Fassungen miteinander übereinstimmen, und zwar anhand des Vergleichs dieser in der Transkription aus dem Kesselgong der traditionellen Fassung und in der Kapellenfassung.

Die Musik in der Blaskapellenfassung erweckt im allgemeinen den Eindruck, daß sie zunächst zweistimmig dem ‚Diskant' und ‚Baß' zugeordnet wurde, also eine Art von ‚Cantus Firmus' und ‚Contrapunct' nach dem Vorbild der abendländischen Mehrstimmigkeit. Prinz Paribatra hat dabei aber nur die Zuordnung der Stimme sowie eventuell die horizontale Melodieführung übernommen, nicht aber die vertikale Dimension, d. h.: keine abendländische Harmonie. Denn diese horizontale Zuordnung der Stimmführung entspricht der Zuordnung der Thai-Melodieführung. Im diesem Hinblick hat die Musik beider Seite einen Berührungspunkt. Dadurch werden sie einander angenähert. So wird der ‚Diskant' von

200

den Holzblasinstrumenten, den zwei Saxophonen und gelegentlich von der Trompete gespielt, und zwar meistens in Figurationen mit Achtelnoten. Der ‚Diskant‘ bei der Kapellenfassung orientiert sich nach dem Xylophon; das Xylophon in der traditionellen Fassung wird immer flink gespielt und übernimmt die Hauptrolle im Vortrag. Der ‚Baß‘ wird von den Baß-Blechblasinstrumenten und dem Fagott gespielt. Die Musik der Baßstimme bewegt sich langsamer und hat einen größeren Notenwert als der ‚Diskant‘, meist Viertel- und halbe Note. Der ‚Baß‘ spielt die Rolle des Kesselgongs und trägt die Kern-Melodie, die als das Rückgrat des Stückes gilt. Infolgedessen werden die ‚Elemente‘ und ‚Ereignisse‘ auf die beiden Stimmkategorien verteilt; die Melodie-Floskeln befinden sich im ‚Diskant‘ und die Spielfigur im ‚Baß‘. Bei den ‚Ereignissen‘ erfolgt dies auf unterschiedlicher Weise; und zwar befinden sich die Gestalt der Imitation, Sequenzierung und Mon-Melodie im ‚Diskant‘, die Gestalt der Synkope im ‚Baß‘.

Des weiteren hat Prinz Paribatra offenbar erkannt, daß das Stück *Khäkmon Bangkhunprom Thao* in der Kapellenfassung eines wichtigen Elementes der Thai-Musik ermangelt, nämlich der spontan variierten Melodie, wie sie beispielsweise beim Xylophon in der traditionellen Fassung vorkommt. Diese legitime Abweichung ist der Ausdruck der Individualität der Musiker, die neu in der Thai-Musik entstand, und sie sorgt für die Lebendigkeit in der Aufführung. Sie gereicht der Kapellenfassung nun zum Verhängnis, denn die Musiker der Kapelle haben dem westlichen Grundprinzip gemäß streng nur das zu interpretieren, was der Komponist in den Noten hingewiesen hat. Aber die Übertragung auf der Kapelle bringt den Vorteil mit sich, daß die Musik nie mehr verloren gehen kann. Das Problem des Mangels an Lebendigkeit ist der Prinz folgendermaßen angegangen: Er hat zunächst versucht, den zweiten Durchgang des Abschnittes - wie bereits eingangs erwähnt, wird die Thai-Musik in der Regel zweimal aufgeführt - von ersten Durchgang unterschiedlich durchzuführen, ausgenommen im zweiten Abschnitt der sam chan-Variante und in allen Abschnitten der chan dieow-Variante, in denen die beiden Durchgänge durch das Wiederholungszeichen identisch sind. Dadurch kann zumindest die gewohnte Lebendigkeit der Musik wieder hergestellt werden.

Der folgende Abschnitt wird sich nun mit dem dritten Problem beschäftigen, nämlich der Übertragung der Musik für die Kapelle. Dabei wird an einem konkreten Beispiel, nämlich der jeweiligen Gestalt der ‚Elemente‘, also der Spielfiguren, der Melodie-Floskeln und der ‚Ereignisse‘ untersucht, ob sie in beiden Fassungen miteinander identisch sind. Nebenbei wird betrachtet, ob die Kern-Melodie, die in der Regel in den beiden Durchgängen unverändert gespielt wird, auch eine Abwandlung erfährt. Oder, anders gesagt, ob der Komponist auch versucht, die Vortragsart der Kern-Melodie in der Kapellenfassung der Spontaneität der Ausführenden zu öffnen. Die Untersuchung wird folgenderweise vorgehen: zuerst werden die Spielfiguren untersucht, dann die Melodie-Floskeln und abschließend die ‚Ereignisse‘.

Es soll noch einmal betont werden: Bei der Zweistimmigkeit in der Partitur handelt es sich keineswegs um die abendländische Polyphonie, da die vertikale Harmonie nicht vorhanden ist. Die zwei Hauptstimmen verlaufen also nach dem einstimmigen horizontalen Prinzip der traditionellen Aufführungspraxis, denn alle Instrumentenstimmen in der Partitur fallen auf der Haupt- und Halbzählzeit des Taktes stets mit derselben Note zusammen. Auf diese Weise hat man nach wie vor kein Grundtongefühl bei dieser Musik, und die Musik klingt weiterhin labyrinthartig. Infolgedessen kann der Komponist nur dadurch den Klangcharakter des Stückes weiter beibehalten.

Die Methode der folgenden Untersuchung soll vorab erläutert werden. Um die Schwierigkeiten beim Vergleich zwischen dem Thai- und dem europäischen Tonsystem, insbesondere bei Betrachtung der Fremdtöne, die durch die Abweichung entstanden sind, zu vermeiden, wird der jeweilige Ton der Pentatonik beider Fassungen parallel in arabische Ziffern übertragen. So gilt der Ton F in der traditionellen Fassung und der Ton Es in der Blaskapellenfassung als die erste Stufe. Die vergleichende Aufzählung des jeweiligen Tones in Stufen ist in der folgenden Tabelle dargestellt:

Tabellendarstellung des Vergleichs zwischen der Thai-Pentatonik und der Pentatonik im europäischen diatonischen Tonsystem

Stufenleiter	1	2	3	[4][124]	5	6	[7]
Thai-Pentatonik auf F	F	G	A	[H][125]	C	D	[E]
Pentatonik auf Es in der Kapellenfassung	Es (E)	F	G	[As, A]	B	C	[D]

1) Die ‚Elemente‘

Die Spielfigur

Wie in der traditionellen Fassung gibt es in der Kapellenfassung sechs Spielfiguren S_1 bis S_6. Diese sind ebenso jeweils an dem entsprechenden Ort in der traditionellen Fassung zu finden. Ihre Normgestalt in der Kapellenfassung ist nach wie vor symmetrisch und umfaßt jeweils zwei Takte, die sich wiederum in drei Taktgruppen untergliedern: den Auftakt, den Haupttakt und den zweiten Takt. In der traditionellen Fassung werden sie in Achtelnoten in Doppelklang gespielt, in der Kapellenfassung hingegen in Viertelnoten, jedoch ohne Doppelklang; die Normgestalt befindet sich ausschließlich im Baß. Währenddessen spielt die Diskantstimme die kontrapunktischen Figurationen entweder in Achtelnoten oder einstimmig mit ‚Baß‘ in Viertelnoten - die Melodieführung im ‚Diskant‘ wird hier

---

[124] Die vierte und siebte Stufe in eckigen Klammern deuten darauf hin, daß sie, obwohl die Musik sich in der Pentatonik befindet, dennoch als Durchgangstöne auftreten dürfen.

[125] Hier ist noch einmal daran zu erinnern, daß es sich beim Abstand zwischen H und C in der Thai-Intervallstruktur nicht um den Halbtonschritt handelt.

ausgeklammert; desgleichen werden die Gestalten A-F sowie die Sequenzen Q_5 und Q_6 hier nicht berücksichtigen. Ebenso werden die Noten, wie in der traditionellen Fassung, im Haupttakt und zweiten Takt streng in Einklang gehalten und sind mit denjenigen der traditionellen Fassung identisch; die Aufwärtsnoten im Auftakt beider Fassungen weichen aber stets voneinander ab. Die Untersuchung beschränkt sich zunächst auf die Stimme im Baß, und zwar auf die Note auf der Zählzeit; hier werden sie die Gerüstnoten genannt. Diese werden dann mit der entsprechenden Gestalt im zweiten Durchgang sowie in anderen Abschnitten und mit der traditionellen Fassung verglichen.

S_1

In der Kapellenfassung ist S_1 insgesamt, wie in der traditionellen Fassung, an vier Stellen zu finden: III, 2 (Takt 13 bis 16), II, 1 (Takte 5 m. A. und 6 bzw. Takte 21 m. A. und 22 im zweiten Durchgang), II, 2 (Takte 1 m. A. und 2) und I, 3 (Takte 5 m. A. und 6). In der traditionellen Fassung ist S_1 in der Thai-Pentatonik auf H, in der Kapellenfassung in der Pentatonik auf As. Die Gerüstnoten der Normgestalt der S_1 der traditionellen Fassung kann in folgende Stufenleiter folgende übertragen werden: 4, 5, 6, 1, 2, 1, 6, 5 und 4. Sie wird wiederum in die Pentatonik auf As übertragen: As, B, C, Es, F, Es, C, B und As:

Tabellendarstellung der Gerüstnoten der S_1[126]

Gerüstnoten in der Stufenleiter	4	5	6	1	2	1	6	5	4
Gerüstnoten der S_1 in der Piphat-Fassung	H	C	D	F	G	F	D	C	H
Gerüstnoten der S_1 in der Kapellenfassung	As	B	C	Es	F	Es	C	B	As

Wie in der traditionellen Fassung gliedern sich die vier Erscheinungsformen von S_1 in zwei Gruppen: S_{1a} (in III, 2) und S_{1b} (in II, 1; II, 2 und I, 3). Sie unterscheiden sich voneinander durch die Position der höchsten Note, also der zweiten Stufe. Diese steht in S_{1a} auf der zweiten Zählzeit im Haupttakt, in S_{1b} befindet sie sich vorzeitig auf dem Aufschlag der ersten Zählzeit. Es handelt sich dabei um eine Verschiebung der metrischen Akzente:

Tabellendarstellung der Gerüstnoten der S_1 in der traditionellen Fassung

Variante	Auftakt		Haupttakt				zweiter Takt		dritter Takt
S_{1a} in der III, 2	4^{127}	5	6	1	2	1	6	5	4
S_{1b} in der II, 1		6	1	2	1	6	5		
S_{1b} in der II, 2 und I, 3	5	6	1	2	1	6	5		

---

[126] Vergleich auch mit den Nb. 12, 13 sowie 46 und 47.

[127] Die jeweilige Zahl bzw. die Spalte deutet auf eine Achtelnote in Zweivierteltakt der traditionellen Fassung hin.

S1a

Nb. 12: S$_{1a}$ in III, 2 (Takt 13 bis 16)

Es läßt sich feststellen, daß nur S$_{1b}$ in der Kapellenfassung - abgesehen von

II, 1 (Takt 5 m. A. und 6)

S$_{1b}$

6 1 2 1 6 5

II, 2 (Takt 1 m. A. und 2),
I, 3 (Takt 5 m. A. und 6)

S$_{1b}$

5 6 1 2 1 6 5

Nb. 13: S$_{1b}$ in II, 1, II, 2 und I, 3

Amerkung: Die arabischen Ziffer beziehen sich
auf die Stufe der Pentatonik auf F

Abweichungen im Auftakt - mit der der traditionellen Fassung übereinstimmt. S$_{1a}$ weicht in Kapellen- bzw. traditionellen Fassung verhältnismäßig stark voneinander ab (siehe unten). In Gestalt der S$_{1b}$ ist folgendermaßen zu bemerken: Die höchste Note der S$_{1b}$, die zweite Stufe, wird stets mit der dritten Stufe verziert - diese ist auch bei anderen Spielfiguren zu sehen - , entweder mit Vorschlag (in II, 2 und I, 3) oder mit Durchgang (in II, 1), wobei die zweite Stufe der S$_{1b}$ im zweiten Durchgang von II, 1 durch eine Pause von Achtelnoten verzögert wird. Diese sorgt dafür, daß die zweite und dritte Stufe in 16telnoten gespielt werden:

Tabellendarstellung Darstellung der Gerüstnoten der S$_{1b}$ in der Kapellenfassung

Variante	Auftakt	Haupttakt	zweiter Takt
II, 1	11[128]	1 32 1 6	5
II, 1 (2. Dg.)	55 5 6	1 ꜰ 32 1 6	5
II, 2	55 5 6	1 32 1 6	5
I, 3	76 5 6	1 32 1 6	5

---

[128] Die jeweilige Zahl in der Kapellenfassung deutet auf eine Viertelnote in Vierviertaltakt hin. Bei einer Achtelnote wird die Zahl unterstrichen, und bei einer 16-note doppelt unterstrichen (vgl. auch mit den Notenbeispielen).

Nb. 46: S$_{1b}$ in II, 1, II, 2 und I, 3 der beiden Fassungen[129]

Die Abweichungen von S$_{1a}$ in III, 2 erklären sich durch die Melodieführung im ‚Diskant'; sie ist nämlich M$_8$ (Nb. 57 und 59). Wie bereits in der Analyse der traditionellen Fassung darauf hingewiesen, sollte M$_8$ schon in der traditionellen Fassung an dieser Stelle auftreten, nämlich als Schlußbildung zum Schluß des ersten Teiles dieses Abschnittes. Statt dessen erscheint unlogischerweise S$_{1a}$. Dabei handelt es sich um einen falschen Einsatz der M$_7$, und das Auftreten der S$_{1a}$ im Umfang von vier Takten war dabei die Notlösung. Nun hatte der Komponist die Möglichkeit, diese Fehler in der Kapellenfassung zu korrigieren. Zu bemerken ist dabei, daß die Endnote dennoch in beiden Fassungen übereinstimmt. Daraus kann gefolgert werden, daß der siamesische Komponist doch eine gewisse Freiheit hatte, die Elementfiguren auszutauschen, sofern nur die Endnote nicht verändert wurde. S$_{1a}$ ist eine von zwei Stellen mit M$_6$ in der Kapellenfassung, die nicht mit der traditionellen Fassung übereinstimmen (siehe unten):

Nb. 47: S$_{1a}$ in III, 2 (Takt 13 bis 16) der beiden Fassungen

---

[129] Die folgenden Notenbeispiele der Kapellenfassung werden nur in beiden Durchgängen dargestellt, wenn sie in beiden Durchgängen voneinander unterschiedlich sind.

S₂

S$_2$ ist an insgesamt sieben Stellen - der traditionellen Fassung entsprechend - zu finden: in III, 1 (Takt 6 m. A. und 7), III, 3 (Takt 45 m. A. und 46), II, 1 (Takt 13 m. A und 14), II, 3 (Takt 21 m. A und 22), I, 1 (Takt 2 m. A. und 3), I, 2 (Takt 1 m. A.) und I, 3 (Takt 9 m. A. und 10). In der traditionellen Fassung gibt es nur fünf Abweichungen, in der Kapellenfassung aber neun (mit den Abweichungen im zweiten Durchgang einschließend). In der traditionellen Fassung befindet sich S$_2$ in der Thai-Pentatonik auf H mit der Gerüstnote der Normgestalt: H, C, D, F, D, C, H. Die Übertragungen auf die Stufenleiter sowie auf die Pentatonik auf As in der Kapellenfassung sind in der Tabelle dargestellt (vgl. auch Nb. 14, 15 sowie 48 und 49):

Tabellendarstellung der Gerüstnoten der S₂

Gerüstnoten in Stufenleiter	4	5	6	1	6	5	4
Gerüstnoten der S$_2$ in der Piphat-Fassung	H	C	D	F	D	C	H
Gerüstnoten der S$_2$ in der Kapellenfassung	As	B	C	Es	C	B	As

Wie in der traditionellen Fassung gliedern sich die Erscheinungsformen der S$_2$ in der Blaskapellenfassung zunächst in zwei Kategorien: S$_{2a}$ und S$_{2b}$. S$_{2a}$ ist in III, 1, III, 3, II, 1, II, 3 und I, 3 zu finden, die S$_{2b}$ in I, 1 und I, 2, die sich durch die metrische Verschiebung unterscheiden. Bei der S$_{2a}$ ist die höchste Note, die erste Stufe, auf dem Aufschlag zur ersten Zählzeit im Haupttakt und endet mit der vierten Stufe auf der ersten Zählzeit im zweiten Takt. Sie ist also in III, 1, III, 3, II, 1, II, 3 und I, 3 zu finden, wobei S$_{2a}$ in III, 1 die sechste Stufe auf der ersten Zählzeit im Haupttakt fehlt. Daraufhin wird die fünfte Stufe vom Auftakt auf die erste Zählzeit im Haupttakt verschoben:

Nb. 14: S$_{2a}$ in III, 1, III, 3, II, 1, II, 3 und I, 3

206

Tabellendarstellung der Gerüstnoten der S_{2a} in der traditionellen Fassung

Variante	Auftakt	Haupttakt	Zweiter Takt
III, 1	4	5 1 6 5	4
II, 1	4 5	6 1 6 5	4
III, 3, II, 3, I, 3	6 5	6 1 6 5	4

Bei S_{2b} handelt es sich um eine verkürzte Form. Die Gestalt der Abgangsnoten wird beim Aufschlag von der ersten Zählzeit auf die zweite Zählzeit verschoben. Es fehlt beim Aufgang die fünfte Stufe und beim Abgang die vierte Stufe; so befindet sich die fünfte Stufe auf der ersten Zählzeit im zweiten Takt:

Tabellendarstellung zur Normgestalt der S_{2b} in der traditionellen Fassung

Variante	Auftakt	Haupttakt	Zweiter Takt
I, 1	5 6	6 6 1 6	5
I, 2		6 1 6	5

I, 1 (Takt 2 m. A. und 3)

S_{2b}

5   6   6   1   6   5

I, 2 (Takt 1 m. A.)

S_{2b}

6   1   6   5

Nb. 15: S_{2b} in I, 1 und I, 2

S_{2a} weicht in den beiden Durchgängen II, 1 und II, 3 leicht voneinander ab. Diese zusätzlichen Abweichungen im zweiten Durchgang weisen wohl darauf hin, daß der Komponist dabei versucht hat, die eintönige der Wiederholung identischer Spielfiguren zu durchbrechen. Dessenungeachtet stimmen alle Gestalten der S_2 im allgemeinen mit der traditionellen Fassung überein (Nb. 48):

Tabellendarstellung zur Normgestalt der S_{2a} in der Kapellenfassung

Variante	Auftakt	Haupttakt	Zweiter Takt
III, 1	4	5 61 6 5	4[130]
III, 3	5	6 15 6 5	4
II, 1 (1. Dg.)	2	6 15 6 5	4
II, 3 (1. Dg.)	5	6 15 6 5	4
II, 3 (2. Dg.)	6	5 ↱21 6 5	4
II, 1 (2. Dg.)	1	6 21 6 5	4
I, 3	5	6 21 6 5	4

---

[130] Die jeweilige Ziffer ohne Unterstreichung ist die Viertelnote, die mit Unterstreichung aber die Achtelnote.

Nb. 48: S_{2a} in III, 1, III, 3, II, 1, II, 3 und I, 3 der beiden Fassungen

Nb. 49: S_{2b} in I, 1 und I, 2 der beiden Fassungen

S_{2b} ist in abgekürzter Form in I, 1 und I, 2 zu finden. Beide stimmen jedoch mit den Formen von S_{2b} in der traditionellen Fassung überein (Nb. 49):

Tabellendarstellung zur Normgestalt der S_{2b} in der Kapellenfassung

Variante	Auftakt	Haupttakt				Zweiter Takt
I, 1	6	6	<u>32</u>	1	6	5
I, 2		6	1	<u>16</u>		5

S_4

S_4 fungiert als die einheitliche Schlußbildung jedes Abschnittes, d. h. es gibt prinzipiell nur eine Erscheinungsform. Diese einheitliche Schlußbildung stellt ein wichtiges Hauptmerkmal der Khäkmon-Musik dar. In der Kapellenfassung geht dies allerdings nicht; so weicht S_4 in beiden Durchgängen aller Abschnitte der drei Varianten voneinander ab. Paradoxerweise sind die übrigen Spielfiguren, für die es keine Vorschrift für eine einheitliche Form gibt, überwiegend identisch. Dies deutet auf Absicht des Komponisten hin. S_4 ist zunächst in der Hauptleiter der Pentatonik auf F, und die Gerüstnoten der Normgestalt sind in folgender Stufenleiter darzustellen: 1 5 1 4 6 5 4 3 und 2. Es beginnt zweimal mit Quartabsprung, von der fünften zur ersten Stufe und von der ersten zur vierten Stufe. Nachdem die sechste Stufe, die höchste, in einem Terz-Aufsprung von der vierte Stufe erreicht wurde, geht die Figur stufenweise abwärts zur zweite Stufe:

Nb. 17: S_4

In der sam chan-Variante wird die Normgestalt der S_4 ziemlich streng beibehalten, insbesondere im ersten Durchgang jedes Abschnittes. Im zweiten Durchgang des ersten Abschnittes findet sich eine Abweichung nur bei den Aufwärtsnoten. Eine starke Abweichung aber zeigt sich im zweiten Durchgang des zweiten Abschnittes; dabei wird die sechste Stufe, also die höchste Note, weggelassen. Statt dessen bleibt die vierte Stufe weiter liegen (Nb. 50):

Tabellendarstellung der S_4 in der sam chan-Variante der Kapellenfassung

Variante	Auftakt			Haupttakt				zweiter Takt
III, 1	1	<u>15</u>	1	4	<u>65</u>	4	3	2
III, 1 (2. Dg.)	1	<u>12</u>	3	4	<u>65</u>	4	3	2
III, 2	1	<u>15</u>	1	4	<u>65</u>	4	3	2
III, 2 (2. Dg.)	1	2	3	4		4	3	2
III, 3	1	<u>15</u>	1	4	<u>65</u>	4	3	2

In der song chan-Variante gibt es insgesamt vier Gestalten von S_4. Zunächst soll die erste Gestalt betrachtet werden. Ihre Gerüstnoten können als Stufenleiter dargestellt werden: <u>12</u> 3 <u>22</u> 2 6 5 <u>22</u> 2. Die Aufwärtsnoten haben hier eine andere

Gestalt im Vergleich zur Vorlage in der traditionellen Fassung sowie der sam chan-Variante. Wie in der sam chan-Variante findet sich die sechste Stufe, die höchste Note der Gestalt, auf der zweiten Zählzeit. Außerdem endet die Gestalt bemerkenswert mit Antizipation. Diese Gestalt ist im ersten Durchgang des ersten und dritten Abschnittes zu finden.

Nb. 50: S4 in III, 1, III, 2, III, 3 der beiden Fassungen

Nb. 51: S$_4$ in II, 1, II, 2 und II, 3 der beiden Fassungen

Die Gerüstnoten der zweiten Gestalt von S_4 sind folgendermaßen als Stufenleiter darzustellen: 12 3 22 2 2 6 5 2. Sie läßt sich im zweiten Durchgang des ersten und zweiten Abschnittes finden. Diese Gestalt ist der ersten Gestalt ähnlich, aber die zweite Stufe in der ersten und zweiten Zählzeit bleibt liegen, wodurch die sechste, die höchste Stufe, von der zweiten auf die dritte Zählzeit verschoben wird. Dabei endet die Melodieführung mit einem Quartenabsprung, nämlich von der fünften zur zweiten Stufe. Im Vergleich zur Gestalt in der sam chan-Variante fehlt hier die vierte Stufe beim Aufgang und die vierte und dritte Stufe beim Abgang. Dies sorgt für den Schluß mit dem Quartsprung von der fünften zur zweiten Stufe.

Die dritte Gestalt von S_4 findet sich nur im ersten Durchgang des zweiten Abschnittes. Die Gerüstnoten der Gestalt als Stufenleiter sind: 6 5 4 54 32 31 2 2. Sie ist der Hauptgestalt aus der chan dieow-Variante ähnlich. Dabei hat sie bemerkenswert den Antizipations-Schluß wie die erste Gestalt.

Die vierte Gestalt von S_4 ist nur im zweiten Durchgang des dritten Abschnittes zu finden. Ihre Gerüstnoten lauten: 1 12 3 4 ⸝ 65 3 2. Diese Erscheinungsform greift wiederum auf die Gestalt in der sam chan-Variante zurück:

Tabellendarstellung der S_4 in der song chan-Variante der Kapellenfassung

Variante	Auftakt			Haupttakt				zweiter Takt
II, 1	12	3	22	2	6	5	22	2 (1. Gestalt)
II, 1 (2. Dg.)	12	3	22	2	2	6	5	2 (2. Gestalt)
II, 2	6	5	4	54	32	31	2	2 (3. Gestalt)
II, 2 (2. Dg.)	12	3	22	2	2	6	5	2 (2. Gestalt)
II, 3	12	3	22	3	6	5	22	2 (1. Gestalt)
II, 3 (2. Dg.)	1	12	3	4	⸝ 65	4	3	2 (4. Gestalt)

Alle vier Gestalten von S_4 lassen sich folgendermaßen zusammenfassen: Die einmalige Erscheinung der dritten Gestalt erscheint als die Symmetrieachse, indem nämlich die erste Gestalt (im ersten Durchgang von II, 1 und II, 3)und zweite Gestalt (im zweiten Durchgang der II, 1 und II, 2)sich gleichsam an ihr spiegeln. Ob der Komponist durch diese Konstruktion etwas ausdrücken wollte, ist nicht zu nachvollziehen:

S_4 in der chan dieow-Variante bildet sich hingegen in jedem Abschnitt einheitlich. So ist die Normgestalt der Stufenleiter: 6 5 44 4 12 3 22 2. Sie ist also von der Normgestalt abgeleitet, und zwar aus dem Abgang von der sechsten Stufe zum Schluß: 6 5 4 3 2. Wie in der song chan-Variante endet die Figur mit Antizipations-Schluß in allen drei Abschnitten:

Tabellendarstellung der S_4 in der chan dieow-Variante der Kapellenfassung

Variante	Auftakt			Haupttakt				Zweiter Takt
I, 1	6	5	44	4	12	3	22	2
I, 2	6	5	44	4	12	3	22	2
I, 3	6	5	44	4	12	3	22	2

211

Nb. 52: S$_4$ in I, 1, I, 2 und I, 3 beider Fassungen

S$_3$, S$_5$ und S$_6$

S$_3$, S$_5$ und S$_6$ treten jeweils nur einmal auf. Ihre Gestalt, Pentatonik und Ort im Abschnitt stammen mit der traditionellen Fassung überein. S$_3$ befindet sich in in III, 3 (Takt 21 m. A. und 22) und ist in der traditionellen Fassung in der Pentatonik auf F: F G A C D sowie in der Kapellenfassung in der Pentatonik auf Es: Es F G B C. So kann die Normgestalt von S$_3$ dargestellt werden:

Tabellendarstellung der Gerüstnoten der S$_3$

Gerüstnoten in Stufenleiter	1	2	3	5	3	2	1
Gerüstnoten der S$_3$ in der Piphat-Fassung	F	G	A	C	A	G	F
Gerüstnoten der S$_3$ in der Kapellenfassung	Es	F	G	B	G	F	Es

Nb. 53: S$_3$ in III, 3 der beiden Fassungen

S$_5$ tritt in den ersten zwei Takten von III, 1 auf. Sie ist in der traditionellen Fassung in der Thai-Pentatonik auf G: G A H C D; und in der Kapellenfassung in der Pentatonik auf F: F G A B C. Es wurde bereits erwähnt, daß As, die vierte Stufe von S$_5$, aufgrund der unvermeidlichen Halbtonkonstruktion der diatonischen Intervallstruktur zum A erhört werden muß:

212

Tabellendarstellung der Gerüstnoten der S₅

Gerüstnoten in Stufenleiter	2	3	4	6	4	3	2
Gerüstnoten der S₅ in der Piphat-Fassung	G	A	H	D	H	A	G
Gerüstnoten der S₅ in der Kapellenfassung	F	G	A	B	A	G	F

Nb. 54: S₅ in III, 1 (Takt 1 m. A. und 2) der beiden Fassungen

Schließlich ist S₆ nämlich in den Takten 17 m. A. und 18 in III, 3 zu finden. Sie ist in der traditionellen Fassung in der Pentatonik auf C und in der Kapellenfassung in der Pentatonik auf B:

Tabellendarstellung der Gerüstnoten der S₆

Gerüstnoten in Stufenleiter	5	6	7	2	7	6	5
Gerüstnoten der S₆ in der Piphat-Fassung	(C)	(D)	E	G	E	D	C
Gerüstnoten der S₆ in der Kapellenfassung	B	C	D	F	D	C	B

Nb. 55: S₆ in III, 3 der beiden Fassungen

Bei den Spielfiguren in der Kapellenfassung weichen S₁ₐ und S₄ am stärksten ab. Bei der Abweichung von S₁ₐ handelt es sich um eine nachträgliche Korrektur durch M₈ als Schlußbildung. Dabei sind die unterschiedlichen Abweichungen von S₄ jedoch schwierig zu erläutern. Es könnte auch sein, daß Prinz Paribatra die Abweichungen einsetzte, den Schluß des jeweiligen Abschnittes zu akzentuieren. Dabei kann die Abweichung im zweiten Durchgang als ein Versuch gedeutet werden, die Musik der Kapellenfassung mindestens an die traditionelle Aufführungspraxis anzunähern.

213

Die Melodie-Floskel

Wie in der traditionellen Fassung umfaßt die Melodie-Floskel in der Kapellenfassung jeweils zwei Takte: Vortakt, Haupttakt und zweiten Takt. Während die Melodie-Floskeln in der traditionellen Fassung von allen Instrumenten gespielt werden, werden sie in der Blaskapellenfassung nur von dem ‚Diskant' aufgeführt, wobei die Figurationen in Achtelnoten der Melodie-Floskel im ‚Diskant' meistens von der Normgestalt mehr oder minder abweichen, aber die Gerüstnoten auf der Zählzeit streng beibehalten werden. Der ‚Baß' spielt nur die Gerüstnoten in Viertelnoten auf dem Taktschlag. Im folgenden werden nur die Gerüstnoten der Melodie-Floskel im ‚Diskant' beim Vergleich beider Fassungen berücksichtigt.

M_1

M_1 fungiert als Schlußbildung des ersten Teiles in II, 1 (Takt 7 m. A. und 8), I, 2 (Takt 3 m. A. und 4) und des zweiten Teiles in I, 3 (Takt 7 m. A. und 8). In der traditionellen Fassung ist sie in der Thai-Pentatonik auf F, in der Kapellenfassung in der Pentatonik auf Es. Die Gerüstnoten der Normgestalt von M_1 sind in der Stufenleiter: 1 3 5 3 und 4. Die Melodieführung der drei Erscheinungsformen von M_1 in der Kapellenfassung weichen zwar von der Vorlage ab, aber die Gerüstnoten stimmen dennoch mit der traditionellen Fassung überein:

Nb. 56: M_1 in II, 1, I, 2 und I, 3 der beiden Fassungen

M_2 und M_8

M_2 tritt stets mit M_8 auf. M_2 und M_8 sind an zwei Stellen zu finden: II, 2 (Takt 5 m. A. bis 8) und II, 3 (Takt 13 m. A. bis 16). Sie fungieren als Schlußbildung des ersten Teils im ersten und zweiten Abschnitt der zweiten Variante. Die ganze Gestalt umfaßt insgesamt vier Takte. Die Gerüstnoten der Normgestalt in der Stufenleiter sind: 1 3 3 3 5 2 5 3 4. In der Kapellenfassung weichen die Melodieführung von M_2 und M_8 jeweils in beiden Durchgängen voneinander ab. Infolgedessen ergeben sich insgesamt vier Erscheinungsformen von M_2 und M_8. Dabei tritt bei M_2 und M_8 im zweiten Durchgang der II, 2 die Besonderheit auf, daß sie in Dialogform zwischen den Holzbläsern mit Trompete und den Blechbläsern aufgeführt werden. Bemerkenswert ist dabei auch, daß der Quintenabsprung von

214

M$_8$ im zweiten Takt streng beibehalten wird, wobei er im ersten Durchgang von II, 3 in Gestalt von Synkope gesetzt ist. Ungeachtet aller Abweichungen in der Melodieführung werden die Gerüstnoten streng beibehalten:

Nb. 57: M$_2$ und $_8$ in II, 2 und II, 3 der beiden Fassungen

M$_4$

M$_4$ ist in folgenden Abschnitten zu finden: III, 1 (Takt 11 m. A. und 12) III, 2 (Takt 3 m. A. und 4), III, 3 (Takt 23 m. A. und 24) und II, 3 (Takt 11 m. A. und 12). In der traditionellen Fassung ist M$_4$ in der Thai-Pentatonik auf F, in der Kapellenfassung in der Pentatonik auf Es. Ihre Gerüstnoten als Stufenleiter sind: 2 6 1 5.

In der Kapellenfassung wird M$_4$ zunächst in beiden Durchgängen gleich gespielt. Aber nur M$_4$ in III, 2 stimmt mit der traditionellen Fassung überein. Bei M$_4$ in II, 3 ist die Abweichung ziemlich stark, indem die sechste und erste Stufe auf den Aufschlag der ersten und zweiten Zählzeit im Haupttakt verschoben werden (Nb. 58).

M$_7$ und M$_8$

Die Paarmelodie-Floskeln M$_7$ und M$_8$ erscheinen in der Schlußbildung im ersten Teil des ersten und zweiten Abschnittes und im zweiten Teil des dritten Abschnittes der dritten Variante: III, 1 (Takt 13 m. A. bis 16), III, 3 (Takt 29 m. A. bis 32), und in III, 2 (Takte 11 m. A. und 12) tritt M$_7$ allein, ohne Anschluß von M$_8$, auf. Unabhängig davon, ob M$_7$ allein oder zusammen mit M$_8$ auftritt, stimmt sie in der Kapellenfassung mit der traditionellen Fassung überein. Alle Erscheinungsformen der M$_7$-M$_8$ sind ebenfalls einheitlich. So lauten die Gerüstnoten der Normgestalt von M$_7$ und M$_8$ in Stufenleiter: 5, 3, 3, 5, 2, 5, 3 und 4 (Nb. 59).

M4: Trad.-Fsg. in III, 1,
III, 2, III, 3 und II, 3

M4: Blk-.Fsg. in III, 1
(Takt 11 m. A. und 12)

III, 2
(Takt 3 m. A. und 4)

III, 3
(Takt 23 m. A. und 24)

II, 3
(Takt 11 m. A. und 12)

Nb. 58: M4 in III, 2, III, 3 und II, 3 der beiden Fassungen

M7 und M8: Trad.-Fsg. in III, 1,
III, 2 (ohne Anschluß von M8)
und III, 3

M7 und M8: Blk.-Fsg. in
III, 1 (Takt 13 m. A. bis 16)

III, 2 (Takt 11 m. A. und 12)
(ohne Anschluß von M8)

III, 3 (Takt 29 m. A. bis 32)

Nb. 59: M7 und M8 in III, 1, III, 2 und III, 3 der beiden Fassungen

M3, M5 und M6

M3, M5 und M6 erscheinen in der traditionellen Fassung jeweils nur einmal.
Die Gestalt der M3 in II, 3 (Takt 9 m. A und 10) ist in der Pentatonik auf C und die
Gerüstnoten der Normgestalt der M3 in Stufenleiter sind folgende: 7, 7, 5, 5 und 1:

M3: Trad.-Fsg. in II, 3
(Takt 9 m. A. und 10)

M3: Blk.-Fsg. in II, 3
(Takt 9 m. A und 10)

Nb. 60: M3 in II, 3 der beiden Fassungen

216

Die Grundgestalt von M_5 in III, 3 (Takt 3 m. A. und 4) stimmt mit der M_7 überein. Sie unterscheiden sich voneinander durch die Pentatonik. M_5 ist in der traditionellen Fassung in der Pentatonik auf G, in der Kapellenfassung in der Pentatonik auf F. Deshalb müssen, wie bereits eingangs erwähnt, die Töne As und Es in der Kapellenfassung zu A und E erhöht werden. Ihre Gerüstnoten sind: 3, 1, 1 und 3:

Nb. 61: M_5 in III, 1 der beiden Fassungen

M_6 befindet sich, wie in der traditionellen Fassung, in III, 1 (Takt 9 m. A. und 10). In der Kapellenfassung hat M_6 eine völlig andere Gestalt. Aber sie ist in der entsprechenden Pentatonik. So ist M_6 in der traditionellen Fassung in der Thai-Pentatonik auf C, in der Blaskapellenfassung in der Pentatonik auf B. Die Gerüstnoten der traditionellen Fassung sind: 5, 7, 7, 7 und 2, der Kapellenfassung: 1, 5, 6, 1 und 2:

Nb. 62: M_6 in III, 1 der beiden Fassungen

Bei der Umgestaltung der Melodieführung in der Kapellenfassung ist M_6 dem Fall von S_{1a} ähnlich. Das ist Abweichungsmöglichkeit in der Thai-Musik. Der Komponist kann die Melodieführung variieren, vorausgesetzt die Endnote stimmt mit der Vorlage überein, wie beispielsweise beim Aufbau von song chan- zu sam chan-Variante, indem die Elementfiguren beliebig ausgetauscht werden, solange die Endnote identisch ist. Daraus ist die Melodieführung durch das Xylophon hervorgegangen. Während der Kesselgong die Kern-Melodie spielt, variiert das Xylophon diese weiter, und am Ende der melodischen Phrase fallen beider Endnoten zusammen.

Die obige Untersuchung hat gezeigt, daß die Bearbeitung für die Kapelle auf zwei Arten erfolgt ist. Der Komponist kann entweder die ‚Elementfiguren‘ aus dem Kesselgong originalgetreu in die Kapelle übertragen, oder diese weicht ab, wie im Fall von S_{1a}, S_4 und M_6. Währenddessen variieren die anderen Instrumente weiter, allerdings anders als das Xylophon in der traditionellen Fassung. Ungeachtet aller Arten von Abweichungen sind alle ‚Elementfiguren‘ in die entsprechende Pentatonik übertragen.

2) Die ‚Ereignisse'

Bei den ‚Ereignissen' handelt es sich um den Höhepunkt des jeweiligen Abschnittes. Dieser Höhepunkt wird dadurch zum Ausdruck gebracht, daß er in keinem anderen Abschnitt wiederholt wird. Darüber hinaus kann dieser musikalische Höhepunkt durch Dialog bzw. Engführung zwischen Xylophon und Kesselgong hervorgehoben werden. Dieser musikalische Grundsatz wird nicht nur in der Kapellenfassung befolgt, sondern die musikalische Bearbeitung geht von diesem Grundsatz aus; so werden die Gestalten der ‚Ereignisse' weiter frei entfaltet, so daß es den Eindruck erweckt, als ob die Komposition noch nicht abgeschlossen würde. Es gibt insgesamt vier ‚Ereignisse': die Imitation im ersten Abschnitt, die Sequenzierung im zweiten Abschnitt und die Mon-Melodie sowie die Synkope im dritten Abschnitt. Dieser demnächst anzustellende Vergleich der ‚Ereignisse' beider Fassungen wird in erster Linie mit derselben Methode wie bei der Untersuchung der ‚Elemente' erfolgen, nämlich anhand des Vergleichs der Gerüstnoten der melodischen Normgestalten.

Die Imitation

Die Imitation im ersten Abschnitt der sam chan-Variante (Takt 17 m. A. bis 24) soll als erstes betrachtet werden. In der Kapellenfassung ist sie zweistimmig im ‚Diskant' und ‚Baß' aufgeführt. Der ‚Diskant' wird von den Hölzbläsern, zwei Saxophonen und der Trompete gespielt und der ‚Baß' vom Fagott und den restlichen Blechbläsern. Die Normgestalt der Imitation befindet sich im ‚Diskant' und stimmt mit der traditionellen Fassung überein. Sie besteht aus drei gebundenen 16telnoten im Auftakt, zweimal die Gruppe A im Haupttakt und einer Endnote im zweiten Takt. Diese wird in den beiden Durchgängen gleich aufgeführt. Im Gegensatz zur traditionellen Fassung wird die Imitation nicht von zwei Instrumentgruppen in einer Art Dialogisierung wie die Vorlage in der traditionellen Fassung geführt, sondern viermal durchgespielt:

Die Imitation im ersten Abschnitt der song chan-Variante umfaßt vier Takte (Takte 9 m. A. bis 12). Sie wird in den beiden Durchgängen unterschiedlich aufgeführt. Beim ersten Durchgang wird die Gestalt zunächst allein vom ‚Diskant' ohne Dialogisierung durchgespielt. Diese wird auf folgenderweise geführt: Die Imitation wird in den ersten zwei Takten (Takt 9 m. A. und 10) durchgespielt, in den Takten 11 m. A. bis 12 dann in zwei eintaktigen Gruppen. Beim zweiten Durchgang wird die Imitation hingegen in Dialogisierung wie in der traditionellen Aufführungspraxis, nämlich zwischen ‚Diskant' und ‚Baß'.

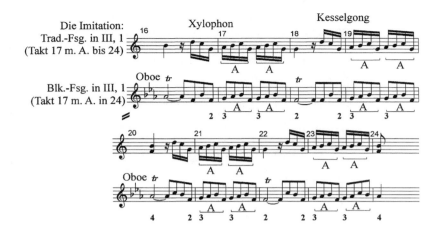

Nb. 63: Die Imitation in III, 1 der beiden Fassungen

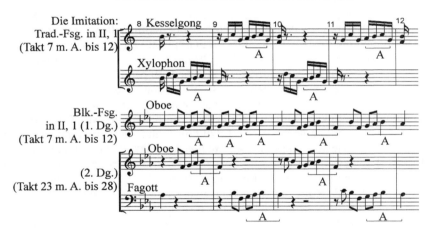

Nb. 64: Die Imitation in II, 1 der beider Fassungen

Die Imitation in der chan dieow-Variante der Kapellenfassung befindet sich ausschließlich im ‚Diskant‘. Hier ist die Gestalt der Imitation anders konstruiert als in der traditionellen Fassung. Während die Imitation in der traditionellen Fassung zwei Takte lang (Takt 5 m. A. bis 6) gespielt wird, umfaßt sie in der Kapellenfassung drei Takte und gliedert sich in eintaktige Gruppen (Takt 4 m. A. bis 6). Infolgedessen werden die Schlußbildung M_1 und die Imitation zusammengestellt. Dementsprechend sind die Gerüstnoten anders konstruiert; sie stimmen jedoch mit der traditionellen Fassung überein. Die Instrumentation ist hier undurchsichtig. Der Auftakt zum dritten Takt gliedert sich in zwei Gruppen von Holzbläsern einschließlich zweier Saxophone und Blechbläser einschließlich Fagott und Trompete. Im vierten Takt gehört die Trompete zum ‚Diskant‘, während die zwei Saxophone dem ‚Baß‘ zugeordnet sind (Nb. 65).

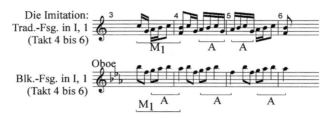

Nb. 65: Die Imitation in I, 1 der beiden Fassungen

Die Sequenzierung

Die Sequenzierung im zweiten Abschnitt der sam chan-Variante der Kapellenfassung wurde unverändert aus der Vorlage der traditionellen Fassung übertragen. So umfaßt die Sequenzierung hier drei Gruppen: Q_3 (Takt 17 m. A. bis 24), Q_4 (Takt 25 m. A. bis 28) und Q_2 (Takt 29 m. A. und 30). Alle drei Gruppen werden ebenso in Engführung aufgeführt und die Gruppen B und C sind weiterhin vorhanden. Bemerkenswert ist, daß die Instrumentation bei der Engführung unterschiedlich aufgeführt wurde, diese ist nämlich zwei- und dreistimmig zugeordnet. Bei der Dreistimmigkeit wurde die Sequenzen bearbeitet mit zwei oberen Instrumentengruppen für die sequenzierte Engführung und Baß, etwa eine Art von ‚Generalbaß‘. Die erste Gruppe der Oberstimme sind Pikkolo, Oboe und Klarinette in Es und B, die zweite Gruppe Alt-, Tenor- und Bariton-Saxophon und die dritte Gruppe Fagott und die restlichen Baßstimme-Instrumente. Die ersten zwei Gruppen übernehmen die Rolle des Xylophons und Kesselgongs in der traditionellen Fassung. Die Baßinstrumente spielen die Gerüstnoten der zweiten Sequenzgruppe. Da der zweite Durchgang in diesem Abschnitt den ersten wiederholt, nämlich durch das Wiederholungszeichen, werden diese drei Sequenzgruppen in beiden Durchgängen gleich gespielt (Nb. 66).

Die Sequenzen Q_1 (Takt 9 m. A. bis 12) und Q_2 (Takt 13 m. A. und 14) im zweiten Abschnitt der song chan-Variante werden in beiden Durchgängen unterschiedlich aufgeführt. Im ersten Durchgang werden die zwei Sequenzgruppen ohne Engführung gespielt, und die Instrumentation der Kapelle ist zweistimmig: ‚Diskant‘ und ‚Baß‘. Die Sequenzgruppen befinden sich dann im ‚Diskant‘. Der ‚Diskant‘ wird von den Diskantholzbläsern, drei Saxophone, der Trompete sowie dem Fagott aufgeführt, und der ‚Baß‘ von den übrigen Blechbläsern. Interessanterweise ist dabei zu beobachten, daß Q_2 in beiden Durchgängen von S_{2a} ausgewechselt wird. Daraus folgt, daß die Q_2 bzw. die Sequenzierung der S_{2a} entstammt (Nb. 67).

Nb. 66: Die Sequenzen Q_3, Q_4 und Q_2 in III, 2 der beiden Fassungen

Im zweiten Durchgang wurde die Sequenzierung jedoch nicht in Engführung, sondern in Dialogisierung dargestellt. Hier ist die Instrumentation dreistimmig: die Holzbläser mit Trompete, alle Saxophone und die restlichen Baßinstrumente:

221

Nb. 67: Die Sequenzierung Q_1 und Q_2 in II, 2 der beiden Fassungen

Q_2 im zweiten Abschnitt der chan dieow-Variante wird wie in der Piphat-Fassung gespielt. Die Instrumentation gliedert sich in zwei Gruppen: Erstens die Diskantholzbläser einschließlich aller Saxophone und der Trompete und zweitens das Fagott und die Blechbläser:

Nb. 68: Die Sequenzierung Q_2 in I, 2 der beiden Fassungen

Die Mon-Melodie

Die Mon-Melodie weicht im Vergleich zu den anderen ‚Ereignissen' am stärksten ab, insbesondere im zweiten Durchgang der sam chan- und song chan-Variante. Es scheint, daß der Komponist zeigen wollte, wie die Mon-Melodie noch weiter variiert werden kann.

Die Mon-Melodie in der sam chan-Variante der Kapellenfassung umfaßt wie in der traditionellen Fassung acht Takte (Takt 1 m. A. bis 8) und gliedert sich in zwei Perioden von ‚Vorder- und Nachsatz'. Sie wird ebenfalls in Engführung von zwei Instrumentengruppen geführt, und die Instrumentation ist folglich dreistimmig: erstens Diskantholzbläser, zweitens drei Saxophone sowie Trompete und drittens Fagott und die restlichen Baßblechbläser. Die erste Gruppe übernimmt die

222

Rolle des Xylophons, die zweite die des Kesselgongs, und die dritte verhält sich quasi wie ein ‚Generalbaß‘, indem sie nur die Gerüstnoten spielt. In den ersten 4 Takten verläuft die Melodie in Engführung zwischen den ersten beiden Gruppen identisch mit der traditionellen Fassung.

Der ‚Nachsatz‘ (Takt 5 m. A. bis 8) bildet sich anders als in der traditionellen Fassung. So liegt die Hauptmelodie nun in der mittleren Stimmengruppe, nämlich in Form einer auf- und absteigenden Sequenz, in der eine rhythmische Gruppe jeweils auf zwei Achtelnoten und einer Viertelnote beruht. Diese beginnt im Takt 5 m. A., und steigert sich in Viertelnoten von c^1 bis f^1 im Takt 6, während der ‚Diskant‘ ebenfalls mit steigt, wenn auch in Figurationen. Im Takt 6 erreicht der ‚Nachsatz‘ im ‚Diskant‘ den Höhepunkt in der Note b^2. Dann gehen die Stimmen unisono abwärts, und zwar in Viertelnoten von g^1 im Takt 6 bis c^1 im Takt 8. Die Viertelnoten der unteren Stimme bilden also eine Symmetrieform: c^1, e^1, f^1, g^1, f^1, e^1, c^1. Trotz der Abweichung stimmen die Gerüstnoten mit der Piphat-Fassung überein.

Die Mon-Melodie in der sam chan-Variante und ihre Wiederholung sowie im zweiten Durchgang werden in der Regel in gleicher Gestalt gespielt, wobei der Unterschied zwischen den beiden Durchgängen nur darin besteht, daß der ‚Vordersatz‘ im zweiten Durchgang (Takt 49 m. A. bis 56) eine Oktave tiefer gespielt wird:

Nb. 69: Die Mon-Melodie in III, 3 der beiden Fassungen

Eine starke Abweichung der Mon-Melodie kommt erst in der song chan-Variante vor. Hier wird die Mon-Melodie in der Wiederholung sowie in beiden Durchgängen umgestaltet. Im ersten Durchgang (der Kapellenfassung) beginnt der zweitaktige ‚Vordersatz' mit der Gruppe D zweimal und der Gruppe E und endet im nächsten Takt mit einer Viertelnote f^2 (Takt 2). Das Hauptgewicht dieses ‚Vordersatzes' liegt, wie in der traditionellen Fassung, auf f^2, der zweiten Stufe. Der ‚Nachsatz' wiederholt den ‚Vordersatz' noch einmal, aber endet mit c^2 (Takt 4), also der Unterquarte (Nb. 70).

In der Wiederholung im Takt 5 m. A. bis 8 bleiben die musikalischen Konstruktion unverändert. Es beginnt zunächst mit demselben zweitaktigen ‚Vordersatz' wie im Takt 1 m. A. und 2. Der ‚Nachsatz' in Takt 7 m. A. und 8 endet nun mit dem Zitat des ‚Nachsatzes' aus der traditionellen Fassung. Hier wird der Hörer an die ursprüngliche Vorlage erinnert. Bei der Mon-Melodie findet im ersten Durchgang keine Engführung statt, und die Instrumentation ist zweistimmig. Der ‚Diskant' wird von Diskantholzbläsern sowie drei Saxophonen und Trompete gespielt, und der ‚Baß' vom Fagott und den restlichen Blechbläsern.

Nb. 70: Die Mon-Melodie in II, 3 der beiden Fassungen

Die viertaktige Mon-Melodie und ihre Wiederholung im zweiten Durchgang (Takt 25 m. A. bis 32) werden zu zwei viertaktigen Perioden umgebaut. Diese acht Takte werden einfach mit der Melodie der sam chan-Variante aus der traditionellen Fassung gefüllt. Sie werden in Engführung geführt; infolgedessen ist die Instrumentation dreistimmig. Hier zeigte der Komponist, wie Thai-Melodien beliebig untereinander austauschbar sind, solange die Gerüstnote mit dem Original übereinstimmen.

In der Kapellenfassung ist die Melodie in der chan dieow-Variante identisch mit der Melodie in der traditionellen Fassung:

Nb. 71: Die Mon-Melodie in I, 3 der beider Fassungen.

Die Synkope

Die Synkopen in der Blaskapellenfassung aller drei Varianten stimmen in der Regel mit der traditionellen Fassung überein, wobei ihre Grundgestalt aber nicht synkopisch übertragen wird, sondern auf dem Taktschlag ruht. Ihre Gestalt findet sich ausschließlich im Baß. Außerdem besteht eine Besonderheit darin, daß der Komponist eine Solo-Stelle für Trompete eingebaut hat (Nb. 72).

Die Synkope in der sam chan-Variante umfaßt, wie in der traditionellen Fassung, insgesamt drei Gruppen: Synkope II (Takt 33 m. A. bis 40), Synkope I (Takt 41 A. bis 43) und S_{2a} (Takt 45 m. A. und 46). In der Kapellenfassung werden sie zweistimmig durchgeführt: ‚Diskant' (die Diskantholzbläser und die Trompete) und ‚Baß' (das Fagott, drei Saxophone und die Baßblechbläser). Während der ‚Baß' die Grundgestalt von Synkope II bis S_{2a} ausführt, spielt der ‚Diskant' nur die kontrapunktische Figuration. Diese wird im zweiten Durchgang von der Trompete allein gespielt. Bei dieser Solo-Stelle dachte der Komponist an seinen besten Trompeter, Leutnant z. S. Siesuth Sridschaya. Die übrigen Instrumente spielen unisono die Synkopation.

Die Grundgestalt von Synkope I und S_{2a} werden zunächst im ersten Durchgang der song chan-Variante nicht dargestellt, stattdessen variiert die Melodieführung unisono weiter, jedoch innerhalb der Konstruktion der Gerüstnoten der Vorlage in der traditionellen Fassung. Erst im zweiten Durchgang kommen die Synkope I und S_{2a} zum Vorschein, nämlich genau wie die Vorlage in der traditionellen Fassung:

Nb. 72: Die Synkopen II, I und S_{2a} in III, 3 der beiden Fassungen

Nb. 73: Die Synkope I und S_{2a} in II, 3 der beiden Fassungen

226

In der chan dieow-Variante erscheint S_{2a} in ihrer Grundgestaltung:

S_{2a}: Trad.-Fsg. in I, 3
(Takt 9 m. A. und 10)

Blk.-Fsg. in I, 3 Fagott
(Takt 9 m. A. und 10)

Nb. 74: S_{2a} in I, 3 der beiden Fassungen

Die obige Untersuchung zeigt zunächst, was für einen Aufwand Prinz Paribatra aufbringen mußte, um die traditionelle Musik, die ausschließlich mündlich überliefert wird, für die Kapelle zu bearbeiten. Dieses Resultat des Zusammentreffens deutscher und Thai-Musikkulturen brachte aber den Vorteil mit sich, daß die Komposition *Khäkmon Bangkhunprom Thao* in der Kapellenfassung nun niemals verloren gehen wird. Dabei ermöglicht die Übertragung eine nachträgliche Korrektur dessen, was der Komponist, indem er das Stück allein anhand des Hörens von Becken- und Trommelschlag aufgebaut hat, übersehen hatte. Dies zeigt sich deutlich am Austauschen von S_{1a} durch M_8 im zweiten Abschnitt der sam chan-Variante. Dies heißt auch wiederum, daß der Komponist den Gesamtaufbau der Komposition in der Kapellenfassung besser überblicken konnte.

Zugleich mangelt es der Musik der Kapellenfassung aber an der herkömmlichen Lebendigkeit. Die traditionelle Aufführungspraxis, also die Spontaneität beim ständigen Variieren der Melodieführung, die 60 Jahre vorher (etwa 1850) entstanden war und ein Ausdruck der musikalischen Individualität war, kann im Vortrag der Kapelle nicht ausgeübt werden, denn der Kapellmeister bzw. die Musiker nach der westlichen Tradition haben streng zu interpretieren, was der Komponist in der Partitur angedeutet hat. Dieses Problem löste Prinz Paribatra durch die Abweichung. Die Abweichung kommt dabei sowohl bei den ‚Elementen' (Spielfiguren und Melodie-Floskel) als auch bei den ‚Ereignissen', insbesondere im zweiten Durchgang, vor. Die Abweichungen bei den Spielfiguren und Melodie-Floskeln verweisen zugleich auf die Kenntnis der Kompositionstechnik in der Thai-Musik, die nur unter den einheimischen Musikern bekannt ist, wie beispielsweise das Austauschen von S_{1a} durch M_8 in III, 2 (Takt 13 bis 16) (Nb. 47) sowie von Q_2 durch S_{2a} bei der Sequenzierung in II, 2 (Takt 17 m. A. bis 22 und 41 bis 46) (Nb. 73) oder die Zusammenstellung zwischen M_1 und die Imitation in I, 1 (Takt 4 bis 6) (Nb. 65) und die starke Variierung von S_4 (Nb. 50, 51 und 52). Es gibt in der Tat viele Möglichkeiten in der Thai-Musik, die Melodieführung innerhalb der Gerüstnoten sowie Endnoten zu entfalten. In der Untersuchung hat sich dies deutlich gezeigt bei den Melodie-Floskeln und Mon-Melodien, weniger bei den Spielfiguren (mit Ausnahme von S_4).

Die Abweichungen bei den ‚Ereignissen' können in dem Sinne interpretiert werden, daß der Komponist, wie in der traditionellen Fassung schon gezeigt wurde, diese den Höhepunkt im jeweiligen Abschnitt akzentuieren wollte. Dieser Höhepunkt in der Kapellenfassung wird nicht nur in der Melodieführung zum Ausdruck gebracht, sondern auch in der Instrumentation, in der das jeweilige ‚Ereignis' entweder ‚Zwei- oder Dreistimmigkeit' bearbeitet wird. Das Abwechseln zwischen ‚Zwei- und Dreistimmigkeit' kommt besonders bei der Imitation und Sequenzierung in der zweiten Variante vor, und zwar im zweiten Durchgang, und zwar im Dialog und Engführung (Nb. 64 und 67) - im ersten Durchgang werden die Imitation sowie die Sequenzierung zunächst kein Dialog sowie keine Engführung bearbeitet wie die Vorlage in der traditionellen Fassung.

Die Abweichung im zweiten Durchgang in der Melodieführung bei der Mon-Melodie in II, 3 hat ebenfalls eine Besonderheit. Hier hat der Komponist zwei zweitaktige Mon-Melodien (‚Vorder- und Nachsatz') und ihre Wiederholung (insgesamt acht Takte) zu zwei viertaktiger Mon-Melodie umgestaltet. Dann hat er zwei viertaktige Mon-Melodien (‚Vorder- und Nachsatz') der dritten Variante in diesen acht Takten erfüllt (Nb. 70). Die Abweichung dieser Art ist möglich, solange die Gerüstnoten sowie die Endnoten weitgehend beibehalten werden. Die gezielte Abweichung kann zugleich als Ausdruck der Individualität des Komponisten in der Thai-Musik betrachtet werden.

Der Prinz hat auch die westliche Musikkultur in die Kapellenfassung eingebracht, nämlich die Solostelle für die Trompete in der Synkope im zweiten Durchgang von III, 3 (Nb. 72). Das dialogische Agieren von Soloinstrument und Ensemble ist in der Thai-Musik unbekannt; traditionell kennt die Thai-Musik zwar auch Solostücke, aber als Auftreten eines Instrumentes ohne Begleitung des Ensembles.

Die Untersuchung hat gezeigt, daß der Komponist über die preußisch-deutsche Militärkapelle reflektiert hat. Er beabsichtigte, das Stück *Khäkmon Bangkhunprom Thao* originalgetreu zu übertragen. Bei der Bearbeitung für die Blaskapellenfassung hatte der Komponist keinerlei Schwierigkeiten mit den beiden völlig unterschiedlichen Tonsystemen. Die Übertragung lehnte sich zwar an den abendländischen Grundsatz der Mehrstimmigkeit von ‚Cantus Firmus und Contrapunctus' an, der an der Zuordnung der Thai-Melodieführung nahe steht. Aber diese Bearbeitung ging ohne vertikale Harmonie vonstatten, damit den traditionellen Klangcharakter weiter aufrechterhalten werden kann. Aus diesem Grund ist zu erklären, daß es anstelle der Dreistimmigkeit in der Tat nur Zweistimmigkeit gibt. Denn abendländischer dreistimmiger Satztechnik erfordert notwendig die vertikale Harmonie, und vor allem dies sorgt dafür, daß die Kapelle zwangsläufig nicht nach der ursprünglichen Klangvorstellung des Komponisten gespielt wird. Dieser bewußte Identitätserhalt der eigenen Musikkultur kann aus dem geschichtlichen Kontext erläutert werden. Wie das zweite Kapitel gezeigt hat, fand in Siam zu jener Zeit eine intensive Auseinandersetzung mit der westlichen Kultur statt. Das Aufrechterhalten traditioneller Aufführungspraxis in der Kapellenfassung soll wohl

228

zum Ausdruck bringen, daß der Komponist die neue Kultur und die neue Identität Siams mit westlichen militärischen Elementen verbinden wollte. Die Hofmusik Siams sollte nun militärisch klingen und westlich ‚zivilisiert‘ werden; dies hat am Beispiel der von ihm wiederverwendeten *Glücklichen Blume* zu Beginn dieses Kapitels gezeigt. Es soll dabei zugleich ein Zeichen für Modernisierung und gegen Kolonisation gesetzt werden. Diese Reflexion über die westliche Kapelle des Prinzen bestätigt, daß er keine preußischen Märsche komponiert hat, sondern beinah traditionelle Musik sowie Bearbeitungen derselben für die westliche Kapelle. Dies ist ein Paradebeispiel der Sonderart der westlichen Einflußnahme auf Siam im Zeitalter des Imperialismus. Ähnliches ist in den anderen Bereichen zu beobachten. Inwieweit aus dieser Einführung der westlichen Musik ein symptomatischer Kulturkonflikt in der siamesischen Gesellschaft resultierte hat, darauf wird im vierten Kapitel ausführlicher eingegangen.

IV. Kritische Bewertung und Konsequenzen in der Gegenwart

Als Ergebnis der Untersuchungen dieser Arbeit hat sich gezeigt, daß es sich bei den deutsch-thailändischen Musikbeziehungen um eine einseitige Rezeption handelte: Nur Siam hat die deutsche Militärkapelle rezipiert. Diese Rezeption war einseitig im wahrsten Sinn des Wortes, denn sie ging allein von seiten Siams aus, und zwar ohne Wertschätzung der siamesischen Kultur durch Deutschland. Außerdem muß noch betont werden, daß die Aneignung aus einem reinen Zufall hervorgegangen ist. Einseitige Rezeption der westlichen Kultur war ein verbreitetes historisches Phänomen bei den asiatischen Ländern im Zeitalter des Imperialismus - es war außerdem beispielsweise in Japan zu beobachten[1]. Das Motiv solch einseitiger Übernahme der westlichen Kulturen läßt sich darin zusammenfassen, daß diese in erster Linie als „Mittel zur Immunisierung gegen westliche Übermacht"[2] betrachtet wurde. Um die eigene Souveränität weiter aufrechterhalten zu können, mußte Siam deshalb die Kultur des Westens nicht mehr bloß symbolisch, sondern konkret und systematisch übernehmen, insbesondere in Bereichen des Bildungssystems, der Staatsform und - nicht zuletzt - des Militärwesens. Diese einseitige Rezeption hat im Falle Siams darüber hinaus eine besondere Bedeutung, weil es das einzige unabhängige Land in Südostasien war und sich somit frei entscheiden konnte, sich westliche Kultur nach eigenem Belieben anzueignen.

Historisch betrachtet wurde der Kontakt Siams mit dem Westen nur aus innenpolitischen Gründen für etwa 150 Jahre unterbrochen, und zwar 1688 bis zum Beginn des 19. Jahrhunderts bzw. der europäischen Expansion in Ostasien; er hatte seit dem 16. Jahrhundert bestanden, und zwar insbesondere als militärischer Kontakt. Dabei handelte es sich um den Ankauf militärischer Rüstungsgüter. Schon beim ersten Kontakt mit den Portugiesen im Jahre 1511 (während der Ayudhaya-Periode) hat Siam Waffen von diesen gekauft. Dem Bericht zufolge haben die Portugiesen sogar die Technologie des modernen europäischen Festungsbaues in Siam eingeführt[3]. Weiter heißt es, daß der König von Siam damals portugiesische Söldner im Kampf gegen Birmanen beauftragte[4].

---

[1] Vgl. J. Osterhammel, *Die Entzauberung Asiens*, München 1998, S. 378.

[2] Vgl. J. Osterhammel, *Die Entzauberung*..., ebd.

[3] Vgl. Prinz Damrong Rajanubhab, *The Introduction of Western Culture in Siam*, in: JSS, Sonderband, Selected Articles VII (1959), S. 1 f. (im folgenden abgekürzt als Prinz Damrong). Darüber ist ebenfalls in einem deutschen Lexikon aus dem Jahr 1777 überliefert: „Von einer Entfernung zur andern [Stadtteile] findet man kleine Festungswerke, welche unter der Aufsicht eines Dominicaners aus Portugall erbaut sind; man hat auch mehrerer Sicherheit wegen Bastionen aufwerfen lassen, doch möchten sie bey einem plötzlich Ueberfall wenig Nutzen haben, indem Siam gar zu wenig Soldat hält." (*Johann Hübners reales Staats-Zeitungs- und Conversations-Lexikon*, 9. Aufl., Leipzig 1777, Sp. 2138).

[4] Vgl. Prinz Damrong Rajanubhab, S. 1 f.

Die Portugiesen haben später eine Waffenfabrik in Siam eingerichtet. Einige der Waffen hat der König von Siam einem japanischen Shogun geschenkt; dieser soll 1606 diese Waffen bei dem König nachbestellt haben[5].

In den 1820er Jahren (in der Bangkok-Periode), noch vor der offiziellen Öffnung 1851, hat Siam zunächst mit den Portugiesen aus Macau Kontakte aufgenommen. Dann versuchten England und die USA, einen Handelsvertrag mit Siam abzuschließen. Siam verzögerte dies jedoch und wollte sich nur auf den Ankauf militärischer Rüstungsgüter beschränken. Jene Länder haben auch die modernen Waffen an Siam geliefert[6].

Erst nach der Niederlage Chinas im Opiumkrieg 1842 sowie der Annexion Birmas durch England 1826 hat Siam die Gefahr aus dem Westen erkannt[7] und sich gezwungen gesehen, zum einen mit dem Westen zu arrangieren und zum anderen systematisch das westliche Staats- sowie Militärwesen zu übernehmen[8]. Darauf hin öffnete Rama IV. (reg. 1851-1868) sein Land der westlichen Welt bzw. westlichen Einflüssen. Diese Öffnung markierte zugleich in der siamesischen Geschichte eine neue Ära der Kontakte mit dem Westen - dieses neue Zeitalter wurde als „The New Siam" oder „The Young Siam" bezeichnet[9].

Rama IV. hatte begriffen, daß der Besitz westlicher Rüstungsgüter allein nicht mehr ausreichte, um das Land vor den Kolonialmächten zu schützen. Vielmehr mußte beispielsweise die militärische Organisationsstruktur wie zum Beispiel die Regimentsordnung vom westlichen Vorbild übernommen werden - der Vizekönig Ramas IV. hat sogar als erster in Siam ein Traktat über Artillerie aus dem Englischen ins Siamesische übersetzt[10]. Die systematische Rezeption der westlichen Kulturen in Siam läßt sich aus der Unterlegenheit der westlichen Übermacht gegenüber erklären.

Nach wie vor verfolgte Siam dieselbe Außen- sowie Kulturpolitik, nämlich „divide et impera", mit der es seit dem 16. Jahrhundert stets erfolgreich gewesen war. Siam unterhielt nach allen Seiten gute Beziehungen, damit nicht einzelne westliche Länder allzuviel Einfluß auf Siam ausüben konnten. Dabei wurde Preußen und schließlich Deutschland ins Machtspiel einbezogen. Besonders nach dem deutsch-französisch Krieg von 1870/71 versuchte Siam einen engen Kontakt mit dem Deutschen Reich als Gegengewicht gegen Frankreich

---

[5] Vgl. Prinz Damrong Rajanubhab, S. 2.

[6] W. Vella, *Siam under Rama III 1824-1851*, New York 1957, S. 116 und 124, im folgenden abgekürzt als Vella.

[7] Vgl. W. Vella, S. 139.

[8] Vgl. Prinz Damrong Rajanubhab, S. 10 f.

[9] Vgl. W. Vella, S. 1 f. und *The Siam Repository*, VI/ 1-4 (1874), S. 612.

[10] König Pinklao, *Tamrapuenyaiboran lae Tamrapuenyaithai* [*Abhandlung über die alte und moderne Kanone*], in: Kremationsbuch von Luang Kampanat Saenyakorn am 11. Dezember 1975, Bangkok 1975.

aufzubauen. Dies erfolgte dadurch, daß ein Prinz aus Siam eine Militärausbildung unter der Aufsicht Wilhelms II. genießen durfte: Paribatra[11].

Die systematische Rezeption der westlichen Kulturen zeigte sich deutlich am Beispiel der Übernahme des Musikkorps sowie der Nationalhymne. Im Hinblick auf die Rezeption der Kapelle hat Siam ursprünglich keine bestimmte Politik verfolgt. So wurden Kapellmeister aus England, Frankreich, Italien, den USA sowie Deutschland im Zeitraum von den 1860er bis in die 1900er Jahre beauftragt. Den Berichten zufolge haben diese auch die siamesische Kapelle auf hohes Niveau gebracht. Es entstand dabei jedoch keine neue Erscheinungsform der Musik in Siam. Diese wurde erst durch Paribatra hervorgebrachte; er gelangte zu solcher Errungenschaft durch seine persönliche Neigung zur Musik.

Durch die Bearbeitung beispielsweise der Komposition *Khäkmon Bangkhunprom Thao* in der traditionellen Fassung für die Kapelle wurden beide Musikkulturen miteinander verknüpft. Durch diese Verknüpfung wurde die neue Kulturidentität Siams herausgebildet, in der der Charakter der siamesischen Hofmusik weiterhin beibehalten wurde. Diese sollte aber militärisch nach dem preußisch-deutschen Vorbild klingen. Diese Verknüpfung fand zu der Zeit statt, als die westlichen Militäreinflüsse am Hof Siams zugenommen hatten. Wie im Kapitel II gezeigt wurde, sorgte das westliche Militärwesen für keinerlei Konflikte am Hof Siams, denn die westliche militärische Kultur einschließlich ihrer Befehlsmentalität paßte gut zur siamesischen Obrigkeitshörigkeit und der absoluten Macht des Königs.[12] Infolgedessen wurde die westliche Kapelle schnell als Glied in die Staatsorgane integriert. So gesehen verstärkte der westliche militärische Einfluß sogar die Staatsgewalt des siamesischen Monarchien. Diese absolute Macht benötigte der König nun gerade zum Kampf gegen die Kolonisation sowie zur Modernisierung seines Landes. Aufgrund dieser Tatsache profitierte Siam doppelt vom westlichen Militärwesen. Damit läßt sich erklären, warum das westliche Militärwesen bzw. die westliche Militärkapelle in der Thai-Gesellschaft bis in die Gegenwart hinein so beliebt ist.

---

[11] Vgl. R. Wanichalaksa, *Kuamsampan rawang Thai gab Germany tangtae poso 2405-2406* [*Relations between Thailand and Germany, 1862-1917*], Magister Artium, Chulalongkorn Universität, Bangkok 1976, S. 28 f.

[12] In der Tat funktionierte die preußisch-deutsche Befehlsmentalität in der Thai-Gesellschaft jedoch nicht reibungslos. Am sichtbarsten wurde dies in der Armee, da es den Thais an ,preußischer Pflichterfüllung' mangelte. Über diese Problematik der Einflußnahme der westlichen Kultur äußerte sich König Rama VI. 1914 in seiner Neujahrsrede (vgl. König Vajiravudh, *Lakrajakarn* [*Richtlinie für den königlichen Staatsdienst. Eine Rede anläßlich des siamesischen Neujahrs am 13. April 1914*], in: Kremationsbuch von Dr. med. Chai Unibhandhu am 14. November 1987, S. 86). Da Rama VI. lange Zeit in England verbracht bzw. studiert hatte, beschäftigte er sich viel mit der Problematik der Verwestlichung in Siam. In seiner Rede ermahnte er seine Beamten sowie die in Europa ausgebildeten Intellektuellen, bei der Modernisierung in Siam auf das eigene Kulturgut Rücksicht zu nehmen. Mehrfach thematisierte er in seinen Werken dieses Problem. Siehe beispielsweise in: Asvabahu, *Asvaphasid* [wörtl. *Die Rede des Pferdes*], in: op. cit., S. 97-121.

Die Übernahme fremder Musik bzw. fremder Kulturen erfolgte nun allerdings nicht zum ersten Mal in der Geschichte Siams. In der Tat hat Siam ständig in kulturellem Kontakt mit anderen Ländern gestanden, z. B. mit Persien, China oder Indien. Genauer betrachtet ist etwa der hinduistische Gottkönig-Kult sowie der Theravāda-Buddhismus kein ursprüngliches Kulturgut der Thai. Ebenso deutet die Kombination der Pentatonik mit der in sieben gleiche Stufen geteilten Tonleiter in der Thai-Musik auf ein Konglomerat aus indischer und einheimischer Musik hin[13]. Dabei handelte es sich um einen Assimilationsprozeß, d. h. die fremden Kulturen wurden dabei stets der Thai-Kultur anverwandelt; die Untersuchung der Bearbeitung der traditionellen Musik durch Paribatra hat dies belegt. Diesen Assimilationsprozeß hat Walter Vella als an Siam besonders bemerkenswert bezeichnet. Siam war - im Vergleich zu China oder Birma - immer offen für fremde Kultur. Hierdurch ist seiner These zufolge zu erklären, warum Siam seine Souveränität im Zeitalter des Imperialismus aufrechterhalten konnte[14]. Es wäre noch interessanter, sich vorzustellen, um wieviel enger die Militärkapellenmusik in die Thai-Gesellschaft eingegliedert worden wäre, falls sowohl die innen- als auch die außenpolitische Konstellation Siams 1932 unverändert geblieben wäre, d. h.: Absolute Monarchie innen und imperialistische Supermächte außen.

Des weiteren stellt sich die Frage, welche Nachwirkungen sowohl Militärkapelle als auch westliche Kultur insgesamt in der Gesellschaft Siams ausgelöst haben. Soziologisch betrachtet übt eine fremde Kultur in einer Gesellschaft zwei Wirkungen aus: positive und negative. Zunächst zur positiven Auswirkung: Im Spiegel der fremden Kulturen haben die Siamesen ihre eigene Kultur besser verstanden, d. h. die vertiefte kulturelle Selbsterkenntnis ist erst durch die Erfahrung fremder Kulturen möglich geworden. Als erstes wurde der Theravada-Buddhismus durch Rama IV. reformiert. Dies geschah schon früh, als er noch ein Mönch war. Er hat zunächst Englisch von den Missionaren gelernt. Nebenbei hat er seine Kenntnisse der christlichen Religion vertieft[15]. Durch viele Diskussionen

---

[13] Diese Arbeit will nur auf dieses Phänomen aufmerksam machen. Zur Erlangung genauerer Antworten wären weitere interdisziplinäre Forschungen in den Grenzgebieten von Musikethnologie und Indologie notwendig, die bisher noch nicht stattgefunden haben.

[14] Vgl. W. Vella, S. 143.

[15] Vgl. W. Vella, S. 142. Aus den Diskussionen mit den Missionaren stammt ein berühmter Ausspruch Ramas IV., als er mit den amerikanischen Missionaren disputierte: „Will God pardon a murderer, and reward him like a virtuous man? If so, he is not just. If God is the father of all men, why did he not reveal his will to eastern as well as western nations? If miracles were worked to convert your forefather, why do you not work miracles to convert us? You say the God will be angry with those who do not believe you; is he a good God if he gets angry? How are we to know that your books [sc. heilige Schriften] are true? You tell us so, and we tell you our books [sc. der buddhistische Kanon] are true; and why [do] you not believe us, if you expect us to believe you?...What you [sc. die Missionare] teach people to do is admirable, but what you teach them to believe is foolish." (A. B. Griswold, *King Mongkut of Siam*, New York ²1955, S. 20 f.). Ebenso hat die preußische Delegation mit Rama IV. über die Religion diskutiert:

mit den Missionaren über die Unterschiede zwischen beiden Religionen hat er eine Möglichkeit gefunden, wie man das Problem des Mangels an Disziplin bei den buddhistischen Mönchen lösen konnte. Daraufhin führte er den strengen Dhammayutinikāya-Orden ein[16]. König Rama VI. hat dann beispielsweise allen Königen Siams während der Bangkok-Periode rückwirkend den Titel „Rāma" verliehen[17]. Damit beabsichtigte er, den Ursprung des absoluten Herrschaftssystems von Siam, also des hinduistischen Gottkönig-Kults, aufzuzeigen bzw. den Unterschied zwischen dem siamesischen und dem abendländischen Herrschaftssystem klar herauszustellen.

Darüber hinaus hat Siam seit dem Beginn der westlichen Einflußnahme begonnen, eigene kulturelle Wurzeln bewußt zu pflegen. Dies zeigt sich deutlich an der Entstehung neuer Begriffe, die fremden Sprachen entstammten. Seit Siam intensiv westliche Kulturen rezipierte, mußte es sich mit fremden Begriffen auseinandersetzen. Anstatt diese nun aber einfach ins Siamesische zu übernehmen, verglich die Königliche Akademie der Wissenschaften sie in den 1930er Jahren zunächst mit dem Sanskrit (das hier eine dem Latein im Westen vergleichbare ‚Bezugssprache' darstellt); dann wurden sie ins Siamesische übertragen. Dazu einige Beispiele: So wurde das Wort ‚Industrie' im Thailändischen zu utsāhakarma (อุตสาหกรรม); utsāhakarma stammt aus dem Sanskrit und bedeutet ‚Fleiß', ‚Tätigkeit', ‚Betriebsamkeit'. Das Wort Straßenverkehr wurde zu carācara (จราจร). Bei carācara handelt es sich um ein Kompositum von zwei selbigen Verbalstämmen des Sanskriten: cara heißt gehen und acara nicht gehen. Carācara heißt in diesem Kontext, der Zustand, indem der eine geht, der andere aber anhält, also Straßenverkehr im modernen Sinne. Utsāhakarma und carācala existiertieren nirgends im Sanskrit oder im Pāli, sondern nur in der Thai-Sprache.[18] Dazu gehört auch das Wort rāja-pattern (ราชปะแตน). Rāja-pattern (wörtl. königliche Uniform) ist der Name einer siamesischen königlichen Uni-

---

„MAHA MONKUT [Rama IV.]schätzte die ethischen Grundlagen des Christentums, verlachte aber die historischen, und erwiderte einst in komischem Eifer einem americanischen Missionar, der ihn bekehren wollte: ‚I hate the bible mostly.' - Einem anderen sagte er: ‚Ihr dürft nicht glauben, dass Einer von uns jemals Christ wird, denn wir können keine Religion annehmen, die wir für albern halten." (*Die Preussische Expedition nach Ost-Asien nach amtlichen Quellen*, hrsg. v. Albert Berg, Bd. IV, Berlin 1873, S. 337).

[16] Darüber bestätigte ebenso die preußische Delegation: „Er [Rama IV.] gründete eine neue Theologenschule, die den Buddhismus von allen Zuthaten des Aberglaubens zu befreien und auf seinen ethischen Grundlagen eine keineswegs atheistische Glaubenslehre aufzubauen strebte." (*Die preussische Expedition...*, S. 336). Die Reform des Buddhismus in Siam durch König Rama IV. wurde ausführlich in einem Werk von Heinz Bechert dargestellt: *Buddhismus, Staat und Gesellschaft in den Ländern des Theravada-Buddhismus*, 2 Bde., Bd. I Göttingen, 1988, Bd. II Wiesbaden, 1967.

[17] Bis in seine Regierungszeit wurden alle Könige der Bangkok-Periode mit ihren ‚eigenen' Namen benannt, z. B. der König Monkut (Rama IV.), der König Chulalongkorn (Rama V.) und er selbst, König Vajiravudh (Rama VI.) (siehe auch Kapitel I, S. 1 ff. sowie Zeittafel im Anhang).

[18] Für diese scharfsinnige Beobachtung dankt der Verfasser Herrn Prof. Dr. Oskar von Hinüber.

form, die zum ersten Mal getragen wurde, als König Rama V. 1871 Britisch-Indien besuchte. Die königliche rāja-pattern-Uniform existiert noch bis heute, und der Begriff ist ebenfalls nur bei den Thailändern geläufig. Und schließlich zeigt sich am Beispiel der Auseinandersetzung des Prinzen Paribatra mit der deutschen Militärmusik, daß er dabei auch bewußt die traditionelle Musik Siams pflegte, wie die Untersuchung in Kapitel II und III entwickelt hat. Zugleich wurde die Linie der zuvor mündlich überlieferten traditionellen Musik durch die Transkription auf das Fünfliniensystem aufrechterhalten. Infolgedessen konnten traditionelle Musik in Bearbeitung für die Militärkapelle sowie auch Transkriptionsprojekte entstehen.

Dabei muß betont werden, daß die Möglichkeit zu solcher Selbsterkenntnis in erster Linie durch die Beherrschung fremder Sprachen eröffnet worden ist - seit Rama IV. können alle Staatsoberhäupter Siams zumindest Englisch. Der Grund dafür, daß der einsetzende Modernisierungsprozeß in der Regierungszeit Ramas IV. nur sehr schleppend voranschreiten konnte, war die mangelnde Beherrschung des Englischen durch die damaligen Aristokraten[19]. Infolgedessen mangelte es diesen an einer erweiterten Kenntnis der Welt, und daher versuchten sie die Modernisierung zu verhindern. Unter der Bevölkerung gab es noch einen weiteren Grund, warum Eltern ihre Kinder nicht in die Missionarsschule schicken wollten, wo alleine Englisch sowie Französisch unterrichtet wurde: Sie hatten Angst, ihre Kinder würden zum Christentum bekehrt werden[20].

Die Einführung fremder Musik sowie fremder Kulturen sorgte auf der anderen Seite für Spannungen in der Gesellschaft. Wie im ersten Kapitel bereits dargestellt, erfüllte die siamesische Hofmusik eine staatstragende Funktion, wobei sich drei unterscheiden lassen: die Unterhaltungsfunktion, die rituell-kultische Funktion und schließlich die politische Legitimationsfunktion. Diese drei Funktionen weisen darauf hin, daß die siamesische Hofmusik sehr eng mit Gesellschaft und Politik verbunden war. Im Fall der siamesischen Musik bedeutete das Musiklernen und -spielen zugleich die Annahme des Obrigkeitsdenkens des hinduistischen Gottkönig-Kultes bzw. der absoluten Herrschaft. Die Musik- und Tanzdarbietung huldigte zugleich dem Gott Nārāyaṇa. Dies bedeutete gleichermaßen Huldigung an den König, denn dieser galt als dessen Verkörperung.

Das Obrigkeitsdenken wurde schon frühzeitig im Musikunterricht eingeprägt, und zwar durch das Verhältnis des Meisters zu seinen Schülern. Durch das mündliche Unterrichten wurde die unabdingbare Autorität des Lehrers weiterhin aufrechterhalten. Diese Autorität drückte sich auch beispielsweise darin aus, daß die Schüler die Musik genau so zu spielen hatten, wie sie ihnen der Meister zuvor vermittelt hatte. Die Musik mußte darüber hinaus auf die gleiche Weise an die nachfolgenden Generationen weitergegeben werden - aus diesem Zusammenhang wird erklärlich, warum der Versuch der Einführung von Notationsschriften aller

---

[19] Vgl. Prinz Damrong Rajanubhab, S. 11.
[20] Vgl. Prinz Damrong Rajanubhab, ebd.

Formen in Thailand zuvor vergeblich gewesen war, während er längst beispielsweise in China, Korea und Japan erfolgreich war[21]. Der Meister gab seinen Schülern im Unterricht nicht nur die Musik weiter, sondern auch alles Wissen aus anderen Bereichen, z. B. sogar Lesen und Schreiben und gesellschaftliche Sitten. Insbesondere im Hinblick auf die Moral wurde vom Musiker wie vom Künstler erwartet, daß seine musikalische sowie künstlerische Leistung in Einklang mit seiner sittlichen Haltung stand. Dies war selbst eine sittliche Norm der Thai-Gesellschaft. Aus diesem engen Meister-Schüler-Verhältnis heraus war ein Wechsel von einem Lehrer zu einem anderen strikt verboten. Ein solcher als Beweise für Untreue und Undankbarkeit angesehen und sogar mit dem Wechsel von einem Herrscher zu einem anderen verglichen. Für die Untertanen des siamesischen Staates ergab sich daraus das Verlangen, ihre an die kulturelle und gesellschaftliche Tradition rückgebundene Individualität mit der in gleicher Weise zum Kollektiv gebundenen Mehrheit zu vereinen. Darauf war letztlich auch das Wesen der Obrigkeit in der siamesischen Staatsgewalt begründet.

Im Hinblick auf die Wechselbeziehung zwischen Musik und Politik konnte die Militärkapelle eine solche staatstragende Funktion nicht erfüllen, denn sie war auf anderen Grundsätzen aufgebaut. Die westliche Musik war grundsätzlich christlich, individuell und aufklärerisch ausgerichtet[22]. Insbesondere das Aufklärungsprinzip sowie die Individualität wurden bereits beim Unterricht den Musikern stark eingeprägt. Folglich mußten sie danach verlangen, sich vermittels ihrer individuellen Vernunft bzw. Rationalität mit ihrer musikalischen Leistung auseinanderzusetzen, um ihre individuelle Interpretation aus sich selbst heraus zu erneuern. So versuchten solche Musiker, über ihre durch die Rückbindung an die Tradition begrenzten Fähigkeiten hinauszuwachsen, um die künstlerische Schöpfung in ihrer Interpretation als ihre eigene herauszustellen. Um sich in dieser Leistung vervollkommnen zu können, mußten jene Musiker fortwährend von einem zum anderen Lehrer wandeln. Ein solcher Wechsel war aber eben in Siam unvorstellbar. Individuelle Verhaltensweisen wurden in der westlichen musikali-

---

[21] Prinz Paribatra gilt als der erste Thai, der westliche Notationsschrift in der Thai-Musik eingeführt hat. Später im Laufe des 20. Jahrhunderts haben viele Musikmeister u. a. Meister Luang Pradit Pairoh versucht, die Notationsschrift zum Zweck des Unterrichtes einzuführen. Dies ist aber nur im Bereich der Unterhaltungsmusik gelungen, die feierliche kultische Musik bleibt weiterhin unangestastet. Hierüber siehe die Untersuchung von P. Roongruang, *Thai Classical Music and its Movement form oral to written Transmission, 1930-1942: Historical Context, Method, and Legacy of the Thai Music Department Project*, Phil. Diss., Kent State Universität/ USA, 1999, S. 99 ff. und zur Darstellung der Einführung der Notationsschriften in der Thai-Musik von Terry E. Miller, *The Theory and Practice of Thai Music*, in: Journal of the Society for Ethnomusicology XXXVI/2 (1992), S. 197-221. Trotz der Notation gibt es weiterhin Probleme, weil die Musiker nicht streng die festgeschriebenen Noten nach der westlichen Tradition interpretieren, sondern nach ihrer klassischen Thai-Ausführungspraxis (vgl. P. Roongruang, op. cit., S. 281).
[22] Vgl. S. P. Huntington, *Der Kampf der Kulturen*, Wien 1996, S. 513.

schen Tradition andererseits nie sittlich in Frage gestellt, so daß ein Künstler einerseits als solcher individuelles Einzelwesen, als ‚Privatmann‘ andererseits aber zugleich in der gesellschaftlichen Masse ununterscheidbar und keinem Imperativ persönlichen vorbildlichen Verhaltens unterworfen sein durfte. Ebenso wurde im Westen eine Komposition als individuelle musikalische Schöpfung betrachtet, nicht aber als Trägerin sittlicher Belehrung, wie in der traditionellen Thai-Musik.

Dies war der entscheidende Unterschied zwischen beiden Musikkulturen, unabhängig davon, wie weit beide Musiksysteme im übrigen voneinander entfernt waren. Und in dieser Hinsicht ließen sie sich nicht miteinander verknüpfen. Diejenigen Musiker, welche in westlicher Musik unterrichtet waren, verhielten sich dem Westen entsprechend; einige belächelten sogar die einheimische Kultur und betrachteten sie im Vergleich zur westlichen als rückschrittlich. Selbstverständlich konnten die einheimischen traditionellen Musiker dies nicht hinnehmen. Infolgedessen sorgte die westliche Musikauffassung natürlich für Spannungen in der siamesischen Gesellschaft. Zwar wurden weiterhin beide ‚Musikschulen‘ am Hof unterrichtet und erfüllten jeweils die ihnen zukommende Funktion, aber sie hatten miteinander keinen Kontakt. Darin wiederum spiegelten sie das ‚dualistische‘ siamesische Gesellschaftssystem wider. Eine Annäherung der Musiker beider Seiten konnte nur dann erfolgen, wenn Schirmherren bzw. das Staatsoberhaupt die Initiative ergriffen. Somit sind die einheimischen Musiker beider Seiten nur selten und nicht aus eigener Initiative in Kontakt gekommen. Ähnliches war in den anderen Bereichen zu beobachten, ja hat sich sogar bis in die Gegenwart erhalten. Daraus läßt sich erklären, warum sich vor und nach der Bearbeitung der traditionellen Musik für die Militärkapelle durch Paribatra keine weiteren neuen Musikformen in Siam herausgebildet haben, die dem vergleichbar gewesen wären. Insgesamt hat sich also gezeigt, daß es sich bei Paribatras Militärkapellenbearbeitung der traditionellen siamesischen Musik um ein ebenso bedeutendes wie singuläres Phänomen in der Geschichte der Musikbeziehungen zwischen beiden Ländern handelt.

Die Spannungen, welche dabei zwischen den traditionell bzw. westlich geschulten Musikern entstanden, waren nicht zu unterschätzen. Schon Prinz Paribatra mußte aufgrund dessen sein erstes Experiment aufgeben, bei dem er versucht hatte, das siamesische Tonsystem an das europäische anzupassen. Die einheimischen Musiker leisteten damals heftigen Widerstand. Solche Hemmnisse waren auch während der Transkriptionsprojekte in den 1930er Jahren vorhanden. Damals weigerten sich viele Musikmeister, ihre Musik an Fremde zu verraten[23]. Widerstand dieser Art wurde besonders nach 1932 geleistet, als die Hofmusiker

---

[23] Hierüber hat Pra Chen Duriyanga, der Leiter der Transkriptionsprojekte, in seiner Autobiographie in verbittertem Tonfall berichtet. Siehe Pra Chen Duriyanga, *Dschiwaprawat khong khapradschao* [*Meine Biographie*], in: Kremationsbuch von Pra Chen Duriyanga, Bangkok 1969, S. 79 ff.

in The Fine Arts Department zusammen untergebracht wurden. Nach der Erzählung eines Zeitzeugen befahl ein Musikmeister auf dem Sterbebett einem seiner Schüler, die Transkription seiner Version der Musik heimlich aus dem Archiv zu entwenden. Um den Fremden seine Musik auf immer vorzuenthalten, mußte der Schüler die Transkription in den Sarg des Meisters legen und mit dem Leichnam zusammen verbrennen[24].

Der ‚Dualismus' der beiden Musikkulturen existiert weitgehend bis in die Gegenwart der Gesellschaft Thailands hinein, und er ist heute sogar noch stärker ausgeprägt als zu Beginn des 20. Jahrhunderts. Die Militärmusik ist seitdem in der Thai-Gesellschaft etabliert; als feste Institution ist sie sehr beliebt und überall präsent. Bei jedem Dorffest und jeder buddhistischen Prozession ist eine Militärkapelle unentbehrlich, denn sie sorgt für feierliche Stimmung. Ebenso besitzen beinahe alle Gymnasien in Thailand eine Schulkapelle, und es gibt einen jährlichen Wettbewerb der Schulkapellen, von denen einige sogar zum internationalen Schulkapellen-Wettbewerb nach Europa geschickt wurden. Dies läßt sich daraus erklären, daß das westliche Militär(kapellen)wesen nicht nur zur Stützung der politischen Strukturen Thailands dient, sondern sogar auch als Erziehungsersatz, indem nach der Erfahrung des Verfassers in der Schulkapelle an den Gymnasien nicht nur Musik sowie Instrumentenspiel, sondern auch - was für wichtiger gehalten wird - militärische Disziplin und Ordnung gelernt werden. Auf diese Weise wird die überkommene hierarchische Struktur in der modernen thailändischen Gesellschaft beibehalten.

Nach dem Zweiten Weltkrieg wurden die deutsch-thailändischen Musikbeziehungen wieder aufgenommen. Diesmal erfolgte der Austausch unter den neuen Rahmenbedingungen gegenseitiger Anerkennung. Nach der Wiederaufnahme der Beziehungen zwischen den beiden Ländern im Jahre 1952[25] wurde 1954 das Goethe-Institut in Bangkok eröffnet[26] und 1961 die Thailändisch-Deutsche Kulturgesellschaft[27] gegründet. Zu den veränderten Rahmenbedingungen der erneuten Kontaktaufnahme zählte auch ein Wandel in Außen- und Innenpolitik sowie Kulturpolitik auf beiden Seiten. Seitdem finden kontinuierlich gemeinsame kulturelle Veranstaltungen statt. Seiner neuen Außen- und Innenpolitik entsprechend konzentriert sich Thailand nun auf die Rezeption des Sinfonieorchesters. Bei den musikalischen Kontakten beider Länder handelt es sich - wenn man es nur genauer betrachtet - nach wie vor um einseitige Rezep-

---

[24] Dieser Meister heißt Pisanu Schaembang. Diese Geschichte hat Prof. Kamtorn Snidvongse, dem sie von einem darüber völlig aufgebrachten Phra Chen Duriyanga erzählt wurde, dem Verfasser persönlich überliefert.

[25] Vgl. A. Stoffers, *Im Lande des weißen Elefanten. Die Beziehungen zwischen Deutschland und Thailand von den Anfängen bis 1962*, Bonn 1995, S. 239.

[26] Vgl. A. Stoffers, *Im Lande...*, S. 256.

[27] Vgl. A. Stoffers, *Im Lande...*, S. 258.

tion: Nur Thailand rezipiert das ‚deutsche' Sinfonieorchester, während die thailändische Musik umgekehrt in Deutschland weiterhin kaum bekannt und selten erforscht ist. Wie bei der Eulenburg-Mission 1862 erfüllt Deutschland gern den Wunsch nach Rezeption seiner Kultur, indem es über das Goethe-Institut im Rahmen der ‚kulturellen Zusammenarbeit' kontinuierlich viele Dirigenten und Solisten nach Thailand schickt sowie viele Stipendien für das Studium thailändischer Musikstudenten in Deutschland gewährt.

Exkurs: Ein Sinfonieorchester nach westlichem Vorbild wurde in Siam am Königshof zum ersten Mal in den 1920er Jahren gegründet. Nach 1932 wurde dieses in der Abteilung für westliche Musik von The Fine Arts Department untergebracht. In den 1960er Jahren wurde dann The Pro Musica Chamber Orchestra unter der Leitung von Prof. Kamtorn Snidvongse gegründet. In den 1980er Jahren wurde dieses Orchester schließlich zu The Bangkok Symphony Orchestra umgebaut. Anfänglich war The Pro Musica Chamber Orchestra ein Forum für das deutsche Hauskonzert, das von den Studenten M. L. Udom Snidvongse und M. L. Dej Snidvongse, die in Deutschland in den 1910er Jahren studiert hatten, eingeführt wurde. Dabei hatten viele westliche Freunde unter anderen auch Deutschen mitmusiziert. Die beiden waren Enkel von Prinz Kromaluang Wongsa, der als Verhandlungsführer Außenminister während der Eulenburg-Mission 1861/62 teilgenommen hatte. Als Kamtorn Snidvongse, der Urenkel, sein Musikstudium in London zu Beginn der 1960er Jahre absolvierte, gründete er neben diesem Hauskonzertforum ein Streichquartett, The Pro Musica String Quartet. Darunter war ein damals in Bangkok lebender Hamburger, Hans-Jochen Gosch dabei. Gosch, ein ernsthafte Musikliebhaber, kam in seinem ersten Aufenthalt in Bangkok in den 60er Jahren durch Empfehlung von K. O. Schmidt von der deutschen Botschaft in Bangkok zu diesem Kreis und spielte dabei Bratsche in diesem Quartett[28]. Aus dem Quartett entstand im Laufe der Zeit The Pro Musica Chamber Orchestra. Dieses Orchester wurde bei den Feierlichkeiten anläßlich des hundertsten Jahrestages des Eulenburg-Vertrages von 1862 in Bangkok mitgefeiert. Seitdem hat The Pro Musica Chamber Orchestra und später (d. i. seit den 1980er Jahren) The Bangkok Symphony Orchestra eng mit Deutschland zusammengearbeitet.

Dieses Auftreten eines alten Phänomens aus dem Zeitalter des Imperialismus in neuer Zeit erklärt sich aus dem Fortbestehen alter Zwänge. Thailand hat sich erholt und muß nun das Land schnell auf den Standard der Industriestaaten hin entwickeln. Nach wie vor betrachtet Thailand das westliche Wirtschaftsmodell beispielsweise als fortschrittliches Vorbild. Folglich werden weiterhin westliche Kultureinflüsse im Land assimiliert, und zwar noch stärker als zu

---

[28] Hans-Jochen Gosch ist mittlerweile von seinem zweiten Aufenthalt in Bangkok (1989-1997) nach Hamburg zurückgekehrt und hat dem Verfasser persönlich über das westliche Musikleben in Bangkok in den 60er und 90er Jahre berichtet.

Beginn des 20. Jahrhunderts. Die westliche Kultur wird dabei - insbesondere bei der neu entstehenden Mittelschicht - als Symbol des Aufstiegs betrachtet. In diesem Kontext vollzieht sich in der Gesellschaft Thailands die Assimilation westlicher Kultur neben der traditionellen Kultur im ‚dualen System‘[29]; dieses Phänomen ist auch in anderen asiatischen Ländern zu beobachten.

Im Hinblick auf die Geschichte der Kulturkontakte wurde behauptet, die einseitige Verbreitung westlicher Kultur auf der ganzen Welt sei eine Errungenschaft des Westens, der die beste moderne Staatsform erfunden haben müsse, weil diese sich in der ganzen Welt habe durchsetzen können[30]. Aus der Perspektive der Siamesen bzw. der Asiaten hatte sich anfangs die Annahme dieser Staatsform als vom Westen aufgezwungen dargestellt, zumal da eine solche Annahme bzw. einseitige Einflußnahme geradewegs aus der Unterlegenheit der westlichen imperialistischen Macht gegenüber hervorzugehen schien. Es stellt sich darüber hinaus die Frage nach der Wertigkeit der westlichen Kultureinflüsse sowie danach, ob die asiatischen Länder beispielsweise aufklärerische Gedanken oder Individualität übernommen haben. Am Beispiel der Untersuchung der Geschichte deutsch-thailändischer Musikbeziehungen konnte diese Untersuchung aufzeigen, daß Siam, obwohl es die westliche Staatsstruktur systematisch übernommen hat, in den übrigen Bereichen seine traditionellen kulturellen Eigenarten beibehalten hat. Bei einer Übernahme dieser Art kann von Assimilation gesprochen werden. Um diesen Assimilationsprozeß innerhalb der Thai-Gesellschaft präziser darstellen zu können, bedürfte es weiterer Forschungen, insbesondere in Bereichen der Geschichte der Kulturkontakte sowie der Soziologie. Die vorliegende Abhandlung wird dies nicht weiter vertiefen. Auf die Frage, in welche Richtung sich die Kulturpolitik Thailands in Zukunft weiterentwickeln wird, kann aufs Ganze gesehen die Vermutung geäußert werden, daß es weiterhin zielgerichtete Assimilation fremder Kultureinflüsse auf der Grundlage vielfältiger Kulturkontakte geben wird, wie es in Siam seit hunderten von Jahren der Fall war[31].

---

[29] Die vorliegende Arbeit wird nicht weiter untersuchen, welche Rolle die westlichen Kulturen in der thailändischen Gesellschaft nach 1954 spielten, weil die Thai-Gesellschaft nun unter anderen Prämissen besteht als im Zeitalter des Imperialismus. Um die Problematisierung der späteren Kulturkontakte zu ermöglichen, bedürfte es einer anderen Methode sowie anderer Voraussetzungen.

[30] Siehe die ausführliche Darstellung in dem Werk von W. Reinhard, *Geschichte der Staatsgewalt. Eine vergleichende Verfassungsgeschichte Europas von den Anfängen bis zur Gegenwart*, München 1999.

[31] Die kulturelle Kontakte Siams werden bestätigte beispielsweise auch in Johann Hübers Lexikon aus dem Jahr 1777: „Alle Häuser in Siam stehn auf Pfählen, damit das Wasser nur bis an den Fuß der ersten Etage steigen kann; bei einer Ueberschwemmung scheint Siam nach einem Model von Venedig gebaut zu seyn. Man zählt gegen 40 Nationen, die ihre Einwohner ausmachen, und jede hat ihr eigens Quartier." (*Johann Hübners reales Staats-Zeitungs- und Conversations-Lexikon*, 9. Aufl., Leipzig 1777, Sp. 2138).

Seit den 1980er Jahren wurde die ‚Globalisierung' thematisiert. Diese könnte vor dem Hintergrund der vorliegenden Abhandlung kritisch daraufhin befragt werden, ob sie zwar die Verwestlichung Thailands übermäßig beschleunigen wird, diese aber einen Kern thailändisch-asiatischer Kultur nicht antasten kann. Die daraus resultierende Eigenständigkeit asiatischer Staaten wie Thailand könnte das aus den Zeiten des Kolonialismus tradierte Machtverhältnis zwischen Ost und West vollends in Frage stellen und nunmehr einen Dialog wirklich gleicher Partner fordern.

Anhang

Ensembles und ihre Besetzungen[1]

In der Thai-Musik gibt es drei Hauptensembles: Piphat-, Mahorie- und Khrüngsai-Ensemble. Das Piphat-Ensemble ist in der Thai-Musik das Hauptensemble überhaupt, denn es wird in erster Linie bei Feierlichkeiten verwendet, sowohl im Theater, als auch in der Zeremonie. Die feierliche Musik soll nach der Empfindung der Thai laut und lebhaft sein. Zu diesem Zweck werden die Musikinstrumente, die großes Klangvolumen erzeugen, im Ensemble eingesetzt, z. B. Pi (oboenartiges Instrument), Ranat (Xylophon) und Khongwong (Kesselgong) sowie verschiedene Trommeln im Schlagwerk. Diese Instrumente gehören zu jeder Besetzung des Piphat-Ensembles. Seine Wichtigkeit und häufige Verwendung zeigt sich an verschiedenen möglichen Besetzungen. Das Mahorie- und Khrüngsai-Ensemble dient in erster Linie zur Unterhaltung, die meist im Innenhof stattfindet. Dabei soll der Musikvortrag leise und nicht zu ernst sein. Infolgedessen sind sie nur mit Instrumenten, die kleines Klangvolumen erzeugen, besetzt, z. B. Soh (Zweisaiten- und Dreisaitengeige), Jake (Zither) und Khlui (blockflötenartiges Instrument).

Im Hinblick auf die jeweilige Besetzung des Ensembles gibt es in der Regel drei Größen: Grund-, doppelte und große Besetzung. Es gibt also zunächst die Grundbesetzung, die jedoch in den verschiedenen Ensembles jeweils unterschiedlich ist. Dann vergrößert sich die Besetzung durch Verdoppelung des jeweiligen Hauptinstrumentes. Diese Besetzung trägt stets den Beinamen Khrüngkhu (verdoppelt), z. B. Piphat khrüngkhu- oder auch Mahorie khrüngkhu-Ensemble. Die große Besetzung (khrüngyai) legt zunächst die doppelte Besetzung zugrunde; dann werden die Metallxylophone (Ranat ek laek und Ranat thum laek) hinzugefügt.

Das Piphat khrüngha-Ensemble

Das Piphat Khrüngha-Ensemble hat die Grundbesetzung und heißt wörtlich das Piphat-Ensemble mit fünf verschiedenen Instrumenten: Pi nai (oboenartiges Instrument vom Tonumfang f-e^3), Ranat ek (Xylophon vom Tonumfang g-f^3), Khongwong yai (Kesselgong vom Tonumfang e-f^3), Taphon-Trommel und Glongtad-Trommel sowie Dsching (Becken):

Pi nai	Khongwong yai	Dsching
Taphon	Ranat ek	Glongtad

Die Sitzordnung des Piphat khrüngha-Ensembles

---

[1] Die Darstellung der in dieser Arbeit erwähnten Ensemblebesetzungen ist hier natürlich nicht vollständig. Es gibt weitere Varianten der Besetzung, die in den schriftlichen Quellen nicht einheitlich dargestellt sind; dasselbe gilt auch im Hinblick auf die Instrumente der Besetzungen.

Abb. 1 Das Piphat khrüngha-Ensemble (Bildquelle: The Fine Arts Department)

Das Piphat khrüngkhu-Ensemble (Das Piphat-Ensemble in doppelter Besetzung)

Die Besetzung des Piphat Khrüngkhu-Ensembles leitet sich von der des Piphat Khrüngha-Ensembles her, indem die Hauptinstrumente, Oboe, Xylophon und Kesselgong, verdoppelt werden. Diese doppelt besetzten Instrumente haben nämlich jeweils unterschiedlichen Tonumfang. So gibt es beispielsweise Pi nok und Pi nai in der Besetzung; wobei Pi nok (g-f^3) tiefer ist als Pi nai (f-e^3). Beim Xylophon gibt es Ranat ek ([d] g-e^3) und Ranat thum (g-f^2), und beim Kesselgong Khongwong lek (h-e^3) und Khongwong yai (d-e^2). Darüberhinaus wird das Schlagwerk entsprechend vermehrt, z. B. um Taphon-, Glongtad-Trommel, Dsching (Becken), Dschab yai und Dschab lek (große und kleine Zimbel), Graab (Schlagstock) und Mhong (Gong):

Graab	Dschab lek	Dschab yai	Mhong
Pi nok	Khongwong yai	Khongwong lek	Pi nai
Taphon		Dsching	Glongtad
Ranat ek		Ranat thum	Mhong

Die Sitzordnung des Piphat khrüngkhu-Ensembles

Das Piphat khrüngyai-Ensemble (Das Piphat-Ensemble in großer Besetzung)

Dieser Besetzung liegt diejenige des Piphat khrüngkhu-Ensembles zugrunde, welche um zwei Metallxylophone, Ranat ek laek und Ranat thum laek erweitert wird. Der Tonumfang von Ranat ek laek ist mit dem von Ranat ek identisch, ebenso derjenige von Ranat thum laek mit dem von Ranat thum. Die Besetzung besteht aus folgenden Instrumenten: Pi nai und Pi nok, Ranat ek und Ranat thum, Khongwong yai und Khongwong lek, Ranat ek laek und Ranat thu laek, Taphon-,

246

Glongtad-Trommel, Dsching (Becken), Dschab yai und Dschab lek(große und kleine Zimbel), Graab (Schlagstock) und Mhong (Gong):

Graab		Dschab yai	Dschab lek	Mhong	
Taphon	Pi nok	Khongwong yai	Khongwong lek	Pi nai	Glongtad
Dsching					
Ranat ek laek		Ranat ek	Ranat thum	Ranat thum laek	

Die Sitzordnung des Piphat khrüngyai-Ensembles

Abb. 2 Das Piphat khrüngyai-Ensemble (Bildquelle: The Fine Arts Department)

Darüber hinaus gibt es weitere Varianten des Piphat-Ensembles für unterschiedliche Anlässe.

Das Piphat mainuam-Ensemble

Das Piphat mainuam-Ensemble ist für einen Anlaß bestimmt, zu dem nicht zu laut gespielt werden soll. Folglich werden die Schläger des Xylophons und des Kesselgongs mit einem Tuch umwunden; dies ist als Dämpfer gedacht, um den Klang abzudunkeln. Außerdem wird die Oboe weggelassen, und statt dessen Soh uh (eine Zweisaitengeige vom Tonumfang h-d^2) eingesetzt. Somit sind die Instrumente der Besetzung: Khlui pieng o (blockflötenartiges Instrument in Thang pieng o nai), Soh uh (Zweisaitengeige), Ranat ek und Ranat thum, Khongwong yai und Khongwong lek, Glongtaphon- und Taphon-Trommel, Dsching (Becken), Dschab (Zimbel), Graab (Schlagstock) sowie Mhong (Gong):

Dschab	Graab	Mhong
Khongwong yai	Khongwong lek	Glongtaphon
Khlui pieng o	Dsching	Soh uh
Taphon	Ranat ek	Ranat thum

Die Sitzordnung des Piphat mainuam-Ensemble

Das Piphat nanghong-Ensemble

Das Piphat nanghong-Ensemble stammt aus der Mon-Volksgruppe. Die Besetzung dieses Ensembles ist im allgemeinen mit der des Piphat khrüngkhu-Ensembles identisch; der Unterschied besteht nur darin, daß hier Pi java (oboenartiges Instrument javanischer Herkunft vom Tonumfang a-e^3) eingesetzt wird. Darüber hinaus wird noch eine Glong malayu-Trommel hinzugefügt (Trommel mit Herkunft von der malaiischen Halbinsel). Somit sind die Instrumente dieser Besetzung: Pi java, Ranat ek und Ranat thum, Khongwong yai und Khongwong lek, Glong malayu-Trommel, Dsching, Dschab, Graab und Mhong:

Dschab	Graab	Mhong
Khongwong yai	Khongwong lek	
Pi java	Dsching	Glong malayu
Ranat ek	Ranat thum	

Die Sitzordnung des Piphat nanghong-Ensembles

Das Piphat dükdamban-Ensemble

Das Piphat dükdamban-Ensemble ist für das Theater, das sogenannte Lakon dükdamban bestimmt. Diese Theatergattung wurde von Prinz Naris in den 1890er Jahren erfunden. Sie geht zwar auf das traditionelle siamesische Tanztheater zurück, lehnt sich aber an die abendländische Theatertradition an, indem sie z. B. in einem geschlossenen Raum – wie die westliche Oper – aufgeführt wird. Infolgedessen soll die Musik (wie üblich) nicht zu laut sein. Dementsprechend ist diese Besetzung meist – wie das Piphat mainuam-Ensemble – aus Instrumenten, welche leise und in tieferer Lage sind, zusammengesetzt, wie z. B. Ranat thum und Ranat thum laek sowie Soh uh (Zweisaitengeige; Tonumfang h-d^2) und Khlui uh (blockflötenartig; Tonumfang f-c^2). Bemerkenswert ist dabei, daß viele Gongs von unterschiedlicher Größe (Khong hui) eingesetzt werden. Somit sind die Instrumente dieser Besetzung: Ranat ek und Ranat thum sowie Ranat thum laek, Khongwong yai, Soh uh, Khlui uh, Taphon- und Glongtaphon-Trommel, Dsching, Khong hui (Gong), Dschab, Graab und Mhong:

Dschab	Khong hui	Mhong
Taphon	Khongwong yai	Glongtaphon
Khlui	Dsching	Soh uh
Ranat thum	Ranat ek	Ranat thum laek

Die Sitzordnung des Piphat dükdamban-Ensembles

Das Piphat mon-Ensemble

Das Piphat mon-Ensemble wird meist für Musik im Mon-Stil verwendet, und seine Besetzung entspricht in der Regel der des Piphat-Ensembles. Der Unterschied besteht nur darin, daß in ihm der Khongmon yai (der dem Kesselgong entspricht – aber in Senkrechtform), die Poengmang-Trommeln (der Anordnung nach ähnlich dem Kesselgong, jedoch *senkrecht*) sowie Pi mon (oboenartiges

Instrument) eingesetzt werden. Somit sind die Instrumente dieser Besetzung: Khongmon yai (senkrechter Kesselgong), Ranat ek, Pi mon, Poengmang-, Taphon mon-Trommel, Mhong und Dsching:

Dsching	Ranat ek	Pi mon	Taphon mon
Mhong	Khongmon yai	Poengmang	

Die Sitzordnung des Piphat mon-Ensembles

Das Piphat mon khrüngkhu-Ensemble (Das Piphat mon-Ensemble in doppelter Besetzung)

Das Piphat mon khrüngkhu-Ensemble entspricht einem Piphat khrüngkhu-Ensemble, in dem die Hauptinstrumente doppelt besetzt werden. Somit sind die Instrumente dieser Besetzung: Khongmon yai, Khongmon lek, Ranat ek, Ranat thum, Pi mon, Poengmang-, Taphon mon-Trommel, Mhong mon, Dsching, Dschab sowie Graab:

Dschaab			Graab	
Dsching	Ranat ek	Pi mon	Ranat thum	Taphon mon
Mhong mon	Khongmon yai		Khongmon lek	Poengmang

Die Sitzordnung des Piphat mon khrüngkhu-Ensembles

Das Piphat mon khrüngyai-Ensemble (Das Piphat mon-Ensemble in großer Besetzung)

Ebenso entspricht das Piphat mon khrüngyai-Ensemble dem Piphat khrüng-yai-Ensemble. Die Instrumente der Besetzung sind folgende: Khongmon yai, Khongmon lek, Ranat ek, Ranat thum, Ranat ek laek, Ranat thum laek, Pi mon, Taphon-, Poengmang-Trommel, Mhong, Dsching, Graab sowie Dschab:

Dsching	Dschab		Graab	Taphon	
Ranat ek laek	Ranat ek	Pi mon	Ranat thum	Ranat thum laek	
Mhong	Khongmon yai		Khongmon lek		Poengmang

Die Sitzordnung des Piphat mon khrüngyai-Ensembles

Das Mahorie-Ensemble

Das Mahorie-Ensemble dient lediglich zur Unterhaltung, die im Innenhof stattfindet. Der Vortrag soll der Musik entsprechend leise sein. Folglich werden Pi (Oboen) aller Art von dieser Besetzung ausgeschlossen; statt dessen werden Saiteninstrumente eingesetzt, z. B. Zweisaiten- und Dreisaitengeige (Soh uh und Soh samsai) sowie Zither (Jake). Anders als im Piphat-Ensemble sind Saiteninstrumente hier die Hauptinstrumente, und Xylophon sowie Kesselgong treten in den Hintergrund zurück. Dazu soll noch bemerkt werden, daß Xylophon und Kesselgong in diesem Ensemble einen etwas kleineren Tonumfang aufweisen als im Piphat-Ensemble. So ist der Tonumfang von Ranat ek a-g^3, von Ranat thum e-g^2, von Khongwong e-g^2 und von Khong wong lek c^1-g^3.

Das Mahorie wong lek-Ensemble (Das Mahorie-Ensemble in kleiner Besetzung)

Das Mahorie wong lek-Ensemble gilt als die Grundbesetzung. Die Instrumente der Besetzung sind folgende: Ranat ek, Khongwong yai, Jake (Zither), Soh samsai (Dreisaitengeige), Soh duang und Soh uh (Zweisaitengeige), Khlui pieng o (Flöte), Thon- und Ramana-Trommel, Dsching, Dschab, Graab sowie Mhong:

Khlui pieng o	Ramana	Thon	Thon	Dsching	Dschab	Graab
Soh duang		Khongwong yai			Soh uh	
Ranat ek				Jake		
Soh samsai						

Die Sitzordnung des Mahorie weg lek-Ensembles

Das Mahorie khrüngkhu-Ensemble (Das Mahorie-Ensemble in doppelter Besetzung)

Wie im Piphat khrüngkhu-Ensemble werden alle Instrumente in der Besetzung des Mahorie khrüngkhu-Ensembles verdoppelt. Als Instrumente der Besetzung ergeben sich somit folgende: zwei Jake, zwei Soh samsai, Ranat ek und Ranat thum, Kongwong yai und Khongwong lek, zwei Soh uh, zwei Soh duang, Khlui lib und Khlui pieng o, Thon- und Ramana-Trommel, Dsching, Dschab, Graab und Mhong:

Ramana	Thon	Dschab	Graab	Mhong
Dsching		Khongwong yai		Khongwong lek
Soh duang	Soh duang	Khlui lib	Khlui ping o	Soh uh	Soh uh
Jake	Ranat ek		Ranat thum	Jake
Soh samsai			Soh samsai	

Die Sitzordnung des Mahorie khrüngkhu-Ensembles

Das Mahorie wongyai-Ensemble (Das Mahorie-Ensemble in großer Besetzung)

Wie im Piphat khrüngyai-Ensemble legt die Besetzung des Mahorie wongyai-Ensembles die des Mahorie khrüngkhu-Ensembles zugrunde und erweitert diese dann um zwei Metallxylophone (Ranat ek laek und Ranat thum laek) sowie verschiedenes Schlagwerk. Somit sind die Instrumente dieser Besetzung: 2 Jake, Khlui pieng o und Khlui uh, 2 Soh uh, 2 Soh duang und Soh samsai, Ranat ek, Ranat thum, Ranat ek laek und Ranat thum laek, Khongwong yai und Khongwong lek, Thon-, Ramana-Trommel, Mhong-Gong, Dsching, Dschab sowie Graab:

Dsching	Thon und Ramana	Mhong	Dschab und Grab

Soh duang	Khlui pieng o	Khongwong yai	Khongwong lek	Khlui uh	Soh uh

Ranat ek laek	Ranat ek	Ranat thum	Ranat thum laek

Soh duang	Jake	Soh samsai	Jake	Soh uh

Die Sitzordnung des Mahorie wongyai-Ensembles

Abb. 3 Das Mahorie wongyai-Ensemble (Bildquelle: The Fine Arts Department)

Das Khrüngsai-Ensemble (wörtlich: Das Saiten-Ensemble)

Das Khrüngsai-Ensemble tritt, wie das Mahorie-Ensemble, grundsätzlich nur zur Unterhaltung auf. Die Besetzung des Khrüngsai-Ensembles unterscheidet sich von der des Mahorie-Ensembles dadurch, daß es hier – wie der Name schon impliziert – lediglich Saiteninstrumente sowie Blasinstrumente gibt, wie z. B. Geigen (Soh daung und Soh uh sowie Soh samsai), Zither (Jeke) und Flöten (Khlui); Xylophon und Kesselgong werden dabei weggelassen.

Das Khrüngsai wonglek-Ensemble (Das Khrüngsai-Ensemble in kleiner Besetzung)

Die Besetzung des Khrüngsai wonglek-Ensembles entspricht der Grundbesetzung des Piphat-Ensembles, indem sie nur fünf verschiedene Instrumente umfaßt: Jake, Soh duang und Soh uh, Khlui, Thon- und Ramana-Trommel, Dsching, Dschab, Graab sowie Mhong-Gong:

Dsching	Ramana	Thon	Graab	Dschab
Soh duang	Jake	Khlui		Soh uh

Die Sitzordnung des Khrungsai wonglek-Ensembles

Das Khrüngsai khrüngkhu-Ensemble (Das Khrüngsai-Ensemble in doppelter Besetzung)

Die Besetzung des Khrüngsai khrüngkhu-Ensembles ergibt sich durch die Verdoppelung der Hauptinstrumente des Khrüngsai wonglek-Ensembles: zwei Jake, zwei Soh duang und zwei Soh uh, zwei Khlui: Khlui lib und Khlui pieng o, Thon- und Ramana-Trommel, Dsching, Dschab, Graab, Mhong-Gong:

Dsching	Graab	Mhong	Ramana	Thon
Khlui lib			Khlui pieng o	
Soh duang	Soh duang		Soh uh	Soh uh
Jake			Jake	

Die Sitzordnung des Khrüngsai khrüngkhu-Ensembles

Abb. 4 Das Khrüngsai khrüngkhu-Ensemble (Bildquelle: The Fine Arts Department)

252

Thang (die ‚Leiter' in der Thai-Musik):

Der Begriff Thang (wörtlich: „der Weg", oder auch: „die Art und Weise") nimmt in der Thai-Musik insgesamt drei Bedeutungen an: Erstens bedeutet „Thang" die Spieltechnik für ein bestimmtes Instrument, z. B. Thang Ranat ek ist die Bezeichnung der Spieltechnik für das Xylophon und meint die bestimmte Melodie des Xylophons, welche die Kern-Melodie vom Kesselgong übernommen hat und mit einer bestimmten Spieltechnik des Xylophons weiter variiert wird.

Zweitens weist Thang auf eine bestimmte Version einer Komposition nach einer bestimmten Meisterschule hin. Zum Beispiel wird die Komposition *Khäkmon Bangkhunprom Thao* in der Version der Patayakosol-Meisterschule in Thai folgendermaßen bezeichnet: *Khäkmon Bangkhunprom Thao* in Thang Patayakosol.

Und drittens ist Thang die pentatonische Leiter, die ihren jeweiligen Namen von Grundton' bezieht, auf dem sie aufgebaut ist. Dabei kann jeder der sieben Töne einer Leiter zugrunde liegen. Dabei handelt es sich um ein in sieben gleiche Stufen unterteiltes Tonsystem. In der Thai-Sekundärliteratur wird das Tonsystem stets anhand der in Reihen geordneten Gongs des Kesselgongs dargestellt. Die sieben Töne werden folgendermaßen ins Fünfliniensystem übertragen: F, G, A, H, C, D und E. Es muß darauf hingewiesen werden, daß die Intervallstruktur in der Thai-Musik, obwohl sie hier im wesentlichen Fünfliniensystem dargestellt ist, nicht der europäischen entspricht, d. h.: der Abstand der Intervalle zwischen F und E sowie H und C ist kein Halbton, sondern ein Ganztonintervall nach dem Verhältnis der Thai-Musik[1]. So heißt dieser Ton jeweils folgendermaßen:

| Pieng o lang | Nai | Glang | Pieng o bon | Nok (Gruad) | Glang haeb | Java |

F: Pieng o lang (der Ton Pieng o lang entspricht dem 3. und 10. Gong des Kesselgongs ausgehend vom tiefsten Gong, daher werden der 3. und 10. Gong Pieng o genannt). G: Nai (dem 4. und 11. Gong), A: Glang (dem 5. und 12. Gong), H: Pieng o bon (dem 6. und 13. Gong), C: Nok oder auch Gruad (dem 7. und 14. Gong), H: Glang haeb (dem 1., 8. und 15. Gong) und C: Java (dem 2., 9. und 16. Gong).

Bemerkenswert ist dabei, daß die Darstellung des Tonsystems in der Thai-Musikliteratur immer mit dem Ton F anfängt, der als der 1. Ton des sieben gleichmäßig siebenstufigen Thai-Tonsystems betrachtet werden muß. Bei der Darstellung auf dem Fünfliniensystem neigt man dazu, den Ton C (Gruad) nach dem westlichen System als die erste Stufe zu bezeichnen. Die Thai-Musiker nennen den Ton

---

[1] Diese teilt die ‚Oktave' in sieben genau gleiche große Schritte.

F (pieng o lang) in der Tat auch fa (und den Ton C do) nach dem westlichen Solmisationssystem; die Thai-Musiker haben die Solmisation im Laufe des 20. Jahrhunderts übernommen, vermutlich bei der Bearbeitung der Thai-Musik für den Vortrag durch westliche Instrumente. Die Verwendung der Solmisation in der Thai-Musik wird aber hauptsächlich nur als Hilfsmittel zur Transposition gedacht (siehe unten). Deshalb darf die Benennung do, re, mi, fa usw. nicht mit der Position der jeweiligen sieben Stufen des Tonsystems, also den Namen des pieng o lang usw. verwechseln werden.

Die Namen der jeweiligen Stufe entsprechen ausschließlich den Namen der Holzblasinstrumente, z. B. Khlui pieng o, Pi nai, Pi nok, Pi glang sowie Pi java. Weil diese Instrumente, wie auch die Geige (Soh), im Vergleich zum Xylophon (Ranat) oder Kesselgong (Khongwong) einen beschränkten Tonumfang haben, müssen Ranat und Khongwong sich nach dem Tonumfang bzw. nach einer geeigneten Leiter dieser Instrumente richten. So heißt der Ton F beispielsweise pieng o lang, weil die Pentatonik auf F oder Thang pieng o lang (wörtl. die Thang, also die Leiter, die auf dem Ton pieng o lang basiert) die Leiter der Khlui pieng o ist. Es gibt in der Thai-Musik insgesamt sieben Thang (Leitern):

1. Thang pieng o lang oder die Pentatonik auf F: F, G, A, C und D. Thang pieng o wird auch Thang nai rod (wörtl. eine Stufe unterhalb des Tons nai (Tons G)) genannt. Die Bezeichnung Thang pieng o lang entspricht dem Namen der Flöte Khlui pieng o, denn sie ist die Leiter dieser Flöte. Khlui pieng o hat einen Tonumfang von h bis h^2 (vergleiche auch Thang pieng o bon unten). Außerdem ist diese Leiter auch für Soh duang (Zweiseitengeige) geeignet, weil ihre zwei leeren Seiten mit f^1 und c^2 gestimmt werden. Werden Khlui pieng o und So duang in einem Ensemble eingesetzt, so muß das Ensemble die Musik in Thang pieng o lang bzw. in der Pentatonik auf F spielen. Dies kommt beispielsweise in der Besetzung des Piphat mainuam-Enembles vor. Das Piphat mainuam-Ensemble verwendet man zur Begleitung des Lakon dükdamban-Theaters. Weiterhin ist bemerkenswert, daß, wenn ein Musikstück in Thang pieng o nai steht, dies nicht unbedingt bedeutet, daß der Ausgangston des Stückes (entsprechend etwa dem ‚Grundton‘) automatisch F ist. Paradebeispiel dafür ist die Komposition *Khäkmon Bangkhunprom Thao*. Diese steht in Thang pieng o nai, also in der Pentatonik auf F, aber der Ausgangston ist G, die zweite Stufe.

2. Thang nai oder die Pentatonik auf G: G, A, H, D und E. Der Name Thang nai ist von dem Namen der Pi nai hergeleitet, denn die Pentatonik auf G ist die Leiter der Pi nai (Pi nai hat einen Tonumfang von (d) f bis c^3 (e^3)). Pi nai gehört zur Besetzung des Piphat maikhäng-Ensembles. Dieses Ensemble verwendet man für die Musik des Lakon und Khon, also die Naphat-Musik. Infolgedessen steht die Naphat-Musik überwiegend in Thang nai bzw. in der Pentatonik auf G. Daraus entstanden beispielsweise die Stücke *Dschoed nai* und *Dschoed nok* (*Dschoed nai* steht in Thang nai, in der Pentatonik auf G, und *Dschoed nok* in Thang nok, in der Pentatonik auf C, siehe unten).

3. Thang glang oder die Pentatonik auf A: A, H, C, E und F. Thang glang ist die Leiter der Pi glang (Pi glang weist einen Tonumfang von (e) f bis d^3 (f^3) auf). Pi glang gehört ebenfalls zur Besetzung des Piphat-Ensembles, das meist für die Nangyai- (Schattentheater) und die Khon-Aufführung bestimmt ist.

4. Thang pieng o bon oder die Pentatonik auf H: H, C, D, F und G. Thang pieng o bon ist ebenfalls die Leiter der Khlui pieng o (Tonumfang h-h^2) wie auch der Soh uh (Zweiseitengeige, deren zwei leere Seiten werden mit h und f^1 gestimmt). Die Bezeichnung Thang pieng o bon entstammt dem Namen der Flöte Khlui pieng o deshalb, weil H der tiefste Ton der Khlui pieng o und Soh uh ist. Das heißt, in diesem Zusammenhang kann Khlui pieng o neben der Pentatonik auf F auch die Pentatonik auf H am geeignetsten spielen. Um Thang pieng o bon von der Thang pieng o lang (Pentatonik auf F) zu unterscheiden, werden die Suffixe bon (oben) und lang (unten) hinzugefügt. Khlui pieng o und Soh uh gehören zur Besetzung des Mahorie- und Khrüngsai-Ensembles. Da Khlui pieng o zwei Leitern spielen kann, werden das Mahorie- und Khrüngsai-Ensemble sowohl in Thang pieng o bon (in der Pentatonik auf H) als auch in Thang pieng o lang (in der Pentatonik auf F) gespielt.

5. Thang nok (oder auch Thang gruad) oder die Pentatonik auf C: C, D, E, G und A. Thang nok ist die Leiter der Pi nok (Pi nok weist einem Tonumfang von (g) a bis f^3 (a^3) auf). Pi nok wird im Piphat-Ensemble eingesetzt, das zur Begleitung der Sephat-Rezitation verwendet wird. Außerdem wird Pi nok neben Pi nai im Piphat-Ensemble zum Lakon und Khon eingesetzt. Daraus ergibt sich das Stück *Dschoed nok* neben *Dschoed nai; Dschoed nok* ist in Thang nok (in der Pentatonik auf C), wobei Pi nok das Hauptinstrument dieses Stückes ist.

6. Thang glang haeb (oder Thang haeb) oder die Pentatonik auf D: D, E, F, A und H. Thang glang haeb ist ebenfalls die Leiter der Pi glang (Tonumfang (e) f-d^3 (f^3)). Thang glang haeb (die Pentatonik auf D) ist komplementär zu Thang glang (der Pentatonik auf A) (vergleiche mit Thang glang oben). Mit Pi glang spielt man am besten in Thang glang, aber auch in Thang glang haeb (wörtl. Thang glang mit ,rauhem Ton'), die dafür jedoch nicht so gut geeignet ist, weil dabei krächzende Töne (haeb) erzeugt werden. Dementsprechend wird Thang glang haeb selten verwendet.

7. Thang java oder die Pentatonik auf E: E, F, G, H und C. Thang java ist die Leiter der Pi Java (Thai-Oboe javanischer Herkunft). Aus diesem Grund heißt der Ton E Thang java. Pi java wird im sogenannten Khrüngsai Pi java-Ensemble eingesetzt.

Aus der Tatsache, daß die Blasinstrumente und Geigen die Leiter des Ensembles bestimmen, läßt sich für das jeweilige Ensemble eine bestimmte Leiter ableiten. Es gibt insgesamt drei wichtige Ensembles in der Thai-Musik (siehe auch *Ensembles und ihre Besetzungen* im Anhang):

a) Das Mahorie- und Khrüngsai-Ensemble. Da diese zwei Ensembles von Khlui pieng o, Soh duang und Soh uh besetzt werden, spielen diese beiden Ensembles die Musik in Thang pieng o bon (in der Pentatonik auf H) oder Thang pieng o lang (in der Pentatonik auf F). Aber die Pentatonik auf H wird als die Leiter des Ensembles betrachtet, das heißt wiederum, der Ton H gilt als der ‚Grundton' des Ensembles. Demzufolge nennen die Musiker den Ton H (pieng o bon) anhand des Solmisationssystems do, den Ton C re usw. Diese Festlegung ist auf praktische Gründe zurückzuführen, nämlich die Transposition (siehe unten).

b) Das Piphat khrüngkhu-Ensemble (das Piphat-Ensemble in doppelter Besetzung). Dieses Ensemble verwendet hauptsächlich Thang nai bzw. Thang nok, also die Pentatoniken auf G und C, denn Pi nai und Pi nok gehören zur Besetzung dieses Ensembles. Die Pentatonik auf C gilt jedoch als die Leiter des Ensembles, und der Ton C (nok) ist der ‚Grundton', also do nach der Solmisation.

Und das Piphat-Enemble mit Pi glang in der Besetzung. Dementsprechend verwendet dieses Ensemble Thang glang und Thang glang haeb (die Pentatoniken auf A und D), aber die Pentatonik auf D ist die Leiter, und D gilt als der ‚Grundton' (do) des Ensembles.

c) Das Khrüngsai pi java-Ensemble. Der Pi java entsprechend wird die Musik in diesem Ensemble meistens in Thang java (E) gespielt, und die Pentatonik auf E ist die Leiter des Ensembles, und der Ton java (E) ist do nach der Solmisation.

Aus dem praktischen Grund, daß zwei gleiche Arten von Instrumenten gewöhnlich in einem Ensemble eingesetzt werden - exemplarisch zeigt sich dies bei Pi nai und Pi nok (sowie auch Pi glang) in der Besetzung des Piphat-Ensembles - ist nun zweierlei zu beobachten: Zum einen verwendet das Piphat-Ensemble zwei Leitern, nämlich Thang nai (die Pentatonik auf G) und Thang nok (die Pentatonik auf C). Und zum anderen stehen diese zwei Leitern in Quart- bzw. Quint-Verbindungen. Aus dem Zusammenschluß von diesen zwei Leitern ergeben sich sechs Haupttöne in der Pentatonik auf C des Piphat-Ensembles, nämlich C, D, E G, A und H:

Thang nai (Pentatonik auf C)	C	D	E	G	A			
Thang nok (Pentatonik auf G)				G	A	H	D	E
	C	D	E	G	A	H		

Empirisch gesehen handelt es sich bei der Thai-Leiter nun um eine sechsstufige Leiter statt der Pentatonik, die hier als Sechstonleiter bezeichnet wird. Das Phänomen der Sechstonleiter in der Thai-Musik ist durch gewisse Charakteristika bedingt, z. B. durch die musikalische Idiomatik, also durch den Stil der Thai-Musik (siehe unten). Um diese im einzelnen angeben zu können, sind jedoch weitere Untersuchungen nötig.

256

Ebenso sind die Zusammenschlüsse von anderen Paarleitern bei anderen Ensembles darzustellen:

Die Sechstonleiter im Mahorie- und Khrüngsai-Ensemble:

Thang pieng o bon (Pentatonik auf H)	H	C	D	F	G			
Thang pieng o lang (Pentatonik auf F)				F	G	A	C	D
	H	C	D	F	G	A		

Die Sechstonleiter im Piphat-Ensemble, in dem Pi glang verwendet wird:

Thang glang haeb (Pentatonik auf D)	D	E	F	A	H			
Thang glang (Pentatonik auf A)				A	H	C	E	F
	D	E	F	A	H	C		

Aus diesem Zusammenhang ist zu erklären, warum es in der Thai-Musik so schwer ist, die Thang eines Stückes zu fixieren, ohne vorher den Titel oder das Ensemble (siehe unten) zu wissen. Zum Beispiel kann ein Musikstück in Thang pieng o bon beliebig in Thang pieng o lang abweichen und umgekehrt. Der Titel *Dschoed nai* weist deshalb darauf hin, daß Thang nai bzw. die Pentatonik auf C die Leiter dieses Stückes ist.

Ferner weisen Thang (die pentatonischen Leitern) jeweils noch auf einen bestimmten ‚Charakter‘ hin. Dies liest man in erster Linie aus dem Titel ab, und zwar aus dem Suffix. Die Naphat-Musik zum Lakon und Khon ist ein gutes Beispiel dafür. Es gibt beispielsweise die Stücke *Grau nai*, *Grau nok* und *Grau glang*. Die Suffixe nai, nok und glang deuten nicht nur die Leiter an, sondern verweisen auch auf den Charakter der Theaterfigur: *Grau nok* beschreibt die Feldzugsszene des Rāmas und seiner Leute, *Grau nai* die Feldzugsszene der Dämonen, und *Grau glang* beschreibt die Truppenbewegung der menschlichen Soldaten. Dieser Charakter tritt zusammen mit Melodieführung und dem Schlagmuster, dem sog. Dschangwa Nathab, auf, desweiteren verweist Thang auf das musikalische Idiom bzw. den Stil, nämlich die Musik anderer Herkunft. Der Angabe der Sekundärliteratur in Thailand zufolge gibt es insgesamt nur vier musikalische Stile:

a) Der kambodschanische Stil (Phleng samnieng Khamen). Zunächst wird angegeben, daß die Leiter der Phleng samnieng Khamen die 4. Pentatonik des Tonsystems ist, dessen Grundton das C ist. Also ist die Leiter der Phleng samnieng Khamen die Pentatonik auf F, und der ‚Grundton‘ ist fa nach der Solmisation. Dies kann als Regel gelten, nämlich daß der ‚Grundton‘ der Leiter der Phleng samnieng Khamen stets auf der 4. Stufe der Leiter des Ensembles liegt. Ist zum Beispiel die Pentatonik auf C (Thang nok) die Leiter des Piphat-Ensembles, dann spielt man Phleng samnieng Khamen in der Pentatonik auf F. Auf gleiche Weise wird Phleng samnieng Khamen in der Pentatonik auf E im Mahorie- und Khrüngsai-Enemble vorgetragen und in der Pentatonik auf A im Khrüngsai Pi java-Ensemble.

b) Der laotische Stil (Phleng samnieng Lao). Der Vorschrift zufolge basiert die Leiter der Phleng samnieng Lao auf dem 1. Ton (do) des Tonsystems. Infolgedessen spielt man Phleng samnieng Lao im Piphat-Ensemble immer in der Pentatonik auf C, im Mahorie- und Khrüngsai-Ensemble in der Pentatonik auf H und im Khrüngsai-Pi java-Enemble in der Pentatonik auf E.

c) Der Mon-Stil (Phleng samnieng Mon). Der ‚Grundton' der Leiter der Phleng samnieng Mon ist die 7. Stufe (si) des Tonsystems. So wird Phleng samnieng Mon im Piphat-Ensemble in der Pentatonik auf H, im Mahorie-Khrüngsai-Ensemble in der Pentatonik auf A und im Khrüngsai Pi java-Ensemble in der Pentatonik auf D gespielt.

d) Die Naphat-Musik. Da diese Musik nur vom Piphat-Ensemble vorgetragen wird, dessen Leiter die Pentatonik auf C ist, basiert sie stets auf dem Grundton G (sol), also auf der 5. Stufe.

Phleng Sanrasoen sueapa

zusammengesetzt von Suphot Manalapanacharoen

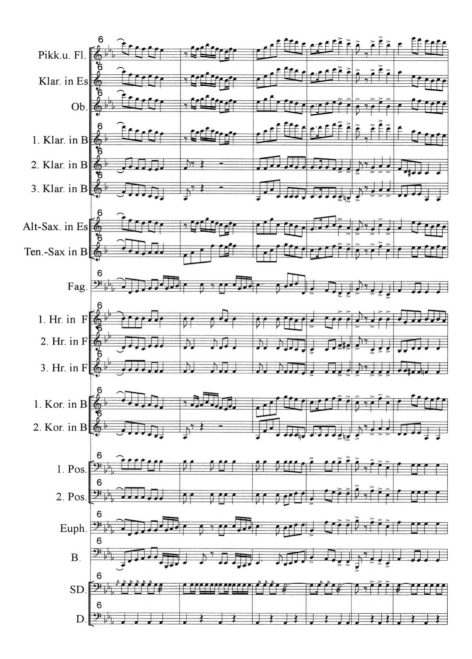

260

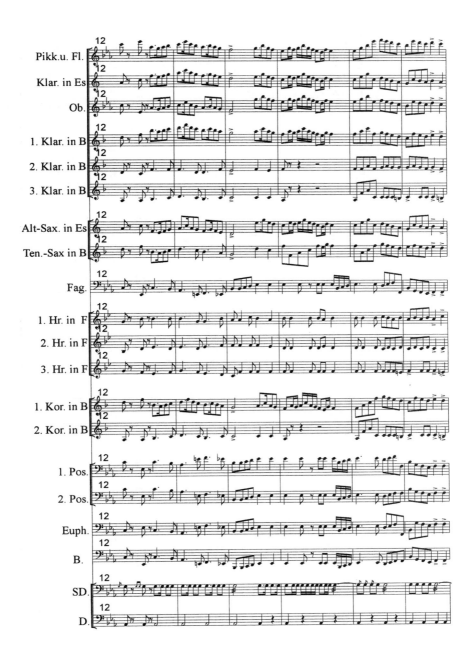

261

Khäkmon Bangkhunprom Thao

Sam chan-Variante, 1. Abschnitt (III,1)

Die Kesselgong-Stimme in der Version von Meister Uthai Patayakosol
transkribiert von Suphot Manlanapanacharoen

Paribatra
(1881-1944)

MP = melodische Phrase

263

4. MP

Xylophon u. Kesselgong

Sam chan-Variante, 2. Abschnitt (III, 2)

Xylophon u. Kesselgong

Q_2 ——————— S_4————————

Sam chan-Variante, 3. Abschnitt (III, 3)

4. MP

Die Gestalt E

M$_7$ ——— M$_8$

5. MP

Die Synkope II

6. MP

Die Synkope I

S$_{2a}$ ——— S$_4$

Song chan-Variante, 1. Abschnitt (II, 1)

Song chan-Variante, 2. Abschnitt (II, 2)

Die Sequenzierung

Song chan-Variante, 3. Abschnitt (II, 3)

Chan dieow-Variante, 1. Abschnitt (I, 1)

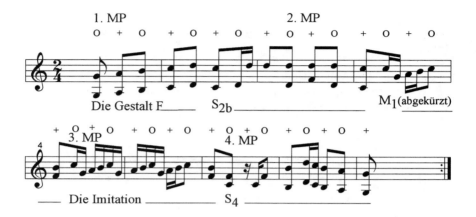

Chan dieow-Variante, 2. Abschnitt (I, 2)

Chan dieow-Variante, 3. Abschnitt (I, 3)

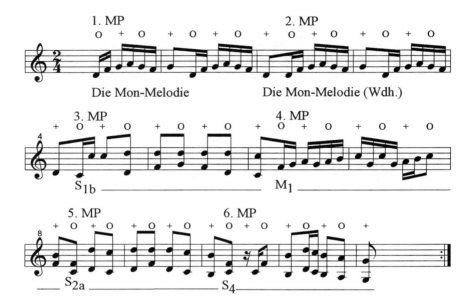

Khäkmon Bangkhunprom Thao (Kapellenfassung)

Sam chan-Variante, 1. Abschnitt (III, 1)

zusammengesetzt von Suphot Manalapacharoen

Paribatra
(1881-1944)

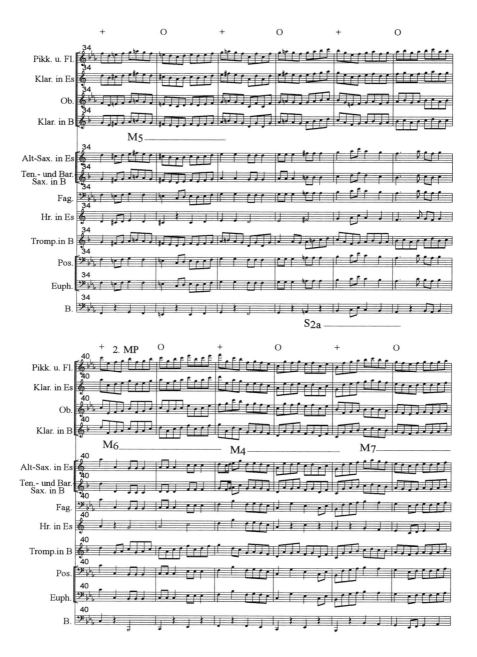

278

Sam chan-Variante, 2. Abschnitt (III, 2)

281

283

Sam chan-Variante, 3. Abschnitt (III, 3)

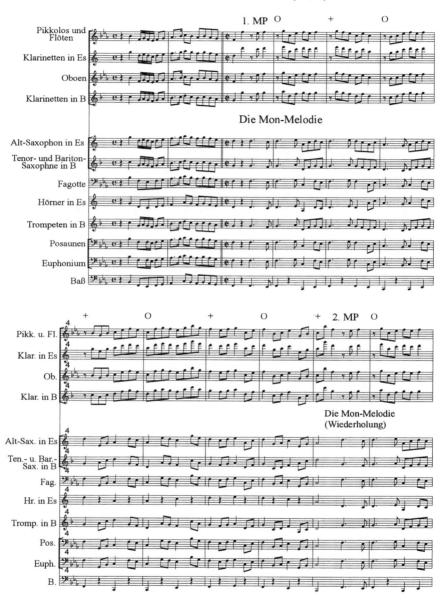

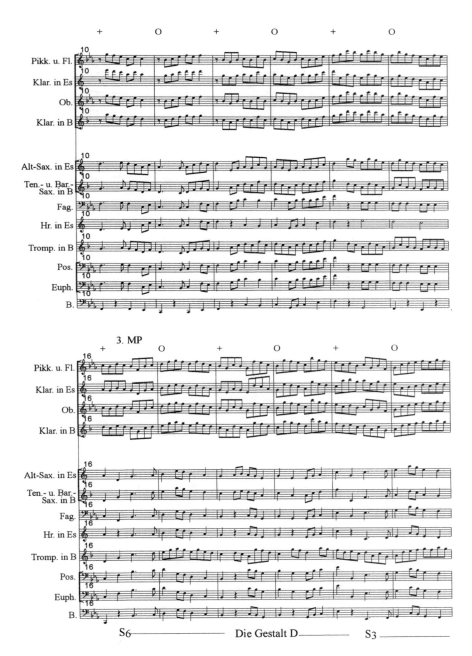

3. MP

S6——————— Die Gestalt D————— S3 ————————

Die Synkope II

Die Synkope I   S2a ——————

288

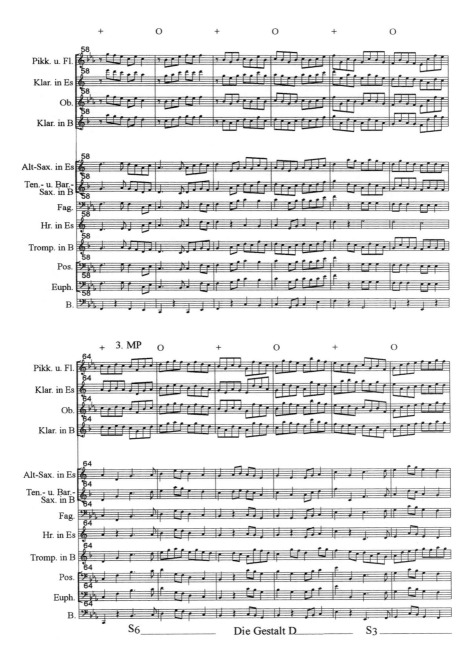

S6_____ Die Gestalt D_____ S3_____

289

Die Synkope II

Die Synkope I   S2a———————— S4————————

Song chan-Variante, 1. Abschnitt (II, 1)

293

294

Song chan-Variante, 2. Abschnitt (II, 2)

296

Song chan-Variante, 3. Abschnitt (II, 3)

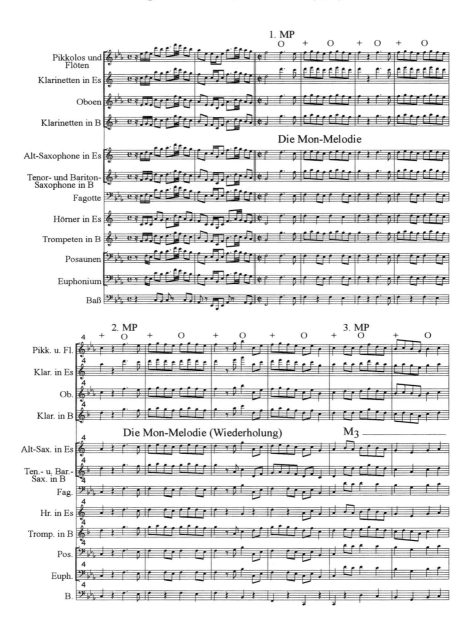

298

300

Chan dieow-Variante, 1. Abschnitt (I, 1)

Chan dieow-Variante, 2. Abschnitt (I, 2)

Chan dieow-Variante, 3. Abschnitt (I, 3)

304

Lukmod (Schlußsatz)

306

Text zur Rezitation des Stückes *Khäkmon Bangkhunprom Thao*

Sam chan-Variante:

III, 1: คราวนั้น   Als Plaijumpon das hörte, schwieg er [eine
พลายชุมพลได้ฟังก็ยั้งหยุด   Weile].
จึงตอบว่าเราผู้เรืองฤทธิรุทธ์   Daraufhin sagte er: Ich, der strahlende
    Machthaber,

III, 2: นามสมมุติว่าสมิงมัตรา   Heiße Sming Matra
ถิ่นฐานบ้านเมืองเรานี้   Und bin von der Stadt Hongsa(wadi).
อยู่ยังธานีหงสา

III, 3: แมงตะยะและเม้ยมังตะยา   Mäng Taya und Meui Mangtaya
เป็นบิดรมารดาของเรา   Sind mein Vater und meine Mutter.
อาจารย์เราหรือชื่อสุเมธ   Mein Lehrer ist Sumeth.
เรื่องพระเวทไม่มีใครดีเท่า   Seine Veda-Kenntnisse sind unübertroffen.

Song chan-Variante:

II, 3: ตัวท่านพี่ยกมาสู้เรา   Mein Bruder, möchtest Du mit mir kämpfen,
คือเป็นลูกเต้าเหล่าใคร   sag mir zuvor: Wer bist Du, wer sind Deine
    Eltern?

II, 2: อนึ่งพระเจ้าอยุธยา   Was für einen Rang hat der Herrscher von
ตั้งตำแหน่งยศฐานให้เพียงไหน   Ayudhaya [Siam] Dir verliehen?

II, 3: ชื่อเดิมของท่านนั้นชื่อไร   Wie ist Dein Name?
ท่านผู้ใดเป็นครูอาจารย์   Wer ist Dein Lehrer?

Chan dieow-Variante:

I, 1: ขับลำบรรเลงเป็นเพลงเถา   Diesen Rezitationstext zu dieser Thao-
    Komposition [habe ich, der Komponist,
    einem Abschnitt aus dem Roman
    Khundchang-Khunpän entnommen].

I, 2: เพลงมอญเก่าแสนเสนาะเพราะ   Die schöne Kernmelodie stammt aus einer
หนักหนา   alten [anonymen] Mon-Melodie.

I, 3: แขกมอญบางขุนพรหมมีสมญา   Der Titel dieser Komposition *Khäkmon
ฉันได้มาแต่วังบางขุนพรหม   Bangkhunprom* ist von dem Namen meines
    Hofes Bangkhunprom hergeleitet.

Tonbeispiel-Verzeichnis

Khäkmon Bangkhunprom Thao

Die traditionelle Fassung

Die Kesselgong-Version:

sam chan-Variante	song chan-Variante	chan dieow-Variante
1: III, 1	4: II, 1	7: I, 1
2: III, 2	5: II, 2	8: I, 2
3: III, 3	6: II, 3	9: I, 3

Die Kesselgong mit Xylophon-Version:

sam chan-Variante	song chan-Variante	chan dieow-Variante
10: III, 1	13: II, 1	16: I, 1
11: III, 2	14: II, 2	17: I, 2
12: III, 3	15: II, 3	18: I, 3

Kesselgong: Uthai Patayakosol
Xylophon: Somsak Traivas
Aufnahme: 25. März 1997 von Suphot Manalapanacharoen

Die Piphat-Ensemble-Version:

sam chan-Variante	song chan-Variante	chan dieow-Variante
19: Rezitation	28: Rezitation	35: Rezitation
20: Überleitung	29: Überleitung	36: I, 1
21: III, 1	30: II, 1	37: Rezitation
22: Rezitation	31: Rezitation	38: I, 2
23: Überleitung	32: II, 2	39: Rezitation
24: III, 2	33: Rezitation	40: I, 3
25: Rezitation	34: II, 3	41: Schluß (Lukmod)
26: Überleitung		
27: III, 3		

Das Patayakosol-Ensemble
Leitung: Khunying Paitoon Kittiwan
Sängerin: Usa Saengpairoj
Aufnahme: 1981

Die Blaskapellenfassung:

sam chan-Variante	song chan-Variante	chan dieow-Variante
42: Rezitation	51: Rezitation	57: Rezitation
43: Überleitung	52: II, 1	58: I, 1
44: III, 1	53: Rezitation	59: Rezitation
45: Rezitation	54: II, 2	60: I, 2
46: Überleitung	55: Rezitation	61: Rezitation
47: III, 2	56: II, 3	62: I, 3
48: Rezitation		63: Schluß (Lukmod)
49: Überleitung		
50: III, 3		

Die Militärkapelle der Royal Thai Navy
Leitung: Khunying Paitoon Kittiwan
Sängerin: Usa Saengpairoj
Aufnahme: 1981

64: *Phleng Sanrasoen sueapa*

Die Militärkapelle der Royal Thai Navy
Leitung: Captain Veeraphan Waklang
Aufnahme: 1981

310

Zeittafel der Thai-Geschichte

Die Könige von Sukhothai-Periode:

Sri Indraditya	?1240 - ?1270
Banmüng	?1270 - ?1279
Ramkhamhaeng	?1279 - 1298
Löthai	1298 - ?1346/47
Ngam Nam Thom	1346 - 47
Mahathamamraja I. (Lüthai)	1346/ 47 - 1368/ 74
Mahathammaraja II.	1368/ 74 - 1398?
Mahathammaraja III.	1398 - 1419
Mahathammaraja IV.	1419 - 1438

Die König von Ayuddhya-Periode:

Ramthibodi (I.)	1351 - 1369
Ramesuan (1.Regierungsantritt)	1369 - 1370
Borommaraja I.	1370 - 1388
Thong Chan	1388
Ramesuan (2. Regierungsantritt)	1388 - 1395
Ramaraja	1395 - 1409
Indra raja (I.)	1409 - 1424
Borommaraja II.	1424 - 1448
Borommadreilokanard	1448 - 1463 in Ayudhaya, 1463-1488 in Pisanulok
Borommaraja III.	1463 - 1488
Indra raja II.	1488 - 1491
Ramathibodi II.	1491 - 1529
Boromaraja IV.	1529 - 1533
Ratsada	1533 - 1534 (5 Monate)
Chairaja	1534 - 1547
Yod fa	1547 - Juni 1548
Khun Worawongsa (Usurpator)	Juni - Juli 1548
Chakraphat	Juli 1548 - Januar 1569
Mahin	Januar - August 1569
Maha Thammaraja	August 1569 - Juni 1590
Naresuan	Juni 1590 - 25. April 1605
Ekathosarod	Juni 1590 - 25. April 1605 (als Vizekönig), 25. April 1605 - Oktober 1610/ November 1611 (als 1. König)
(Sri Saowaphak)	1610 - 1611?

Songtham (Indraraja)	11. Dezember 1610 - 13. Dezember 1628
Chettha	13. Dezember 1628 - August 1629
Athittayawong	August - September 1629
Prasat Thong	September 1629 - 7. August 1656
Chai	7. - 8. August 1656
Suthammaraja	8. August - 26. Oktober 1656
Narai	26. Oktober 1656 - 11. Juli 1688
Phra Phetraja	11. Juli 1688 - 1703
Süa	1703 - 1709
Phumintharaja (Taysa)	1709 - Januar 1733
Borommakod	Januar 1733 - 13. April 1758
Uthumporn	13. April 1758 - Mai 1758
Suriyamarin	Mai 1758 - 7. April 1767

Der König von Thonburi-Periode:

Taksin	1767 - 6. April 1782

Die Könige von Bangkok-Periode:

Phra Phuttayodfa (Rama I.)	6. April 1782 - 7. September 1809
Phuttaloedla (Rama II.)	7. September 1809 - 21. Juli 1824
Nangklao (Rama III.)	21. Juli 1824 - 3. April 1851
Mongkut (Rama IV.)	3. April 1851 - 1. Oktober 1868
Chulalongkorn (Rama V.)	1. Oktober 1868 - 23. Oktober 1910
Vajiravudh (Rama VI.)	23. Oktober 1910 - 26. November 1925
Prajadhipok (Rama VII.)	26. November 1925 - 2. März 1935 (Abdankung)
Ananda Mahidol (Rama VIII.)	2. März 1935 - 4. Juni 1946
Bhumiphol Adulayadej (Rama IX.)	Seit 4. Juni 1946-

Glossar:

Absonsamrang (apsarasamang)	อัปสรสำอางค์
Ah-hiea	อาเฮีย
Ah-tan Thao	อาถรรพ์เถา
Ayudhya	อยุธยา
Bahtsagunie	บาทสกุณี
Boosra Mahin/ Boos Phengkul	บุศย์ มหินทร์/ บุศย์ เพ็งกุล
Bulan dschokmuoi	บุหลันชกมวย
Bulan loiluen	บุหลันลอยเลื่อน
Chalerm Buatang	เฉลิม บัวทั่ง
Chan/ sam chan/ song chan/ chan dieow	ชั้น/ สามชั้น/ สองชั้น/ ชั้นเดียว
Chang Wang Tua Patayakosol/ Dschangwang Tua Patayakosol	จางวางทั่ว พาทยโกศล
Dchapenpayongying (Dscha khom)	จ่าเผ่นผยองยิ่ง (จ่าคม)
Devaprasiddhi/ - Patayakosol	เทวาประสิทธิ์/ - พาทยโกศล
Devarāja	เทวราช
Dokmairuang Thao	ดอกไม้ร่วงเถา
Dschab lek/ Dschab yai	ฉาบเล็ก/ ฉาบใหญ่
Dschairuea	ใช้เรือ
Dscham nan	ชำนาญ/ ชำนัน
Dschangwa Dsching/ Dschangwa Dschab	จังหวะฉิ่ง/ จังหวะฉับ
Dschangwa Nathab	จังหวะหน้าทับ
Dschangwa Pises	จังหวะพิเศษ
Dschaophraya Mahinthonsakdi Dhamrong	เจ้าพระยามหินทรศักดิ์ธำรง
Dschien gaeb bubpa Thao	จีนเก็บบุปผาเถา
Dschien jaiyo	จีนใจ๋ยอ
Dschien khaohong Thao	จีนเข้าห้องเถา
Dschien lantan Thao	จีนลั่นถันเถา
Dschingdschogthong Thao	จิ้งจกทองเถา
Dschoed	เชิด
Dschoed dschan	เชิดฉาน
Dschoed dsching	เชิดฉิ่ง
Dschoed glong	เชิดกลอง
Dschoed nok	เชิดนอก
Dschoed und *Ohd*	เชิดและโอด
Dschub	ชุบ
Dschudschok	ชูชก
Dschui dschai	ฉุยฉาย

Gamsuansurang Thao	กำศรวลสุรางค์
glang/ glang haeb	กลาง/ กลางแหบ
Glom	กลม
Glong yon	กลองโยน
Glongtad	กลองทัด
Glongtaphon/ Taphon	กลองตะโพน/ ตะโพน
Gong Sueapa	กองเสือป่า
Gotmontienban	กฎมนเทียรบาล
Gott Nārāyaṇa (Viṣṇu)	พระนารายณ์ (พระวิษณุกรม)
Graab	กรับ
Grau nai/ Grau nok/ Grau ram/ Grau glang	กราวใน/ กราวนอก/ กราวรำ/ กราวกลาง
Hanuman	หนุมาน
Hoa	เหาะ
Homrong khayakhayaeng	โหมโรงขยะแขยง
Homrong Khon	โหมโรงโขน
Homrong Lakon	โหมโรงละคร
Homrong praseban	โหมโรงประเสบัน
Homrong sabadsabing	โหมโรงสบัดสบิ้ง
Homrong-Sepha	โหมโรงเสภา
Hun grabog	หุ่นกระบอก
Hung grabog	หุ่นกระบอก
Indarapisek	อินทราภิเษก
I-Suan (Īśvara oder Śiva)	พระอิศวร
Jake	จะเข้/ จระเข้
Kamphak	คำพากษ์
Khabmai bandoh	ขับไม้บัณเฑาะว์
Khäk hae Thao	แขกเห่เถา
Khäk matsi Thao	แขกมัทรีเถา
Khäk sai Thao	แขกไทรเถา (สายบุรีเถา)
Khäk sarai	แขกสาหร่าย
Khäk si glueh Thao	แขกสี่เกลอเถา
Khäkmon Bangkhunprom Thao	แขกมอญบางขุนพรหมเถา
Kham Hom	คำหอม
Khamen bodhisat Thao	เขมรโพธิสัตว์เถา
Khamen dschomdschan	เขมรชมจันทร์
Khamen paktoh	เขมรปากท่อ
Khamen pikaeow	เขมรปี่แก้ว
Khamen puang	เขมรพวง
Khamen yai Thao	เขมรใหญ่เถา
Khaomaan	เข้าม่าน

314

Khlui/ Khlui pieng o/ Khlui lib	ขลุ่ย/ ขลุ่ยเพียงออ/ ขลุ่ยหลีบ
Khomwiean	โคมเวียน
Khon	โขน
Khongwong yai/ Khonwong lek	ฆ้องวงใหญ่/ ฆ้องวงเล็ก
Khru Taeng (Pi)	ครูแตง (ปี่)
Khrüngha/ Khrüngkhu/ Khrüngyai	เครื่องห้า/ เครื่องคู่/ เครื่องใหญ่
Khundschang-Khunphan	ขุนช้างขุนแผน
Khunying Paitoon Kittiwan	คุณหญิง ไพฑูรย์ กิตติวรรณ
König Chulalongkorn	พระบาทสมเด็จพระจุลจอมเกล้าเจ้าอยู่หัว
König Vachiravudh	พระบาทสมเด็จพระมงกุฎเกล้าเจ้าอยู่หัว
Krobdschakawan Thao	ครอบจักรวาล
Kruan-ha Thao	ครวญหาเถา
Kugphat	คุกพากษ์
La	ลา
Lakon nai Lakon nok	ละคอน-/ ละครใน/ ละครนอก
Lakon norah-dschatrie	ละคอน-/ ละครโนราห์ชาตรี
Laksana (Lakṣmaṇa)	พระลักษณ์
Lao Grasä	ลาวกระแซ
Lao Kham hom	ลาวคำหอม
Lhom	โลม
Lo	โล้
Longa (Laṅkā)	ลังกา/ ลงกา
Longshong und *Longshong thon*	ลงสรง, ลงสรงโทน
Longsong songkrueng	ลงสรงทรงเครื่อง
Luang Pimon Senie (Lam)	หลวงพิมลเสนีย์ (หลำ)
Luang Pradit Pairoh	หลวงประดิษฐ์ไพเราะห์
Luang Sanoh duriyang (Thongdie Thongpirun)	หลวงเสนาะดุริยางค์ (ทองดี ทองพิรุณ)
Luktok	ลูกตก
Mahajaya	มหาชัย
Maharoek	มหาฤกษ์
Matsi	มัทรี
Mekhlala	เมขลา
Mhong	โหม่ง
Mon/ *Mon Tad Taeng*	มอญ/ มอญตัดแตง
Monthathong	มุลฑาทอง
Namlodtaisai Thao	น้ำลอดใต้ทราย
Nang gin und *Zhenlau*	นั่งกินและเช่นเหล้า
Nang/ Nang Talung	หนัง/ หนังตะลุง
Nangkruan	นางครวญ

Naphat dschan glang	หน้าพาทย์ ชั้นกลาง
Naphat dschan sung	หน้าพาทย์ ชั้นสูง
Naphat saman	หน้าพาทย์ สามัญ
Naphat-Musik	เพลงหน้าพาทย์
Narai phaegrub	นารายณ์แปลงรูป
Nathab piset	หน้าพาทย์พิเศษ
Nathab probgai	หน้าทับปรบไก่
Nathab songmai	หน้าทับสองไม้
nok/ gruad	นอก/ กรวด
Ohd	โอด
Oktalee	ออกทะเล
Ongkan	โองการ
Pae	แป๊ะ
Pamah (hathon) Thao	พม่า(ห้าท่อน)เถา
Pathom	ปฐม
Pheng Phengkul	เพ็ง เพ็ญกุล
Pithie Thambun	พิธีทำบุญ
Phithie khrob	พิธีครอบ
Phithie Waikhru Dontrie lae Khon-Lakon	พิธีไหว้ครูดนตรีและละคร
Phleng Bulan	เพลงบุหลัน
Phleng dscha und *Phleng reow*	เพลงช้าและเพลงเร็ว
Phleng Dschorake hangyao	เพลงจระเข้หางยาว
Phleng Gred/ Phleng Rueng/ Phleng Tab	เพลงเกร็ด/ เพลงเรื่อง/ เพลงตับ
Phleng paobaimai	เพลงเป่าใบไม้
Phleng Phama ha ton	เพลงพม่าห้าท่อน
Phleng Rua pralong sepha	เพลงรัวประลองเสภา
Phleng Sepha-Piphat	เพลงเสภาปี่พาทย์
Phleng si bot	เพลงสี่บท
Phleng sibsong pasa	เพลงสิบสองภาษา
Phleng wa	เพลงวา
Phra Bharatamuni	พระภารตมุนี
Phra Chen Duriyanga	พระเจนดุริยางค์
Phra dschan	พระฉัน
Phra dschao loithad	พระเจ้าลอยถาด
Phra Panjasingkon	พระปัญจสิงขร
Phra Pirap	พระภิราพ
Phra Prakonthab	พระประโคนทรรพ
Phra Visanukam (Gott Viṣṇu)	พระวิษณุกรรม
Phraya doen	พระยา-/ พญาเดิน
Phraya Krut	พระยาครุฑ

Phraya Mahin	พระยามหินทร์
Phraya Prasan Duriyasab (Plaeg Prasansab)	พระยาประสานดุริยศัพท์ (แปลก ประสาน-ศัพท์)
Pi kes gäl	ปี่เกศแก้ว
Pi/ Pi nok/ Pi nai/ Pi glang/ Pi java	ปี่/ ปี่นอก/ ปี่ใน/ ปี่กลาง/ ปี่ชวา
pieng o lang/ bon	เพียงออล่าง/ เพียงออบน
Piphat-/ Mahorie-/ Khrüngsai-Ensemble	วงปี่พาทย์/ วงมโหรี /วงเครื่องสาย
Plae	แผละ
Pluemjit	ปลื้มจิต
Plugthonmai	ปลูกต้นไม้
Poengmang	เปิงมาง
Pradschan kruengsieg	พระจันทร์ครึ่งซีก
Pradschumpon	ประชุมพล
Prahm kao/ Prahm ohk	พราหมณ์เข้า/ พราหมณ์ออก
Prinz Damrong Rajanubhab	สมเด็จกรมพระเจ้าบรมวงศ์เธอ กรมพระยา-ดำรงราชานุภาพ
Prinz Kromaluang Wongsa	กรมหลวงวงษาธิราชสนิท
Prinz Narisara Nuwattiwongse	สมเด็จกรมพระเจ้าบรมวงศ์เธอ เจ้าฟ้ากรม-พระยานริศรานุวัติวงศ์
Prinz Paribatra	สมเด็จเจ้าฟ้าบริพัตรสุขุมพันธ์ กรมพระนคร-สวรรค์วรพินิต
Prinzessin Sirindhorn	สมเด็จพระเทพรัตนราชสุดา สยามบรมราชกุมารี
Prinzessin Siriratana Boosabong	พระเจ้าวรวงค์เธอ พระองค์เจ้าศิริรัตนบุษบง
Proeikhautok dogmai	โปรยข้าวตอกดอกไม้
Puangroi Thao	พวงร้อยเถา
Rab phra	รับพระ
Rājapanditasabhā	ราชบัณฑิตสภา
Ram bot	รำบท
Ram Naphat	รำหน้าพาทย์
Ram song chan	รำสองชั้น
Rāma	พระราม
Ramakien	รามเกียรติ์
Ramana	รำมะนา
Ramasoon	รามสูร
Rāmāyaṇa	รามายณะ
Ramdab	รำดาบ
Ranat ek/ Ranat ek laek	ระนาดเอก/ ระนาดเอกเหล็ก
Ranat thum/ Ranat thum laek	ระนาดทุ้ม/ ระนาดทุ้มเหล็ก
Rua/ Rua la dieow/ Rua sam la	รัว/ รัวลาเดียว/ รัวสามลา
Rugron	รุกรัน

Ṛsi	ฤษี
Saṅgha	สงฆ์
Sakonlan	สาครลั่น
Samingthongmon Thao	สมิงทองมอญเถา
Samoe	เสมอ
Samoe kham samuth	เสมอข้ามสุมทร
Samoe khaothi	เสมอเข้าที่
Samoe lao	เสมอลาว
Samoe mara	เสมอมาร
Samoe mon	เสมอมอญ
Samoe phama	เสมอพม่า
Samoe phi	เสมอผี
Samoe sam la	เสมอสามลา
Samoe thera	เสมอเถร
Samoe tiennok oder *Bahtsagunie*	เสมอตีนนก หรือ บาทสกุณี
Sangwuei senlao	สังเวยเซ่นเหล้า
Sanrasoen phrabaramie	สรรเสริญพระบารมี
Sanrasoen sueapa	สรรเสริญเสือป่า
Saratie	สารถี
Sathugarn	สาธุการ
Sepha-Rezitation	ขับเสภา
Sinuan	สีนวล
Soh/ Soh uh/ Soh duang/ Soh samsai	ซอ/ ซออู้/ ซอด้วง/ ซอสามสาย
Sok/ Payasok	โศรก/ พญาโศก
Somsak Traivas	สมศักดิ์ ไตรวาส
Suadmon dschao/ Suadmon yen	สวดมนต์เช้า/ สวดมนต์เย็น
Suankulab	สวนกุหลาบ
Sudsanoh oder *Saensanoh*	สุดเสนาะ/ แสนเสนาะ
Sudthawin (tanao) Thao	สุดถวิล(ตะนาว)เถา
Sudthawin Thao	สุดถวิลเถา
Surangdschamrieng Thao	สุรางค์จำเรียงเถา
Taphon	ตะโพน
Tayphathom	ท้ายปฐม
Thalaeba	ทะเลบ้า
Thambun-Zeremonie	พิธีทำบุญ
Thang nai/ Thang nok	ทางใน/ ทางนอก
Thao-Gattung	บทประพันธ์เถา
Thayoi Khamen	ทยอยเขมร
Thayoi nai/ Thayoi nok	ทยอยใน/ ทยอยนอก
Thayoi ohd	ทยอยโอด

Thed Mahājāti	เทศมหาชาติ
Theravāda-Buddhismus	เถรวาท
Thon	โทน
Thondschub	ต้นชุบ
Thosagan	ทศกรรณ์
ton dschao/ ton glangwan/ ton yen	ตอนเช้า/ ตอนกลางวัน/ ตอนเย็น
Ton dschub	ต้นชุบ
Tonsamoh Thao	ถอนสมอเถา
Tra bong gan	ตระบองกัน
Tra dschoen	ตระเชิญ
Tra marlamon	ตระมารละม่อม
Tra narai banthomsinth	ตระนารายณ์บรรทมสินธุ์
Tra nimit	ตระนิมิตร
Tra non	ตระนอน
Tra plai phra lak	ตระปลายพระลักษณ์
Tra Prakonthab	ตระประโคนทรรพ
Tra sannibath	ตระสันนิบาต
Tra yapakkog	ตระหญ้าปากคอก
Trakuk	ตระคุก
Usa Saengpairoj	อุษา แสงไพโรจน์
Uthai Patayakosol	อุทัย พาทยโกศล
Vilanda-odh Thao	วิลันดาโอด
Waikhru-Zeremonie	พิธีไหว้ครู
Wang Bangkhunprom	วังบางขุนพรหม
Wianthian	เวียนเทียน
Zhenlau	เซ่นเหล้า
Zien	เซียน

Literaturverzeichnis

Verwendete Abkürzungen:

AfMw	Archiv für Musikwissenschaft
Blk.-Fsg.	Kapellenfassung
Dg.	Durchgang
HmT	Handwörter der musikalischen Terminologie
Hrsg., hrsg.	Herausgeber, herausgegeben
Jg.	Jahrgang
JRAS	Journal of the Royal Asiatic Society London
JSS	Journal of the Siam Society, Bangkok Thailand
m. A.	mit Auftakt
MGG	Musik in Geschichte und Gegenwart, Kassel 1949 bis 1986, 2. Auflage Kassel/ Stuttgart 1994 ff.
MP	melodische Phrase
RGG	Religion in Geschichte und Gegenwart
Trad.-Fsg.	Traditionelle Fassung

Musikalische Quelle:

Die einzelnen Instrumentenstimmen der von Verfasser hergestellte Partitur von *Khäkmon Bangkhunprom Thao* und *Phleng Sarasoen Sueapa* sind der Musikabteilung des Achivens der Royal Thai Navy entnommen.

Die königliche Hymne von Thailand *Phleng Sanrasoen phrabaramie* und die Nationalhymne von Thailand, aus: *Nationalhymnen. Texte und Melodien*, Stuttgart [7]1996.

Die Transkription des Stückes *Khäkmon Bangkhunprom Thao* aus dem Kesselgong ist von Verfasser selbst bei den Feldforschungen in Bangkok aufgenommen und übertragen.

Phonographische Quelle:

Khäkmon Bangkhunprom Thao des Kesselgongs sowie des Kesselgongs zusammen mit Xylophon wurden von dem Verfasser selbst in Bangkok 1997 und 1998 aufgenommen.

Khäkmon Bangkhunprom Thao in der traditionellen Fassung und in der Blaskapellenfassung sind der Musik Abteilung Hongsamut Thungramom Boripat der National Library of Thailand entnommen.

Phleng Sanrasoen sueapa ist der Musik Abteilung Hongsamut thungramom Boripat der National Library of Thailand entnommen.

Siamesische Phonogramme, aufgez. v. Carl Stumpf und Otto Abraham, Berliner Völkerkunde Museum, Archiv Siam 1900, Inventarnummer 1-20 und 3442-3445

Primärquellen:

Anonm., *Dontrithai pai Anglis [Thai-Musik in England]*, in: Kremationsbuch von Wichien Gulatan, Bangkok 1983

Anonm., *Königliche Familie*, Bangkok 1993

Asvabahu, *Asvaphasid* [wörtl. *Die Rede des Pferdes*], in: Kremationsbuch von Dr. Med. Chai Unibhandhu am 14. November 1987, S. 97-121

Bastian, Adolf, *Die Voelker des Oestlichen Asiens*, 6 Bde., Leipzig 1866 ff., Bd. I u. II 1866, Bd. III 1867, Bd. IV 1868, Bd. V 1869, Bd. VI 1871

Bastian, Adolf, *Die Völkergedanken im Aufbau einer Wissenschaft von Menschen und seine Begründung auf ethnologische Sammlungen*, Berlin 1881

Bastian, Adolf, *Zur Lehre von den geographischen Provinz*, Berlin 1886

Bharata-Muni, *Natyasastra. Text with Introduction, English Translation and Indices*, 4 Bde., Delhi 1998

Bock, Carl, *Temples and Elephants: The Narrative of a Journey of Exploration Through Upper Siam and Lao*, London 1884

Bowring, John Sir, *The Kingdom and People of Siam*, 2. Bde., Kuala Lumpur [3]1969

Buathang, Chalerm, *Waikhru [Waikhru(-Zeremonie)]*, in: Bericht vom Kongreß 1. November 1987 der Kasetsart Universität, Bangkok 1987, S. 15-20

Campell, J. G. D., *Siam in the Twenthieth Century*, London 1902

Changieow, Subin, *Khongwongyai [Kesselgong]*, in: Bericht vom Kongreß 1. November 1987 der Kasetsart Universität, Bangkok 1987, S. 58-65

Chula Chakrabongse, Prinz, *Lords of Life*, London 1960

Chulalongkorn, König von Siam, *Prarajapithie sibsongduen [Königliche Hofzeremonien im Jahreslauf]*, Bangkok [14]1973

Chulalongkorn, König von Siam, *Rayathang thiewjava guasongduen [Reisebericht aus Java (1896)]*, in: Kremationsbuch von Prinzessin Hemwadi 1973

Coedès, George, *Les États hindouisés d'Indochine et d'Indonésie*, Paris 1948

Coedès, George, *Origine et évolution des diverses formes du thèâtre traditionel en Thailande*, in: Bulletin de la Société des Etudes Indochinoises, Nouvelle Série XXXIII, S. 491-506

Crawfurd, John, *History of the Indian Archipelago: Containing an Account of the Manners, Arts, Languages, Institutions and Commerce of Its Inhabitants*, 3 Bde., Edinburgh 1820

Crawfurd, John, *Journal of an Embassy from the Governor-General of India to the Courts of Siam and Cochin-China*, 2 Bde., London 1828

Damrong Rajanubhab, Prinz, *Lakonram [Abhandlung über das Thai-Tanztheater]*, in: Bericht vom Kongreß 14.-15. März 1991 der Thammasart Universität und des Fine Arts Department, Bd. I, Bangkok 1991, S. 89-99

Damrong Rajanubhab, Prinz, *Prawat ganfonram [Geschichte der Thai-Tanzkunst]*, in: *Grundzüge der Zivilisation, Musik und Tanzkunst Thailands*, Thammasart Universität, Bangkok 1972, S. 9-22

322

Damrong Rajanubhab, Prinz, *Tamnan Lakon dükdamban* [*Die Chronik des Lakon dükdamban*], in: *Grundzüge der Zivilisation, Musik und Tanzkunst Thailands*, Thammasart Universität, Bangkok 1972, S. 113-118

Damrong Rajanubhab, Prinz, *Tamnan Lakon I-nao* [*Geschichte des Theaterstoffs I-nao*], Bangkok 1921

Damrong Rajanubhab, Prinz, *Tamnan Sepha* [*Geschichte der Sepha-Rezitation*], in: *Grundzüge der Zivilisation, Musik und Tanzkunst Thailands*, Thammasart Universität, Bangkok 1972, S. 79-86

Damrong Rajanubhab, Prinz, *Tamra Ganfonram* [*Lehrbuch der Tanzkunst*], in: Bericht vom Kongreß 14.-15. März 1991 der Thammasart Universität und des Fine Arts Department, Bd. I, Bangkok 1991, S. 11-88

Damrong Rajanubhab, Prinz, *The Introduction of Western Culture in Siam*, in: JSS, Selected Articles VII (1959), S. 1-12

De la Borde, Benjamin, *Essai sur la Musique, Ancienne et Moderne*, Bd. I, Paris, 1780.

De la Loubère, Simon, *Du Royaume de Siam*, Amsterdam, 1691

Dhani Nivat Bidyalabh, Prinz, *Nang Talung (Notes)*, in: JSS XLVII/ 2 (1959), S. 181

Dhani Nivat Bidyalabh, Prinz, *The Old Siamese Conception of the Monarchy*, in: JSS, Selected Articles II (1929-1953), S. 160-175

Dhani Nivat Bidyalabh, Prinz, *The Shadow-Play as a possible origin of the Masked play*, in: JSS, Selected Articles II (1929-1953), S. 176-184

Die Leipziger Illustrierte Zeitung, (6. September 1900), S. 355-356

Die Preussische Expedition nach Ost-Asien nach amtlichen Quellen, Bd. I, Berlin 1864

Die Preussische Expedition nach Ost-Asien nach amtlichen Quellen, hrsg. v. Albert Berg, Bd. IV, Berlin 1873

Döhring, Karl (Übers.), *Seinen Leib brennen lassen (Bericht der Mrs. A. H. Leonowens über den Tod des damaligen Oberpriests von Siam*, München-Neubiberg 1926

Döhring, Karl, *Die Thot Kathin-Feier in Siam*, Hannover 1927

Döhring, Karl, *Siam*, München 1923

Dschängsombon, Absornsam-ang, *"Nai" dschagkuamsongdscham khongluk* [*"Nai" im Andenken ihrer Kinder*], in: Kremationsbuch von Khunying Paitoon Kittiwan, Bangkok 1998, S. 125-174

Dschaopraya Tiphagorawong (Kham Bunnag), *Pongsawadan Rajaganti nueng* [*Chronik der Regierungszeit Ramas I.*], Bangkok 1982

Duriyanga, Phra Chen, *A Talk on the Technic of Siamese music in Relation to Western Music*, in: African Music Society I/ 4 (1951), S. 2-8

Duriyanga, Phra Chen, *Thai Music in Western Notation*, in: Thai Culture New Series XVI, Bangkok 1962

Duriyanga, Phra Chen, *Thai Music*, in: Thailand Cultur Series VIII, Bangkok 1956

Ellis, Alexander J., *On the Musical Scales of Various Nations*, in: Journal of the Royal Society of Arts XXXIII (1885), S. 485-527

Ellis, Alexander J., *Tonometrical Observations: on Some Existing Non-harmonic Scales'*, in: Proceeding of the Royal Society XXVII (1884), S. 368-385

Ellis, Alexander J., *Über die Tonleitern verschiedener Völker [On the Musical Scales of Various Nations]*, übers. von Erich von Hornbostel, in: *Sammelbände für Vergleichende Musikwissenschaft*, München 1922, S. 1-75

Fétis, François-Josef, *Histoire générale de la musique*, 5 Bde, Paris 1869-76

Fétis, François-Joseph, *Sur un nouveau mode de classification des races humaines d'après leurs systèmes musicaux*, in: Bulletins de la Société d'Anthropologie, N. S. 2, 1867, S. 134-143

Fournereau, Lucien, *Bangkok in 1892*, Bangkok ²1998

Frankfurter, Oskar, *Beiträge zur Geschichte und Kultur Siam*, Berlin 1922 (=Mitteilung des Seminars für Orientalische Sprache)

Gervaise, Nicolas, *The Natural and Political History of The Kingdom of Siam*, Bangkok ²1989

Gréhan, M. Amédée, *Le Royaume de Siam*, Bangkok 1883

Gützlaff, Carl Friedrich August, *Remarks on the Siamese Language*, London 1832

Hipkins, A. J., *Musical Instruments Historic, Rare, and Unique*, London 1888

Hosseus, Carl Curt, *Durch König Tschulalongkorns Reich*, Stuttgart 1912

Illustrierte Zeitung, Leipzig, vom 6. Sept. 1900, S. 355-356

Jotmaihaet sadetprapat gohjava nai ratdschagan tiha tangsamkhrau [Aufzeichnungen der drei Staatsbesuche des Königs Rama V. (1871, 1896 und 1901)], Bangkok 1966

Kellermann, Bernhard, *Reisen in Asien*, Berlin ²1975

Kerr, Alfred, *Wo liegt Berlin? Briefe aus der Reichshauptstadt 1895-1900*, hrsg. v. Günther Rühle, Berlin ⁴1997

Khunsamnieng Dschandscheung (Mol Gomolrat), *Tamnan Taphon [Handbuch des Taphon-Trommelspiels]*, in: Kremationsbuch von Sompong Nutpidschan, Bangkok 1992

Kreyher, J., *Die preußische Expedition nach Ostasien in den Jahren 1859-1862, Reisebilder aus Japan, China und Siam. Aus dem Tagebuch von J. Kreyer, ehemal. Schiffsprediger an Bord S. M. S. „Arcona"*, Hamburg 1863

Low, James, *History of Tenasserim*, in: JRAS II (1835), S. 248-275, III (1836), S. 25-54, IV (1857), S. 42-108, V (1838), S. 141-164

Montrisart, Chaturong, *Thai Classical Dance*, in: The Journal of The Music Academy Madras, XXXII/ 1-4 (1961), S. 126-143

Naris Saranuwatiwongse, Prinz, *Mue kra sadej Chawa 2480-2481 [Reisebericht aus Java 1937-38]*, Bangkok 1971

Naris Saranuwatiwongse, Prinz, *Widschanrueng tamnansepha* [*Kritik an der Abhandlung über die Geschichte der Sepha-Rezitation des Prinzen Damrong*], in: *Grundzüge der Zivilisation, Musik und Tanzkunst Thailands*, Thammasart Universität, Bangkok 1972, S. 87-113

Pallegoix, Par Mgr, *Description du Royaume Thai ou Siam*, 2 Bde., Paris 1854

Philipp Graf zu Eulenburg-Hertelfeld (Hrsg.), *Ost-Asien 1860-1862 in Briefen des Grafen Fritz zu Eulenburg*, Berlin 1900

Phleng Chut Homrong Yen Chabab Ruam Khrung [*Evening Prelude*], hrsg. v. The Fine Arts Department, Bangkok [2]1994

Phleng Chut Tham Kwan [*Tham Kwan. Musical suite to be performing during a ceremony for invoking spiritual bliss*], hrsg. v. The Fine Arts Department, Bangkok [2]1994

Phya Anuman Rajadhon, *Leben undDenken in Thailand*, aus dem Thailändischem übers. v. Sangsri und Xaver Götzfried, Bonn 1988

Pinklao, König von Siam, *Tamrapuenyaiboran lae Tamrapuenyaithai* [*Abhandlung über die alte und moderne Kanone*], in: Kremationsbuch von Luang Kampanatsaenyakorn, Bangkok 1975

Pra Chen Duriyanga, *Jiwaprawat khong khapadschao* [*Meine Biograhpie*], in: Kremtionsbuch von Pra Chen Duriyanga, Bangkok 1969

Prasidh, Silapabanleng, *Thai Music at the Court of Cambodia – a personal Souvenir of Luang Pradit Phairoh's Visit in 1930*, in: JSS LVIII/ 1 (1970), S. 121-125

Prawatsat Krung Ratanakosin [*Chronik der Bangkok-Periode*], hrsg. v. Vorbereitungskommitte der 200 Jahr-Feier von Bangkok, Bd. II: Von der Regierungszeit König Ramas IV. 1851 bis 1932, Bangkok 1982

Rajagitjanubeksa [*Königliche Hofprotokoll*], XVII (1900), Bangkok [2]1998

Riemann, Ludwig, *Tonreihen und ihre Beziehungen zu den Gesetzen der Harmonie*, Essen 1899

Rose, Herrmann, *Meine Erlebnisse auf der Preußischen Expedition nach Ostasien 1860, 1861 und 1862*, Kiel 1895

Sansomdet, Briefwechsel zwischen Prinz Damrong und Prinz Naris, Bd. XXIII, Bangkok 1962

Schott, Wilhelm, *Die Cassia-sprache im nördlichen Indien, nebst ergänzenden Bemerkungen über das T'ai oder Siamesische*, in: Abhandlungen der Königlichen Akademie der Wissenschaften zu Berlin aus dem Jahre1858, Berlin 1858, S. 415-432

Schott, Wilhelm, *Über die sogenannten indo-chinesischen Sprachen, insonderheit das Siamesische*, in: Abhandlungen der Königlichen Akademie der Wissenschaften zu Berlin aus dem Jahre 1857, Berlin 1856, S. 161-179

Seelig, Paul J., *Phleng Siam*, Bandoeng [Bandung]/ Indonesien 1932

Siam, seine Apostel und Märtyrer, in: Die katholischen Missionen 1883/ I, S. 3-7, II, S. 34-38, III, S. 51-55, IV, S. 77-82, VI, S. 145-146, VII, S. 191-194

Siriratana Boosabong, Prinzessin, *Phraprawat somdetphradschao boromawongthoe dschaofa paribatsukhumphan gromphranakonsawan varapinit* [*Biographie des Prinzen Paribatra*], Bangkok 1981

Smyth, H. Warington, *Five Years in Siam from 1891 to 1896*, 2 Bde., London 1898

Sonakul, Ayumongol, *Westernization of Siam*, in: Standard Bangkok Magazine vom 18. Mai 1969

Spieß, Gustav, *Die preußische Expedition nach Ostasien während der Jahre 1860-1862. Reiseskizzen aus Japan, China Siam und der indischen Inselwelt*, Berlin und Leipzig 1864

Stumpf, Carl, *Tonsystem und Musik der Siamesen*, in: *Sammelbände für Vergleichende Musikwissenschaft*, hrsg. v. Carl Stumpf und Erich Moritz von Hornbostel, München 1922, S. 129-177

The Siam Repository, Containing a Summary of Asiatic Intelligence, II/ 1 (1870); III/ 4, (1871); IV/ 1-4 (1872); V/ 1 (1873); VI/ 1 (1874)

Vajiravudh, König von Siam, *Lakrajakarn* [Richtlinie für den königlichen Staatsdienst. Eine Rede anläßlich des siamesischen Neujahrs am 13. April 1914], in: Kremationsbuch von Chai Unibhandhu am 14. November 1987, S. 86

Verney, Frederick W., *Notes on Siamese Musical Instruments*, London 1885

Vincent, Frank, *The Land of the White Elephant, Sights and Scenes in Burma, Siam, Cambodia and Cochin-China (1871-2)*, Bangkok ^{2}1988

Von Brandt, Max, *Dreiunddreissig Jahre in Ost-Asien − Erinnerung eines deutschen Diplomaten*, 3 Bde., Leipzig 1901

Von Helmholtz, Hermann, *Die Lehre von den Tonempfindungen*, Braunschweig 1870

Von Hesse-Wartegg, Ernst, *Siam. Das Reich des weissen Elefanten*, Leipzig 1899

Von Hornbostel, Erich Moritz, *Formanalyse an siamesischen Orchesterstücken*, in: AfMw II (1919-1920), S. 306-333

Von Hornbostel, Erich Moritz, *Tonart und Ethos, Aufsätze zur Musikethnologie und Musikpsychologie*, hrsg. v. Christian Kaden und Erich Stockmann, Leipzig 1986

Von Hornbostel, Erich Moritz, *Über den gegenwärtigen Stand der Vergleichenden Musikwissenschaft*, in: Kongreßbericht über den zweiten der Internationalen Musikwissenschaftlichen Gesellschaft Basel 1906, Leipzig, S. 56-60

Wales, H. G. Quaritch, *Ancient Siamese Government and Administration*, London 1934

Wales, H. G. Quaritch, *Siamese State Ceremonies*, London 1931

Wallaschek, Richard, *Anfänge der Tonkunst*, Leipzig 1903

Wallaschek, Richard, *Die Entstehung der Scala,* in: Sitzungsbericht der Kaiserlichen Akademie der Wissenschaften, Mathematisch-naturwissenschaftliche Classe CVIII/ II. a., Heft I-II, (1899) − Heft I. bis X., Wien 1899

Weiler, Luis, *Anfang der Eisenbahn in Thailand*, hrsg. v. Clemens Weiler, Bangkok 1979

Werner, Reinhold, *Die preussische Expedition nach China, Japan und Siam in den Jahren 1860, 1861 und 1862. Reisebriefe*, Leipzig ²1863

Wright, Arnold und Breakspear Oliver T., *Twentieth Century Impressions of Siam*, Singapur ²1994

Sekundärliteratur:

110 Pi Satrajarn Phra Chen Duriyanga Phuwang rakthan dontrisakol khong thai [*110 Jahre Phra Chen Duriyanga, Gründer der westlichen Musiktradition in Thailand*], hrsg. v. Wattana Goedsawang u. a., Bangkok 1993

Amatayakul, Punpis, *Dontri Widschag* [*Einführung in die Thai-Musik*], Bangkok 1983

Amatayakul, Punpis, *Khrüayat laedschiwit nai waidek* [*Kindheit und Verwandtschaftskreis von Khunying Paitoon Kittiwan*] in: Kremationsbuch von Khunying Paitoon Kittiwan, Bangkok 1998, S. 31-47

Amatayakul, Punpis, *Khunying Paitoon gab Wang Bangkhunprom* [*Khunying Paitoon und der Bangkhunprom-Hof*], in: Kremationsbuch von Khunying Paitoon Kittiwan, Bangkok 1998, S. 53-72

Amatayakul, Punpis, *Khunying Paitoon gab Wang Banmoh* [*Khungying Paitoon und der Banmoh-Hof*], in: Kremationsbuch von Khunying Paitoon Kittiwan, Bangkok 1998, S. 48-52

Amatayakul, Punpis, *Khunying Paitoon gab Wang Dschitlada* [*Khunying Paitoon und der königliche Hof von König Bhumiphol*], in: Kremationsbuch von Khunying Paitoon Kittiwan, Bangkok 1998, S. 82-93

Amatayakul, Punpis, *Khunying Paitoon gab Wang Klongtuey* [*Khunying Paitoon und der Klongtuey-Hof*], in: Kremationsbuch von Khunying Paitoon Kittiwan, Bangkok 1998, S. 77-81

Amatayakul, Punpis, *Khunying Paitoon gab Wang Suanpaggad* [*Khunying Paitoon und der Suanpakgad-Hof*], in: Kremationsbuch von Khunying Paitoon Kittiwan, Bangkok 1998, S. 73-76

Amatayakul, Punpis, *Lamnam Phlaeng Siam* [*Die Lieder von Siam (Aufsatzsammlung über die Thai-Schallplatten)*], Bangkok 1997

Amatayakul, Punpis, *Phraphutadschaoluang gabgandontri* [*König Chulalongkorn und die Musik*], in: Kremationsbuch von Prinzessin Hemwadi, Bangkok 1973

Amatayakul, Punpis, *Siam sanghit* [*Siamesische Musik*],Bangkok 1981

Amatayakul, Punpis, *Traewong khongthai* [*Die Thai-Militärkapelle*], in: Music Journal II/ 2 (1994), S. 75-77

Anonm., *König Bhumiphol und die Musik*, in: *Phleng Naphat*, Bericht vom Kongreß 20.-21. Januar 1995 der Chulalongkorn Universität und des Fine Arts Department anläßlich des 50. Jahrestages der Thronbesteigung des Königs Bhumiphol, Bangkok 1995, S. 4-7

Bechert, Heinz, *Buddhismus, Staat und Gesellschaft in den Ländern des Theravada-Buddhismus*, 2 Bde., Bd. I Göttingen 1988, Bd. II Wiesbaden, 1967

Bitterli, Urs, *Die „Wilden" und die „Zivilisierten": Grundzüge einer Geistes- und Kulturgeschichte der europäischen überseeischen Begegnung*, München [2]1991

Boelcke, Willi A., *So kam das Meer zu uns. Die preußisch-deutsche Kriegmarine in Übersee 1822 bis 1914*, Frankfurt a. M. 1981

Boonchae, Anurak, *Wong Yothawathit gongthabruea* [*The Royal Thai Navy Military Band*], Magister Artium, Mahidol Universität, Bangkok 1996

Bose, Fritz, *Musikalische Völkerkunde*, Freiburg 1953

Brockington, John, *The Sanskrit epics*, Köln 1998 (=Handbuch der Orientalistik/ II, Indien, 12)

Cappelli, Adriano, *Lexicon Abbreviaturarium*, Leipzig 1928

Chanprapa, Sompob, *Lakon midschai khonglen* [*(Thai-)Theater ist eine ernsthafte Angelegenheit*], in: *Grundzüge der Zivilisation, Musik und Tanzkunst Thailands*, Thammasart Universität, Bangkok, 1972, S. 151-162

Charoensuk, Sukrie, *Gaosibgaopie Phleng Sanrasoen phrabaramie* [*99 Jahre königliche Hymne von Thailand*], Bangkok 1987

Cheah, Yanchong, *The Ancient Culture of the Tai people*, in: JSS LXXVI/ 0 (1988), S. 277-244

Christiansen, Dieter u. a., Art. Musikethnologie, in: *MGG*, Bd. VI, 2. Aufl., 1997, Sp. 1259-1291

Daroonthanom, Krisana, *Das architektonische Werk des deutschen Architekten Karl Döring in Thailand*, Phil. Diss., Universität Osnabrück, Berlin 1998

Dietrich, Gustaf, *Die Thailändische Nationalhymne – ihre Wurzeln reichen nach Trier*, hrsg. v. der Botschaft der Bundesrepublik Deutschland Bangkok, Bangkok 1982

Dixon, Chris und Parnwell, Michael J. G., *Thailand: The Legacy of Non-Colonial Development in South-East Asia*, in: *Colonialism and Development in the Contemporary World*, hrsg. v. Chris Dixon und Michael Haffernan, London 1991, S. 204-225.

Dschangwang Tua Patayakosol, hrsg. v. The Fine Art Department, in: Im Gedächtnis seines 100. Geburtstages am 21. September 1981, Bangkok 1981

Fagchamron, Sirichanchai, *Phleng Naphat naithangdontri tidschaigab pithigam* [*Naphat-Musik in der Zeremonie*], in: *Phleng Naphat*, Bericht vom Kongreß 20.-21. Januar 1995 der Chulalongkorn Universität und des Fine Arts Department anläßlich des 50. Jahrestages der Thronbesteigung des Königs Bhumiphol, Bangkok 1995, S. 21

Frädrich, Hans, *Von Bangkok nach Berlin – ein tiergärtnerische Chronologie*, in: Thailand-*Rundschau*, 14/ 1 (Mai 2001), S. 10-17

Ginsberg, Henry, *The Manora Dance-Drama: An Introduction*, in: JSS LX/ II (1972), S. 169-181

Glaner, Birgit, Art. Nationalhymne, in: *MGG*, Bd. VII, 2 Aufl., 1997, Sp. 16-24

Grabowsky, Volker (Hrsg.), *Regions and National Integration in Thailand 1892-1992*, Wiesbaden 1995

Gredkuamrurueng Dontrithai [Kenntnisse Abriß der Thai-Musik], in: Kremationsbuch von Pisanu Schaembang, Bangkok 1966

Griswold, A. B., *King Mongkut of Siam*, New York ²1961

Gulatan, Wichien, *Prawat phlengthai [Die Monographie der Thai-Musik]*, Bangkok 1983

Hohnholz, Jürgen, *Thailand: Geographie-Geschichte-Kultur-Religion-Staat-Gesellschaft-Politik-Wirtschaft*, Tübingen 1980

Huntington, Samuel P., *Der Kampf der Kulturen*, Wien 1996

Jansen, Marius B. (Hrsg.), *The Cambridge History of Japan*, 7 Bde., Cambridge/ USA 1989

Jayanama, Direk, *Thailand, das Land der Freien*, in: *Thailand*, Bangkok 1960, S. 1-51 (=Schriften des Instituts für Asienkunde in Hamburg 8)

Johann Hübners reales Staats-Zeitungs- und Conversations-Lexikon, 9. Aufl., Leipzig 1777

Jones, Betty True, *Kathakali Dance-Drama: an Historical Perspective*, in: Asian Music XVIII/ 2 (1987), S. 14-44

Kerdchouay, Euayporn and Smithies, Michael, *Nang Talung: The Shadow Theatre of Southern Thailand*, in: JSS LX/ 1 (1972), S. 379-390

Kerdchouay, Euayporn and Smithies, Michael, *Notes: The Wai Kru Ceremony of the Nang Yai*, in: JSS LXII/ 1 (1974), S. 143-147

Ketukaenchan, Somsak, *The Thang of the Khong Wong Yai and Ranat Ek: A Transcription and Analysis of Performance Practice in Thai Music*, Phil. Diss., University of York/ England 1989

Khomwatana, Orawan, *Phrarajapithi phrarajathan krobprathan pithiwaikhru Khon-Lakon [Die königliche Waikhru-Zeremonie]*, in: *Phleng Naphat*, Bericht vom Kongreß 20.-21. Januar 1995 der Chulalongkorn Universität und des Fine Arts Department anläßlich des 50. Jahrestages der Thronbesteigung des Königs Bhumiphol, Bangkok 1995, S. 22-26

König, Hans-Joachim, *Der europäische Beobachter aussereuropäischer Kulturen: Zur Problematik der Wirklichkeitswahrnehmung*, Hans-Joachim König, Berlin 1989 (=Zeitschrift für historische Forschung 7)

Lach, Robert, *Die Vergleichende Musikwissenschaft, ihre Methoden und Probleme*, in: Sitzungsberichte der Akademie der Wissenschaften in Wien, Philosophisch-historisch Klasse CC/ 5 Abhandlung, Leipzig 1924

List, George, *Speech Melody and Song Melody in Central Thailand*, in: Ethnomusicology V/ 1 (1961), S. 16-32

Luang Vijitvatagan, *Tamnan gandontrithai* [*Lehrbuch der Thai-Musik*], in: Kremationsbuch von Sawat In-tusut, Bangkok 1966

Māha Vajiravudh, *Notes on the Siamese Theatre*, in: JSS LV/ 1(1967), S. 1-30

Mendelhall, S. T., *Interaction of Linguistic and musical Tone in Thai-Song*, in: Ethnomusicology II/ 2 (1975), S. 17-24

Miller, Terry E. und Chonpairot, Jarernchai, *A History of Siamese Music Reconstructed from Western Documents, 1550-1932*, in: Crossroads. An Interdisciplinary Journal of Southeast Asian Studies 8 (2), 1994, S. 1-192

Miller, Terry E. und Chonpairot, Jarernchai, *The Ranat and Bong-Lang: The Question of Origin of the Thai Xylophones*, in: JSS LXIX/ 0 (1981), S. 145-163

Miller, Terry E., *Reconstructing Siamese Musical History form Historical Sources: 1548-1932*, in: Asian Music XV/ 2 (1984), S. 32-42

Miller, Terry E., *The Theory and Practice of Thai Music*, in: Ethnomusicology XXXVI/ 2 (1992), S. 197-221

Montrisatra, Jaturong, *Phleng Naphat tikuanrudschag* [*Pflichtrepertoire der Naphat-Musik*], in: *Phleng Naphat*, Bericht vom Kongreß 20.-21. Januar 1995 der Chulalongkorn Universität und des Fine Arts Department anläßlich des 50. Jahrestages der Thronbesteigung des Königs Bhumiphol, Bangkok 1995, S. 14-16.

Morton, David, *Music in Thailand, The traditional system and foreign influences,* in: *Musikkulturen Asiens, Afrikas und Ozeaniens in 19. Jahrhundert*, hrsg. v. Robert Günther, Regensburg 1973, S. 185-213(=Studien zur Musikgeschichte des 19. Jahrhunderts 31)

Morton, David, *Polyphonic stratification in traditional Thai music: a study in multiple-tone color*, in: Asian Pacific quarterly of cultural and social affair, Korea III/ 1 (1971), S. 70-80

Morton, David, *Thai Traditional Music: Hot-House Plant or Sturdy Stock*, in: JSS LVIII/ 2 (1970), S. 34-43

Morton, David, *Thailand*, in: NHdMw, Bd. 8, hrsg. v. Hans Oesch, S. 175-185

Morton, David, *The Tradition Music of Thailand*, London, 1976

Morton, David, *The Traditional Music of Thailand; Introduction, Commentary, and Analysis*, Los Angeles 1968

Mulder, J. A. N., *Sociology and Religion in Thailand: A Critique*, in: JSS LV/ 1 (1967), S. 101-111

Myers-Moro, Pamela, *Musical Notation in Thailand*, in: JSS LXXVIII/ 1 (1990), S. 101-108

Myers-Moro, Pamela, *Names and Civil Service Titles of Siamese Musicians*, in: Asian Music XIX/ 2 (1988), S. 82-92

Myers-Moro, Pamela, *Thai Music and Attitudes toward the past*, in: The Journal of American folklore CII/ 404 (1989), S. 190-194

Nagasawat, U-thit, *Lag lae technikbangpragan giewgab dontrithai* [*Kompositionstechnik und Aufführungspraxis der Thai-Musik*], in: Bericht vom Kongreß 1. November 1987 der Kasetsart Universität, Bangkok 1987, S. 21-39

Nakkhong, Anant, *Phleng Siam, Paul J. Seelig*, in: Music Journal III/ 12 (1996), S. 63-81

Nawigamul, Anek, *Dschaomuen Vai tadsindschai pidplad* [*Dschaomuen Wai, Nai Boosra Mahin, Am Scheideweg*], in: Music Journal I/ 2 (1994), S. 78-80

Nawigamul, Anek, *Gaeroi Lakon Thai samai ro ha, pan Europe dschag Berlin* [*Auf den Spuren des Thai-Lakon, Klagen aus Berlin*], in: Music Journal I/ 1(1995), S. 58-60

Nawigamul, Anek, *Khrüngsuamhua Lakondschaopraya Mahin* [*Masken der Theatertruppe Dschopraya Mahins*], in: Music Journal II/ 5 (1995), S. 125-128

Nawigamul, Anek, *Nai Boos wibagkam langglab muangthai* [*Nai Boosra (Mahin) in Schwierigkeiten nach der Rückkehr nach Siam*], in: Music Journal I/ 3 (1995), S. 78-88

Nawigamul, Anek, *Raegminai Siam* [*Neuerungen in Siam*], Bd. IV, Bangkok 1997

New Music in The Orient. Essays on Composition in Asia since World War II, , hrsg. und eingeleitet v. Harrison Ryker, Buren/ die Niederlande 1991 (=Source Materials in Ethnomusicology 2)

Nimnetiphan, Sumonmal, *Ganlakonthai* [*Thai-Theater*], Bangkok [3]1996

Osterhammel, Jürgen, *Asien in der Neuzeit 1500-1950*, hrsg. u. eingeleitet v. Jürgen Osterhammel, Frankfurt a. M. 1994

Osterhammel, Jürgen, *Die Entzauberung Asien*, München 1998

Pananant, Kajon, *Botrong phlengthaidoem* [*Gesangstexte der traditionellen Thai-Musik*], in: Buch zum 60. Geburtstag und der Weihe seines neuen Hauses am 16. Januar 1959, Bangkok 1959

Phraprawat lae jariya khong Jomponruea somdet chaofa paribatsukhumbhandu grompra nakornsawa varabinit [*Prinz Paribatra und The Royal Thai Navy*], The Royal Thai Navy (Hrsg.), in: Kremationsbuch von Prinz Paribatra, Bangkok 1950

Phukaothong, Sagnad, *Gandontrithai lae thangkhaosu dontrithai* [*Thai-Musik und der Zugang zu ihr*], Bangkok [2]1996

Pidokratch, Narongchai, *Saranukromphlengthai* [*Thai-Musik-Lexikon*], Bangkok (o. J.)

Pikulsri, Chalermsak, *Piphatmon nai prathetthai: Wikroh gorani mükhwang nai Khongmon wongyai* [*Piphatmon-Ensemble in Thailand: Bemerkungen zur Spieltechnik der überkreuzten Hände beim Mon-Kesselgong*, in: Bericht vom Kongreß 25. September 1998 der Mahidol Universität, Bangkok 1998

Pikulsri, Chalermsak, *Sanghitniyom waduoi dontrithai* [*Abhandlung über die Thai-Musik*], Bangkok 1987

Pithiwaikhru tamrakrob Khon lae Lakon promduoi tamnan lae kamglon Waikhru lae Lakon-dschatri [*Handbuch und Text zum Lehrerverehrungs- und Initiationsritus bei Khon und Lakon sowie Lakon-dschatri*], hrsg. v. The Fine Arts Department, Bangkok 1960

Pojananugrom thai [*Thai Lexikon*], hrsg. v. der thailändischen königlichen Akademie der Wissenschaften, Bangkok 1982

Prawatgong duriyang tahanruea [*Geschichte der Militärkapelle von The Royal Thai Navy*], The Royal Thai Navy (Hrsg.), Bangkok 1986

Prem Phaya, *The Story of Khun Chang Khun Phan*, 2 Bde., Bangkok 1955 ff., Bd. I 1955, Bd. II 1959

Ratanawaraha, Jatuporn, *Phleng Naphat* [*Naphat-Musik*], Bangkok 1966

Ratanawaraha, Jatuporn, *Phleng Naphat* [*Naphat-Musik*], in: *Phleng Naphat*, Bericht vom Kongreß 20.-21. Januar 1995 der Chulalongkorn Universität und des Fine Arts Department anläßlich des 50. Jahrestages der Thronbesteigung des Königs Bhumiphol, Bangkok 1995, S. 12-14

Reinhard, Wolfgang, *Geschichte der Staatsgewalt. Eine vergleichende Verfassungsgeschichte Europas von den Anfängen bis zur Gegenwart*, München 1999

Riemann, Hugo, *Folkoristische Tonalitätsstudien I*, Leipzig 1916

Roongruang, Panya, *Thai Classical Music and its Movement form oral to written Transmission, 1930-1942: Historical Context, Method, and Legacy of the Thai Music Department Project*, Phil. Diss., Kent State Universität/ USA, 1999

Rosenberg, Klaus, *Die traditionellen Theaterformen Thailands von den Anfängen bis in die Regierungszeit Rama's VI.*, Hamburg 1970 (=Mitteilungen der Gesellschaft für Natur- und Völkerkunde Ostasiens (OAG) 54)

Rüping, Klaus, *Amṛtamanthana und Kūrma-Avatāra: Ein Beitrag zur puranischen Mythen- und Religionsgeschichte*, Wiesbaden 1970 (=Schriftenreihe des Südasien-Insituts der Universität Heidelberg, hrsg. v. Südasien-Institut der Universität Heidelberg)

Samudravanij, Chaianant (Hrsg.), *Phänpattana dschababrägkhong Thai. Khamgrabbangkomthun Khuamhendschadgar plienpläng rajaphändin roso 103* [*Das erste politische Reformprogramm Thailands 1884*], Bangkok 1970

Sathiengoseth, *Rong ram thamphleng* [*Singen, tanzen und musizieren*], in: *Grundzüge der Zivilisation, Musik und Tanzkunst Thailands*, Thammasart Universität, Bangkok 1972, S. 23-38

Sawetanant, Chalerm, *Tamnanganlakon* [*Abhandlung über Thai-Theater*], in: *Grundzüge der Zivilisation, Musik und Tanzkunst Thailands*, Thammasart Universität, Bangkok 1972, S. 39-64

Schmitt, Eberhard, *Die Anfänge der europäischen Expansion*, Idstein 1991

Schmitt, Eberhard, *Vergleichende europäische Überseegeschichte*, hrsg. v. Eberhard Schmitt, Bamberg 1992 (=Forschungsforum, Universität Bamberg 4)

Schneider, Albrecht, *Musikwissenschaft und Kulturkreislehre; Zur Methodik und Geschichte der Vergleichenden Musikwissenschaft*, Bonn-Bad Godesberg, 1976

Schneider, Willy, *Handbuch der Blasmusik*, Mainz 1954

Singaravelu, S., *Invocations to Naṭarāja in the Southeast Asian Shadow-Plays with Special Reference to the Kelantan Shadow-play*, in: JSS LVIII/ 2 (1970), S. 45-54

Singaravelu, S., *The Rama Story in the Thai Cultural Tradition*, in: JSS LXX/ 0 (1982), S. 50-70

Sirindhon, Prinzessin, *Gnamphanpubha sumamal rüngbetaleddschang i-naobangton [Schöne Blumen. Einige Bemerkungen über den I-nao-Theaterstoff]*, Bangkok 1985

Siriratana Boosabong, Prinzessin und Amatayakul, Punpis, *Thongramom gabgandontri [Prinz Paribatra und die Musik]*, Bangkok 1981

Southeast Asia and the Germans, Basel 1977

Southeast Asia, in: *The Garland Encyclopedia of World Music*, Bd. IV, hrsg. v. Terry E. Miller und Sean Williams, London 1998

Sovat, Boonchauy, *Ganwikroh nuethamnonglak khong Phleng Khäkmon Bangkhunprom [Analysis of Kheak Mon Bangkhunpom Melody]*, Magister Artium, Mahidol Universität, Bangkok 1995

Sternstein, Larry, *Low's Description of the Siamese Empire in 1824*, in: JSS LXXVIII/ 1 (1990), S. 9-35

Stoffers, Andreas, *Im Lande des weißen Elefanten. Die Beziehungen zwischen Deutschland und Thailand von den Anfängen bis 1962*, Bonn 1995

Subhavat Kasemsri, Major M. R. und Rachanee Sabayavijit, *Pleng Sanrasoen phrabaramie [(Thai-) königliche Hymne]*, in: Lokprawatsat, II/ 2 (1996), S. 14-23

Sukhonthachad, Praphan, *Si lae laksana huakhon [Farbe und Maske in der Khon-Aufführung]*, in: Bericht vom Kongreß 14.-15. März 1991 der Thammasart Universität und des Fine Arts Department, Bd. I, Bangkok 1991, S. 109-142

Swangarom, Dome, *Süksadschiwaprawat laewikrohpon-gnan ganprapanphleng khong Dschangwang Tua Patayakosol [Chang Wang Tua Pat-tayakosol: The Study of his Life and The Analysis of his composition]*, Magister Artium, Srinakarintwirot Universität, Bangkok 1997

Terwiel, B. J., *A Window on Thai History*, Bangkok 1989

Thai Classical Music, hrsg. v. Saimai Chobkolsük und Phathanee Promsombat, 3 Bde., Bangkok: The Fine Arts Department 1996, Bd. I [3]1996, Bd. II und III [1]1996

Thailand-Studien, zur hundertjährigen Wiederkehr des ersten deutsch-thailändischen Vertragsabschlusses 1862/ 1962, Berlin 1962 (=Schriften des Instituts für Asienkunde in Hamburg 15)

Thantawanthana, Amphan, *Rajasakulawong nai phrabatsomdet phrapawaren tharames mahisaresrangsan phrabatsomdet phrapinklao dschaoyuhua [Stammfamilie des Königs Pinklao]*, in: Kremationsbuch von General Luang Gampanat Saenyakon, Bangkok 1975

Thepayasuwan, Boonluea M. L., *Khosangket giewgab ganlakon nai Prathed Thai nai patdschuban [Bemerkungen zum heutigen Theater in Thailand]*, in: *Grundzüge der Zivilisation, Musik und Tanzkunst Thailands*, Thammasart Universität, Bangkok 1972, S. 119-130

Toeche-Mittler, Joachim, *Armeemärsche*, 3.Bde., Bd. I ²1971, Bd. II ²1977, Bd. III 1975, Neckargmünd

Tramod, Montri, *Dontri lae khabrong pragobgansadäng lakonram [Musik und Gesangsvortrag beim Tanztheater]*, in: Silapa Lakonram, hrsg. v. Dhanit Yupho, Bangkok 1973

Tramod, Montri, *Duriyangasatra Thai [Thai-'Musikwissenschaft']*, Bangkok ²1997

Tramod, Montri, *Fang lae khaochaidontrithai [Hören und verstehen Thai-Musik]*, Bangkok 1980

Tramod, Montri, *Ganlalen khongthai [Thai-Festlichkeiten]*, Bangkok ²1997

Tramod, Montri, *Kuampenma khongdontrithai [Ursprung der Thai-Musik]*, in: *Grundzüge der Zivilisation, Musik und Tanzkunst Thailands*, Thammasart Universität, Bangkok 1972, S. 163-175

Tramod, Montri, *Naphat [Naphat-Musik]*, in: *Phleng Naphat*, Bericht vom Kongreß 20.-21. Januar 1995 der Chulalongkorn Universität und des Fine Arts Department anläßlich des 50. Jahrestages der Thronbesteigung des Königs Bhumiphol, Bangkok 1995, S. 10-11

Tramod, Montri, *Prawat Plengsanrasoen prabarami laephlengdschad [Entstehungsgeschichte der königlichen Hymne und der Nationalhymne (von Thailand)]*, in: Silapakon XVI/ 2 (1972), S. 79-93

Tramod, Montri, *Sabsanghit [Terminologie der Thai-Musik]*, Bangkok 1964

Tramod, Montri, *Wongdontrithai lae ganbanlengdontrithai [Ensemble und Aufführungspraxis der Thai-Musik]*, in: Bericht vom Kongreß 1. November 1987 der Kasetsart Universität, Bangkok 1987, S. 40-57

Tramod, Silapi, *Gansübtod tamprapheniniyom [Überlieferung der Thai-Tradition]*, in: *Phleng Naphat*, Bericht vom Kongreß 20.-21. Januar 1995 der Chulalongkorn Universität und des Fine Arts Department anläßlich des 50. Jahrestages der Thronbesteigung des Königs Bhumiphol, Bangkok 1995, S. 27-30

Tramod, Silapi, *Khanton ganpragob Pithiwaikhru dontrithai* [*Aufbau in der Waikhru-Zeremonie*], in: *Phleng Naphat*, Bericht vom Kongreß 20.-21. Januar 1995 der Chulalongkorn Universität und des Fine Arts Department anläßlich des 50. Jahrestages der Thronbesteigung des Königs Bhumiphol, Bangkok 1995, S. 31-33

Vella, Walter, *Siam under Rama III 1824-1851*, New York 1957

Walker, Benjamin, *Hindu World. An Encyclopedic Survey of Hinduism*, 2 Bde., New Delhi ²1983

Wanichalak, Ratrie, *Kuamsampan rawang Thai gab Germany tangtae poso 2405-2406* [*Relations between Thailand and Germany*], *1862-1917*, Magister Artium, Chulalongkorn Universität, Bangkok 1976

Wenk, Klaus, *Die Beziehungen zwischen Deutschland und Thailand*, in: *Thailand*, Berlin 1960, S. 55-71 (=Schriften des Instituts für Asienkunde in Hamburg 8)

Wenk, Kluas, *Phali lehrt die Jüngeren – Phali son nong -* , Hamburg 1977 (=Mitteilungen der Gesellschaft für Natur- und Völkerkunde Ostasiens (OAG) 68)

Wilson, Constance M., *Bangkok in 1883: an economic and social profile*, in: JSS LXX/ 2 (1989), S. 49-58

Winternitz, Moritz, *Geschichte der indischen Literatur*, 3 Bde., Leipzig Bd. I 1904, Bd. II 1920, Bd. III 1922

Wisuttiphat, Manop, *Dontrithai wikroh* [*Analyse der Thai-Musik*], in: Bericht vom Kongreß 4. Januar 1991 der Srinakarinwirot Universität, Bangkok 1991

Wong, Deborah und Lysloff, René T. A., *Threshold to the Sacred: The Overture in Thai and Javanese Ritual Performance*, in: Ethnomusicology XXXV/ 3 (1991), S. 315-348

Wong, Deborah, *Across three generations: A solo piece for Thai gong circle*, in: Balungan V/ 1 (1991), S. 2-14

Wong, Deborah, *The Empowered Teacher: Ritual, Performance, and Epistemology in Contemporary Bangkok*, Phil. Diss., University of Michigan/ USA, 1991

Wyatt, David K., *Studies in Thai History*, Chieng Mai/ Thailand 1994

Wyatt, David K., *Thailand*, Chieng Mai/ Thailand 1982

Yupho, Dhanit (hrsg.), *Pongrueng nai Ramakien* [*Überlieferung der Geschichte von Ramakien in der Thai-Version*], in: Bericht vom Kongreß 14.-15. März 1991 der Thammasart Universität und des Fine Arts Department, Bd. I, Bangkok 1991, S. 101-141

Yupho, Dhanit, *Gamnoed natasilthai* [*Entstehungsgeschichte der Thai-Tanzkunst*], in: *Grundzüge der Zivilisation, Musik und Tanzkunst Thailands*, Thammasart Universität, Bangkok 1972, S. 131-150

Yupho, Dhanit, *Ganwaikhru lae krob Khon-Lakon* [*Lehrerverehrungs- und Initiationsritus in Musik und Schauspielkunst*], in: *Grundzüge der Zivilisation, Musik und Tanzkunst Thailands*, Thammasart Universität, Bangkok, 1972, S. 1-8

Yupho, Dhanit, *Khon* [*Khon*], Bangkok [3]1968

Yupho, Dhanit, *Tamnan Lakondschatri* [*Chronik des Lakon-Dschatrie*], in: Grundzüge der Zivilisation, Musik und Tanzkunst Thailands, Thammasart Universität, Bangkok 1972, S. 65-82

Ziegler, Susanne, *Erich H. von Hornbostel und das Berliner Phnogramm-Archiv*, in: *„Vom tönenden Wirbel menschlichen Tuns"*. *Erich M. von Hornbostel als Gestaltpsychologe, Archivar und Musikwissenschaftler*, hrsg. v. Sebastian Klotz, Berlin 1998, S. 146-168

Verzeichnis thailändische Literatur

Da die Thai-Literatur hauptsächlich in Bangkok umzusehen ist und dort in Thai-Schrift ausgewiesen wird, folgt hier ein zweisprachiger Verzeichnis, das der Originalschreibweise angibt:

110 Pi Satrajarn Phra Chen Duriyanga Phuwang rakthan dontrisakol khong thai [*110 Jahre Phra Chen Duriyanga, Gründer der westlichen Musiktradition in Thailand*], hrsg. v. Oberst Wattana Goedsawang u. a., Bangkok 1993

๑๑๐ ปี ศาสตราจารย์ พระเจนดุริยางค์ ผู้วางรากฐานดนตรีสากลของไทย, พ. อ. วัฒน์ เกิดสว่าง และ คณะ (บรรณาธิการ), กทม ๒๕๓๖

Amatayakul, Punpis, *Dontri Widschag* [*Einführung in die Thai-Musik*], Bangkok 1983

พูนพิศ อมาตยากุล, ดนตรีวิจักษ์, กทม: เกรียรติธุรกิจ, ๒๕๒๗

Amatayakul, Punpis, *Khrüayat laedschiwit nai waidek* [*Kindheit und Verwandtschaftskreis von Khunying Paitoon Kittiwan*] in: Krematationsbuch von Khunying Paitoon Kittiwan, Bangkok 1998, S. 31-47

พูนพิศ อมาตยากุล, เครือญาติและชีวิตในวัยเด็ก, ใน: หนังสืออนุสรณ์พระราชทานเพลิงศพ คุณหญิงไพฑูรย์ กิตติวรรณ วันที่ ๑๐ มกราคม ๒๕๔๑, น. ๓๑-๔๗

Amatayakul, Punpis, *Khunying Paitoon gab Wang Bangkhunprom* [*Khunying Paitoon und der Bangkhunprom-Hof*], in: Krematationsbuch von Khunying Paitoon Kittiwan, Bangkok 1998, S. 53-72

พูนพิศ อมาตยากุล, คุณหญิงไพฑูรย์กับวังบางขุนพรหม, ใน: หนังสืออนุสรณ์พระราชทานเพลิงศพ คุณหญิงไพฑูรย์ กิตติวรรณ วันที่ ๑๐ มกราคม ๒๕๔๑, น. ๕๓-๗๒

Amatayakul, Punpis, *Khunying Paitoon gab Wang Banmoh* [*Khungying Paitoon und der Banmoh-Hof*], in: Kremationsbuch von Khunying Paitoon Kittiwan, Bangkok 1998, S. 48-52

พูนพิศ อมาตยากุล, <u>คุณหญิงไพฑูรย์กับวังบ้านหม้อ</u>, ใน: หนังสืออนุสรณ์พระราชทานเพลิงศพ คุณหญิงไพฑูรย์ กิตติวรรณ วันที่ ๑๐ มกราคม ๒๕๔๑, น. ๔๘-๕๒

Amatayakul, Punpis, *Khunying Paitoon gab Wang Dschitlada* [*Khunying Paitoon und der königliche Hof von König Bhumiphol*], in: Kremationsbuch von Khunying Paitoon Kittiwan, Bangkok 1998, S. 82-93

พูนพิศ อมาตยากุล, <u>คุณหญิงไพฑูรย์กับวังสวนจิตรลดา</u>, ใน: หนังสืออนุสรณ์พระราชทานเพลิงศพ คุณหญิงไพฑูรย์ กิตติวรรณ วันที่ ๑๐ มกราคม ๒๕๔๑, น. ๘๒-๙๓

Amatayakul, Punpis, *Khunying Paitoon gab Wang Klongtuey* [*Khunying Paitoon und der Klongtuey-Hof*], in: Kremationsbuch von Khunying Paitoon Kittiwan, Bangkok 1998, S. 77-81

พูนพิศ อมาตยากุล, <u>คุณหญิงไพฑูรย์กับวังคลองเตย</u>, ใน: หนังสืออนุสรณ์พระราชทานเพลิงศพ คุณหญิงไพฑูรย์ กิตติวรรณ วันที่ ๑๐ มกราคม ๒๕๔๑, น. ๗๗-๘๑

Amatayakul, Punpis, *Khunying Paitoon gab Wang Suanpaggad* [*Khunying Paitoon und der Suanpakgad-Hof*], in: Kremationsbuch von Khunying Paitoon Kittiwan, Bangkok 1998, S. 73-76

พูนพิศ อมาตยากุล, <u>คุณหญิงไพฑูรย์กับวังสวนผักกาด</u>, ใน: หนังสืออนุสรณ์พระราชทานเพลิงศพ คุณหญิงไพฑูรย์ กิตติวรรณ วันที่ ๑๐ มกราคม ๒๕๔๑, น. ๗๓-๗๖

Amatayakul, Punpis, *Lamnam Phlaeng Siam* [*Die Lieder von Siam (Aufsatzsammlung über die Thai-Schallplatten)*], Bangkok 1997

พูนพิศ อมาตยากุล, <u>ลำนำเพลงสยาม</u>, กทม: สำนักพิมพ์ นิตยสาร HiFi Stereo, ๒๕๔๐

Amatayakul, Punpis, *Phraphutadschaoluang gabgandontri* [*König Chulalongkorn und die Musik*], in: Kremationsbuch von Prinzessin Hemwadi, Bangkok 1973

พูนพิศ อมาตยากุล, <u>พระพุทธเจ้าหลวงกับการดนตรี</u>, ใน: หนังสืออนุสรณ์พระราชทานเพลิงศพ พระเจ้าบรมวงศ์เธอ พระองค์เจ้าเหมวดี ณ พระเมรุวัดพระเทพศิรินทราวาส วันที่ ๒๕ กุมภาพันธ์ ๒๕๑๖

Amatayakul, Punpis, *Siam sanghit* [*Siamesische Musik*],Bangkok 1981

พูนพิศ อมาตยากุล, <u>สยามสังคีต</u>, กทม. ๒๕๒๔

Amatayakul, Punpis, *Traewong khongthai* [*Die Thai-Militärkapelle*], in: Music Journal II/ 2 (1994), S. 75-77

พูนพิศ อมาตยากุล, <u>แตรวงของไทย</u>, ใน: วารสารเพลงดนตรี, ปีที่ ๑, ฉบับที่ ๒, มิถุนายน-สิงหาคม ๒๕๓๗, น. ๗๕-๗๗

Anonm., *Dontrithai pai Anglis [Thai-Musik in England]*, in: Kremationsbuch von
Wichien Gulatan, Bangkok 1983

(ไม่ปรากฏชื่อผู้เขียน), <u>ดนตรีไทยไปอังกฤษ</u>, ใน: หนังสืออนุสรณ์พระราชทานเพลิงศพ นาย วิเชียร
กุลตัณฑ์ วันที่ ๒๘ ธันวาคม ๒๕๒๖

Anonm., *König Bhumiphol und die Musik*, in: *Phleng Naphat*, Bericht vom
Kongreß 20.-21. Januar 1995 der Chulalongkorn Universität und des Fine
Arts Department anläßlich des 50. Jahrestages der Thronbesteigung des
Königs Bhumiphol, Bangkok 1995, S. 4-7

<u>พระบาทสมเด็จพระเจ้าอยู่หัวกับการดนตรี</u>, ใน: เพลงหน้าพาทย์, มรดกทางวัฒธรรมและการสืบทอด,
เอกสารประกอบการประชุมทางวิชาการ เนื่องในมงคลวโรกาสฉลองสิริราชสมบัติ ๕๐
ปี โดยศูนย์วัฒนธรรมศึกษา คณะครุศาสตร์ จุฬาลงกรณ์มหาวิทยาลัย ร่วมกับ กรมศิลปากร
วันที่ ๒๐-๒๑ มการคม ๒๕๓๘, น. ๔-๗

Anonm., *Königliche Familie*, Bangkok 1993
<u>ราชสกุลวงศ์</u>, กทม. ๒๕๓๖

Asvabahu, *Asvaphasid [wörtl. Die Rede des Pferdes]*, in: Kremationsbuch von Dr.
Med. Chai Unibhandhu am 14. November 1987, S. 97-121.

อัศวพาหุ, <u>อัศวภาษิต</u>, ใน: หนังสืออนุสรณ์ เนื่องในพระราชทานเพลิงศพ นายแพทย์ ใช้ ยูนิพันธุ์ M. D.
วันที่ ๑๔ พฤศจิกายน ๒๕๓๐, น. ๘๗-๑๒๑

Boonchae, Anurak, *Wong Yothawathit gongthabruea [The Royal Thai Navy
Military Band]*, Magister Artium, Mahidol Universität, Bangkok 1996

อนุรักษ์ บุญแจะ, <u>วงโยธวาทิตกองทัพเรือ</u>, วิทยานิพนธ์ มหาบัณฑิต มหาวิทยาลัยมหิดล, กทม. ๒๕๓๙

Buathang, Chalerm, *Waikhru [Waikhru(-Zeremonie)]*, in: Bericht vom Kongreß
1. November 1987 der Kasetsart Universität, Bangkok 1987, S. 15-20

เฉลิม บัวทั่ง, <u>ไหว้ครู</u>, ใน: งานดนตรีไทยอุดมศึกษา ครั้งที่ ๑๘ วันที่ ๑ พฤศจิกายน ๒๕๓๐ ณ
มหาวิทยาลัยเกษตรศาสตร์, น. ๑๕-๒๐

Changieow, Subin, *Khongwongyai [Kesselgong]*, in: Bericht vom Kongreß 1.
November 1987 der Kasetsart Universität, Bangkok 1987, S. 58-65

สุบิน จันทร์แก้ว, <u>ฆ้องวงใหญ่</u>, ใน: งานดนตรีไทยอุดมศึกษา ครั้งที่ ๑๘ วันที่ ๑ พฤศจิกายน ๒๕๓๐ ณ
มหาวิทยาลัยเกษตรศาสตร์, น. ๕๘-๖๕

Chanprapa, Sompob, *Lakon midschai khonglen [(Thai-)Theater ist eine ernsthafte
Angelegenheit]*, in: *Grundzüge der Zivilisation, Musik und Tanzkunst
Thailands*, Thammasart Universität, Bangkok, 1972, S. 151-162

สมภพ จันทรประภา, <u>ละครมิใช่ของเล่น</u>, ใน: หนังสืออ่านประกอบคำบรรยาย วิชาพื้นฐานอารย-
ธรรมไทย ตอน ดนตรีและนาฏศิลป์ไทย, กทม: โรงพิมพ์มหาวิทยาลัยธรรมศาสตร์, ๒๕๑๕,
น. ๑๕๑-๑๖๒

Charoensuk, Sukrie, *Gaosibgaopie Phleng Sanrasoen phrabaramie* [*99 Jahre königliche Hymne von Thailand*], Bangkok 1987

สุกรี เจริญสุข, ๙๙ ปี เพลงสรรเสริญพระบารมี, กทม: เรือนแก้วการพิมพ์, ๒๕๓๐

Chulalongkorn, König von Siam, *Prarajapithie sibsongduen* [*Königliche Hofzeremonien im Jahreslauf*], Bangkok [14]1973

พระบาทสมเด็จพระจุลจอมเกล้าเจ้าอยู่หัว, พระราชพิธีสิบสองเดือน, กทม: ศิลปาบรรณาคาร, [๑๔]๒๕๑๖

Chulalongkorn, König von Siam, *Rayathang thiewjava guasongduen* [*Reisebericht aus Java (1896)*], in: Krematationsbuch von Prinzessin Hemwadi 1973

พระบาทสมเด็จพระจุลจอมเกล้าเจ้าอยู่หัว, ระยะทางเที่ยวชวากว่าสองเดือน, ใน: หนังสืออนุสรณ์-พระราชทานเพลิงศพ พระเจ้าบรมวงศ์เธอ พระองค์เจ้าเหมวดี ๒๕๑๖

Damrong Rajanubhab, H. R H. Prinz, *Lakonram* [*Abhandlung über das Thai-Tanztheater*], in: Bericht vom Kongreß 14.-15. März 1991 der Thammasart Universität und des Fine Arts Department, Bd. I, Bangkok 1991, S. 89-99

ดำรงราชานุภาพ, กรมสมเด็จพระยา, ละครรำ, ใน: เอกสารประกอบ การสัมนาและ สาธิตเรื่อง-นาฏศิลป์ไทย(๑) เฉลิมพระเกียรติสมเด็จพระเทพรัตนราชสุดา สยามบรมราชกุมารี, สถาบันไทยคดีศึกษา มหาวิทยาลัยธรรมศาสตร์ จัดร่วมกับ วิทยาลัยนาฏศิลป์ กรมศิลปากร, วันที่ ๑๔-๑๕ มีนาคม ๒๕๓๘, น. ๘๙-๙๙

Damrong Rajanubhab, Prinz, *Prawat ganponram* [*Geschichte der Thai-Tanzkunst*], in: *Grundzüge der Zivilisation, Musik und Tanzkunst Thailands*, Thammasart Universität, Bangkok 1972, S. 9-22

ดำรงราชานุภาพ, กรมสมเด็จพระยา, ประวัติการฟ้อนรำ,ใน: หนังสืออ่านประกอบคำบรรยาย วิชาพื้นฐานอารยธรรมไทย ตอน ดนตรีและนาฏศิลป์ไทย, กทม: โรงพิมพ์มหาวิทยาลัย ธรรมศาสตร์, ๒๕๑๕, น. ๙-๒๒

Damrong Rajanubhab, Prinz, *Tamnan Lakon dükdamban* [*Die Chronik des Lakon dükdamban*], in: *Grundzüge der Zivilisation, Musik und Tanzkunst Thailands*, Thammasart Universität, Bangkok 1972, S. 113-118

ดำรงราชานุภาพ, กรมสมเด็จพระยา, ตำนานละครดึกดำบรรพ์, ใน: หนังสืออ่านประกอบคำบรรยาย วิชาพื้นฐานอารยธรรมไทย ตอน ดนตรีและนาฏศิลป์ไทย, กทม: โรงพิมพ์มหาวิทยาลัย ธรรมศาสตร์, ๒๕๑๕, น. ๑๑๓-๑๑๘

Damrong Rajanubhab, Prinz, *Tamnan Lakon I-nao* [*Geschichte des Theaterstoffs I-nao*], Bangkok 1921

ดำรงราชานุภาพ, กรมสมเด็จพระยา, ตำนาน เรื่อง ลครอิเหนา, กทม.: โรงพิมพ์ไทย, ๒๔๖๔

Damrong Rajanubhab, Prinz, *Tamnan Sepha* [*Geschichte der Sepha-Rezitation*], in: *Grundzüge der Zivilisation, Musik und Tanzkunst Thailands*, Thammasart Universität, Bangkok 1972, S. 79-86

ดำรงราชานุภาพ, กรมสมเด็จพระยา, <u>ตำนานเสภา</u>, ใน: หนังสืออ่านประกอบคำบรรยาย วิชา-
พื้นฐานอารยธรรมไทย ตอน ดนตรีและนาฏศิลป์ไทย, กทม: โรงพิมพ์มหาวิทยาลัย
ธรรมศาสตร์, ๒๕๑๕, น. ๗๕-๙๖

Damrong Rajanubhab, Prinz, *Tamra Ganponram [Lehrbuch der Tanzkunst]*, in:
Bericht vom Kongreß 14.-15. März 1991 der Thammasart Universität und
des Fine Arts Department, Bd. I, Bangkok 1991, S. 11-88

ดำรงราชานุภาพ, กรมสมเด็จพระยา, <u>ตำราการฟ้อนรำ</u>, ใน: เอกสารประกอบ การสัมนาและ
สาธิตเรื่องนาฏศิลป์ไทย(๑) เฉลิมพระเกียรติสมเด็จพระเทพรัตนราชสุดา สยามบรมราชกุมารี,
สถาบันไทยคดีศึกษา มหาวิทยาลัยธรรมศาสตร์ จัดร่วมกับ วิทยาลัยนาฏศิลป์ กรมศิลปากร,
วันที่ ๑๔-๑๕ มีนาคม ๒๕๓๙, น. ๑๑-๙๘

Dschängsombon, Absornsam-ang, *"Nai" dschagkuamsongdscham khongluk
["Nai" im Andenken ihrer Kinder]*, in: Kremationsbuch von Khunying
Paitoon Kittiwan, Bangkok 1998, S. 125-174

อัปสรสำอางค์ แจ้งสมบูรณ์, <u>"นาย" จากความทรงจำของลูก</u>, ใน: หนังสืออนุสรณ์พระราชทานเพลิงศพ
คุณหญิงไพฑูรย์ กิตติวรรณ วันที่ ๑๐ มกราคม ๒๕๔๑, น. ๑๒๕-๑๗๔

Dschangwang Tua Patayakosol, hrsg. v. The Fine Art Department, in: Im Gedächtnis
seines 100. Geburtstages am 21. September 1981, Bangkok 1981

<u>จางวางทั่ว พาทยโกศล</u>, กรมศิลปากร (บรรณาธิการ) สูจิบัตร ที่ระลึกในโอกาสวันเกิดครบ ๑๐๐ ปี วันที่
๒๑ กันยายน ๒๕๒๔

Dschaopraya Tiphagorawong (Kham Bunnag), *Pongsawadan Rajaganti nueng
[Chronik der Regierungszeit Ramas I.]*, Bangkok 1982

เจ้าพระยาทิพากรวงศ์ (ขำ บุนนาค), <u>พงศาวดารรัชกาลที่ ๑</u>, กทม: ๒๓๒๕

Fagchamron, Sirichanchai, *Phleng Naphat naithangdontri tidschaigab pithigam
[Naphat-Musik in der Zeremonie]*, in: *Phleng Naphat*, Bericht vom
Kongreß 20.-21. Januar 1995 der Chulalongkorn Universität und des Fine
Arts Department anläßlich des 50. Jahrestages der Thronbesteigung des
Königs Bhumiphol, Bangkok 1995, S. 21

สิริชัยชาญ ฟักจำรูญ, <u>เพลงหน้าพาทย์ในทางดนตรีที่ใช้กับพิธีกรรม</u>, ใน: เพลงหน้าพาทย์,
มรดกทางวัฒธรรมและการสืบทอด, เอกสารประกอบการประชุมทางวิชาการ เนื่องในมงคล-
วโรกาสฉลองสิริราชสมบัติ ๕๐ ปี โดยศูนย์วัฒนธรรมศึกษา คณะครุศาสตร์ จุฬาลงกรณ์
มหาวิทยาลัย ร่วมกับ กรมศิลปากร วันที่ ๒๐-๒๑ มการคม ๒๕๓๙, น. ๒๑

Gredkuamrurueng Dontrithai [Kenntnisse Abriß der Thai-Musik], in:
Kremationsbuch von Pisanu Schaembang, Bangkok 1966

<u>เกร็ดความรู้เรื่อง ดนตรีไทย</u>, ใน: หนังสืออนุสรณ์พระราชทานเพลิงศพ นายพิษณุ แช่มบาง วันที่ ๖
มิถุนายน ๒๕๐๙ กทม

340

Gulatan, Wichien, *Prawat phlengthai* [*Die Monographie der Thai-Musik*], Bangkok 1983

วิเชียร กุลตัณฑ์, ประวัติเพลงไทย, กทม ๒๕๒๖

Jotmaihaet sadetprapat gohjava nai ratdschagan tiha tangsamkhrau [*Aufzeichnungen der drei Staatsbesuche des Königs Rama V. (1871, 1896 und 1901)*], Bangkok 1966

จดหมายเหตุเสด็จประพาสเกาะชวาในรัชกาลที่ ๕ ทั้งสามคราว, กทม. ๒๕๐๘

Khomwatana, Orawan, *Phrarajapithi phrarajathan krobprathan pithiwaikhru Khon-Lakon* [*Die königliche Waikhru-Zeremonie*], in: *Phleng Naphat*, Bericht vom Kongreß 20.-21. Januar 1995 der Chulalongkorn Universität und des Fine Arts Department anläßlich des 50. Jahrestages der Thronbesteigung des Königs Bhumiphol, Bangkok 1995, S. 22-26

อรวรรณ ขมวัฒนา, พระราชพิธีพระราชทานครอบประธานพิธีไหว้ครู โขน-ละคร, ใน: เพลงหน้าพาทย์, มรดกทางวัฒนธรรมและการสืบทอด, เอกสารประกอบการประชุมทางวิชาการ เนื่องในมงคล-วโรกาสฉลองสิริราชสมบัติ ๕๐ ปี โดยศูนย์วัฒนธรรมศึกษา คณะครุศาสตร์ จุฬาลงกรณ์มหาวิทยาลัย ร่วมกับ กรมศิลปากร วันที่ ๒๐-๒๑ มการคม ๒๕๓๙, น. ๒๒-๒๖

Khunsamnieng Dschandscheung (Mol Gomolrat), *Tamnan Taphon* [*Handbuch des Taphon-Trommelspiels*], in: Kremationsbuch von Sompong Nutpidschan, Bangkok 1992

ขุนสำเนียงชั้นเชิง (มล โกมลรัตน์), ตำนานตะโพน, ใน: หนังสืออนุสรณ์งานพระราชทานเพลิงศพ สมพงษ์ นุชพิจารณ์ วันที่ ๑ ธันวาคม ๒๕๓๕

Luang Vijitvatagan, *Tamnan gandontrithai* [*Lehrbuch der Thai-Musik*], in: Kremationsbuch von Sawat In-tusut, Bangkok 1966

หลวงวิจิตรวาทการ, ตำนานการคนตรีไทย, ใน: หนังสืออนุสรณ์งานศพ สวัสดิ์ อินทุสุต วันที่ ๘ พฤษภาคม ๒๕๐๘

Montrisatra, Jaturong, *Phleng Naphat tikuanrudschag* [*Pflichtrepertoire der Naphat-Musik*], in: *Phleng Naphat*, Bericht vom Kongreß 20.-21. Januar 1995 der Chulalongkorn Universität und des Fine Arts Department anläßlich des 50. Jahrestages der Thronbesteigung des Königs Bhumiphol, Bangkok 1995, S. 14-16.

จาตุรงค์ มนตรีศาสตร์, เพลงหน้าพาทย์ที่ควรรู้จัก, ใน: เพลงหน้าพาทย์, มรดกทางวัฒนธรรมและการสืบทอด, เอกสารประกอบการประชุมทางวิชาการ เนื่องในมงคลวโรกาสฉลองสิริราช-สมบัติ ๕๐ ปี โดยศูนย์วัฒนธรรมศึกษา คณะครุศาสตร์ จุฬาลงกรณ์มหาวิทยาลัย ร่วมกับ กรมศิลปากร วันที่ ๒๐-๒๑ มการคม ๒๕๓๙, น. ๑๔-๑๖

Nagasawat, U-thit, *Lag lae technikbangpragan giewgab dontrithai* [*Kompositionstechnik und Aufführungspraxis der Thai-Musik*], in: Bericht vom Kongreß 1. November 1987 der Kasetsart Universität, Bangkok 1987, S. 21-39

อุทิศ นาคสวัสดิ์, <u>หลักและเทคนิคบางประการเกี่ยวกับดนตรีไทย</u>, ใน: งานดนตรีไทยอุดมศึกษา ครั้งที่ ๑๙ วันที่ ๑ พฤศจิกายน ๒๕๓๐ ณ มหาวิทยาลัยเกษตรศาสตร์, น. ๒๑-๓๙

Nakkhong, Anant, *Phleng Siam, Paul J. Seelig*, in: Music Journal III/ 12 (1996), S. 63-81

อานันท์ นาคอง, <u>เพลงสยาม, พอล เจ. ซีลิค</u>, ใน: วารสารดนตรี, ปีที่ ๓, ฉบับที่ ๑๒, ธันวาคม-กุมภาพันธ์ ๒๕๓๙, น. ๖๓-๘๑

Naris Saranuwatiwongse, Prinz, *Mue kra sadej Chawa 2480-2481 [Reisebericht aus Java 1937-38]*, Bangkok 1971

นริศรานุวัติวงศ์, สมเด็จเจ้าฟ้า กรมพระยา, <u>เมื่อคราเสด็จชวา ๒๔๘๐-๒๔๘๑</u>, กทม. ๒๕๑๔

Naris Saranuwatiwongse, Prinz, *Widschanrueng tamnansepha [Kritik an der Abhandlung über die Geschichte der Sepha-Rezitation des Prinzen Damrong]*, in: *Grundzüge der Zivilisation, Musik und Tanzkunst Thailands*, Thammasart Universität, Bangkok 1972, S. 87-113

นริศรานุวัติวงศ์, สมเด็จเจ้าฟ้า กรมพระยา, <u>วิจารณ์เรื่องตำนานเสภา</u>, ใน: หนังสืออ่านประกอบคำบรรยาย วิชาพื้นฐานอารยธรรมไทย ตอน ดนตรีและนาฏศิลป์ไทย, กทม: โรงพิมพ์มหาวิทยาลัย ธรรมศาสตร์, ๒๕๑๕, น. ๘๗-๑๑๓

Nawigamul, Anek, *Dschaomuen Vai tadsindschai pidplad [Dschaomuen Wai, Nai Boosra Mahin, Am Scheideweg]*, in: Music Journal I/ 2 (1994), S. 78-80

อเนก นาวิกมูล, <u>เจ้าหมื่นไวยฯ ตัดสินใจผิดพลาด</u>, ใน: วารสารดนตรี, ปีที่๑ , ฉบับที่ ๒, มิถุนายน-สิงหาคม, ๒๕๓๗), น. ๗๘-๘๐

Nawigamul, Anek, *Gaeroi Lakon Thai samai ro ha, pan Europe dschag Berlin [Auf den Spuren des Thai-Lakon, Klagen aus Berlin]*, in: Music Journal I/ 1(1995), S. 58-60

อเนก นาวิกมูล, <u>แกะรอยละครไทย สมัย ร. ๕ ผ่านยุโรป เสียงบ่นจากเบอร์ลิน</u>, ใน: วารสารดนตรี, ปีที่ ๑, ฉบับที่ ๑, มีนาคม-พฤษภาคม ๒๕๓๗), น. ๕๘-๖๐

Nawigamul, Anek, *Khrüngsuamhua Lakondschaopraya Mahin [Masken der Theatertruppe Dschopraya Mahins]*, in: Music Journal II/ 5 (1995), S. 125-128

อเนก นาวิกมูล, <u>เครื่องสวมหัวละครเจ้าพระยามหินทรฯ</u>, ใน: วารสารดนตรี, ปีที่ ๒, ฉบับที่ ๕, มีนาคม-พฤษภาคม, ๒๕๓๘, น. ๑๒๕-๑๒๘

Nawigamul, Anek, *Nai Boos wibagkam langglab muangthai [Nai Boosra (Mahin) in Schwierigkeiten nach der Rückkehr nach Siam]*, in: Music Journal I/ 3 (1995), S. 78-88

อเนก นาวิกมูล, <u>นายบุศย์ วิบากกรรมหลังกลับเมืองไทย</u>, ใน: วารสารดนตรี, ปีที่ ๑, ฉบับที่ ๓, กันยายน-พฤศจิกายน ๒๕๓๗, น. ๘๗-๘๘

Nawigamul, Anek, *Raegminai Siam [Neuerungen in Siam]*, Bd. IV, Bangkok 1997

342

เอนก นาวิกมูล, <u>แรกมีในสยาม ๔</u>, กทม: แสงแดด, ๒๕๔๐

Nimnetiphan, Sumonmal, *Ganlakonthai [Thai-Theater]*, Bangkok ³1996

สุมลมาลย์ นิ่มเนติพันธ์, <u>การละครไทย</u>, กทม: โรงพิมพ์ไทยวัฒนาพานิช, ³๒๕๓๙

Pananant, Kajon, *Botrong phlengthaidoem [Gesangstexte der traditionellen Thai-Musik]*, in: Buch zum 60. Geburtstag und der Weihe seines neuen Hauses am 16. Januar 1959, Bangkok 1959

ขจร ปานะนันท์, <u>บทร้องเพลงไทยเดิม</u>, ใน: หนังสืออนุสรณ์ทำบุญอายุครบรอบ ๕ รอบ และขึ้นบ้านใหม่ วันที่ ๑๖ มกราคม ๒๕๐๒

Phleng Chut Homrong Yen Chabab Ruam Khrung [Evening Prelude], hrsg. v. The Fine Arts Department, Bangkok ²1994

<u>เพลงชุดโหมโรงเย็น ฉบับรวมเครื่อง</u>, กรมศิลปากร (บรรณาธิการ), กทม ²๒๕๓๗

Phleng Chut Tham Kwan [Tham Kwan. Musical suite to be performing during a ceremony for invoking spiritual bliss], hrsg. v. The Fine Arts Department, Bangkok ²1994

<u>เพลงชุดทำขวัญ</u>, กรมศิลปากร (บรรณาธิการ), กทม ²๒๕๓๗

Phukaothong, Sagnad, *Gandontrithai lae thangkhaosu dontrithai [Thai-Musik und der Zugang zu ihr]*, Bangkok ²1996

สงัด ภูเขาทอง, <u>การดนตรีไทย และ ทางเข้าสู่ดนตรีไทย</u>, กทม: เรือนแก้วการพิมพ์, ²๒๕๓๙

Pidokratch, Narongchai, *Saranukromphlengthai [Thai-Musik-Lexikon]*, Bangkok (o. J.)

ณรงค์ชัย ปิฎกรัชต์, <u>สารานุกรมเพลงไทย</u>, กทม: เรือนแก้วการพิมพ์ (ไม่ปรากฏปีตีพิมพ์)

Pikulsri, Chalermsak, *Piphatmon nai prathetthai: Wikroh gorani mükhwang nai Khongmon wongyai [Piphatmon-Ensemble in Thailand: Bemerkungen zur Spieltechnik der überkreuzten Hände beim Mon-Kesselgong*, in: Bericht vom Kongreß 25. September 1998 der Mahidol Universität, Bangkok 1998

เฉลิมศักดิ์ พิกุลศรี, <u>ปี่พาทย์มอญในประเทศไทย: วิเคราะห์กรณีมือขวางในฆ้องมอญวงใหญ่</u>, ใน: ประชุมวิชาการดนตรีไทยครั้งที่ ๓ จัดโดยวิทยาลัยดุริยางคศิลป์ มหาวิทยาลัยมหิดล วันที่ ๒๕ กันยายน ๒๕๔๑

Pikulsri, Chalermsak, *Sanghitniyom waduoi dontrithai [Abhandlung über die Thai-Musik]*, Bangkok 1987

เฉลิมศักดิ์ พิกุลศรี, <u>สังคีตนิยมว่าด้วยดนตรีไทย</u>, กทม: โอเดียนสโตร์, ๒๕๓๐

Pinklao, König von Siam, *Tamrapuenyaiboran lae Tamrapuenyaithai [Abhandlung über die alte und moderne Kanone]*, in: Kremationsbuch von Luang Kampanatsaenyakorn, Bangkok 1975

พระบาทสมเด็จพระปิ่นเกล้าเจ้าอยู่หัว, <u>ตำราปืนใหญ่โบราณและตำราปืนใหญ่ไทย</u>, <u>ในพระบาทสมเด็จ-</u> <u>พระปรเมนทรามเมศ มหิศเรศรังสรรค์ พระบาทสมเด็จ พระปิ่นเกล้าเจ้าอยู่หัว</u>, ใน: หนังสือ-อนุสรณ์พระราชทานเพลิงศพ พลเอกหลวงกัมปนาทแสนยากร วันที่ ๑๑ ธันวาคม ๒๕๑๘

Pithiwaikhru tamrakrob Khon lae Lakon promduoi tamnan lae kamglon Waikhru lae Lakon-dschatri [*Handbuch und Text zum Lehrerverehrungs- und Initiationsritus bei Khon und Lakon sowie Lakon-dschatri*], hrsg. v. The Fine Arts Department, Bangkok 1960

พิธีไหว้ครู ตำราครอบโขนละคอน พร้อมด้วยตำนานและคำกลอนไหว้ครูละคอนชาตรี, กองสังคีต กรมศิลปากร (บรรณาธิการ), กทม: กรมศิลปากร, ๒๕๐๓

Pojananugrom thai [*Thai Lexikon*], hrsg. v. der thailändischen königlichen Akademie der Wissenschaften, Bangkok 1982

พจนานุกรมไทย, ราชบัณฑิตสภา (บรรณาธิการ), กทม. ๒๕๒๕

Pra Chen Duriyanga, *Jiwaprawat khong khapadschao* [*Meine Biograhpie*], in: Kremationsbuch von Pra Chen Duriyanga, Bangkok 1969

พระเจนดุริยางค์, ชีวประวัติของข้าพเจ้า, ใน: หนังสืออนุสรณ์พระราชทานเพลิงศพ เสวกโท พระเจน-ดุริยางค์ (ปิติ วาทยากร) วันที่ ๑๕ กุมภาพันธ์ ๒๕๑๒

Praprawat lae jariya khong Jomponruea somdet chaofa paribatsukhumbhandu grompra nakornsawa varabinit [*Prinz Paribatra und The Royal Thai Navy*], The Royal Thai Navy (Hrsg.), in: Kremationsbuch von Prinz Paribatra, Bangkok 1950

พระประวัติและจริยา ของ จอมพลเรือ สมเด็จเจ้าฟ้า บริพัตรสุขุมพันธ์ กรมพระนครสวรรค์วรพินิต, กองทัพเรือ (บรรณาธิการ), พิมพ์สนองพระเดชพระคุณแสดงกตเวทีเป็นที่ระลึกในการพระ-ราชทานเพลิงศพพระองค์ท่าน วันที่ ๑๐ เมษายน ๒๔๙๓

Prawatgong duriyang tahanruea [*Geschichte der Militärkapelle von The Royal Thai Navy*], The Royal Thai Navy (Hrsg.), Bangkok 1986

ประวัติกองดุริยางค์ทหารเรือ, โรงเรียนดุริยางค์ทหารเรือ (บรรณาธิการ), กทม ๒๕๒๕

Prawatsat Krung Ratanakosin [*Chronik der Bangkok-Periode*], hrsg. v. Vorbereitungskommitte der 200 Jahr-Feier von Bangkok, Bd. II: Von der Regierungszeit König Ramas IV. 1851 bis 1932, Bangkok 1982

ประวัติศาสตร์กรุงรัตนโกสินทร์ เล่ม ๒ รัชกาลที่ ๔-พ.ศ. ๒๔๗๕, คณะกรรมการจัดงานสมโภช-กรุงรัตนโกสินทร์ ๒๐๐ ปี (บรรณาธิการ), ๒๕๒๕

Rajagitjanubeksa [*Königliche Hofprotokoll*], XVII (1900), Bangkok [2]1998

ราชกิจจานุเบกษา, เล่มที่ ๑๗, กทม: พ.ศ. ๒๔๔๓

Ratanawaraha, Jatuporn, *Phleng Naphat* [*Naphat-Musik*], Bangkok 1966

จตุพร รัตนวราหะ, เพลงหน้าพาทย์, กทม: ๒๕๐๘

Ratanawaraha, Jatuporn, *Phleng Naphat* [*Naphat-Musik*], in: *Phleng Naphat*, Bericht vom Kongreß 20.-21. Januar 1995 der Chulalongkorn Universität und des Fine Arts Department anläßlich des 50. Jahrestages der Thronbesteigung des Königs Bhumiphol, Bangkok 1995, S. 12-14

344

จาตุพร รัตนวราหะ, <u>เพลงหน้าพาทย์</u>, ใน: เพลงหน้าพาทย์, มรดกทางวัฒธรรมและการสืบทอด, เอกสารประกอบการประชุมทางวิชาการ เนื่องในมงคลวโรกาสฉลองสิริราชสมบัติ ๕๐ ปี โดยศูนย์วัฒนธรรมศึกษา คณะครุศาสตร์ จุฬาลงกรณ์มหาวิทยาลัย ร่วมกับ กรมศิลปากร วันที่ ๒๐-๒๑ มการคม ๒๕๓๙, น. ๑๒-๑๔

Samudravanij, Chaianant (Hrsg.), *Phänpattana dschababrägkhong Thai. Khamgrabbangkomthun Khuamhendschadgar plienpläng rajaphändin roso 103 [Die erste politische Reformprogramm Thailands 1884]*, Bangkok 1970

ชัยอนันต์ สมุทวณิช (บรรณาธิการ), <u>แผนพัฒนาการเมืองฉบับแรกของไทย คำกราบบังคมทูลความ-เห็นจัดการเปลี่ยนแปลงราชการแผ่นดิน ร.ศ. ๑๓๐, ฯลฯ</u>, กทม. ๒๕๑๓

Sansomdet, Briefwechsel zwischen Prinz Damrong und Prinz Naris, Bd. XXIII, Bangkok 1962

<u>สาส์นสมเด็จ, ลายพระหัตถ์ สมเด็จพระเจ้าบรมวงศ์เธอ เจ้าฟ้ากรมพระยานริศรานุวัติวงศ์ และสมเด็จเจ้า-ฟ้าพระเจ้าบรมวงศ์เธอ กรมพระยาดำรงราชานุภาพ</u>, เล่มที่ ๒๓, กทม: องค์การครุสภา, ๒๕๐๕

Sathiengoseth, *Rong ram thamphleng [Singen, tanzen und musizieren]*, in: *Grundzüge der Zivilisation, Musik und Tanzkunst Thailands*, Thammasart Universität, Bangkok 1972, S. 23-38

เสถียรโกเศศ, <u>ร้องรำทำเพลง</u>, ใน: หนังสืออ่านประกอบคำบรรยาย วิชาพื้นฐานอารยธรรมไทย ตอน ดนตรีและนาฏศิลป์ไทย, กทม: โรงพิมพ์มหาวิทยาลัยธรรมศาสตร์, ๒๕๑๕, น. ๒๓-๓๘

Sawetanant, Chalerm, *Tamnanganlakon [Abhandlung über Thai-Theater]*, in: *Grundzüge der Zivilisation, Musik und Tanzkunst Thailands*, Thammasart Universität, Bangkok 1972, S. 39-64

เฉลิม เศวตนันท์, <u>ตำนานการละคร</u>, ใน: หนังสืออ่านประกอบคำบรรยาย วิชาพื้นฐานอารยธรรมไทย ตอน ดนตรีและนาฏศิลป์ไทย, กทม: โรงพิมพ์มหาวิทยาลัยธรรมศาสตร์, ๒๕๑๕, น. ๓๙-๖๔

Sirindhon, Prinzessin, *Gnamphanpubha sumamal rüngbetaleddschang i-naobangton [Schöne Blumen, Einige Bemerkungen über den I-nao-Theaterstoff]*, Bangkok 1985

สมเด็จพระเทพพระรัตนราชกุมารี สยามบรมราชกุมารี, <u>งามพรรณบุผาสุมามาลย์, เรื่องเบ็ดเตล็ดจาก-อิเหนาบางตอน</u>, กทม: อมรินทร์การพิมพ์, ๒๕๒๙

Siriratana Boosabong, Prinzessin und Amatayakul, Punpis, *Thongramom gabgandontri [Prinz Paribatra und die Musik]*, Bangkok 1981

ศิริรัตนาบุษบง, พระเจ้าบรมวงศ์เธอ พระองค์เจ้า และ พูนพิศ อมาตยากุล, <u>ทูลกระหม่อมบริพัตร กับการดนตรี</u>, กทม: จันวาณิชย์, ๒๕๒๔

Siriratana Boosabong, Prinzessin, *Phraprawat somdetphradschao boromawongthoe dschaofa paribatsukhumphan gromphranakonsawan varapinit [Biographie des Prinzen Paribatra]*, Bangkok 1981

ศิริรัตนาบุษบง, พระเจ้าบรมวงศ์เธอ พระองค์เจ้า, <u>พระประวัติ สมเด็จพระเจ้าบรมวงศ์เธอ เจ้าฟ้าสุขุมพันธุ์ กรมพระนครสวรรค์พินิต</u>, กทม: จันวาณิชย์, ๒๕๒๔

Sovat, Boonchauy, *Ganwikroh nuethamnonglak khong Phleng Khäkmon Bangkhunprom* [*Analysis of Kheak Mon Bangkhunpom Melody*], Magister Artium, Mahidol Universität, Bangkok 1995

บุญช่วย โสวัตร, การวิเคราะห์เนื้อทำนองหลักของเพลงแขกมอญบางขุนพรหม, วิทยานิพนธ์ มหาบัณฑิต มหาวิทยาลัยมหิดล, กทม ๒๕๓๘

Subhavat Kasemsri, Major M. R. und Rachanee Sabayavijit, *Pleng Sanrasoen phrabaramie* [(*Thai-*) *königliche Hymne*], in: Lokprawatsat, II/ 2 (1996), S. 14-23

ศุภวัฒย์ เกษมศรี, พลตรี มรว. และ รัชนี ทรัพยวิจิตร, เพลงสรรเสริญพระบารมี, ใน: โลกประวัติศาสตร์, ปีที่ ๒, ฉบับที่ ๒ เมษายน-มิถุนายน ๒๕๓๙, น. ๑๔-๒๓

Sukhonthachad, Praphan, *Si lae laksana huakhon* [*Farbe und Maske in der Khon-Aufführung*], in: Bericht vom Kongreß 14.-15. März 1991 der Thammasart Universität und des Fine Arts Department, Bd. I, Bangkok 1991, S. 109-142

ประพันธ์ สุคนธชาติ, สีและสักษณะหัวโขน, ใน: เอกสารประกอบ การสัมนาและ สาธิตเรื่องนาฏศิลป์ไทย(๑) เฉลิมพระเกียรติสมเด็จพระเทพรัตนราชสุดา สยามบรมราชกุมารี, สถาบันไทยคดีศึกษา มหาวิทยาลัยธรรมศาสตร์ จัดร่วมกับ วิทยาลัยนาฏศิลป์ กรมศิลปากร, วันที่ ๑๔-๑๕ มีนาคม ๒๕๓๙, น. ๑๐๘-๑๔๒

Swangarom, Dome, *Süksadschiwaprawat laewikrohpon-gnan ganprapanphleng khong Dschangwang Tua Patayakosol* [*Chang Wang Tua Pat-tayakosol: The Study of his Life and The Analysis of his composition*], Magister Artium, Srinakarintwirot Universität, Bangkok 1997

โดม สว่างอารมย์, ศึกษาชีวประวัติและวิเคราะห์ผลงานการประพันธ์เพลงของ จางวางทั่ว พาทยโกศล, วิทยานิพนธ์ มหาบัณฑิต มหาวิทยาลัยศรีนครินทรวิโรฒ ประสานมิตร, กทม. ๒๕๔๐

Thai Classical Music, hrsg. v. Saimai Chobkolsük und Phathanee Promsombat, 3 Bde., Bangkok: The Fine Arts Department 1996, Bd. I [3]1996, Bd. II und III [1]1996

โน้ตดนตรีไทย, สายไหม จบกลศึก และ พัฒนี พร้อมสมบัติ (บรรณาธิการ), ๓ เล่ม, กทม ๒๕๓๙, เล่ม ๑ °๒๕๓๙, เล่ม ๒ และ ๓ °๒๕๓๙

Thantawanthana, Amphan, *Rajasakulawong nai phrabatsomdet phrapawaren tharames mahisaresrangsan phrabatsomdet phrapinklao dschaoyuhua* [*Stammfamilie des Königs Pinklao*], in: Kremationsbuch von General Luang Gampanat Saenyakon, Bangkok 1975

อำพัน ตัณฑาวรรธนะ, ราชสกุลวงศ์ ใน พระบาทสมเด็จพระปวเรนทราเมศ มหิศเรศรังสรรค์ พระบาทสมเด็จพระปิ่นเกล้าเจ้าอยู่หัว, ใน: หนังสืออนุสรณ์พระราชทานเพลิงศพ พลเอกหลวง-กัมปนาทแสนยากร วันที่ ๑๑ ธันวาคม ๒๕๑๘

Thepayasuwan, Boonluea M. L., *Khosangket giewgab ganlakon nai Prathed Thai nai patdschuban [Bemerkungen zum heutigen Theater in Thailand]*, in: *Grundzüge der Zivilisation, Musik und Tanzkunst Thailands*, Thammasart Universität, Bangkok 1972, S. 119-130

บุญเหลือ เทพยสุวรรณ, หม่อมหลวง, <u>ข้อสังเกตุเกี่ยวกับการละครในประเทศไทยปัจจุบัน</u>, ใน: หนังสืออ่านประกอบคำบรรยาย วิชาพื้นฐานอารยธรรมไทย ตอน ดนตรีและนาฏศิลป์ไทย, กทม: โรงพิมพ์มหาวิทยาลัยธรรมศาสตร์, ๒๕๑๕, น. ๑๑๙-๑๓๐

Tramod, Montri, *Dontri lae khabrong pragobgansadäng lakonram [Musik und Gesangsvortrag beim Tanztheater]*, in: Silapa Lakonram, hrsg. v. Dhanit Yupho, Bangkok 1973

มนตรี ตราโมท, <u>ดนตรีและขับร้องประกอบการแสดงละครรำ</u>, ใน: ศิลปะละครรำ, ธนิต อยู่โพธิ์ (บรรณาธิการ), กทม. ๒๕๑๖

Tramod, Montri, *Duriyangasatra Thai [Thai-'Musikwissenschaft']*, Bangkok [2]1997

มนตรี ตราโมท, <u>ดุริยางคศาสตร์ไทย</u>, กทม: มติชน, [ษ]๒๕๔๐

Tramod, Montri, *Fang lae khaochaidontrithai [Hören und verstehen Thai-Musik]*, Bangkok 1980

มนตรี ตราโมท, <u>ฟังและเข้าใจดนตรีไทย</u>, กทม ๒๕๒๓

Tramod, Montri, *Ganlalen khongthai [Thai-Festlichkeiten]*, Bangkok [2]1997

มนตรี ตราโมท, <u>การละเล่นของไทย</u>, กทม: [ษ]๒๕๔๐

Tramod, Montri, *Kuampenma khongdontrithai [Ursprung der Thai-Musik]*, in: *Grundzüge der Zivilisation, Musik und Tanzkunst Thailands*, Thammasart Universität, Bangkok 1972, S. 163-175

มนตรี ตราโมท, <u>ความเป็นมาของดนตรีไทย</u>, ใน: หนังสืออ่านประกอบคำบรรยาย วิชาพื้นฐาน-อารยธรรมไทย ตอน ดนตรีและนาฏศิลป์ไทย, กทม: โรงพิมพ์มหาวิทยาลัย-ธรรมศาสตร์, ๒๕๑๕, น. ๑๖๓-๑๗๕

Tramod, Montri, *Naphat [Naphat-Musik]*, in: *Phleng Naphat*, Bericht vom Kongreß 20.-21. Januar 1995 der Chulalongkorn Universität und des Fine Arts Department anläßlich des 50. Jahrestages der Thronbesteigung des Königs Bhumiphol, Bangkok 1995, S. 10-11

มนตรี ตราโมท, <u>เพลงหน้าพาทย์</u>, ใน: เพลงหน้าพาทย์, มรดกทางวัฒธรรมและการสืบทอด, เอกสารประกอบการประชุมทางวิชาการ เนื่องในมงคลวโรกาสฉลองสิริราชสมบัติ ๕๐ ปี โดยศูนย์วัฒนธรรมศึกษา คณะครุศาสตร์ จุฬาลงกรณ์มหาวิทยาลัย ร่วมกับ กรมศิลปากร วันที่ ๒๐-๒๑ มการคม ๒๕๓๘, น. ๑๐-๑๑

Tramod, Montri, *Prawat Plengsanrasoen prabarami laephlengdschad [Entstehungsgeschichte der königlichen Hymne und der Nationalhymne (von Thailand)]*, in: Silapakon XVI/ 2 (1972), S. 79-93

มนตรี ตราโมท, ประวัติเพลงสรรเสริญพระบารมี และเพลงชาติ, ใน: วรสาร ศิลปากร ปีที่ ๑๖ เล่มที่ ๒ กรกฎาคม ๒๕๑๕, น. ๗๒-๘๓

Tramod, Montri, *Sabsanghit* [*Terminologie der Thai-Musik*], Bangkok 1964
มนตรี ตราโมท, ศัพท์สังคีต, กทม: กรมศิลปากร, ๒๕๐๗

Tramod, Montri, *Wongdontrithai lae ganbanlengdontrithai* [*Ensemble und Aufführungspraxis der Thai-Musik*], in: Bericht vom Kongreß 1. November 1987 der Kasetsart Universität, Bangkok 1987, S. 40-57
มนตรี ตราโมท, วงดนตรีไทยและการบรรเลงดนตรีไทย, ใน: งานดนตรีไทยอุดมศึกษา ครั้งที่ ๑๙ วันที่ ๑ พฤศจิกายน ๒๕๓๐ ณ มหาวิทยาลัยเกษตรศาสตร์, น. ๔๐-๕๗

Tramod, Silapi, *Gansübtod tamprapheniniyom* [*Überlieferung der Thai-Tradition*], in: *Phleng Naphat*, Bericht vom Kongreß 20.-21. Januar 1995 der Chulalongkorn Universität und des Fine Arts Department anläßlich des 50. Jahrestages der Thronbesteigung des Königs Bhumiphol, Bangkok 1995, S. 27-30
ศิลปี ตราโมท, การสืบทอดตามประเพณีนิยม, ใน: เพลงหน้าพาทย์, มรดกทางวัฒธรรมและการสืบทอด, เอกสารประกอบการประชุมทางวิชาการ เนื่องในมงคลวโรกาสฉลองสิริราชสมบัติ ๕๐ ปี โดยศูนย์วัฒนธรรมศึกษา คณะครุศาสตร์ จุฬาลงกรณ์มหาวิทยาลัย ร่วมกับ กรมศิลปากร วันที่ ๒๐-๒๑ มการคม ๒๕๓๙, น. ๒๗-๓๐

Tramod, Silapi, *Khanton ganpragob Pithiwaikhru dontrithai* [*Aufbau in der Waikhru-Zeremonie*], in: *Phleng Naphat*, Bericht vom Kongreß 20.-21. Januar 1995 der Chulalongkorn Universität und des Fine Arts Department anläßlich des 50. Jahrestages der Thronbesteigung des Königs Bhumiphol, Bangkok 1995, S. 31-33
ศิลปี ตราโมท, ขั้นตอนการประกอบพิธีไหว้ครูดนตรีไทย, ใน: เพลงหน้าพาทย์, มรดกทาง-วัฒธรรมและการสืบทอด, เอกสารประกอบการประชุมทางวิชาการ เนื่องในมงคลวโรกาส-ฉลองสิริราชสมบัติ ๕๐ ปี โดยศูนย์วัฒนธรรมศึกษา คณะครุศาสตร์ จุฬาลงกรณ์มหาวิทยาลัย ร่วมกับ กรมศิลปากร วันที่ ๒๐-๒๑ มการคม ๒๕๓๙, น. ๓๑-๓๓

Vajiravudh, König von Siam, *Lakrajakarn* [Richtlinie für den königlichen Staatsdienst. Eine Rede anläßlich des siamesischen Neujahrs am 13. April 1914], in: Kremationsbuch von Chai Unibhandhu am 14. November 1987, S. 86
พระบาทสมเด็จพระมงกุฎเกล้าเจ้าอยู่หัว, หลักราชการ, ใน: หนังสืออนุสรณ์ เนื่องในพระราชทาน-เพลิงศพ นายแพทย์ ใช้ ยูนิพันธุ์ M. D. วันที่ ๑๔ พฤศจิกายน ๒๕๓๐, น. ๗๗-๘๓

Wanichalak, Ratrie, *Kuamsampan rawang Thai gab Germany tangtae poso 2405-2406* [*Relations between Thailand and Germany, 1862-1917*], Magister Artium, Chulalongkorn Universität, Bangkok 1976
ราตรี วานิชลักษณ์, ความสัมพันธ์ระหว่างไทยกับเยอรมนีตั้งแต่ พ.ศ. ๒๔๐๕-๒๔๖๐, วิทยานิพนธ์ มหาบัณฑิต จุฬาลงกรณ์มหาวิทยาลัย, กทม ๒๕๑๙

Wisuttiphat, Manop, *Dontrithai wikroh [Analyse der Thai-Musik]*, in: Bericht vom
    Kongreß 4. Januar 1991 der Srinakarinwirot Universität, Bangkok 1991
มานพ วิสุทธิแพทย์, <u>ดนตรีไทยวิเคราะห์</u>, ใน: ที่ระลึกงานดนตรีไทยอุดมศึกษา ครั้งที่ ๒๒
    มหาวิทยาลัยศรีนครินวิโรฒ ๒๕๓๔ วันที่ ๔ มกราคม ๒๕๓๔

Yupho, Dhanit (hrsg.), *Pongrueng nai Ramakien [Überlieferung der Geschichte
    von Ramakien in der Thai-Version]*, in: Bericht vom Kongreß 14.-15.
    März 1991 der Thammasart Universität und des Fine Arts Department, Bd.
    I, Bangkok 1991, S. 101-141
ธนิต อยู่โพธิ์ (บรรณาธิการ), <u>พงศ์เรื่องในรามเกรียรติ์</u>, ใน: เอกสารประกอบ การสัมนาและสาธิต-
    เรื่องนาฏศิลป์ไทย(๑) เฉลิมพระเกียรติสมเด็จพระเทพรัตนราชสุดา สยามบรมราชกุมารี,
    สถาบันไทยคดีศึกษา มหาวิทยาลัยธรรมศาสตร์ จัดร่วมกับ วิทยาลัยนาฏศิลป์ กรมศิลปากร,
    วันที่ ๑๔-๑๕ มีนาคม ๒๕๓๔, น. ๑๐๑-๑๔๑

Yupho, Dhanit, *Gamnoed natasilthai [Entstehungsgeschichte der Thai-
    Tanzkunst]*, in: *Grundzüge der Zivilisation, Musik und Tanzkunst
    Thailands*, Thammasart Universität, Bangkok 1972, S. 131-150
ธนิต อยู่โพธิ์, <u>กำเนิดนาฏศิลป์ไทย</u>, ใน: หนังสืออ่านประกอบคำบรรยาย วิชาพื้นฐานอารยธรรมไทย ตอน
    ดนตรีและนาฏศิลป์ไทย, กทม: โรงพิมพ์มหาวิทยาลัยธรรมศาสตร์, ๒๕๑๕, น.๑๓๑-๑๕๐

Yupho, Dhanit, *Ganwaikhru lae krob Khon-Lakon [Lehrerverehrungs- und
    Initiationsritus in Musik und Schauspielkunst]*, in: *Grundzüge der
    Zivilisation, Musik und Tanzkunst Thailands*, Thammasart Universität,
    Bangkok, 1972, S. 1-8
ธนิต อยู่โพธิ์, <u>การไหว้ครูและครอบโขน-ละคร</u>, ใน: หนังสืออ่านประกอบคำบรรยาย วิชาพื้นฐาน-
    อารยธรรมไทย ตอน ดนตรีและนาฏศิลป์ไทย, กทม: โรงพิมพ์มหาวิทยาลัยธรรมศาสตร์,
    ๒๕๑๕, น. ๑-๘

Yupho, Dhanit, *Khon [Khon]*, Bangkok [3]1968
ธนิต อยู่โพธิ์, <u>โขน</u>, กทม: กรมศิลปากร [๓]๒๕๑๑

Yupho, Dhanit, *Tamnan Lakondschatri [Chronik des Lakon-Dschatrie]*, in:
    Grundzüge der Zivilisation, Musik und Tanzkunst Thailands, Thammasart
    Universität, Bangkok 1972, S. 65-82
ธนิต อยู่โพธิ์, <u>ตำนานละครชาตรี</u>, ใน: หนังสืออ่านประกอบคำบรรยาย วิชาพื้นฐานอารยธรรมไทย ตอน
    ดนตรีและนาฏศิลป์ไทย, กทม: โรงพิมพ์มหาวิทยาลัยธรรมศาสตร์, ๒๕๑๕, น. ๖๕-๘๒

349

Peter Lang · Europäischer Verlag der Wissenschaften

Constantin Floros / Friedrich Geiger / Thomas Schäfer (Hrsg.)

Komposition als Kommunikation

Zur Musik des 20. Jahrhunderts

Frankfurt/M., Berlin, Bern, Bruxelles, New York, Oxford, Wien, 2000.
433 S., 1 Abb., zahlr. Tab. und Graf., 1 Faltbl.
Hamburger Jahrbuch für Musikwissenschaft.
Herausgegeben vom Musikwissenschaftlichen Institut der Universität Hamburg.
Redaktion: Jörg Rothkamm. Bd. 17
ISBN 3-631-36745-7 · br. DM 148.–*

Dieser Band versammelt vierundzwanzig Beiträge von Wissenschaftlern verschiedener Generationen zu einer Rückschau auf die Musikgeschichte des eben zu Ende gegangenen Jahrhunderts. Er ist Peter Petersen, dem langjährigen Redakteur und Mitherausgeber des Hamburger Jahrbuchs, zum sechzigsten Geburtstag gewidmet. Die Autorinnen und Autoren haben vor allem seine drei Hauptarbeitsgebiete berücksichtigt – Musiktheater, musikalische Analyse und politisch engagierte Musik. Der Titel *Komposition als Kommunikation* ist Reverenz an Petersens Überzeugung, daß Musik ein Weg ist, sich über menschliche Belange zu verständigen. Dies verdeutlichen seine zahlreichen Schriften (der Band enthält ein Verzeichnis) ebenso wie die hier vorliegenden Studien, die den Bogen vom frühen Schönberg bis zur jüngst uraufgeführten Berio-Oper spannen.

Aus dem Inhalt: Zur Rolle von Musik, Tanz und Bild im modernen Gesamtkunstwerk · Arnold Schönbergs Emanzipation der Dissonanz und seine erste Zwölftonoper · Analysen zu Alban Bergs Wozzeck und Lulu · Zeitgenössische Musik im Dritten Reich · Musik im Konzentrationslager Dachau · Politische Kompositionen von Otokar Ostrcil, Mauricio Kagel, Allan Pettersson, Luigi Nono und John Adams · Sujetgebundene Instrumentalmusik von Hans Werner Henze und musikbezogene Dichtung von Ingeborg Bachmann · Filmmusik und Multimedia-Kompositionen · Neueste Musiktheaterwerke von Wolfgang von Schweinitz und Luciano Berio · Neue Tonstimmungen und rhythmische Experimente im 20. Jahrhundert

Frankfurt/M · Berlin · Bern · Bruxelles · New York · Oxford · Wien
Auslieferung: Verlag Peter Lang AG
Jupiterstr. 15, CH-3000 Bern 15
Telefax (004131) 9402131

*inklusive Mehrwertsteuer
Preisänderungen vorbehalten
Homepage http://www.peterlang.de